教育部人文社会科学研究"矫正的变迁"
09YJA820099 项目资助

矫正的变迁

翟中东　著

中国人民公安大学出版社
·北京·

图书在版编目（CIP）数据

矫正的变迁／翟中东著. —北京：中国人民公安大学出版社，2013.10

ISBN 978 - 7 - 5653 - 1513 - 8

Ⅰ. ①矫… Ⅱ. ①翟… Ⅲ. ①犯罪分子 - 监督改造 - 概况 - 中国 Ⅳ. ①D926.7

中国版本图书馆 CIP 数据核字（2013）第 245061 号

矫正的变迁

翟中东　著

出版发行：中国人民公安大学出版社
地　　址：北京市西城区木樨地南里
邮政编码：100038
经　　销：新华书店
印　　刷：北京蓝空印刷厂

版　　次：2013 年 10 月第 1 版
印　　次：2013 年 10 月第 1 次
印　　张：24
开　　本：787 毫米×1092 毫米　1/16
字　　数：468 千字

书　　号：ISBN 978 - 7 - 5653 - 1513 - 8
定　　价：75.00 元

网　　址：www. cppsup. com. cn　www. porclub. com. cn
电子邮箱：zbs@ cppsup. com　　zbs@ cppsu. edu. cn

营销中心电话：010 - 83903254
读者服务部电话（门市）：010 - 83903257
警官读者俱乐部电话（网购、邮购）：010 - 83903253
公安业务分社电话：010 - 83905641

作者简介

翟中东，内蒙古人，中央司法警官学院法学教授，法学博士，获得了澳大利亚矫正管理高级岗位资格证书（Advanced Diploma of Correctional Management）。

主要学术经历：中国人民大学社会学理论与方法研究中心做博士后研究人员；爱尔兰科克大学法学院访问学者；澳大利亚新南威尔士布鲁斯·法尔姆矫正学院访问学者；美国山姆·休斯敦州立大学访问学者。

已经出版的个人专著有：《刑罚个别化研究》（2001）；《刑法中的人格问题研究》（2003）；犯罪控制——动态平衡论的见解》（2004）；《国际视域下的重新犯罪防治政策》（2010）；《生产、销售伪劣商品罪立案追诉标准与司法认定实务》（2010）；《刑罚问题的社会学思考：方法与运用》（2010）；《减刑、假释制度适用》（2012）；《社区性刑罚的崛起与社区矫正的新模式——国际的视角》（2013）。

前　言

　　监狱学研究的不成熟，是众所周知的现象。拘于现实具体问题，轻视发展历史，是监狱学研究中存在的重要问题。虽然新中国监狱学发展了 30 年，但是，诸如改造罪犯从何时开始，哪个国家是最早开展罪犯改造工作的，当代国际社会刑罚执行现状如何这些基本问题很少有人能够说清，特别是涉及矫正思想与制度来龙去脉的问题。一些值得推敲的言论经常见诸报刊、讲堂。有关矫正思想与制度来龙去脉的研究成果也甚少。

　　由于缺乏对于历史的研究，监狱学缺乏历史的深刻性，所以监狱学"不成熟"。在当代监狱学中，诸如"改造"、"矫治"、"矫正"等基本概念鲜有人能够解释得明白。

　　德国社会学家哈贝马斯在他的名作《认识与人类旨趣》中指出，人类的知识有分析的知识、解放的知识与解释的知识。分析的知识源于经验，解放的知识源于批判，而解释的知识就源于历史。没有对历史的深入研究，解释难免苍白、肤浅。在监狱学领域，如果没有理清监狱发展史、矫正发展史，有关监狱学概念的解释也难免苍白、肤浅。苍白、肤浅的解释很难被广泛接受。

　　理清监狱发展史、矫正发展史，是拓深监狱理论的需要，是推进监狱学、矫正学发展的需要。如果没有理清矫正的变迁问题，监狱理论、矫正学很难有一个大的发展。

现代监狱制度、矫正制度，是由西方发展而来的。所以，要理清监狱发展史、矫正发展史，不仅要把握中国的监狱发展史，还要全面研究西方国家的监狱制度及发展历史。年轻时，因学力不逮，所以，心达力不达。尽管我算是监狱学科班出身的人。

2003年，我从中国人民大学社会学理论与方法研究中心博士后工作站出站后先后获得到爱尔兰科克大学、澳大利亚布鲁斯·法尔姆矫正学院学习的机会。我利用这两次机会结交了些友人，收集了一大批关于西方国家监狱发展史、矫正发展史的资料。加之经过20多年的研习，学识有了些累积，于是产生了说清矫正昨天、今天与明天的念头。英国著名哲学家维特根斯坦有句名言："凡是可以讲的要将其讲清楚，对于不能讲的东西请保持沉默。"我的理解是：一个人对可能说清楚的东西，要尽量去说。无论说好，说坏。这是一个学人存在的意义。维特根斯坦的这句话给了我写作本书的勇气。

我国监狱学史研究专家、浙江警官职业学院的郭明教授对中国监狱发展史有"以日为师"、"以俄为师"、"以美为师"的概括。[①] 且不论这种概括是否准确，这种概括至少揭示三个事实：第一，中国现代的监狱制度并非自生自发。第二，中国监狱制度的发展受着国际社会的深刻影响。第三，中国在寻求适合本国国情的监狱制度。中国现代监狱制度的发展从未远离国际社会。

《矫正的变迁》既应当反映中国社会矫正理论与制度的变迁，同时也应当反映国际社会矫正思想与制度的变迁。

从国外的矫正思想与制度发展看，矫正思想与制度发展的路线基本按照"改造——矫治——矫正"线路进行。在"改造"阶段，矫正

---

① 郭明：《大陆中国监狱的现状及其变革》，载《中国监狱学刊》2013年第2期。

机构的工作目标是"改造罪犯"，将罪犯从"恶人"改造为"好人"，改造阶段的主要制度是累进处遇制，改造的主要方法是劳动与宗教教诲。在"矫治"阶段，矫正工作的目标是"矫治罪犯"，将罪犯从"病人"矫治为健康的人，矫治的核心方法是心理矫治。在"矫正"阶段，矫正工作的目标是将罪犯矫正为能够融入社会的"合法公民"，矫正方法除了传统的改造方法、矫治方法，还有罪犯职业技能培训、就业能力帮助、项目矫正。每个发展阶段都有一个新概念、新目标，以及新目标统率下的新制度。

从中国的矫正思想与制度发展看，中国的矫正思想与制度经历了"狱制改革"、"建立劳动改造制度"、"监狱体制改革"等阶段。

如何既反映中国社会矫正理论与制度的变迁，同时也反映国际社会矫正思想与制度的变迁？

时间是分析人类行为变化的最好工具，是分析社会变迁不能忽略的方法。

如果以矫正制度变革的历史进程为纵轴，以国际社会矫正思想与制度的发展和我国矫正思想与制度的发展为横轴，勾勒国际社会矫正思想与制度的变迁，以及中国矫正思想与制度的变革，不仅可以反映国际社会矫正思想与制度的变迁，同时也可以关照到国际社会矫正制度变迁背景下的中国矫正理论与制度的变迁。

本书从 19 世纪末 20 世纪初、20 世纪中后期与 20 世纪后期至 21 世纪初三个时间点上考察国际与中国的矫正思想与制度的变迁。

19 世纪末 20 世纪初，矫正领域有四个重要现象：第一，罪犯改造在刑罚领域兴起，现代监狱出现。第二，现代监狱思想与制度由西向东，在世界范围传播。第三，在现代科学的推动下，矫治在刑罚执行领域崛起，并替代了改造的地位。第四，古老的中国最终放弃了传统刑制，接受了现代监狱思想与制度。

20 世纪中后期，矫治在西方国家由盛转衰，刑罚执行的公正原则受到高度重视。20 世纪 60 年代犯罪外因论得到发展，罪犯就业、技能培养的重要性得到广泛的认同，重返社会理论走向刑罚执行的中心舞台。随着中华人民共和国的成立，新中国放弃了国民党建立的监狱制度而创立了劳动改造制度。进入改革开放后，中国借鉴国外 19 世纪的累进处遇制创立了计分考核制。

20 世纪 70 年代，由于人们发现矫正并不一定必然有效，矫正工作者的艰苦工作并不一定都能够产生效果，能够降低服刑人员的重新犯罪率，西方国家开始对矫正制度进行变革，到 2000 年前后逐步建立了以危险管理与项目矫正为核心的制度。进入 21 世纪，随着押犯数量的增长、重新犯罪率的上升，中国开始高度关注国际社会矫正变革及成效。

以中国为立足点，在国际视域下考察监狱、矫正发展的来龙去脉，是本书设计的基本思路。

历史的价值不仅在于帮助人们了解过去，而且更在于对未来进行判断。不明白过去，就不知道未来。对世界的研究，不仅在于开拓视野，而且更在于借助世界之光看到自己。不知道世界，就不知道自己。《矫正的变迁》期冀有为于认识中国的矫正发展状况及发展阶段，期冀有为于中国矫正制度的改革，期冀有为于中国矫正理论的发展与创新！

谨将此书纪念西南政法学院研究生部的监狱学专业，并献给夏宗素教授、杨显光教授、阎培教授！

作 者

2013 年 8 月

目　　录

上篇　19 世纪末 20 世纪初的矫正

中篇 20 世纪中后期的矫正

下篇　20 世纪后期至 21 世纪初的矫正

上篇 19 世纪末 20 世纪初的矫正

19 世纪末 20 世纪初，矫正领域有四大现象：第一，罪犯改造在刑罚领域兴起，现代监狱出现。第二，现代监狱思想与制度由西向东，在世界范围传播。第三，在现代科学的推动下，矫治在刑罚执行领域崛起，并逐渐替代了改造的地位。第四，古老的中国最终放弃了传统刑制，接受了现代监狱思想与制度。

第一章　罪犯改造的兴起

　　"罪犯改造"（Reform）这一概念出现在 16 世纪前后的欧洲，它不仅是刑罚文明的产物——是基于否定肉刑、死刑需要而诞生的概念，而且是刑罚文明的先行者。随着"罪犯改造"概念的传播，基督教将罪犯改造付诸实践，通过开设"罪犯劳动所"（Workhouse）组织罪犯开展劳动改造。受传播基督教文化与经济利益双重力量推动，"罪犯劳动所"遍地开花。在刑罚体系为肉刑、死刑的年代，"罪犯劳动所"的产生与发展实际改变了刑罚的内容，形成了事实上的监禁刑执行。随着"罪犯劳动所"的壮大，人们问道："罪犯劳动所执行的是何种刑罚？"于是"监禁刑"在刑罚舞台上堂而皇之地露相。于是，人类社会的刑罚体系遂从以肉刑、死刑为核心的刑罚体系发展为以监禁刑为核心的刑罚体系。就"罪犯改造"与"监禁刑"的产生关系来看，不是先有监禁刑，后有罪犯改造，而是先有罪犯改造，然后有监禁刑。

　　由于"罪犯改造"是刑罚道德与刑罚功利相结合的产物，所以"罪犯改造"从诞生之日起，就注定担任刑罚目的的角色。于是人们围绕"罪犯改造"改造旧监狱，建立新监狱，创设新监狱制度。"独居制"、"沉默制"、"分数制"、"累进处遇制"等陆续出台。

　　"罪犯改造"的兴起，不仅推动监禁刑登上刑罚的王座，将肉刑、死刑从刑罚王座上掀翻，并最终否定了肉刑，还给死刑以极大的压力，实现了刑罚的文明化，而且直接诞下现代监狱，使监狱制度翻开新的篇章。

　　现代监狱的出现使得监禁刑有了完美的载体，于是伴随现代监狱思想和制度的传播，监禁刑从西向东传播，并改变了越来越多的国家的刑罚体系，促进了刑罚的文明化。

第一节　罪犯改造早期的探索与实践

一、罪犯改造：一个不同于中国的概念

　　"罪犯改造"（Reform）、"罪犯矫治"（Treatment，Rehabilitation）与"罪犯

矫正"（Correction）词义接近，都具有"使罪犯改变"的含义，但是，这三个词，因为产生的时代背景不同，含义有所不同，因而广泛使用的年代也不同。

"罪犯改造"是矫正领域最先出现的表达改变罪犯意义的词语。其基本内涵是使用劳动、宗教教诲等方式，使罪犯由"罪人"、"恶人"改变为"善人"。按照英国法社会学家哥兰德（D. Garland）的解释，改造主要指道德上的忏悔，即通过道德上的劝导，或者宗教精神的导入，改变自己，而不是指行为上的改正。① 西方国家中的"罪犯改造"是一个与基督教关系非常密切的词语，其与中国的"罪犯改造"文化内涵不同，在中国社会中"罪犯改造"的基本含义是将"敌人"改变为"不与人民作对的人"。"罪犯矫治"是 20 世纪二三十年代出现在矫正领域并成功抢占"罪犯改造"话语地位的词语，其含义是将被视为"病人"的罪犯矫治为"健康人"。"罪犯矫正"是当代国际社会表达使罪犯改变之意所使用最多的词语。该词语不仅包含"改造罪犯"、"矫治罪犯"之意，而且包含通过帮助罪犯提高劳动技能、帮助罪犯就业等，使罪犯重返社会之意，包含通过控制导致罪犯重新犯罪的外在因素，使罪犯不再犯罪之意。②

二、罪犯改造最初的探索：布莱德威尔劳动所的创立

一般认为，罪犯改造的实践始于英国"布莱德威尔劳动所"（Bridewells Workhouse）。③ 布莱德威尔劳动所是由一所位于伦敦的古老的皇家宫殿改建而成的所谓为"社会垃圾"提供住处与劳动的场所。根据维基百科的记载，④ 布莱德威尔劳动所 1553 年主要收押无家可归的孩子与违法的妇女，到 1556 年开始收押罪犯。建立布莱德威尔劳动所的目的是向流浪者、"不劳而获"的罪犯注入犹太教、基督教（Judeo - Christian）所共有的道德、劳动与节俭的道德。这种道德主张体力劳动有利于人的灵魂升华。⑤

关于"布莱德威尔劳动所"，美国学者辛克尔（W. G. Hinkle）在他的专著

---

① Garland, D. , Punishment and Welfare：A History of Penal Strategies. Aldershot：Gower, 1985, p. 127.

② Worrall, A. , Hoy, C. , Punishment in the Community - managing Offenders, Making Choices. Dovon：Willian Publishing, 2005, pp. 10 ~ 11.

③ 在汉文中，有些论著将"布莱德威尔劳动所"（Bridewells Workhouse）译成"布莱德威尔习艺所"或者"布莱德威尔教养所"。笔者认为这种翻译不大妥当。因为"布莱德威尔劳动所"的设立目的与内容主要在要求罪犯劳动方面，"向罪犯注入劳动的道德"。安排罪犯"习艺"、对罪犯进行教养，是 20 世纪的监管机构的目标。

④ "Bridewell Palace", http：//en. wikipedia. org/wiki/Bridewell, 2013 - 03 - 01.

⑤ Carlson, N. A. , Hess, K. M. , Orthmann, C. M. H. , Corrections in the 21st Century：A Practical Approach. Belmont：Wadsworth Publishing Company, 1999, p. 47.

《布莱德威尔监狱的历史，1553－1700》（A History of Bridewell Prison，1553－1700，Edwin Mellen Press，2006）序言中写道：布莱德威尔劳动所是人类历史上第一所替代死刑、肉刑的监狱；是第一所通过劳动改造罪犯的机构。布莱德威尔劳动所的创立为后来"悔罪营"（Penitentiary）的建立开辟了道路。布莱德威尔劳动所是"悔罪营"的先驱。从一定意义上说，布莱德威尔劳动所也是一种悔罪营。按照荷兰刑事法历史学家斯皮伦伯格（Pieter Spierenburg）的说法，布莱德威尔劳动所开启了刑罚改革之路。从 16 世纪开始，法院使用劳动工厂或者强迫罪犯在其他劳动场所劳动的刑罚形式替代鞭刑、绞刑等，使监禁刑开始登上历史舞台。① 概括地说，布莱德威尔劳动所将罪犯改造的思想付诸实践，开启了刑罚改革的大门，拉开了建立现代监狱的序幕。

我们要思考的问题是：为什么在 16 世纪 50 年代英国出现了布莱德威尔劳动所？

（一）布莱德威尔劳动所是英国经济发展的结果

加拿大学者西莉亚·布朗奇菲尔德在其著作《刑罚的故事》中写道，到 15 世纪，古老的秩序开始瓦解。政治动荡、宗教变革和经济混乱导致犯罪发展到顶峰。许多农民撇下了他们的土地，蜂拥进入城镇。但是，在城镇需要凭借知识与智慧生存。都铎王朝不知如何处理这些"强健的乞丐"。他们为失业者设计了严厉的处罚。没有工作的人受到像罪犯一样的对待，被鞭打、污辱，最后被赶进第一批矫正机构——劳动所。②

西莉亚·布朗奇菲尔德概括性地描述了布莱德威尔劳动所产生的社会原因。

15 世纪前后，随着新航路的开辟，世界各地区、各民族之间的经济和文化交往扩大。英国地处大西洋航运的中心线上，对外贸易急剧扩大。这刺激了英国羊毛出口业和毛纺业的发展。随着毛纺制呢业的迅猛发展，市场上的羊毛价格开始猛涨，使养羊变得有利可图。但是，养羊需要大片的土地。于是，贵族们纷纷把原来租种他们土地的农民赶走，甚至把他们的房屋拆除，把可以养羊的土地圈占起来。一时间，在英国到处可以看到被木栅栏、篱笆、沟渠和围墙分成一块块的草地。这就是英国历史上的"圈地运动"。

被赶出家园的农民，丧失了赖以养家糊口的土地，无家可归，于是流浪到城市。城市里流浪者、乞丐激增。

虽然流浪者、乞丐是新兴毛纺制呢业潜在的劳动力，但是很多流浪者、乞丐

---

① Schmalleger, F. & Syykla, J. O. Corrections in the 21st Century. New York：McGraw－Hill，2007，p. 52.

② ［加］西莉亚·布朗奇菲尔德著，郭建安译：《刑罚的故事》，法律出版社 2006 年版，第 14～15 页。

不愿意到工厂去，不愿意接受工资低廉的工作，很多人仍然留恋着土地。

城市里流浪者、乞丐激增，不仅使得社会秩序混乱，而且使得犯罪大量增加。为维护社会秩序，同时强迫失地的农民接受工作，英国采取了一系列措施。这些措施包括将流浪规定为犯罪。亨利十三颁布的"鞭刑法1530"（The Whipping Act 1530）就是用以惩治无所事事的流浪者。

布莱德威尔劳动所就在这种背景下诞生了。布莱德威尔劳动所设计的目的是通过强迫罪犯劳动的措施控制流浪者与乞丐，同时为企业提供劳动力。

（二）布莱德威尔劳动所是刑罚文明化的产物

虽然研究人类早期的刑罚有很多困难，但是很多学者仍然取得了令人瞩目的成果。

据法国社会学家杜尔克姆（E. Durkheim）的研究，在古埃及，被处以死刑的罪犯不是简单地被绞杀或者砍杀，而是要让罪犯在折磨中死去。比如，对于在架上使用火刑的罪犯需要使用尖锐的器具将罪犯的手造成严重的损害，然后让罪犯站在布有荆棘的火板上被活活烧死。伪造公文的将被砍断双手。强奸自由民女性的将被割掉生殖器官。在亚述，① 被判刑的罪犯，有的被扔在野兽群中，有的被扔到火板上，或者被绑在铜炉上被慢慢烤死，或者将眼睛挖出。在叙利亚的一些部落中，罪犯将被石头打死，或者将骨头与内脏用火把烧掉。在古代印度，根据摩奴法典，死刑分为一般的死刑与加重的死刑。后者又分为在桩上撕开、火刑、被大象踩碎、溺死、将油灌入耳部与口部被烧死、在公共场所让狗咬死、使用剃刀将罪犯割成小块。侮辱上等人杜威届司（Dwijjas）的最下等的人将被割去舌头。②

虽然古希腊是现代西方文明的发源地，但是根据美国学者卡尔森（N. A. Carlson）等的研究，古希腊的刑罚也是比较残酷的。在古希腊，对有罪者实施的死刑有捆在板子上、从悬崖扔下、折磨至死。公元前621年，《德拉古法典》出台。根据这部法典，刑罚有鞭刑、烙刑、四分五裂、残废刑，盗窃要被砍手、撒谎要被割舌、强奸犯要被去势、通奸者要在前额烙C字、偷棵白菜要

---

① 亚述（Assyria）是古代西亚奴隶制国家，位于底格里斯河中游。公元前30世纪中叶，属于闪米特族的亚述人在此建立亚述尔城后逐渐形成贵族专制的奴隶制城邦。http://baike. baidu. com/view/63808. htm, 2011 - 12 - 08。

② Durkheim, E. "Two Laws of Penal Evolution", In D. Melossi（Eds.）, The Sociology of Punishment - Socio - Structural Perspectives. Aldershot: Dartmouth Publishing Company Limited, Vermont: Ashgate Publishing Company, 1998, pp. 32 ~ 38.

被判处死刑。《德拉古法典》被认为是"酷刑法典"的同义词。①

根据英国学者皮特（E. M. Peter）的研究，② 当时雅典的刑罚主要有：使用石头砸死；将罪犯扔下山崖；将罪犯绑在柱子上让其慢慢死去；摧毁罪犯的住房；没收财产。虽然当时监狱已经出现，公元前 640 年马梅尔定（Mamertine）监狱建立，③ 但是监狱只作为临时的审判前拘押场所。柏拉图认为，刑罚的目的就在于威慑，而不是报应。

皮特指出，④ 当时国家刑罚都比较残酷。在古代以色列，犯罪被认为违反了与上帝的协议，违反了戒律。早期的刑罚主要是死刑与驱逐。在执行死刑前，罪犯被关押在监狱。死刑执行被认为是平息上帝愤怒的需要。报应性也赞同支持死刑，即"以眼还眼，以牙还牙"。死刑的形式有使用石头砸死、火刑、砍头、绞刑。其他刑罚有肉刑、罚金等，肉刑的形式有鞭刑、残疾刑。古罗马的主要刑罚也是死刑。死刑有火刑、将罪犯扔下山崖、砍头、用噪音使罪犯死亡、绞刑、砍头、扔给野兽、钉在十字架。此外，还有驱逐、劳役、角斗。在 1 世纪的古罗马也有监狱。历史学家斯卡西里（Diocorus Scarcely）考证，古罗马监狱就是个地窖，地窖有不超过 9 人的空间；监狱内黑暗、肮脏，恶臭袭人，靠近它，很少有人能够忍受。监狱是执行死刑前的拘押场所。

古代中国的刑罚同样非常残酷，夏代逐步确立了墨、劓、荆、宫、大辟的五刑制度。商代时盘庚规定，"乃有不吉不迪，颠越不恭，暂遇奸宄，我乃劓、殄灭之无遗育"。死刑除去斩刑外，还有醢、脯、焚、剖心、刳、剔等刑杀手段。

关于中世纪的刑罚，西莉亚·布朗奇菲尔德在其著作《刑罚的故事》中讲道，⑤ 整个中世纪，监禁是一种非常罕见的刑罚。在中世纪，监狱仅仅是等待处刑的罪犯的收容箱。最初，监狱只是在要塞中设置的牢笼或在公共建筑地下室中临时设置的小房间。12 世纪之后，城堡建筑师开始把监狱单人牢房结合在堡塔

---

① Carlson, N. A., Hess, K. M., Orthmann, C. M. H., Corrections in the 21st Century: A Practical Approach. Belmont: Wadsworth Publishing Company, 1999, pp. 42 ~ 43.

② Peter, E. M., "Prison Before the Prison: The Ancient and Medieval Worlds", In Morris, N., Rothman, D. (Eds.), The Oxford History of the Prison: the Practice of Punishment in Western Society. New York: Oxford University Press, 1995, pp. 42.

③ Carlson, N. A., Hess, K. M., Orthmann, C. M. H., Corrections in the 21st Century: A Practical Approach. Belmont: Wadsworth Publishing Company, 1999, pp. 42 ~ 43.

④ Peter, E. M., "Prison Before the Prison: The Ancient and Medieval Worlds", In Morris, N., Rothman, D. (Eds.), The Oxford History of the Prison: the Practice of Punishment in Western Society. New York: Oxford University Press, 1995, pp. 42.

⑤ ［加］西莉亚·布朗奇菲尔德著，郭建安译：《刑罚的故事》，法律出版社 2006 年版，第 14 页。

和地牢之中。典型的单人房间是一个顶低、无灯、带有通风孔和厕所蹲坑的房间。除了或许有些稻草之外就再没有任何东西了。① 早期欧洲的监狱名称是"地窖"（Dungeon）、"塔"（Tower）、"拘押场所"（Gaol），相当于现在的看守所。功能是审前羁押、行刑前拘押，也用来通过拘押强迫偿还债务、羁押惩罚奴隶。② 中世纪的刑罚主要是死刑、肉刑。

死刑的执行方法有快速的执行方式与慢速的执行方式。死刑的快速的执行方式有砍头（Beheading）、绞刑（Hanging）、勒杀（Strangulation/Garroting）、活埋（Burying Alive）、水淹（Drowning）、在板条上行走摔死（Walking the Plank）、从高处推下（Dropping from High Places）、射杀（Shooting）等。死刑的慢速的执行方式有火刑（Burning）、煮刑（Boiling）、凌迟刑（Slicing）、十字架钉死（Crucifixion）、四马分尸（Draw and Quartering）、轮刑（Broken of the Wheel）。根据历史记载，死刑的具体方法又有差别。例如，煮刑（Boiling）的执行，有的是将人放水中煮，有的是放油中煎，还有的是将滚烫的金属物灌入人的喉咙。③

肉刑的主要种类有鞭刑（Flogging/Whipping）、烙刑（Branding）、拉扯四肢的刑罚（Stretching/Racking）、跪着拖拉的刑罚（Keel - hauling）、使身体残废的刑罚（Amputations）、破坏面相的刑罚（Other Disfigurements/Mutilations）等。④

在肉刑中，虽然鞭刑是轻刑，但是其带给受刑人的痛苦也是很重的。鞭子分为许多种，有 3 根皮条的、5 根皮条的、6 根皮条的、9 根皮条的，还有带结的、带球的、带钉的。致命的俄罗斯鞭中间夹着金属线以使鞭子变得更硬。在中世纪的英格兰，最普通的鞭子是九尾鞭。这种鞭子在尾部突变为金属爪。到 18 世纪，九尾鞭去掉了金属爪，但仍然是一种可怕的体罚工具。在一个罪犯背上抽打 300 鞭能够打得他皮开肉绽，打上 500 鞭能够要他的命。⑤ 俄国的行刑者"发明"带鱼钩的皮鞭用以执行鞭刑。因为鱼钩往往带下被行刑者的肉，使用这种鞭执行鞭

---

① ［加］西莉亚·布朗奇菲尔德著，郭建安译：《刑罚的故事》，法律出版社 2006 年版，第 14 页。

② Schmalleger, F. & Syykla, J. O., Corrections in the 21st Century. New York：McGraw - Hill, 2007, p. 52.

③ Miethe T. D. & Lu, H., Punishment - A Comparative Historical Perspective. Cambridge：Cambridge University, 2005, pp. 38 ~ 39.

④ Miethe T. D. & Lu, H., Punishment - A Comparative Historical Perspective. Cambridge：Cambridge University, 2005, p. 32, p. 38.

⑤ ［加］西莉亚·布朗奇菲尔德著，郭建安译：《刑罚的故事》，法律出版社 2006 年版，第 26 页。

刑，犯人有时会因为疼痛或者流血过多而死亡。①

此外，还有羞辱性刑罚，如颈手枷（Stocks/Pillory）。在中世纪的欧洲，经常使用颈手枷将罪犯身体"固定"，然后将其放在公众场合。这样，一者羞辱罪犯，二者进行一般威慑与特别威慑。因为公众常常不仅使用言语侮辱罪犯，而且使用暴力。为限制公众的暴力，因此这些设施被围栏围住。于是，公众便使用臭鸡蛋或者烂水果袭击被颈手枷等"固定"的罪犯。②

14世纪欧洲出现了文艺复兴。中世纪的酷烈刑罚与文艺复兴的思想主旨相冲突。文艺复兴对酷刑制度与实践予以了猛烈的冲击。

文艺复兴（意大利语：Rinascimento，由"重新"ri-和"出生"nascere构成；法语：La Renaissance）是14世纪中叶至17世纪初发生在欧洲的思想文化运动。在中世纪晚期发源于佛罗伦萨，后扩展至欧洲各国。

14世纪末，由于信仰伊斯兰教的奥斯曼帝国的入侵，东罗马的许多学者，带着大批的古希腊和古罗马的艺术珍品和文学、历史、哲学等书籍，纷纷逃往西欧避难。一些东罗马的学者在意大利的佛罗伦萨办了一所叫"希腊学院"的学校，讲授古希腊和古罗马辉煌的历史文明和文化等。古希腊和古罗马的文化和艺术很快传播开来。中世纪的后期，在生产力的发展等多种条件的促生下资本主义萌芽在欧洲的意大利首先出现。城市经济的繁荣，使事业成功而财富巨大的富商、作坊主和银行家等更加相信个人的价值和力量，更加充满创新进取、冒险求胜的精神。多才多艺、高雅博学之士开始受到人们的普遍尊重。但丁、彼特拉克、薄伽丘、达·芬奇、米开朗基罗、哥白尼、伽利略等一展才华，促进了人类文化的大发展，主要表现有：人文主义的兴起，艺术风格的更新，空想社会主义的出现，近代自然科学开始发展，印刷术的应用和科学文化知识的传播，等等。

文艺复兴的核心思想是人文主义。人文主义者以"人性"反对"神性"，用"人权"反对"神权"。他们非常不满教会对精神世界的控制，他们要求以人为中心，而不是以神为中心，他们歌颂人的智慧和力量，赞美人性的完美与崇高，反对宗教的专横统治和等级制度，主张个性解放和平等自由，提倡发扬人的个性，要求现世幸福和人间欢乐，提倡科学文化知识。人文主义理念的重点是"人"，人文主义追求人的本能的发挥，认为"人"追求真、善、美，是社会发展的动力。

人文主义要求尊重人，而当时的刑罚，即使是颈手枷，也显然与人文主义相

---

① Schmalleger, F. & Syykla, J. O., Corrections in the 21st Century. New York：McGraw-Hill, 2007, p. 67.

② Miethe T. D. & Lu, H., Punishment – A Comparative Historical Perspective. Cambridge：Cambridge University, 2005, p. 32.

冲突。人文主义的传播必然要求降低刑罚烈度，要求刑罚文明化。

英国之所以最终设立布莱德威尔劳动所，似乎是因为统治者已用尽严厉的刑罚，从鞭刑到致残刑、死刑与暴尸，① 但无济于事，仍然不能控制犯罪，才选择设立了布莱德威尔劳动所。可是，如果将布莱德威尔劳动所的设立置于文艺复兴的大背景下，我们可以看到，设立布莱德威尔劳动所有被迫的一面，也有主动的一面。英国比较快、比较早地接受了人文主义。莫尔（T. More）和莎士比亚是人文主义思想在英国的代表人物。莫尔的"空想社会主义"和莎士比亚的作品，首先影响英国，然后影响别的国家。人文主义具有文化的基本性。人文主义不仅影响文艺作品的创作，也对刑事政策的制定有影响。人文主义影响到英国当时的刑事政策选择，符合文化传播逻辑。设立布莱德威尔劳动所，体现了英国在人文主义上的选择。

（三）　布莱德威尔劳动所是基督教悔罪文化发展的产物

基督教是以新旧约全书为圣经，信仰人类有原罪的一神论宗教。虔诚的基督徒相信耶稣为神子，耶稣为拯救世人而被钉在十字架上，从而洗清人类原罪，拯救人类。基督教发源于巴勒斯坦地区，后传到欧洲以及世界其他地区，包括英国。

悔罪是基督教文化中的重要组成部分。信徒要悔罪，犯罪者更在题义内。

那么，如何悔罪？在基督教中，通常的悔罪是向主忏悔。但是进入中世纪后，为强化出轨教士的悔罪之心，通过关押促进罪犯悔改（Penitence）。中世纪时，一些修道院中建立有宗教监狱（Monastic Prison）。罪犯被关押在单人间。到12世纪、13世纪，由于教权的扩张，教皇英诺森三世将纠问制由教士推向世俗社会中的普通教民。一些违反宗教法的普通教民也被关押在宗教监狱中悔罪。② 美国学者卡尔森指出，当时，大多数大的宗教场所都有监禁机构。对违反宗教法的人，寺院让罪犯独居、祈祷，希冀罪犯悔过。③ 到16世纪，欧洲国家很多世俗司法机构要求刑罚执行机构通过隔离罪犯让罪犯悔改、悔罪。④ 悔罪与关押、

---

① Garland, D., Punishment and Modern Society - A Study in Social Theory. Oxford: Clarendon Press, 1990, p. 97.

② Peter, E. M., "Prison Before the Prison: The Ancient and Medieval Worlds", In Morris, N., Rothman, D. (Eds.), The Oxford History of the Prison: the Practice of Punishment in Western Society. New York: Oxford University Press, 1995, pp. 3~43.

③ Carlson, N. A., Hess, K. M., Orthmann, C. M. H., Corrections in the 21st Century: A Practical Approach. Belmont: Wadsworth Publishing Company, 1999, p. 46.

④ Whitehead, J. T., Pollock, J. M. & Braswell, M. C., Exploring Corrections in America. Cincinnati: Anderson Publishing Co., 2003, p. 32.

隔离密切联系起来。18 世纪美国的独居制的文化渊源可以追寻到中世纪的隔离悔改。

不仅隔离具有宗教根源，要求罪犯劳动也有浓厚的宗教根源。

16 世纪初期，天主教会内部腐败的情况十分严重，其中最受指责的就是出卖赎罪券以搜刮民财、征收重税以及买卖教职等。当时的德国每年都有大量的财富流入罗马教廷。德国被称为"教皇的奶牛"。1517 年 10 月 31 日，威登堡大学的神学教授马丁·路德贴出他的著名的《九十五条论纲》，拉开了宗教改革的序幕。《九十五条论纲》提出"因信称义"，信仰即可得救，每个人都可以和上帝直接沟通；《圣经》是信仰的唯一源泉（之前教皇也被看成是神，也是信仰的来源）；每个信徒都可以自己的方式自由解释《圣经》等。宗教改革的著名人物除了马丁·路德，还有加尔文及慈运理等人。改革的结果是新教教派迅速发展。

跟传统天主教相比，首先，新教彻底否定了天主教的"圣礼得救"、"善功赎罪"论，认为圣礼和善功对于灵魂拯救是毫无用处的，这样就使广大信徒能够从各种复杂、烦琐的宗教活动和仪式中解脱出来，从而能把更多的时间和精力投入世俗的工作与生产劳动中。其次，由马丁·路德奠基、加尔文进一步发展的新教救赎观认为，人是否可以得到灵魂拯救，取决于他是上帝的"选民"还是"弃民"，而"选民"的标志就是在尘世间取得事业的成功。因此，人们只有勤勤恳恳、热爱劳动、刻苦努力，才能够证明自己是上帝的"选民"。加尔文主张"先定论"，即人得救与否完全是神所预定的，但又不赞同宿命论；相反的，他认为虔诚的信仰与完美的德行是每一个将要得救的基督徒的义务，他们应该在世间努力劳动工作以荣神益人。这样一来，就把基督徒最关心的灵魂拯救问题与人们在尘世间的工作表现和事业成就联系起来，因而有力地调动和激发了人们的工作积极性、进取性和创造性，使广大新教徒在经济活动中体现出高度的勤奋和实干精神。最后，要想取得成功，不仅需要通过勤奋工作来创造财富，而且还需要通过生活上的节俭来积累财富，生活上严格自律、节欲。新教的精神被概括为"入世苦修主义"。

英国是一个接受新教的国家。在英国的新教徒看来，劳动不仅是生活需要，而且是修行的需要，培养道德的需要，成为一个体面的人的需要。将罪犯、流浪汉送到布莱德威尔劳动所是帮助罪犯、流浪汉学习勤奋与节俭，[①] 帮助他们恢复

---

① Schmalleger, F. & Syykla, J. O. Corrections in the 21st Century. New York：McGraw - Hill, 2007, p. 53.

道德的生活。①

如果说布莱德威尔劳动所尚未清楚表明设立劳动所的宗教价值，布莱德威尔劳动所之后设立的劳动所则清楚表明了劳动所设立的宗教价值，即通过监禁、劳动使罪犯悔罪。

当德国汉堡的一所从事织造的（Spinnhaus）劳动所设立时，官方对设立这所劳动所的目的表述为：为了上帝的荣耀，拯救罪人的灵魂而设立。② 在法国一所名为"豪皮投·詹尼然（Hopitaux Generaux）的劳动所成立仪式上，迪诺（Dunod）神父说："这里既是宗教设施，也是研讨会场，还是工厂。"③ 在阿姆斯特丹的劳动所，每个罪犯都被要求学会感谢主。每天早上、中午与晚上都有仪式。罪犯如果违反纪律，第一次的惩罚是不让吃饭，第二次则可以由管理者任意处置。④ 1704年教皇克莱门特（Clement）建立了名为"圣米柯"（San Michele）的劳动所，这所劳动所关押未满20岁的罪犯，对罪犯实施沉默制管理，罪犯白天在中央大厅劳动与吃饭，晚上返回自己的房间。劳动所突出两项工作：一是劳动；二是研读《圣经》。教皇在门上为劳动所题的字是："仅仅惩罚是不够的，重要的是要通过改造让他们过道德的生活。"⑤ 劳动改造跃然纸上。

这里要补充说明的是，虽然在布莱德威尔劳动所问世前，监狱通常作为审判前或者执行前的拘押场所，但是也有极少数的监狱在执行监禁惩罚的任务。布莱德威尔劳动所具有一定的实践基础。

根据英国学者皮特的研究，⑥ 英王威廉一世在12世纪建立了伦敦塔关押他的敌人。这是英国的第一个皇家监狱。后来又出现了关押战犯、债务人的监狱。在伊比利亚半岛，10世纪、11世纪的刑罚是罚金、没收财产、驱逐刑、残废刑、绞刑，在12世纪、13世纪则是死刑（绞刑、淹死刑、水煮刑）、残废刑（砍手、

---

① Spierceburd, P., "The Body and the State: Early Modern Europe", In Morris, N., Rothman, D. (Eds.), The Oxford History of the Prison: the Practice of Punishment in Western Society, New York: Oxford University Press, 1995, pp. 44~70.

② Rusche, G. & Kirchheimer, O., Punishment and Social Structure. New Brunswick: Transaction Publishers, 2003, p. 46.

③ Rusche, G. & Kirchheimer, O., Punishment and Social Structure. New Brunswick: Transaction Publishers, 2003, p. 45.

④ Rusche, G. & Kirchheimer, O., Punishment and Social Structure. New Brunswick: Transaction Publishers, 2003, p. 45.

⑤ Carlson, N. A., Hess, K. M., Orthmann, C. M. H., Corrections in the 21st Century: A Practical Approach. Belmont: Wadsworth Publishing Company, 1999, p. 53.

⑥ Peter, E. M., "Prison Before the Prison: The Ancient and Medieval Worlds", In Morris, N., Rothman, D. (Eds.), The Oxford History of the Prison: the Practice of Punishment in Western Society. New York: Oxford University Press, 1995, pp. 3~43.

砍脚、割鼻、割嘴唇、割耳、割乳房）、罚金、监禁刑。监禁刑在小范围使用。在威尼斯、佛罗伦萨，监禁刑已经开始作为惩罚罪犯的措施推行。在 13 世纪末，佛罗伦萨建立了勒·斯丁奈思（Le Stinche）监狱。其他城市开始效仿。法国的勒普·德博马努瓦（Philippe de Beaumanoir，1247～1296）认为，刑罚应当包括生命刑、监禁刑与财产刑。他认为监禁刑可以适用于债务犯罪、伪证、共同犯罪的犯罪分子。13 世纪，监禁刑在法国得到一定发展，监禁刑不仅适用于亵渎上帝的犯罪，也开始适用于诸如盗窃等犯罪。1312 年珀西瓦尔·德奈（Perceval d'Aunay）案中判决入室抢劫案的犯罪分子为监禁刑。当然，监禁刑在当时并不经常使用。

三、罪犯改造思想的传播：罪犯劳动所的发展

由于布莱德威尔劳动所有利于解决 16 世纪时英国的流浪者、乞丐问题，有利于解决工业企业劳动力紧缺问题，所以劳动所在英国各地迅速开办起来，到 1631 年英国每个县都有了像布莱德威尔劳动所一样的改造设施。[①] 不仅如此，欧洲其他国家也开始设立劳动所。比较有名的劳动所有：巴黎的豪皮投·詹尼然（Hopitaux Generaux）劳动所，阿姆斯特丹的萨斯陶思（Zuchthaus）与斯宾浩斯（Spinnhaus）两个劳动所。[②] 阿姆斯特丹的这两个劳动所，关押男犯的叫"锉房"，关押女犯的叫"织造所"，由于建立了一整套管理制度，因而它在监狱史上被认为具有开辟新篇章的意义。

在英国，罪犯所从事的劳动有纺毛、织布、制衣、种植、烘烤面包等。[③]

在法国，罪犯被强迫在军舰上划船。这大约持续了 200 年。到 18 世纪中期，强迫罪犯到土伦（Toulon）、布里斯托（Brest）、罗什福尔（Rochefort）等地方的船厂劳动。罪犯白天劳动，晚上到军械仓库睡觉，睡觉时还使用镣铐铐在床上。

在德国、瑞士，罪犯所从事的劳动包括铁矿井下挖掘、修围墙、修路、建房子、粪便清理等。[④]

罪犯的劳动形式除了在"劳动所"参加劳动外，还有"划船"（Galley）与"流放"（Transportation）等形式。利用罪犯划船最早出现在欧洲国家，如法国与

---

① Hardman, P., "The Origins of Imprisonment", Prison Service Journal, 2008, 177, pp. 16～22.

② Garland, D., Punishment and Modern Society – A Study in Social Theory. Oxford：Clarendon Press, 1990, p. 101.

③ Schmalleger, F. & Syykla, J. O., Corrections in the 21st Century. New York：McGraw – Hill, 2007, p. 51.

④ Schmalleger, F. & Syykla, J. O., Corrections in the 21st Century. New York：McGraw – Hill, 2007, p. 52.

西班牙，存在时期大约是从 15 世纪末期到 18 世纪。这种劳动形式出现的原因是当时招不到划船工，于是一些身强体壮的罪犯就被送到船上。当船上的罪犯不再能够胜任这方面劳动，便被释放。18 世纪初由于造船技术水平的提高，而不再需要划船工，这种形式的劳动组织方式慢慢消失。"流放"是 15 世纪随着殖民地开拓最早由西班牙与葡萄牙基于军事占领与殖民最先使用的。英国则是从 16 世纪开始直至 19 世纪中期使用这种措施。美国学者瑞茨（G. Rusche）与克茨海默（O. Kirchheimer）认为，由于殖民地广阔，侵占国家对殖民地产品的需要，而侵占国家的劳动力又紧缺，于是"流放"出现。在 18 世纪，英国将犯盗窃罪与其他罪行的罪犯大量送往美国。17 世纪末到美国革命前，估计有 5 万名罪犯被送到美国。① 虽然这似乎是给罪犯一次改过自新的机会，因为其接受一段强迫劳动后，就可以在殖民地定居，但更大的意义却是经济因素。由于贩奴，特别是美国革命，导致英国的流放执行受到挫折。为此，英国在靠近海岸的地方设置囚船，让罪犯从事公共劳动，如建岸堤、清理河口。1787 年后，由于澳大利亚的殖民，流放重新执行，大量罪犯被送往澳大利亚。在 1830 年高峰时期，英国每年送到澳大利亚与其他殖民地的犯罪人达到 5000 人，占英国法院判处有罪犯罪人的 1/3。② 这些罪犯到澳大利亚后，被送到工地上筑路和架桥，还有许多罪犯被作为廉价劳动力出租给了自由殖民者。

当然，组织罪犯劳动的最基本形式还是"劳动所"。

四、现实对理想的背叛：对罪犯改造早期探索的评价

根据英国谢菲尔德（Sheffield）大学的哈德曼（P. Hardman）考证，以提出乌托邦概念闻名的莫尔（T. More）是改造思想的最早的倡导者之一。莫尔在 1515 年就指出，罪犯之所以犯罪，就是因为罪犯无所事事，少年时缺乏教育，因而需要改造，而不是惩罚。卡尔森（N. A. Carlson）也持有同样的主张。他认为，莫尔提出了"刑罚不能预防犯罪，引发犯罪的原因是人们的无所事事与贫穷，不解决这两个问题，犯罪不能控制"③ 的观点。在当时，主张对罪犯进行改造的观点不独为莫尔所持有，政治作家斯塔科特（T. Starkeyt）也主张对罪犯进行改造：罪犯之所以无所事事，就是因为少年时缺乏教育。斯塔科特认为，让罪

---

① Smith，A. E.，Colonists in Bondage. Chapel Hill：University of North Carolina Press，1947.

② Emsley，C.，Crime and Society in England，1750 ~ 1900. London：Longman，1987，p. 223.

③ Carlson，N. A.，Hess，K. M.，Orthmann，C. M. H.，Corrections in the 21st Century：A Practical Approach. Belmont：Wadsworth Publishing Company，1999，p. 57.

犯参加劳动，既可以使罪犯免除无所事事，使罪犯养成劳动习惯，同时也贡献于社会。莫尔、斯塔科特的观点反映了人类刑罚道德化的要求。

罪犯劳动所的建立最重要的价值在于将罪犯改造理想付诸实践。在布莱德威尔劳动所成立之前，人类在刑罚领域只有罪犯惩罚，而没有罪犯"改造"，更没有过"改造"罪犯的实践，而布莱德威尔劳动所将"改造"观念引入刑罚领域，从此，刑罚领域的精神与面貌逐步发生变化，最终促成现代刑罚与刑罚执行制度。

罪犯劳动所的建立与推行使得监禁普遍推行，在一定程度上替代了死刑、肉刑，为监禁刑登堂入室作了制度与设施上的准备。

罪犯劳动所的出现为现代监狱管理作了初步的探索，成为现代监狱产生与发展的基础。

虽然劳动所创立的重要目的是通过劳动改造罪犯，这些机构都打出改造罪犯的旗号，被称为矫正工厂（House of Correction），但是由于罪犯劳动力可以创造财富，因此罪犯实际被当成低廉劳动力使用。英国法社会学家哥兰德（D. Garland）认为，这些劳动所只是将不良住房、工厂与刑罚设施联结在一起。其主要目标是使用严格的纪律与秩序将不愿意劳动的人的劳动力调动起来。罪犯有时也接受职业训练，以帮助他们在被释放时进入劳动市场。① 按照美国马克思主义犯罪学家瑞茨（G. Rusche）与克茨海默（O. Kirchheimer）的观点，早期的监狱就是作为劳动力剥削机构与劳动力训练设施而设立的。②

第二节　罪犯改造实质性的突破与制度化

虽然布莱德威尔劳动所率先提出罪犯改造，但是布莱德威尔劳动所的罪犯改造并未登堂入室，罪犯改造并未被确定为刑罚执行的基本目标。事实上，不仅16 世纪，即使17 世纪末 18 世纪初英国的刑罚仍然具有浓厚的威慑主义色彩，刑罚仍然以威慑为基本目的。在1688 年时，当时的法典规定有50 种犯罪可以被处以死刑，但这个数量到了1776 年却达到了 1688 年的 4 倍之多。一个人砍倒一棵小树，偷一块面包，甚至是在沉船上打捞财物，都可以判处死刑。③ 人们使用

---

① Garland, D., Punishment and Modern Society – A Study in Social Theory. Oxford：Clarendon Press, 1990, p. 101.

② Rusche, G. & Kirchheimer, O., Punishment and Social Structure. New Brunswick：Transaction Publishers, 2003, p. 63.

③ Wilf, S., Law's Imagined Republic：Popular Politics and Criminal Justice in Revolutionary America. Cambridge：Cambridge University Press, 2010, p. 139.

"血腥法典"（Bloody Code）一词称呼 1688 年到 1815 年间英国的刑事法律。

罪犯改造登堂入室，成为刑罚执行的基本目标，始于 18 世纪、19 世纪的美国。18 世纪后由于美国找到了实现罪犯改造的方法，使罪犯改造有了载体，罪犯改造开始在刑罚领域落地生根，并不断发展，最终闯入刑罚执行的目的王国，使得罪犯改造走向灿烂。

一、寻求刑罚文明：美国改革家的困惑

不仅中世纪的欧洲刑罚残酷，即使在殖民地时代的美国，刑罚也很残酷。德舒卫芝（A. M. Dershowitz）指出，在殖民地时代，矫正与刑事司法没有任何联系。当时，刑事司法的任务就是及时、公开与严厉地惩罚犯罪行为。① 美国殖民地时代的刑罚具有三大特点：第一，除了金钱罚，主要使用造成罪犯身体痛苦或者生活不方便的肉刑。当时使用最多的刑罚是鞭刑。鞭刑的"诱人"之处在于能够迅速带给罪犯痛苦，执行起来便利、容易。鞭刑的执行是公开的，通常的做法是将罪犯绑好，然后由行刑人员执行，但是执行中往往希望观众参与，共同殴打罪犯。第二，使用侮辱罪犯人格的刑罚。当时的美国对罪犯使用烙刑。例如，在马里兰州对渎神的罪犯要在其前额烙上 B 字；在纽约对小偷要在其拇指烙上 T 字；还有的地方强迫罪犯穿上印有字的上衣，像霍桑（Nathaniel Hawthorne）的小说《红字》（The Scarlet Letter）中描述的。② 对于长舌妇，当时有种做法是将其绑在椅子上，然后支起一个杠杆，将椅子放在一端，并将这一段置于河中或者池塘中，然后在众人的取笑中反复将人置于水中，直至确信其将来不再传播谣言等。③ 第三，肉刑与罚金结合使用。比如在马萨诸塞州，当小偷因第一次盗窃而被定罪，司法机构对其施以鞭刑或者罚金。当行为人第二次盗窃而被认定为犯罪后将被施以鞭刑 30 下，然后用根绳子绕住脖子在绞刑架下待 1 小时。当罪犯又犯盗窃罪，认定该罪犯不可能悔改，则对其施以绞刑。④

美国独立后，源于英国功利主义思想家、法国思想家的思想被美国人所接受，成为美国思想的一部分，天赋人权被广泛接受，理性主义融入美国文化。在这种背景下，人们视传统的刑罚为非理性与野蛮的，欲像扫除英国统治一样将其

---

① Dershowitz, A. M., "Background Paper", In Twentieth Century Task Forceon Criminal Sentence, Fair and Certain Punishment. New York：McGraw – Hill, 1976, pp. 67 ~ 130.

② Cullen, F. T. & Gilbert, K. E., Reaffirming Rehabilitation. Ohio, Cincinati：Anderson Publishing Co., 1982, p. 48.

③ Earle, A. M., Curious Punishments of Bygone Days. Montclair, N. J.：Patterson Smith, 1969, Originally Published in 1896, pp. 11 ~ 28.

④ Rothman, D. J., The Discovery of the Asylum：Social Order and Disorder in the New Republic. Boston：Brown and Company, 1971, p. 52.

摆脱。贝卡利亚与其他启蒙学者的著作受到人们的青睐。尽管贝氏的书是 1764
年出版的，但是 1777 年美国就有了其英文版本。①

贝卡利亚受孟德斯鸠、伏尔泰的影响最深。其主张的核心概念是社会契约
论。他倡导下列刑罚原则：② 第一，社会行动建立在多数人利益的功利基础上。
第二，犯罪是对社会的伤害，对待犯罪的唯一理性方式是控制伤害的范围。第
三，预防犯罪比惩罚犯罪更重要，因而应当开展普法教育，让公众知道他们会得
到什么样的法律帮助，守法会得到什么样的回报。第四，秘密审判与刑讯逼供应
当被废除，对被告人的审判应当加快，而且要给予人道的待遇。第五，刑罚的目
的应当是威慑社会，而不是为了报复犯罪人。刑罚对犯罪分子的有效威慑不在于
刑罚的严厉，而是刑罚的确定性与刑罚反应的快捷性。刑罚应当与犯罪建立相适
应的关系。对于财产犯应当使用罚金，对于不能支付罚金的应当使用监禁。死刑
应当被取消，因为有期徒刑在威慑犯罪方面更有效。第六，监禁应当广泛使用，
但是应当根据年龄、性别、犯罪程度分类关押。

美国的改革者接受了下列观点：罪刑相适应；在保证刑罚所带之害大于犯罪
所带之利中，刑罚的确定性至关重要；过重的刑罚不仅不合法，而且削弱刑罚的
威慑性；监禁应当广泛使用。③

在贝卡利亚与其他启蒙学者的影响下，美国改革家试图开创美国的人道的、
理性的刑罚，但摆在改革者面前的问题是：用什么刑罚代替旧的刑罚，用什么刑
罚代替肉刑、死刑？用于惩罚重罪的刑罚是什么？④ 建立一个新世界的难度远高
于破坏一个旧世界的难度。

二、独居制的问世：贵格会的创举

今天看来，宾夕法尼亚州的贵格会（Quaker）的教徒在刑罚创新上的努力
最终为美国刑罚改革找到了一条出路。

当时的宾夕法尼亚州的主要居住者是贵格会的教徒。"贵格"中文意为"震
颤者"。贵格会又称公谊会或者教友派（Religious Society of Friends），是基督教
新教的一个派别。该派成立于 17 世纪的英国，创始人为乔治·福克斯。教派名

---

① Cullen, F. T. & Gilbert, K. E., Reaffirming Rehabilitation. Ohio, Cincinati: Anderson
Publishing Co., 1982, pp. 54~63.

② Barnes, H. E. & Teeters, N. K., New Horizons in Criminology. Englewood Cliffs, N J:
Prentice Hall, 1959, p. 322.

③ Cullen, F. T. & Gilbert, K. E., Reaffirming Rehabilitation. Ohio, Cincinati: Anderson
Publishing Co., 1982, pp. 54~63.

④ Cullen, F. T. & Gilbert, K. E., Reaffirming Rehabilitation. Ohio, Cincinati: Anderson
Publishing Co., 1982, p. 51.

称因主张"听到上帝的话而发抖"而得名。但也有说法称在初期宗教聚会中常有教徒全身颤抖，因而得名。贵格会反对任何形式的战争和暴力，不尊敬任何人也不要求别人尊敬自己，不起誓，反对洗礼和圣餐。主张人人生而平等，应当被平等对待；主张任何人之间要像兄弟一样；主张和平主义和宗教自由。贵格会没有等级结构划分，刻意避免在内部出现居于领导地位的神职人员，如牧师或其他大人物。贵格会教徒的聚会一般会在一片沉默中开始。在集会进行中，只要愿意，任何一位聚会者都可以上前发言。贵格会坚决反对奴隶制，在美国南北战争前后的废奴运动中起过重要作用。贵格会在历史上提出过一些很进步的思想，其中一部分现在得到广泛接受。贵格会教徒曾受到英国政府迫害，与清教徒一起移民到美洲，但又受到清教徒的迫害，大批贵格会教徒逃离马萨诸塞州而定居在罗得岛州和宾夕法尼亚州等地。由于宾夕法尼亚州有大量贵格会教徒聚居，人们有时将费城（Philadelphia）称贵格城。贵格会主张对罪犯进行改造，将改造作为刑罚执行方式。

当美国刚独立时，位于费城沃尔纳特街（Walnut Street）的看守所的管理人员常向被关押人卖酒，而被关押人为了饮酒常对更弱的被关押人施暴，甚至将同伴的衣服扯走卖了然后买酒。目睹这些，费城的医生、作家，独立宣言的签字人之一拉什（B. Rush）于1787年3月9日约一些人到了富兰克林（B. Franklin）家谈他的刑事司法改革计划。富兰克林（1706～1790）是18世纪美国的实业家、科学家、社会活动家、思想家、文学家和外交家。他是美国历史上第一位享有国际声誉的科学家和发明家，为了对电进行探索曾经做过著名的"风筝实验"。他最先提出了避雷针的设想。他是一位优秀的政治家，是美国独立战争的老战士。他参加起草了独立宣言和美国宪法，积极主张废除奴隶制度，深受美国人民的崇敬。他是美国第一位驻法国的大使。拉什建议监狱应当改造罪犯而不是羞辱罪犯，他呼吁监狱对罪犯实施改造计划，对罪犯进行分类关押、推行监狱劳动、不定期刑、个别矫正处遇。[①]

在拉什的努力下，"费城减轻罪犯痛苦协会"（The Philadelphia Society for Alleviating the Miseries of Public Prisons）于1787年5月8日创立。协会的章程不仅反映了贵格会的乐观主义、人道主义，而且反映其对刑罚的态度，那就是帮助罪犯恢复做人的道德与尊严。[②] 当时他们考虑的一个重要问题是：如何使新的制

---

① Gill, H. B., "Correctional Philosophy and Architecture", Journal of Criminal Law, Criminology, and Police Science, 1962, 53, pp. 312～313.

② Cullen, F. T. & Gilbert, K. E., Reaffirming Rehabilitation. Ohio, Cincinati: Anderson Publishing Co., 1982, p. 56.

度有利于罪犯改造而不是腐败？他们从英国人霍华德（J. Howard）那里得到启示。① 霍华德在他47岁时开始关注监狱中的罪犯疾病问题。当他视察他所管辖的3个监狱时看到监狱内很多罪犯都患有疾病，狱内臭气熏天，监狱内违法行为比比皆是，他非常生气。为了寻找好的监狱模式，他于1773~1790年到欧洲其他国家考察。他对佛兰德斯（Flanders）② 的哥特（Ghent）监狱与意大利的圣米柯男性少年犯矫正所（St. Michele House of Correction for Boys）高度关注。这两所监狱都倡导通过艰苦劳动、祈祷、沉默、夜间独居促进罪犯为善。霍华德主张对罪犯改造，霍华德的座右铭是"与其通过惩罚控制罪犯的恶行，不如通过纪律培养他们的善行"。霍华德主张对罪犯进行宗教教育，使罪犯过有条理的生活，罪犯要参加劳动。③ 霍华德主张对罪犯进行夜间独居管理："如果说白天分开罪犯有些困难，但是夜晚应当将他们分开。独居与沉默对于引导罪犯悔过很有好处。"④ 贵格会教徒丝毫不怀疑霍华德所主张的将罪犯分居的理由。他们已经在费城沃尔纳特街看守所注意到了罪犯交叉感染对强化罪犯犯罪倾向的问题。同时，他们对自己的先人被投入英国监狱所受到的苦难有深刻的感受。于是，贵格会教徒提出要建立独居监舍。"独居加艰苦的劳动是改造（Reform）、教化这些不幸的罪犯的好方法。"⑤

1790年4月5日他们得到授权，在沃尔纳特街看守所建立独居监舍。由于独居监禁要求罪犯忏悔、自责、"闭门思过"，研读《圣经》，可以说，此时，"悔罪所"（Penitentiary）⑥ 制度在美国出现。由于1794年的法律规定除了谋杀犯，其他罪犯都将被送入这所监狱，因而这所监狱被认为是美国第一所州立监

① Cullen, F. T. & Gilbert, K. E., Reaffirming Rehabilitation. Ohio, Cincinati：Anderson Publishing Co.，1982，p. 56.

② 佛兰德斯是西欧的一个历史地名，泛指古代尼德兰南部地区，位于西欧低地西南部、北海沿岸，包括今比利时的东法兰德斯省和西法兰德斯省、法国的加来海峡省和北方省、荷兰的泽兰省。

③ Carlson, N. A., Hess, K. M., Orthmann, C. M. H., Corrections in the 21st Century：A Practical Approach. Belmont：Wadsworth Publishing Company，1999，p. 53.

④ Eriksson, T., The Reformers：A Historical Survey of Prisoner Experiments in the Treatment of Criminals. New York：Elsevier，1976，p. 37.

⑤ McKelvey, B., American Prisons：A History of Good Intentions. Montclair：Patterson Smith，1977，p. 8.

⑥ 国内有学者将Penitentiary译成"教养院"、"感化院"、"监狱"，我国台湾地区还有学者将其译成"惩治监"。笔者认为不大妥当。Penitentiary是从Penance（自责）、Penitent（忏悔的）发展而来的词汇，Penitentiary不仅有关押的意思，而且有忏悔、自责的要求，具有道德反省的价值取向，并未有中文中的"教养"、"感化"之意，或者"惩罚"之意。将Penitentiary译成"悔罪所"可以更好地反映矫正发展初期的那种忏悔精神的宗教文化内涵。

狱。这也是美国第一个大的监禁机构。到1790年，一栋三层包括24间独居室的监狱建成，关押野蛮的、顽固的罪犯，对他们不安排劳动。[①] 1797年沃尔纳特街看守所将罪犯分为四类，被认为最危险的罪犯始终处于独居监禁状态中。在这所监狱管理实践基础上形成的所谓宾州计划，在监狱史上有一定影响：监禁的目的是促进罪犯悔过。方法是将罪犯单独关押，无论是黑夜还是白天，都不允许被关押的罪犯与其他罪犯、社会接触，即使管理人员也要与其少接触。在罪犯室内只放读物《圣经》。每日将分派的做鞋或者纺线的活分给他。有两座监狱接受这种模式：一座是位于匹兹堡的监狱，另一座是位于费城的查里荷（Cherry Hill）监狱。后者是著名建筑学家哈维兰（J. Haviland）设计并于1829年完成的。每个监舍长12英尺（1英尺约0.3米），宽7.5英尺，高16英尺。罪犯每天在与其监舍联结的院中放风1小时。[②]

此时的美国已经开始变成流动的社会，而此时的美国人对犯罪的看法也不同于他们的前辈。他们的前辈认为犯罪是人精神的堕落或者非理性的表现，现在他们认为犯罪是社会到处存在的症状。由于人犯罪被认为是自身抵抗力弱，受社会腐败之气污染，有作者认为，对罪犯"应当将其与家庭、社会隔开，将其置于人造的、没有腐败的环境。在这里他可以学到他曾经忽视的课程，以提高他对邪恶的抵抗"[③]。监狱被认为是帮助罪犯悔罪的理想场所。1797～1817年间美国建立了10所监狱。[④] 尽管此时的监禁刑是一种让人难以忍受的刑罚，但是一般认为，监禁刑是比身体刑在控制流浪者、债务人、神经病、异教徒、罪犯方面文明、人道得多的刑罚。监狱的基本原则需要确立。当时确定的基本原则有：纪律原则，即由于罪犯有无视纪律的经验，要使其改正无视纪律问题，需要纪律管束；劳动原则，即考虑罪犯的游手好闲，为培养他们的好习惯，需要组织罪犯参加劳动；宗教教诲原则，即罪犯要对他们的本罪忏悔；隔离原则，即将罪犯与社会彻底隔离，使他们与污秽的社会隔离，使他们不再受污染，走向告别犯罪的道路。

1818年宾夕法尼亚州在匹兹堡建立了一所新监狱，命名为"西悔罪营"（Western Penitentiary），后来又建立了"东悔罪营"（Eastern Penitentiary）。这是

---

① Clear, T. R. & Cole, G. F. American Corrections. Belmont: Wadsworth, 2000, p. 39.

② Cullen, F. T. & Gilbert, K. E., Reaffirming Rehabilitation. Ohio, Cincinati: Anderson Publishing Co., 1982, pp. 62～63.

③ Rothman, D. J., The Discovery of the Asylum: Social Order and Disorder in the New Republic. Boston: Little, Brown and Company, 1971, p. 71.

④ Carlson, N. A., Hess, K. M., Orthmann, C. M. H., Corrections in the 21st Century: A Practical Approach. Belmont: Wadsworth Publishing Company, 1999, p. 64.

当时美国最大的监狱。罪犯在监狱内不劳动，不与人接触，纯粹独居。①

三、沉默制的出现：两种监狱制度的比较

18 世纪由于工业革命，社会发生了很大的变化，移民美国的人越来越多。监狱人口也上涨很快，特别是当时的纽约、宾夕法尼亚州等地区。1816 年纽约在奥伯恩（Auburn）建了所新监狱，即著名的奥伯恩监狱。受宾夕法尼亚州的独居制思想影响，1821～1823 年该监狱引入独居制。他们将被认为最老的、最恶的罪犯关入独居室中，并且没有让他们劳动。然而，后果却非常不理想：有的罪犯想自杀，有的罪犯心理崩溃。事实上，宾夕法尼亚州的独居制推广后很多人都表示失望，甚至有人说："抛弃这些东西，回到以前的简单的处理犯罪人的道路上吧。"②

在这种情况下，奥伯恩监狱的监狱长林泽（E. L. Lynds）放弃了独居制。林泽设计了一种罪犯管理的新制度，这种制度后来被称为"沉默制"。林泽提出，罪犯们晚上睡觉独居，但是在吃饭、劳动与星期祈祷时应当在一起。但是，当罪犯们在一起时，林泽不允许罪犯说话：罪犯站立步伐要整齐；移动要快步；脚不能离开地面；要面对看守，眼看着地面；严格地沉默；不能接见；不能收邮件；所能接触到的读物就是《圣经》。这种做法要求罪犯劳动，允许罪犯们在一起，但是要求罪犯们保持绝对的沉默。如果说独居制是以高墙为隔绝工具将罪犯分隔，沉默制则是通过沉默纪律并辅以皮鞭将罪犯分开。③

关于沉默制下的监狱管理，美国学者罗德曼（D. Rothman）作过如下描述：大多数监狱每天强迫罪犯劳动 8～10 个小时。在纽约的监狱，罪犯通常是：5 点起床，劳动 2 小时后，早餐；然后工作 3 小时 45 分，午餐；然后劳动 4 小时 45 分。基于沉默、劳动、纪律要求，监狱实施半军事化管理。罪犯需要穿制服、理短发。监狱管理人员也需要穿制服。④

"沉默制"的出现，使得美国监狱出现两种管理制度，使得"独居制"不再孤独，也使"独居制"受到挑战。有的认为沉默制好，有的认为独居制好。前

---

① Carlson, N. A., Hess, K. M., Orthmann, C. M. H., Corrections in the 21st Century: A Practical Approach. Belmont: Wadsworth Publishing Company, 1999, p. 69.

② Gill, H. B., Correctional Philosophy and Architecture. Journal of Criminal Law, Criminology, and Police Science, 1962, 53, p. 313.

③ Miethe T. D. & Lu, H., Punishment – A Comparative Historical Perspective. Cambridge: Cambridge University, 2005, pp. 63～64.

④ Rothman, D., "Perfecting the Prison: United States, 1789～1865", In Morris, N., Rothman, D. (Eds.), The Oxford History of the Prison: the Practice of Punishment in Western Society, New York: Oxford University Press, 1995, pp. 100～116.

者行刑成本低，后者有利于促进罪犯悔改。但是，随着工厂的扩展，新兴的各州陆续采用沉默制。这是因为大家看到沉默制不仅可以帮助国家降低建立监狱的投入，而且可以用以牟取一定的利润，而独居制被视为浪费劳动力的监管模式。加之，由于沉默制中的铁的劳动纪律与工业化的要求一致，组织罪犯劳动有利于罪犯改造。劳动在新教中占有很重要的地位。例如，乘坐"五月花"号最早到达美洲的清教徒认为，艰苦劳动与自律是一种宗教义务。① 德国社会学家韦伯在《新教伦理与资本主义精神》② 一书中认为，勤奋，包括积极参加劳动，是基督教（新教）的伦理。由于劳动被认为是"天职"的行为，成为"上帝选民"的行为，因而要求罪犯参加劳动，不仅是逻辑的要求，也是情感的要求，更是拯救罪犯的要求。于是组织罪犯劳动，不仅得到非新教教徒的支持，而且也得到新教教徒的支持，不仅得到资本家的支持，而且也受到普通群众的拥护。从19世纪中期，林泽推行的监狱管理方式风行美国，几乎成为美国所有监狱的样板。③ 从1825年到1869年之间有30个州采用了沉默制。在实施沉默制的监狱中被认为最好的监狱是1825年在纽约州建的星星（Sing Sing）监狱与1852年在加州建的圣昆丁（San Quentin）监狱。④

四、改造的定位：现代监狱的诞生

19世纪中期美国的悔罪所开始出现拥挤、罪犯不遵守纪律、监管设施不足等问题。1861～1865年的美国内战带给监狱一些新问题。内战期间，罪犯为军队生产大量鞋、靴、衣服等，于是监狱工业发展起来。随着监狱工业的发展，惩罚罪犯问题突出起来。惩罚罪犯问题不仅在北方存在，而且在南方也存在。战后的南方由于监狱被毁，大量罪犯被租给个人企业，罪犯被镣铐连在一起，穿着黑白条的衣服，参加繁重的劳动。⑤ 纽约监狱协会（The New York Prison Association）委派翁石（E. C. Wines）与德怀特（Theodore Dwight）在美国进行有关调查。翁石与德怀特调查了18个州的悔罪营与加拿大的一些监狱，于1867年完成

---

① Miethe T. D. & Lu，H.，Punishment – A Comparative Historical Perspective. Cambridge：Cambridge University，2005，p. 86.

② ［德］马克斯·韦伯著，于晓等译：《新教伦理与资本主义精神》，三联书店1987年版，第35～120页。

③ Cullen，F. T. & Gilbert，K. E.，Reaffirming Rehabilitation. Ohio，Cincinati：Anderson Publishing Co.，1982，p. 64.

④ Carlson，N. A.，Hess，K. M.，Orthmann，C. M. H.，Corrections in the 21st Century：A Practical Approach. Belmont：Wadsworth Publishing Company，1999，p. 71.

⑤ Carlson，N. A.，Hess，K. M.，Orthmann，C. M. H.，Corrections in the 21st Century：A Practical Approach. Belmont：Wadsworth Publishing Company，1999，p. 72.

《美、加监狱工作调查报告》（Report on the Prisons and Reformatories of the United States and Canada）。这个报告与 1777 年英国人霍华德（J. Howard）的报告一样有名。这个报告就美国、加拿大的监狱工作提出下列问题：第一，实践与改造目标差距很大。由于监狱人口的增加，监狱管理中的问题复杂性增加，监狱管理人员逐步放弃罪犯改造的目标，而代之以维护监狱和平与安全等。① 第二，工作人员没有接受训练，不知道如何管理罪犯。第三，罪犯劳动场所不合适。第四，很多监狱使用皮鞭维护纪律，有的地方，如纽约州，还使用像牛轭一样的镣铐加戴给罪犯。第五，罪犯的住宿情况糟糕，如康涅狄格州的威特菲尔德（Whetherfield）监狱，监舍 7 英尺长，3.25 英尺宽，7 英尺高。该报告呼吁监狱改革：主张改善罪犯住宿条件，培训监狱管理人员，对监狱开展巡视；主张按照累进处遇原则释放罪犯。②

由于悔罪所存在监狱人口拥挤、罪犯不遵守纪律、监管设施不足等问题，有的地方的监狱引入"分数制"（Mark System）、假释等以改善悔罪所中的问题。"分数制"是英国人马克诺基（Alexander Maconochie）最早使用的罪犯管理制度。在 1787 年到 1857 年之间，英国大约将 13 万到 16 万名罪犯送到澳大利亚。对于有明显的再犯罪危险的罪犯，政府又将他们送到离大陆有 930 英里的诺福克（Norfolk）岛。当马克诺基接手管理这些罪犯时，他将他的两个观点付诸实践：第一，严厉与野蛮的处遇不仅不利于改造罪犯，而且损害社会。第二，安排罪犯处遇需要考虑罪犯释放与回归社会问题。据此，他在诺福克岛推行"分数制"，对获得分数高的罪犯予以减刑，罪犯表现不好加刑。"分数制"有 4 个要素：第一，罪犯所服刑期长短决定于特定的劳动量，而不是时间，完成特定劳动量就可以出狱。第二，罪犯所获得的分数决定于罪犯是否遵守纪律、是否接受节俭的生活、是否努力劳动。第三，罪犯可以使用所获得的分数换取所希望得到的利益，如食物。第四，在罪犯得到接近可能释放的分值时，监狱的管理要相对宽松一些。③

为解决监狱工作发展中存在的问题，并为未来确定发展方向，1870 年 10 月"国家监管工作会议"（The National Congress of Penitentiary and Reformatory Discipline）在辛辛那提（Cincinnati）召集各州、县及国外的矫正工作者就此进行讨

---

① Cullen, F. T. & Gilbert, K. E., Reaffirming Rehabilitation. Ohio, Cincinati: Anderson Publishing Co., 1982, p. 66.

② Rotman, E., "The Failue of Reform: United States, 1865 ~ 1965", In Morris, N., Rothman, D. (Eds.), The Oxford History of the Prison: the Practice of Punishment in Western Society, New York: Oxford University Press, 1995, pp. 151 ~ 177.

③ Carlson, N. A., Hess, K. M. & Orthmann, C. M. H.. Corrections in the 21st Century: A Practical Approach. Belmont: Wadsworth Publishing Company, 1999, pp. 55 ~ 56.

论。会议有 130 名代表参加，代表美国 24 个州，并有加拿大、南美的国家代表参加。根据美国学者库伦（F. T. Cullen）和吉尔伯特（K. E. Gilbert）的研究，这次会议对美国国内外罪犯改造理论与实践进行了全面总结，并确立了未来监狱工作的原则。在这次会议上，克罗夫顿（W. Crofton）爵士介绍了累进处遇制。克罗夫顿在 1854 年时任爱尔兰监狱局局长。在这次会议上，底特律监狱的监狱长布罗克韦（Z. R. Brockway）也作了重要报告。①

　　根据克罗夫顿的介绍，爱尔兰推行的累进处遇制分为四个阶段：第一阶段是当罪犯刚进改造所时，要被关押在独居设施内 8～10 个月。这是为了让罪犯感受无聊的痛苦与劳动的快乐，罪犯进监狱的前 3 个月不让其劳动。第二阶段是分数制，这个阶段是所谓的将罪犯的命运交给罪犯。罪犯勤劳工作可以获得分数，如果有破坏行为或者挑衅态度则被扣分。② 第三阶段是克罗夫顿命名的"中间监狱"，在这个阶段，警卫不带武器，没有纪律强迫罪犯。如果罪犯有不当行为，则会被降级。第四阶段是有条件释放，罪犯要到警察局登记，如果罪犯不适应社会，如失业、与坏人交往、犯罪等，将会被送回监狱。爱尔兰的累进处遇制是世界上最早实行的累进处遇制，也是影响最大的累进处遇制，有的国家认为爱尔兰的累进处遇制很完美，直接照搬使用，但是，更多的国家或地区，根据本国或者本地区的具体情况设计自己的累进处遇制。例如，1842 年英国建立的彭通威尔（Pentonvile）悔罪营（Pentonvile Penitentiary）所推行的累进处遇制是：第一阶段是独居。罪犯大约经历 18 个月的独居，后来根据罪犯的健康情况同时考虑监狱的卫生情况，降至 9 个月。第二阶段是予以奖惩。监狱对表现好的罪犯，将传授手艺，并得到流放前的祈祷；对表现更好的罪犯，到澳大利亚后立即假释；对表现不好的罪犯，将使用镣铐押送到澳大利亚，并到澳大利亚从事重体力劳动，接受严格的管理。无论何种具体表现形式的累进处遇制，在当时都受到热烈的关注，并且不乏好评。1842 年英国的战争与殖民地大臣斯坦利（Stanley）爵士宣称：如果罪犯表现不好，要让他感受到痛苦；如果表现好，要给罪犯利益。对罪犯的管理应当建立累进处遇的机制，要使处于不同阶段的罪犯都怀抱希望，对处于不同阶段的罪犯都有机会获得更宽松的管理。③

　　在会议上，布罗克韦针对改造怀疑论、改造反对论，对改造（当时使用的

---

① Cullen, F. T. & Gilbert, K. E., Reaffirming Rehabilitation. Ohio, Cincinati：Anderson Publishing Co.，1982，pp. 69～72.

② 我们国家监狱现在推行的计分考核即源于分数制。

③ McConvile, S.，"The Victorian Prison：England，1865～1965"，In Morris，N.，Rothman，D.（Eds.），The Oxford History of the Prison：the Practice of Punishment in Western Society，New York：Oxford University Press，1995，pp. 117～150.

就是 Reform）作了强有力的辩护。在他的"真正的监狱的理想"的报告中，他指出："惩罚、苦难、羞辱、威慑等就是让监狱矫正回到了鞭刑、绞刑架的年代，回到了肉刑、极端刑罚的年代。""如果基督的黎明到来，如果我们知道善良可以战胜罪恶，那么就让监狱也沐浴在爱的阳光下吧。"解决犯罪问题"我们必须放弃使用惩罚方法满足所谓正义，而转向新的目标，那就是使用预防方法与改造方法保卫社会"。他认为，要实现矫正，不定期刑是不可缺少的。不定期刑是在布罗克韦的报告后而日益被关注的。他主张立法机构应当赋予监狱拘禁 15 岁以上的被判刑的妓女 3 年的权力。具体释放时间决定于罪犯改造的情况。实际上在 1868 年他就提出，要将罪犯关押在矫正机构中，直到他们能够主动地追求上进，经过过渡后将他们释放。①

人们从这次会议讨论的内容也看到了马克诺基的影子。学者巴里（J. Barry）认为 1870 年的会议从马克诺基那里学了很多东西。② 马克诺基说："将打开监狱之门的钥匙交给他，他会寻找打开门的路子。"③ 他曾经讲："当一个人摔断腿，我们所想的就是送他到医院，而不是想着修正想法，让病人成为警告他人的手段。我们想着的是个人，而不是社会。但是当可怜的同类成为道德上的错位者时，霸道的环境却要让他成为受害者，我们放弃了帮助他的想法，而让他成为'一个例子'。这时我们想到的是社会，而不是个体。我认为我们需要对这个原则检讨，无论是从抽象的、逻辑的角度说，还是从基督仁爱的、政治的立场论。我们越思考，越对这一做法怀疑。然而它却是我们刑罚体制的基础，是刑罚实体建立的根基。"④

会议接受了布罗克韦的理论，同时肯定了马克诺基与克罗夫顿的思想，决议推进累进处遇制度。会议认为，监狱面临监管危险与罪犯难管理问题，因而监狱需要在管理方法上改革。监狱及管理人员需要培养罪犯的自尊心，理想的监狱制度应当是将罪犯的命运放到罪犯自己的手中。会议代表们认为，希望比恐惧更有力量，要让罪犯在希望中改造。良好的行为、勤奋与专注，应当得到回报。一个

---

① McKelvey, B., American Prisons: A History of Good Intentions. Montclair. : Patterson Smith, 1977, p. 81.

② Barnes, H. E. & Teeters, N. K., New Horizons in Criminology, Third Edtion. Englewood Cliffs: Prentice – Hall, 1959, p. 425.

③ Putney, S. & Puteney, G. J., Origins of the Reformatory. Journal of Criminal Law, Criminology, and Police Science, 1962, 53, p. 437.

④ Eriksson, T., The Reformers, A Historical Survey of Prisoner Experiments is the Treatment of Criminals. New York: Elsevier, 1976, p. 88.

好的监狱制度应当关注罪犯奖励，而不是惩罚。①

会议形成了一个"原则宣言"（Declaration of Principles）。该宣言有 37 条，主要内容是：第一，改造，而不是惩罚，应当成为监狱工作的目的。第二，罪犯分类应当以点数制为基础。第三，对罪犯好的行为应当奖励。第四，根据党派利益任命监狱官员，监狱管理中朝令夕改是监狱改革的大忌。第五，对监狱的管理应当放在州政府这一层面中。第六，对每个岗位的官员都应当进行培训。第七，在监狱中应当推行不定期刑制。第八，对罪犯的宽恕应当由司法机构决定。第九，宗教教育与文化教育是矫正中最重要的两个方面工作。第十，应当对罪犯进行职业培训。第十一，应当取消罪犯的劳动合同。第十二，考虑罪犯类型的不同，实施独居制的监狱应当小型化。第十三，监狱设施应当保证足够阳光与空气。第十四，要建立正式的刑罚统计。

有人将这次会议的核心内容归纳为两点：一个是美国刑事司法系统应当推行改造制度，而不是对罪犯施加报复刑；另一个是监狱推行不定期刑。②

这次会议在美国监狱史上，乃至世界监狱史上，具有里程碑意义。此外，这次会议成立了美国监狱学会（National Prison Association）（后来又改为美国矫正学会）。这次会议选举美国总统海耶斯（R. B. Hayes）担任首任会长。

1870 年，辛辛那提改造工作会议的组织者翁石说："刑罚不仅是对罪犯因犯罪而施加的身体上的道德的惩罚，而且是通过改造（Reformation）预防其再犯的措施。犯罪就是一种道德疾病，而刑罚是治疗方案。治疗罪犯就是为了保护社会。然而，惩罚不仅指向犯罪，而且指向犯罪人……监狱纪律的最高目标不是报复罪犯，而是改造罪犯。"③

如何改造罪犯呢？目标确定不容易，发现、确认、使用能够实现目标的手段更不容易。

1876 年，布罗克韦被任命为位于纽约的爱尔米拉改造所（Elmira State Re-

---

① Rotman, E., "The Failue of Reform: United States, 1865 ~ 1965", In Morris, N., Rothman, D. (Eds.), The Oxford History of the Prison: the Practice of Punishment in Western Society, New York: Oxford University Press, 1995, pp. 151 ~ 177.

② "Declaration of Principles Promulgated at Cincinnati, Ohio, 1870", In Henderson, C. R. (Eds.), Prison Reform. Dubutue. Iowa: Brown Reprints, Orignally, Published in 1910, pp. 39 ~ 63.

③ Wines, E. C., (Eds), Transactions of the National Congress on Penitentiary and Reformatory Discipline Held at Cincinatti, Ohio, October 12 ~ 18, 1870. Albany: Weed, Parsons, p. 548.

formtory①）的监狱长。围绕改造目标，他使用了下列手段：② 军事队列训练，类似我国监狱现在推行的半军事化管理；点数制，类似我国监狱现行的计分考核；教育；不定期刑；职业训练。

另外，他拥有假释的自由决定权，不需要假释官员就可以对罪犯假释。布罗克韦倾向对罪犯推行纯粹的不定期刑，他设计的系统是直到罪犯改造好才允许回到社会。他根据累进制设计了 3 级制。罪犯通过分数可以升级，如果表现不好则降级。最高级是有条件释放，即假释。罪犯在监禁期间的生活安排除了教育、军事训练、职业训练，还有劳动、宗教指导、祈祷、体育。这种设计的一个理念就是"不让罪犯的手与脑有一刻空闲"③。

美国学者班克斯在他的著述中具体描述过爱尔米拉改造所的改造流程：④

罪犯服刑第一阶段是谈话。在这个阶段，改造所管理人员主要的任务是了解罪犯基本情况，将罪犯分到合适的班级与监舍，并为罪犯安排合适的劳动。

罪犯服刑第二阶段是服刑。罪犯服刑需要穿制服、走正步。罪犯每天的活动安排是：上午 7 点 30 分前的活动包括起床、穿衣、洗漱、早餐、清理监舍；上午 7 点 30 分至下午 4 点 30 分劳动，劳动种类包括铁艺车间劳动、鞋厂劳动、扫帚车间劳动、农场劳动；晚 7 点后的活动。

爱尔米拉改造所的特色是罪犯教育。对罪犯开展教育的人有大学的教师、公立学校的教师与律师。对罪犯开设的课程包括文化课、体育、宗教与军训。职业教育课程有裁缝、管道修理、电报与印刷。⑤

罪犯服刑第三阶段是假释。假释前罪犯需要有业可就。假释标准为：是否符合教徒应有的品质，是否服从《圣经》的教诲。

19 世纪末，由于监狱管理人员素质低，改造罪犯的主张在很多监狱仍然停留在概念上，监狱仍然通过使用残酷的惩罚措施维护监狱秩序。很多监狱都存在

---

① "Reformtory" 的词根是 "Reform"，翻译成中文是 "改变"、"改革"、"改造"。据此，将 "Reformtory" 翻译成 "改造所"。有的作者将 "Reformtory" 翻译成 "感化所"、"惩治所"。无论从字表意思，还是设立 "Reformtory" 的精神，这种翻译都不妥当。

② Carlson, N. A., Hess, K. M., Orthmann, C. M. H., Corrections in the 21st Century: A Practical Approach. Belmont: Wadsworth Publishing Company, 1999, p. 74.

③ Eriksson, T., The Reformers, A Historical Survey of Prisoner Experiments is the Treatment of Criminals. New York: Elsevier, 1976, p. 100.

④ Banks, C., Punishment in America: A Reference Handbook. Santa Barbara: ABC – CLIL, Lnc., 2005, pp. 68 ~ 69.

⑤ Rotman, E., The Failue of Reform: United States, 1865 ~ 1965, In Morris, N., Rothman, D. (Eds.), The Oxford History of the Prison: the Practice of Punishment in Western Society, New York: Oxford University Press, 1995, pp. 151 ~ 177.

使用鞭刑、殴打、吊罚、饿罚等惩罚罪犯、体罚罪犯问题。罪犯教育、监狱图书馆与牧师等只能影响监狱中的一小部分人。而在南方的监狱，因黑人占多数，罪犯被"租借"给企业。结果罪犯的状况与奴隶相似。罪犯们被用链子链起，从事诸如修路等劳动。虽然有些罪犯从事农业劳动，但是劳动及管理的严厉与封闭和从事工业劳动一样。在密西西比州，一个叫"葵花农场"（Sunflower Farm）的监狱占有16000英亩土地。监狱有12个劳动营。这些场所被铁丝网围住，间隔设置有岗楼。① 于是，"对监狱现实的批评与改革要求此起彼伏"②。在这种背景下，19世纪末20世纪初，美国的矫正史上出现了所谓累进主义（Progressivism）思想与运动。

累进主义是对布罗克韦思想的发展与延伸。累进主义有两个基本主张。第一，申明改造的价值，认为改造是刑罚执行最主要的价值。虽然报应的价值是刑罚执行的基本价值，但是，有的论者甚至彻底否定报应价值。当时的美国学者路易斯（Charlton T. Lewis）认为："全面放弃报应是文明司法中的第一条件。"③ 第二，累进主义主张国家应当推行不定期刑制度，而不是定期刑制度，主张将决定罪犯释放的权力交给监狱官员：罪犯改造取得成效，监狱将其释放；罪犯改造没有取得成效，监狱将其继续关押。不定期刑，是指审判机关在判决时对构成犯罪需要监禁之被告只作罪名的宣告，不给确定的刑期，由监狱根据罪犯在服刑期间的具体悔罪表现，而决定何时予以释放之制度。

累进主义将罪犯改造推向了刑罚价值的顶端，使得罪犯改造的地位与重要性在刑罚执行领域超越了刑罚的其他价值。累进主义的理论与实践对20世纪的刑罚执行有着全面的影响。

累进主义的出现有垄断资本发展的背景。为遏止垄断，人们对国家抱有很高的期望，对国家有不同于自由主义者的国家立场。他们对将宽泛的自由裁量权交给法官与行刑官员毫不怀疑，并没有考虑国家滥用这些权力。罗德曼（D. Rothman）指出，累进主义最大的特点是相信国家权力是善的。国家不再是自由的敌人，而是平等的朋友——因此，主张扩大国家的权力。在刑事司法领域，这个主题不再是保护罪犯不受国家权力的任意侵犯，而是使国家更有效地实现目标。国家不再被戴上镣铐，而是放开去完成目标。④ 于是不定期刑迅速发

---

① Rotman, E., The Failue of Reform: United States, 1865~1965, In Morris, N., Rothman, D. (Eds.), The Oxford History of the Prison: the Practice of Punishment in Western Society, New York: Oxford University Press, 1995, pp. 151~177.

② Hofstadter, R., The Cge of Reform. New York: Alford A Knopf, 1955, p. 5.

③ Lewis, C. T., The Indeterminate Sentence. Yale Law Journal, 1899, 9, pp. 18~19.

④ Rothman, D. J., Conscience and Convenience: The Asylum and Its Alternatives in Progressive America. Boston: Little, Brown and Company, 1980, p. 60.

展。1900 年时，美国只有 5 个州允许不定期刑。20 年后这个数字上升到 37 个州。1923 年，全美一半的罪犯接受不定期刑，典型的做法是：最低刑 1 年，法院确定一个最高刑。罪犯在监狱内实际所服刑期决定于罪犯所获得的分数。1923 年，全美监狱系统中有 1/2 的罪犯通过假释方式出监。[①]

第三节 罪犯改造兴起的意义

罪犯改造的兴起，不仅推动监禁刑登上刑罚的王座，将肉刑、死刑从刑罚王座上掀翻，最终否定了肉刑，给死刑以极大的压力，实现了刑罚的文明化，而且直接诞下现代监狱，使监狱制度翻开新的篇章。罪犯改造思想的传播与发展还促进了保护观察制度的产生。保护观察制度在 20 世纪中后期发展为社区矫正。罪犯改造是刑罚人道主义的一种重要表达方式，随着刑罚人道主义的传播，越来越多的国家接受了罪犯改造思想，开始了狱制变革，于是越来越多的国家开始改建以监禁刑为核心的刑罚体系，设立现代监狱。

一、推动刑罚变迁：使监禁刑步上刑罚王座

人类早期的刑罚主要是肉刑、死刑，随着罪犯改造观念的产生与发展，监禁刑逐步形成与发展，并最终占据刑罚王座，成为国家的主要刑罚。虽然不同国家在这次刑罚变迁中的起点时间与终点时间不尽相同，但是道路基本相同。以挪威为例，17 世纪挪威的刑罚以肉刑、死刑为主，刑罚威慑主义左右刑罚的运用。对于谋杀犯，先是用烧红的叉子烫罪犯，然后在公共场合或者罪犯谋杀的场合使用利斧砍断罪犯的右手，最后用斧将罪犯的头砍下。死刑不仅适用于谋杀犯，也适用于堕胎犯、乱伦犯、抢劫犯、实施伪造行为的罪犯、意在杀人的使用毒物的犯罪分子。第一次盗窃一匹马、牛或者其他价值上了 20 银币的财物的犯罪分子将被施以鞭刑，并在额部烙印。第二次盗窃者将被终生戴枷劳动。对于轻微盗窃达 14 次的，则施以鞭刑，在额部烙印，将被终生戴枷劳动。如果罪犯打开枷，或者再实施盗窃行为，则将被处以绞刑。到了 18 世纪末，宽恕被频频施用于肉刑与死刑的场合，而代之以监禁刑。由于肉刑越来越不具有可接受性，1815 年立法者取消了肉刑。1815 年 10 月 15 日的法律对肉刑与监禁刑的换算作了一个规定：原来被判切一只手的，现在以 10 年有期刑罚代替；原来被判刺伤手的，现在以 1 年有期刑罚代替。被适用监禁刑的人逐年增加。1814 年到 1844 年之

---

① Banks, C., Punishment in America: A Reference Handbook. Santa Barbara: ABC - CLIL, Lnc. 2005, p. 67.

间，监狱人口从每 10 万人中的 61 人上升到每 10 万人中的 179 人。1850 年的奥斯陆监狱开始推行独居制，政府不仅要求监狱对罪犯开展教育，而且要保证罪犯有一定的基本服刑环境。① 挪威刑罚变迁的道路与其他国家基本相同。

是什么力量使肉刑、死刑退位，而让监禁刑扬眉吐气？除了人文主义，罪犯改造是最重要的因素。原始意义上的罪犯改造是帮助罪犯"救赎"。罪犯不仅是有"原罪"的人，而且是犯有严重"本罪"的人。② 罪犯需要赎罪，从"有罪的人"、"恶人"变为"得到救赎的人"、"善人"。

如何帮助罪犯得到救赎？如前文所述，早期的"救赎"就是在监禁条件下，罪犯"闭门思过"。只有罪犯"忏悔"、"悔罪"，才能通往"救赎"的道路。英国哲学家汉韦（J. Hanway）1776 年出版了一本名为《独居监禁》（Solitude in Imprisonment）的著作。他在书中指出，罪犯需要一种心理平和，面对上帝，他的主与他的国家法律的制定者，告解自己的罪行。③ 汉韦有个重要主张：罪犯改造（Reformation）就是要求罪犯皈依宗教。改造罪犯就是运用福音④（Evangelical）观念改造罪犯。⑤ 如何使"罪犯心理平和"？换成美国早期刑罚改革者的话语就是"如何使罪犯摆脱尘世的罪恶与污浊"？"监禁"是使"罪犯心理平和"的途径，换言之，"监禁"能够帮助罪犯"忏悔"、"悔罪"，通往"救赎"的道路。于是"监禁"、现代监狱应运而生。这是美国宾夕法尼亚州贵格会教派领袖威廉·佩恩为促进罪犯改造而早于 1682 年就制定了一部以监禁劳役代替鞭打或肢体刑的刑法典的原因。这部刑法典只对谋杀保留死刑。⑥ "监禁"、"监狱"在刑罚改革最初设计中的定位就是帮助罪犯"赎罪"，帮助罪犯从罪恶中走出。

---

① Christie, N., "Changes in Penal Values", In Melossi, D.（Eds）, The Sociology of Punishment - Socio - Structural Perspectives. Aldershot：Dartmouth Publishing Company Limited, Vermont：Ashgate Publishing Company, 1998, pp. 106～108.

② "原罪"一词来自基督教的教义。"原罪"是指人类与生俱来的、洗脱不掉的"罪行"。圣经中讲：人有两种罪——原罪与本罪，原罪是始祖犯罪所遗留的罪性与恶根，本罪是各人今生所犯的罪。

③ Schmalleger, F. & Syykla, J. O., Corrections in the 21st Century. New York：McGraw - Hill, 2007, p. 55.

④ 中文的"福音"是从新约希腊文的 Evangelion 及英文的翻译 Gospe 意译而得，意思是"好消息"、"有福之音"，是基督教中的概念。"福音"表达的是：神借着耶稣基督使人从罪恶中被拯救出来的令人欢乐的宣告。

⑤ McGowen, R., "the Well Ordered Prison：England, 1780～1865", In Morris, N., Rothman, D.（Eds.）, The Oxford History of the Prison：the Practice of Punishment in Western Society, New York：Oxford University Press, 1995, pp. 71～99.

⑥ ［加］西莉亚·布朗奇菲尔德著，郭建安译：《刑罚的故事》，法律出版社 2006 年版，第 32 页。

二、推动监狱变革：现代监狱制度的勾勒

早期的监狱相当于现在的看守所，其功能是审前羁押、行刑前拘押。早期的监狱也用来通过拘押强迫偿还债务、羁押惩罚奴隶。早期的被监禁强迫劳动的对象包括罪犯、流浪者、债务人。[①] 随着罪犯改造的兴起，现代监狱出现。

现代监狱具有以下性质：第一，监狱是监禁刑执行机构。第二，体现刑罚人道主义。第三，重视劳动改造罪犯。现代监狱这三个性质的形成都与罪犯改造兴起密切相关。

（一）监狱是监禁刑执行机构

如前文所述，在刑罚变革初期，由于监禁是帮助罪犯改造、帮助罪犯"赎罪"的基本途径，"监禁"便变成了实现罪犯改造的手段。由于"监禁"同时能够给罪犯带来痛苦，实现法律的正义，替代残酷的肉刑，体现文艺复兴后被全社会接受的人文精神，所以"监禁"的刑罚化变成历史趋势与社会发展必然。这样，监狱便成了刑罚执行的机构，而不再是审前羁押、行刑前拘押的看押场所，只对犯罪的并被判处监禁刑的人执行刑罚，终止了对债务人、流浪者的监禁。美国学者司马勒格（F. Schmalleger）教授等认为，"只对犯罪的人进行监禁，终止对债务人、流浪者的监禁"是现代监狱的重要标志。[②]

（二）体现刑罚人道主义

改造的兴起，是人文主义发展的果实，是人文主义否定肉刑、死刑的结果。没有文艺复兴，不可能有改造的兴起；没有人文精神，就没有改造。改造与人文精神不能分割。人文精神在刑罚领域表现为刑罚人道主义。改造与人文精神不能分割，就是改造与刑罚人道主义不能分割，刑罚人道主义是罪犯改造工作的有机组成部分。

因为改造与刑罚人道主义存在不可分割的关系，所以每当监狱出现人道主义灾难，改造罪犯的主张者都会站出来维护刑罚人道主义的尊严。

18世纪英国的罪犯劳动场所恶化到被称为人的"化粪池"的程度。考德威尔（Caldwell）对当时英国的监管场所描述道，在这里，人们"没有隐私与规矩，人体的臭味、排泄物与恶心的酸味混在空气中，一些最肮脏的想法与行为在这里滋生。罪犯们在这里制定自己的规则，弱者与无辜者被强壮的、凶恶的人凌

---

① Schmalleger, F. & Syykla, J. O., Corrections in the 21st Century. New York：McGraw - Hill, 2007, p. 52.

② Schmalleger, F. & Syykla, J. O., Corrections in the 21st Century. New York：McGraw - Hill, 2007, p. 53.

辱"①。

此时，罪犯改造的忠实的拥护者约翰·霍华德（J. Howard）以虔诚的宗教使命感维护着刑罚人道主义。

约翰·霍华德是世界公认的监狱领域的第一位人道主义者，即人道主义思想的传播者与推动者。根据有关资料，他在欧洲大陆访问时曾经被法国人监禁过。由于这种经历，普遍认为他由此开始关注监狱工作。约翰·霍华德于 1773 年被任命为贝福特（Bedford）郡的高级司法官，尽职尽守。在对地方监狱的巡查中，他发现由于监狱工作人员没有工资，以致罪犯承受着不应当承受的负担，罪犯在监狱住宿需要交费，罪犯押解还要交费；监狱关押罪犯的条件极为恶劣，狱内污秽不堪，臭气熏天，又缺医少药，罪犯死亡率很高。监狱依然黑暗，同前资本主义时期一样。约翰·霍华德是一个具有强烈社会责任感，而且具有坚强意志的人，为了全面了解罪犯的费用支出与医疗情况，约翰·霍华德考察了整个英格兰与威尔士的监狱，他发现贝福特郡监狱存在的问题是普遍的。他开始为改变监狱的状况奔走呼吁。② 值得一提的是，约翰·霍华德除了考察英格兰与威尔士的监狱，还考察了欧洲许多国家的监狱，并于 1777 年发表了名为《英格兰与威尔士的监狱现状》一书，在书中详细描述了监狱的状况。例如，他对阿炳冻（Abingdon）的一座监狱的描述很是典型：监狱有两间白日使用的漆黑的房间与三间夜晚使用的房间。给男犯使用的房间有 8 平方英尺，而给女犯使用的房间大概是 9 英尺×8 英尺。室内充斥杂草、灰尘，还有小虫。监狱没有院落。罪犯用水不方便。管理人员对犯轻罪的罪犯使用镣铐。③ 该书不仅提出监狱改良的措施，如男女分监、聘请忠实于法律的监狱工作人员，而且提出监狱要设法改善罪犯的生活条件，为罪犯准备通风明亮的监舍。由于当时的英国监狱要向罪犯收取手续费，以致罪犯及其家庭痛苦不堪，更造成监狱执法的不公，于是，约翰·霍华德主张改变监狱收费的做法；鉴于罪犯在监狱内有病无人医治的现实，约翰·霍华德主张监狱应当为罪犯提供医疗服务。1990 年卡尔森（T. Carlson）在约翰·霍华德传记中称他是伟大的人道主义者，称他所提出的监狱改良建议都很实际：向罪犯提供用水保证；关注与改善罪犯卫生条件；建立独立的监狱督查机构。④ 约翰·霍华德死后 80 年，"霍华德协会"在英国成立，该协会的目标就是"有效地促

---

① Caldwell, R. G., Criminology, New York: Roland Press, 1965, p. 494.

② 参见 A Tribute to J. Howard，霍华德刑罚改革联盟于 1990 年发放的材料。

③ J. Howard. http：//www. answers. com/topic/john – howard – prison – reformer. 2009 – 12 – 24.

④ J. Howard. http：//www. answers. com/topic/john – howard – prison – reformer. 2009 – 12 – 24.

进罪犯的处遇改善"。1921 年该组织与英国"刑罚改革协会"合并，成立了"霍华德刑罚改革协会"。加拿大后来也成立有"霍华德协会"，组织目标也是促进罪犯管理人道化。

罪犯改造的忠实拥护者不能接受监狱中的不人道，对于监狱中的不人道管理，他们往往毅然挺身而出。

1813 年美国的贵格会教徒到位于伦敦的纽盖特（Newgate）监狱访问。他们描述道，女犯生活在不堪入目的肮脏环境中，饮用水的卫生都得不到保障。受此刺激，英国贵格会教徒弗莱（Elizabeth Fry）女士访问了纽盖特监狱。弗莱女士看到的情形正如美国同道所描述的。弗莱女士注意到，女犯们晚上只能睡在地上。弗莱女士开始投入监狱改良运动。她不仅给女犯们送去食物、衣服，而且 1816 年在监狱中为女犯的孩子们建立了学校，同时要求女犯们参加缝纫劳动，并研读《圣经》。她创办了"英国促进女犯改造妇女协会"（The British Ladies Society for the Reformation of Female Prisoners），意图通过引导公众关注罪犯生活待遇，促进改善监狱条件，给罪犯以道德的待遇。

1837～1838 年弗莱女士到法国，看到法国的女监由男看守看管，女犯受到男看守的凌辱或者骚扰。弗莱女士便开始谋求国际性的合作，[①] 以从国际范围内促进刑罚人道主义。

虽然现代监狱发展初期的刑罚人道主义发展还不成熟，还未被广泛接受，但是刑罚人道主义却反映到罪犯出狱领域。在英国，18 世纪末就出现了"罪犯帮助协会"（Prisoners' Aid Societies），1862 年英国的《刑满释放人员帮助法》（The Discharge Prisoners' Aid Act）出台。由于负责监狱改革提议的"格拉斯通委员会"（The Gladstone Committee）认为刑释人员帮助工作缺乏组织性，于是在 1918 年成立了"刑释人员帮助中心协会"（The Central Discharge Prisoners' Aid Society）。该协会 1936 年改名为"国家刑释人员帮助协会"（The National Association of Discharge Prisoners' Aid Societies）。该组织的经费，除了有慈善组织提供的资金，还有政府资金。[②]

（三）重视劳动改造罪犯

如前文所述，劳动在基督教的新教教义中占有很重要的地位。清教徒认为，

---

① Lucia Zedner, Wayward Sisters: the Prison for Women, The Oxford History of the Prison: the Practice of Punishment in Western Society, New York: Oxford University Press, 1995, pp. 329～360.

② Whitehead, P. and Statham, R., The History of Probation - Politics, Power and Cultural Change 1876～2005. Crayford: Shaw & Sons Limited 2006, p. 44.

艰苦劳动与自律是一种宗教义务。① 德国社会学家韦伯在《新教伦理与资本主义精神》② 一书中认为，勤奋，包括积极参加劳动，是基督教（新教）的伦理。由于劳动被认为是"天职"的行为，成为"上帝选民"的行为，因而要求罪犯参加劳动，不仅是逻辑的要求，也是情感的要求，更是拯救罪犯的要求。

于是，罪犯劳动工作在监狱中顺理成章地展开。

由于罪犯劳动工作受到各种力量的推动，罪犯劳动工作飞速发展，而且很快成为监狱工作的中心。让我们看一下1880年的比利时监狱的罪犯生活作息表。罪犯早5点起床，早餐半小时，然后去劳动现场，劳动时间从早6点到晚5点30分，其中午餐半小时，晚餐半小时。晚餐后继续劳动，劳动时间从晚6点到晚8点45分。回监舍祈祷15分钟，晚9点睡觉。在奥地利，罪犯需要完成10~11个小时的劳动。③

罪犯劳动工作不仅发展速度快，而且规模大。在有的西方国家，罪犯劳动规模曾经达到全员劳动的水平，罪犯劳动力与资本的结合形式也多种多样。以美国为例，在美国的罪犯劳动时代（Industrial Era，1893~1935），罪犯劳动出现了下列组织形式：第一，合同制（Contract Labor）。私营企业向监狱提供机器与原材料，监狱组织罪犯劳动。第二，计件制（Piece Price System）。私营企业向监狱提供原材料，监狱组织罪犯生产，监狱将成品卖给私营企业。私营企业再将成品卖到市场。第三，租赁制（Lease System）。私营企业通过投标方式获得使用罪犯劳动力的权利，中标的私营企业将罪犯带离监狱，私营企业负责解决罪犯的吃、住与穿，并对罪犯进行监督。第四，监狱自营制（Public Account System）。监狱组织罪犯劳动，并将产品卖到市场，监狱自负盈亏。第五，国家使用制（State Use System）。国家通过在国家支持的机构，如学校、医院，使用监狱产品，支持监狱生产。④

监狱组织罪犯劳动的出发点是改造罪犯，但是，由于劳动具有经济性，因而罪犯劳动的组织非常容易"跑偏"，使监狱变成经济实体。这是罪犯劳动改造的悖论。美国的马克思主义犯罪学家瑞茨（G. Rusche）与克茨海默

---

① Miethe T. D. & Lu，H.，Punishment – A Comparative Historical Perspective. Cambridge：Cambridge University，2005，p. 86.

② ［德］马克斯·韦伯著，于晓等译：《新教伦理与资本主义精神》，三联书店1987年版，第35~120页。

③ Patricia O' Brien，"The Prison on the Continent：Europe，1865~1965"，In Morris，N.，Rothman，D.（Eds.），The Oxford History of the Prison：the Practice of Punishment in Western Society，New York：Oxford University Press，1995，pp. 178~201.

④ Delisi，M. & Conis，P. J.，American Corrections：Theory，Research，Policy and Practive. Sudbury：Jones and Bartlett Publishers，2010，p. 63.

（O. Kirchheimer）承认劳动在宗教关怀与拯救罪犯灵魂上发挥着重要的作用，但是，他们坚持，驱使罪犯劳动的经济性因素在监狱活动与形式上起着决定性作用。沉默制的实践就可以充分说明这一点。瑞茨与克茨海默认为，美国的监狱就是基于营利而生产产品的工厂。①

如何评价监狱的经济实体化呢？1830 年法国学者托克维尔（Alexis de Tocqueville）认为，在现代监狱体制下，监狱不仅可以自立，使国家不再向监狱投入，或者少量投入，而且可能成为国家具体的税源。② 托克维尔赞同监狱的经济实体化。

但是，西方国家监狱的经济实体化却受到普遍的反对。反对监狱经济实体化的理由并不主要是"劳动对改造扭曲"，而是"罪犯参加劳动抢夺了工人的饭碗"。

早在 19 世纪中期的欧洲，工会就反对罪犯参加劳动，认为监狱组织罪犯生产是与社会企业进行不当竞争。1848 年法国的手工劳动者们要求停止罪犯参加劳动。在普鲁士，商人与企业主抗议罪犯的低工资。③ 在 20 世纪的美国，自由工人和他们的工会也极力反对源于监狱工厂的竞争。在美国，由于自由工人和他们的工会的反对，监狱工业最后开始萎缩，监狱产品只用于监狱与政府，而不向市场销售。④ 美国于 1929 年、1935 年先后通过了两个法律，控制或者禁止监狱产品在市场销售。这两个法律分别是"the Hawes‐cooper Act"，"the Ashurst‐Sumners Act"。在 20 世纪的欧洲，由于技术的发展与工会的反对，使监狱生产不能成为资本主义的生产单元，因而欧洲监狱在相当程度上也失去了与资本主义生产过程的关系。⑤

如何组织罪犯劳动改造是现代监狱"剪不断，理还乱"的问题。

---

① Garland, D., Punishment and Modern Society ‐ A Study in Social Theory. Oxford: Clarendon Press, 1990, p. 104.

② Garland, D., Punishment and Modern Society ‐ A Study in Social Theory. Oxford: Clarendon Press, 1990, p. 104.

③ Patricia O'Brien, "The Prison on the Continent: Europe, 1865 ~ 1965", In Morris, N., Rothman, D. (Eds.), The Oxford History of the Prison: the Practice of Punishment in Western Society. New York: Oxford University Press, 1995, pp. 178 ~ 201.

④ 美国南部各州更重视罪犯的劳动价值，其监狱产品直至 20 世纪才像北方一样，只面向政府与监狱。Conley, J. "Prisons, Production and Profit: Reconsidering the Importance of Prison industries", The Jouranl of Social History, 1981, 14, pp. 257 ~ 275。

⑤ Garland, D., Punishment and Modern Society ‐ A Study in Social Theory. Oxford: Clarendon Press, 1990, p. 104.

三、催生新制度：保护观察应运而生

保护观察（Probation）是一种在社区中监督罪犯的制度，是社区矫正制度的前身。①

1841年，美国波士顿的鞋匠奥古斯特（J. Augustus）因不忍见到出狱罪犯生活的凄惨，向法院提出保释罪犯。在普通法中，如果罪犯能够保证善行，就可以被具结保证（Recognizance）释放。在当时的美国，如果第三人志愿对罪犯提供监督保证，法院可以对特定的罪犯予以释放。② 根据普通法，法院接受了奥古斯特的请求。1841年，奥古斯特开始出入警察法庭将醉酒的人保释，以后逐步扩大范围。根据有关资料，奥古斯特总共对1102人进行过保释，并予以保护观察（社区矫正）。③ 由于保护观察（社区矫正）在一定程度上能够救济短期监禁刑的弊端，所以保护观察（社区矫正）不仅被人们接受，而且日益受到重视，从局部探索发展到普遍推行，并最终得到立法机关的肯定。1878年美国马萨诸塞州颁布了美国第一部《保护观察法》（Probation Act）。受其影响，美国其他一些州也开始推行保护观察（社区矫正）制度。1925年美国联邦④接受了保护观察（社区矫正）制度并通过了《保护观察法》。⑤

英国的保护观察（社区矫正）制度发展史可以追溯到1820年。在1820年华威郡（Warwick Shire）根据普通法的具结保证制度（Recognizance）将年轻罪犯交由雇主监督管理，而不再关押。伯明翰的司法记录官（Recorder）黑尔（M. D. Hill）延续这种做法，他将一些年轻的罪犯释放并安排在社区的保卫队中。而英国正式的保护观察（社区矫正）工作开始于1876年。一名叫瑞纳（Rainer）的油漆工找到"英格兰节欲协会"（The Church of England Temperance

---

① 社区矫正是20世纪60年代在美国出现的概念，用于概括保护观察与假释监督。但是，英国仍然使用"保护观察"表达对社区中罪犯监督管理之意，包括对被适用假释的罪犯监督管理。其他国家有的使用美国的表达形式，有的使用英国的表达形式。由于"社区矫正"与"保护观察"存在语言使用混同问题，本书在使用"保护观察"一词时，将使用括号形式将"社区矫正"放在词后。

② Harris, R., "Probation Round the World – Origins and Development", In Koichi Hamai, Renaud Ville, Robert Harris, Mike Hough and Ugljes Zvekic（Eds）, Probation Round the World: A Comparative Study. London and New York, Routledge, 1995, p. 28.

③ Harris, R., "Probation Round the World – Origins and Development", In Koichi Hamai, Renaud Ville, Robert Harris, Mike Hough and Ugljes Zvekic（Eds）, Probation Round the World: A Comparative Study. London and New York, Routledge, 1995, p. 28.

④ 美国联邦的立法与各州立法是并列的。

⑤ Chute, C. and Bell, M., Crime, Courts and Probation. New York: Macmillan, 1956, p. 66.

Society）的主席艾里森（C. Ellison），向他建议将"英格兰节欲协会"的工作延伸到醉酒的罪犯。"英格兰节欲协会"是一个宗教团体。"英格兰节欲协会"接受了瑞纳的建议，向警察法庭派传教人员（Missionaries）为罪犯向法庭具结保证，并对罪犯予以保护观察（社区矫正）。1907 年英国通过了《罪犯保护观察法》（Probation of Offenders Act），保护观察（社区矫正）成为英国的重要刑事司法制度。

保护观察（社区矫正）的制度化、法律化，使得保护观察（社区矫正）的探索合法化，使得保护观察（社区矫正）有了存在与发展的法律上的基础与根据，巩固了保护观察（社区矫正）探索的基本成果，为保护观察（社区矫正）的发展确立了一个新的起点，同时为保护观察（社区矫正）的发展奠定了制度上的基础。

推进保护观察（社区矫正）产生的力量，首先是理性主义。刑事古典学派主张"人是理性的"、"犯罪行为是理性选择的结果"、刑事责任论。在这种理论下，罪犯被认为意志是自由的，只要罪犯愿意，只要他真诚悔罪，罪犯可以变成好公民。[①] 其次是"福音论"（Evangelical Theology）理论。19 世纪西方国家处于新教（基督教）盛行时期。按照德国学者马克斯·韦伯的主张，新教推动了资本主义的发展与社会的经济繁荣。没有新教的"勤奋"、"节俭"思想的传播，就没有现代工业、科学的发展，没有自由竞争思想发展的时期。19 世纪的英国，正处于维多利亚统治时期（1837～1901）。自由竞争、功利哲学、新教理论（主要是福音论）是诸如英国这样的欧美国家意识形态的支柱。[②] 福音论的重要主张是，上帝创造了人，让人崇拜，然而，犯罪分子辜负了期望，实施了罪恶的行为，实施了不符合上帝意志的行为。作为罪人，犯罪分子应当借助对耶稣的信念被带到上帝的面前，向主赎罪。最后是人道主义。物竞其择的自由竞争调动了人的积极性，有力地促进了社会的发展，但是，也造成无业可就、生活无着等社会现象，甚至使得一些人走向犯罪，被关入监狱。而监狱基于刑罚惩罚的属性，对于罪犯管理也是非常严苛的。作为对自由竞争机制的补偿与救济，刑罚人道主义显现存在的力量。这是宗教人士积极促进保护观察（社区矫正）的原因。奥古斯特对罪犯的帮助，也有宗教的背景。

由于促进保护观察（社区矫正）产生的理论是理性主义、福音论与刑罚人道主义，因此最初的保护观察（社区矫正）工作的核心是促进被保护观察（社

---

① Whitehead P. and Statham, R., The History of Probation - Politics, Power and Cultural Change 1876～2005. Crayford: Shaw & Sons Limited, 2006, p. 14.

② Garland, D., Punishment and Modern Society - A Study in Social Theory. Oxford: Clarendon Press, 1990, p. 41.

区矫正）的人员改造，即悔罪、弃恶从善。刑罚社会学家哥兰德（D. Garland）认为，改造（Reform）主要指道德上的忏悔，即通过道德上的劝导，或者宗教精神的导入，改变自己，而不是指行为上的改正。① 英国学者格罗乌（E. Glove）在谈到保护观察（社区矫正）产生时期保护观察（社区矫正）人员的职责时说，任何有信仰的保护观察（社区矫正）官员对于心中有被启蒙倾向的，都应当不失时机地向罪犯提供劝导，促使其向上帝祈祷。② 纳尔森（Nelson）与巴撤尔（Batcheror）两位使者凭坚定的宗教信仰在1870年至1875年与16296名罪犯谈话，与刑满释放人员签了584份不再犯罪的保证。使者的工作方式通常是：与犯罪人建立关系；对犯罪人施以宗教影响；劝告犯罪人；监督犯罪人；对犯罪人予以情感帮助。③

早期的保护观察（社区矫正）工作除了帮助被保护观察（社区矫正）人员进行悔罪，也在生活上对被保护观察（社区矫正）人员予以帮助。在20世纪20年代，英国的保护观察（社区矫正）机构工作人员已经将帮助在社区中的犯罪分子找住宿场所、找工作，作为保护观察（社区矫正）工作的重要内容。有的工作人员将罪犯安排在教会提供的住宿场所，有的工作人员试图劝说市民向罪犯提供住宿空间。此外，保护观察（社区矫正）机构的工作人员通过发放宣传品，劝导人们捐助衣物，向罪犯提供生活帮助。④ 在英国，保护观察（社区矫正）工作对待罪犯的基本原则是"AAB"，即"劝告"（Advice）、"帮助"（Assist）与"交友"（Befriend），当然同时要进行监督，指令罪犯完成特定行为，报告个人情况。⑤

四、传播刑罚人道主义：促进各国监狱的变革

罪犯改造的兴起，向18世纪、19世纪的世界展示了不同于肉刑、死刑的刑罚文明。新的刑罚文明以其独有的魅力、清新的风貌、向上的精神，促人效仿、

① Garland, D., Punishment and Modern Society - A Study in Social Theory. Oxford：Clarendon Press, 1990, p. 127.

② Glover, E., Probation and Re - education. London：Routledge & Kegan Paul, 1956, p. 254.

③ Raynor, P. and Vanstone, M., Understanding Community Penalties：Probation, Policy and Social Change. Buckingham：Open University Press, 2002, p. 32.

④ Whitehead, P. and Statham, R., The History of Probation - Politics, Power and Cultural Change 1876 ~ 2005. Crayford：Shaw & Sons Limited, 2006, pp. 9 ~ 10.

⑤ Harris, R., "Probation Round the World – Origins and Development", In Koichi Hamai, Renaud Ville, Robert Harris, Mike Hough and Ugljes Zvekic（Eds）, Probation Round the World：A Comparative Study. London and New York, Routledge, 1995, p. 28.

学习，从而使得各国关注监狱改革。

欧洲国家是最早向美国学习现代监狱制度的国家。虽然自 16 世纪欧洲一直在探索现代监狱建设，但是欧洲传统的监狱存在设施不完善、功能不健全、刑罚目标不明确或者不一致问题。[①]

在美国新的监狱制度形成后，法国曾于 1831 年和 1836 年两度派专家赴美考察监狱制度。1831 年访美学习的专家有托克维尔（Alexis de Tocqueville）、博蒙（Gustave Auguste de Beaumont），1836 年访美学习的专家有德梅（Frédéric Auguste Demetz）。他们访美后完成的《美国监狱制度及其在法国的应用》和《关于悔罪所的调查报告》，极大地推动了法国监狱改革运动。德梅是法国感化院的早期设计者，他十分关注对少年犯的改造活动，看到少年犯与其他犯人被关押在一起非常震惊，他游历欧洲，探求一种使少年犯重返社会的农业居住区模式。他认为农业活动具有感化治疗的作用，提出用土地耕作感化青少年。让少年犯分组居住在单独的院落，参加作坊劳动，并派专人进行管理，提供进行户外劳动、宗教活动、娱乐活动、接受教育的机会。德梅为欧洲大陆实行类似的制度奠定了基础，获得了广泛的赞誉。马尔桑基（Arnould Bonneville de Marsangy）是 19 世纪法国的刑罚改革家，对假释和不定期刑制度的发展作出了贡献，被称为假释之父。他指出假释是促进自我改造的有利动因，是能够检验和维持犯人良好行为的有益制度，他认为假释分为两个阶段：首先是准释放阶段，在此阶段安排犯人从事农业或工业劳动，使其为自由劳动和竞争做好准备；其次是附条件释放阶段，此阶段将罪犯假释并置于假释官的监督之下，对之进行指导、帮助和约束。吕卡（Charles Lucas）也是法国一位著名的刑罚改革家，他认为刑罚本身不是目的，而仅仅是刑事政策的一种工具，真正的目的应当是保卫社会，而实现此目的的途径则是预防犯罪和改造犯罪人；认为教育是监狱制度中的一种有效手段，监狱在某种意义上就是学校。他提出对罪犯的改造比对犯罪的惩罚更重要，尤其是对少年犯，他认为对少年犯的改造是预防将来犯罪的根本措施。[②]

德国的监狱改革始于 19 世纪 20 年代。19 世纪 20 年代受美国监狱制度影响，德国开始探讨监狱改革问题。为此，1827 年德国汉堡尤利乌斯（Nikolaus - Heinrich Julius）医生专门开设了"监狱学讲座"。这个讲座引起极大的社会轰动。普鲁士王储威廉四世都前往听课。1829 年至 1839 年期间尤利乌斯连续出版了由他编写的《刑罚执行场所与矫正机构年鉴》。在尤利乌斯影响下，德国学者

---

① Peter, E. M., "Prison Before the Prison: The Ancient and Medieval Worlds", In Morris, N., Rothman, D. (Eds.), The Oxford History of the Prison: the Practice of Punishment in Western Society, New York: Oxford University Press, 1995, pp. 3~43.

② 吴宗宪著：《西方犯罪学史》，警官教育出版社 1997 年版，第 125~130 页。

从伦理和刑罚理论上探讨了在德国推行"独居制"的可能。罗特（Karl David August Roeder）认为，只有每个罪犯充分认识自己的罪行才有可能真心悔过，才能不再重新犯罪。他支持德国建立"独居制"。1826年刑罚改革家弗里特纳（Theoder Friedner）在德国建立了第一个"莱茵——威斯特伐伦监狱协会"。紧接着柏林又成立了"罪犯矫正联合会"。他们致力构建"独居制"：用美国费城监狱的方法，将罪犯关押在单身牢房内，不参加劳动，要求罪犯在监舍内进行"忏悔"，进行"内心反省"。罪犯唯一的读物就是《圣经》。弗里特纳按照美国的这种方法建立了一座"皇家监狱"。1848年德国新建两座监狱，一座设在柏林，另一座设在巴登的布鲁赫萨尔。这两座监狱都采用了"独居制"。这两座监狱是当时德国的模范监狱。①

　　19世纪的俄国，不仅经济落后，而且刑罚残酷。当时俄国主要使用的刑罚是流放、罚金与鞭刑。只有少数罪犯可以被判适用监禁刑。受西欧国家影响，俄国开始考虑刑罚变革。俄国的彼得·克鲁泡特金（Peter Kropotkin）访问法国的克莱尔沃（Clairvaux）悔罪营，被监狱的生产活动所打动：监狱就是大工厂，监狱中蒸汽机、涡轮机运转，大烟囱冒着白烟。彼得·克鲁泡特金回国后致力于俄国的刑罚改革、监狱改革。1860年俄国放弃了肉刑，开始了监狱改革实践。在一定意义上说，苏联成立后的刑罚改革，是俄国狱制改革的继续。如安东·S.马卡连科（Anton S. Makarenko）主张通过教育与职业训练在道德上改造罪犯。②

　　今天看来，现代监狱的改革空间路径图基本是：美国——欧洲——亚洲。监狱改革的思潮是从西向东。从一定意义上说，现代监狱从产生那天开始，就包含了中国引入现代监狱的必然性。

---

① 张美英、魏爱苗：《德国监狱史》，参见潘华仿主编：《外国监狱史》，社会科学文献出版社1994年版，第301~303页。

② Peter, E. M. , "Prison Before the Prison: The Ancient and Medieval World"s, In Morris, N. , Rothman, D. (Eds.), The Oxford History of the Prison: the Practice of Punishment in Western Society, New York: Oxford University Press, 1995, pp. 3~43; Patricia O'Brien, "The Prison on the Continent: Europe, 1865~1965", In Morris, N. , Rothman, D. (Eds.), The Oxford History of the Prison: the Practice of Punishment in Western Society, New York: Oxford University Press, 1995, pp. 178~201.

第二章　矫治的崛起

19 世纪末 20 世纪初，随着自然科学的发展，基督教在欧洲的社会地位受到全面的挑战。尼采宣称，上帝死了。自然科学的发展给建立在基督教思想基础上的"罪犯改造"概念及理论带来了极大的挑战，给罪犯改造工作、尚处在幼年时期的监狱工作带来了危机。然而，在自然科学带来监狱危机的同时，也给监狱带来了机遇，即以科学的方法矫治罪犯。于是，20 世纪初的心理学研究成果、精神病学研究成果，甚至医学研究成果，纷纷被引入监狱。"罪犯改造"（Reformation）被"罪犯矫治"（Treatment）替代。如果说在改造时代，罪犯被视为"坏人"，那么在矫治时代，罪犯则被视为"病人"。随着罪犯矫治的崛起，罪犯心理咨询、罪犯行为疗法等进入矫正领域。

第一节　矫治崛起的背景

一、宗教的衰落：来自科学的冲击

18 世纪 60 年代，英国开始了工业革命，这也是近代以来的第一次技术革命。不过，在这次工业革命期间，许多技术发明大都来源于工匠的实践经验，科学和技术尚未真正结合。在 18 世纪中叶以前，自然科学研究主要是运用观察、实验、分析、归纳等经验方法达到记录、分类、积累现象知识的目的。在 18 世纪中叶以后，由于启蒙运动的发展，理性思维迅速发展。理性思维就是对感性材料进行抽象和概括，建立概念，并运用概念进行判断和推理，提出科学假说，进而建立理论或理论体系。理性思维的发展让科学摆脱了巫术和经验的束缚，走出了摇篮，建立起了全新的"问题——实验——验证——解决"的程式，成为人类认识自己和认识整个世界的工具。理性思维的出现，推动各个学科体系的全面建立和天文、地质、化学、物理等学科的重大突破。

在天文学领域，科学家们开始论及太阳系的起源和演化。在地质学领域，英国的地质学家赖尔提出地质渐变理论。在生物学领域，细胞学说、生物进化论、

41

孟德尔的遗传规律相继被发现。在化学领域，原子—分子论被科学肯定；拉瓦锡推翻了燃素说，并成为发现质量守恒定律的第一人；1869 年，俄国化学家门捷列夫发表了元素周期律的图表和《元素属性和原子量的关系》的论文，文中门捷列夫预言了 11 种未知元素的存在，并在以后被一一证实。19 世纪最重大的科学成就是电磁学理论的建立和发展。

在 19 世纪之前，人们基本上认为电与磁是两种不同的现象，但人们也发现两者之间可能会存在某种联系，因为水手们不止一次看到，打雷时罗盘上的磁针会发生偏转。1820 年 7 月，丹麦教授奥斯特通过实验证实了电与磁的相互作用，他指出磁针的指向同电流的方向有关。这说明自然界除了沿物体中心线起作用的力以外，还存在着旋转力，而这种旋转力是牛顿力学所无法解释的。奥斯特的发现震动了物理学界，科学家们纷纷做各种实验，力求搞清电与磁的关系。法国的安培提出了电动力学理论。英国化学家、物理学家法拉第于 1831 年总结出电磁感应定律，1845 年他还发现了"磁光效应"，播下了电、磁、光统一理论的种子。但法拉第的学说都是用直观的形式表达的，缺少精确的数学语言。后来，英国物理学家麦克斯韦克服了这一缺点，他于 1865 年根据库仑定律、安培力公式、电磁感应定律等经验规律，运用矢量分析的数学手段，提出了真空中的电磁场方程。以后，麦克斯韦又推导出电磁场的波动方程，还从波动方程中推论出电磁波的传播速度刚好等于光速，并预言光也是一种电磁波。这就把电、磁、光统一起来了，这是继牛顿力学以后又一次对自然规律的理论性概括和综合。1888 年，德国科学家赫兹证实了麦克斯韦电磁波的存在。利用赫兹的发现，意大利物理学家马可尼、俄国的波波夫先后分别实现了无线电的传播和接收，使有线电报逐渐发展成为无线电通信。所有这些电器设备都需要大量的电，这远远不是微弱的电池所能提供的。1866 年，第一台自激式发电机问世使电流强度大大提高。19 世纪 70 年代，欧洲开始进入电力时代；80 年代还建成了中心发电站，并解决了远距离输电问题。电力的广泛应用是继蒸汽机之后近代史上的第二次科技革命。电磁学的发展为这次科技革命提供了重要的理论准备。由于自然科学的新发现被迅速应用于生产，第二次工业革命在欧美国家蓬勃兴起。

自然科学的发展对宗教产生了严重的冲击。学者哈特斯莱（R. Hattersley）说，到了 19 世纪末 20 世纪初，越来越多的人对祈祷的力量、对主的信念、对堕落的拯救，持怀疑的态度。[①]

实际上，从 17 世纪开始的启蒙时期，欧洲人的生活就走向世俗化，对世界的解释从宗教走向科学。从启蒙时期后，不乏历史人物在推崇科学的同时，批判宗教。尼采宣称"上帝死了"。罗素认为宗教是有害的。达尔文则通过进化论，

---

① Hattersley, R. The Edwardians Little. Brown & Company，2004，p. 63.

否定了上帝的存在。这些主张都不同程度地削弱了以上帝为中心的"福音论"（Evangelical Theology）的社会影响。①

罪犯改造理论建立在基督教学说基础上，建立在"福音论"基础上。根据"福音论"，上帝创造了人，让人崇拜，然而罪犯辜负了期望，实施了罪恶的行为，实施了不符合上帝意志的行为。作为罪人，罪犯应当借助对耶稣的信念被带到上帝的面前，向主赎罪。罪犯管理官员，无论是监狱管理官员，还是其他官员，都应当促进罪犯向主赎罪、悔罪。法学家格拉乌（E. Glove）说，任何有信仰的保护观察（社区矫正）官员对于心中有被启蒙倾向的罪犯，都应当不失时机地向其提供劝导，促使其向上帝祈祷。②

然而，宗教的衰落、"福音论"的被怀疑，使罪犯改造的信念不再坚定，使罪犯改造的实践置于被怀疑的境地。

于是，方法上强调科学，主张从生理、心理、社会角度分析犯罪原因，进而探讨预防犯罪方法与途径的主张迅速扩张，以宗教教诲与道德教育为主的改造让位于突出世俗的、心理的、科学的矫治。③

二、实证犯罪学的出现：龙勃罗梭的影响

传统犯罪学是关注犯罪行为的犯罪学。贝卡利亚、边沁等犯罪古典学派思想家指出，人拥有决定自己行动的自由意志；人是快乐主义者，他寻求快乐避免痛苦；人是理性动物，会在行动前计算为此所付出的和从中所得到的，然后才决定行动与否；严厉的惩罚会增加犯罪行为的成本，驱使人远离犯罪；惩罚越快速和越确定，越能阻止犯罪。

进入 19 世纪末，以龙勃罗梭为代表的实证犯罪学家采用了不同于古典犯罪学家关于犯罪行为的研究进路，即采用了关注犯罪人的研究进路。

1870 年 12 月，在意大利帕维亚监狱，龙勃罗梭打开了意大利著名的土匪头子维莱拉尸体的头颅，发现其头颅枕骨部位有一个明显的凹陷处，它的位置如同低等动物一样。于是得出结论，这种情况属于真正的蚓突（Vermis）肥大，可以说是真正的正中小脑。这一发现触发了他的灵感，由此他认为，犯罪者与犯罪真相的神秘帷幕终于被揭开了，原因就在于原始人和低等动物的特征必然要在我们

---

① Whitehead, P. & Statham, R., The History of Probation – Politics, Power and Cultural Change 1876 ~ 2005. Crayford：Shaw & Sons Limited 2006, p. 8.

② Glover, E., Probation and Re – education. London：Routledge & Kegan Paul, 1956, p. 254.

③ Whitehead, P. & Statham, R., The History of Probation – Politics, Power and Cultural Change 1876 ~ 2005. Crayford：Shaw & Sons Limited, 2006, pp. 15 ~ 16.

当代重新繁衍，龙勃罗梭从而提出了他的天生犯罪人理论。1876 年，龙勃罗梭发表了他的成名作《犯罪人》第一版。由于当时可供他研究的材料较少，故该书仅是一本小册子，而从 1906 年到 1907 年《犯罪人》第五版问世时，已经成为一部共有三卷和附图一卷的巨著。第一卷和第二卷专讲人类学、法律学和刑事学关系中的犯罪人；第三卷讲精神病学；附图中有 102 个图表，画有犯罪人的头颅、犯罪人的容貌和身体各部的尺寸、犯罪人的身体和精神的症候，以及语言文字等。1893 年，龙勃罗梭出版了《犯罪：原因和救治》一书。他在《犯罪：原因和救治》中指出，导致犯罪发生的原因是很多的，并且往往缠结纠纷。如果不逐一加以研究，就不能对犯罪原因遽下断语。[1]

关注犯罪个体的情况是龙勃罗梭研究的基本特征。以龙勃罗梭为代表的实证犯罪学家的研究成果很快传遍欧洲国家，[2] 并引起积极反响与回应。关注犯罪人，而不是犯罪行为，成为 19 世纪末 20 世纪初刑事司法最重要的思潮。[3] 1898年，法国学者撒拉雷斯（Raymond Saleilles）出版了《刑罚个别化》（L'individu-alisation de la peine en）一书。撒拉雷斯认为，只有面对犯罪人个体的刑罚才能有效，才是公正的。

实证主义犯罪学传到美国，美国人认识到，每个人的犯罪原因是不一样的，于是迅速将目光转向罪犯。他们认为，因为每个人的犯罪原因不一样，经历不一样，经验不一样，因而矫治的方法应当有所不同。1912 年，马萨诸塞州监狱协会的秘书史帕丁（W. F. Spaulding）认为，在旧的体系中人们只知道罪犯犯罪，而不管其为什么犯罪。知道罪犯的犯罪原因非常重要。每个罪犯的个体特点是不同的，应当根据罪犯的个体特点，有针对性地矫治，而不是对不同的人使用同一种方法。新的矫治方案应当体现个别主义。诊断是必须的，就像医生需要诊断病情。[4]

20 世纪初美国移民数量很大，犯罪问题比较突出。如何控制犯罪？有的研究人员根据龙勃罗梭的研究方法与研究观点认为，智力低下是犯罪的主要原因。普林斯顿大学的亨利（H. G. Henry）教授就是持这种观点的代表人物之一。这一观点被很多政界人士接受，甚至反映在政府报告中，如 1919 年堪萨斯州州长报告中就认为，智力低下是犯罪的主要原因，是威胁社会的重要因素。由于这种观

---

① 陈兴良著：《刑法的启蒙》，法律出版社 1998 年版，第 163～189 页。

② Whitehead，P. and Statham，R.，The History of Probation - Politics，Power and Cultural Change 1876～2005. Crayford：Shaw & Sons Limited 2006. p. 12.

③ Robinson，G. & Crow，L.，Offender Rehabilitation：Theory，Research and Practice. London：SAGE Publications Ltd.，2009，p. 17.

④ Cullen，F. T. & Gilbert，K. E.，Reaffirming Rehabilitation. Ohio，Cincinati：Anderson Publishing Co.，1982，pp. 76～77.

点被政界人士接受，一些美国政界人士推动《绝育法》的立法，并在很多州成功立法。1907 年，印第安纳州通过了《绝育法》。根据该法对智力低下者与强奸犯实施绝育。1909 年，加利福尼亚州通过对犯过两次强奸罪的性变态犯罪人实施绝育的法律。联邦法院支持弗吉尼亚州对 18 岁以上的痴呆白人妇女实施绝育手术的法律。①

三、心理科学的发展：弗洛伊德的学说

虽然心理研究早在古代就有探索，但是现代心理学却始于 19 世纪后期。随着自然科学的蓬勃发展，科学实验方法被广泛采用，在前人工作的基础上，德国生理学家、哲学家冯特于 1879 年在莱比锡大学建立了世界上第一所心理学实验室，开创了心理学。

心理学之门一开，不同心理学派纷至沓来。19 世纪末 20 世纪初，出现了以冯特、铁钦纳为代表的构造主义学派，以詹姆士、杜威、安吉尔为代表的机能主义学派，以华生、托尔曼、斯金纳为代表的行为主义学派，以维台默、考夫卡、苛勒为代表的格式塔学派，以弗洛伊德、阿德勒、荣格为代表的精神分析学派，等等。心理科学迅速发展。

在上述心理学派中，精神分析学派很受社会关注。精神分析曾一时成为上流社会的时尚，文艺界、社会名流，甚至知识界人士都以到心理医生处、躺在沙发上陈述心事为时髦，而心理医生则用精神分析学派的理论与术语来与"病人"谈心，进行心理治疗。于是，在很长一段时间，"潜意识"、"恋父情结"、"恋母情结"、"生殖器崇拜"都成了热门术语。而精神分析学派的创始人就是弗洛伊德。

弗洛伊德的精神分析理论主要内容有：②

第一，潜意识理论。这是弗洛伊德在他发展精神分析早期时提出的著名理论。他把人的精神活动分为三个层次：意识——前意识——潜意识，其中意识是个体心理活动的有限外显部分，是与直接感知有关的心理活动部分；前意识是介于意识和潜意识之间的部分，它是可以回忆起来的经验，是可以招回到意识中的那部分经验和记忆；而潜意识是被压抑到意识下面的、无法从记忆中招回的部分，它们通常是被社会的风俗习惯、道德、法律所禁止的内容，包括个人原始的

---

① Banks, C., Punishment in America: A Reference Handbook. Santa Barbara: ABC - CLIL, Lnc. 2005, pp. 72 ~ 75.

② ［奥地利］阿兰·瓦尼埃著，怀宇译：《精神分析学导论》，天津人民出版社 2008 年版，第 5 ~ 160 页；佚名：《精神分析产生的历史背景》，http：//www.xinli110.com/xxlp/jsfx/GDJSFX/201009/180384.html，2012 - 12 - 09。

冲动和与本能有关的欲望等。潜意识心理历程在正常及变态心理机能中均占有最重要的位置和意义，它决定了个体行为的真正原因和动机。

第二，内驱力学说。这里所说的内驱力是来自于本能的力量。弗洛伊德将人类本能的内驱力分为性驱力和攻击驱力。在我们所能观察到的所有本能现象中，不论是正常的还是病理的，这两种内驱力都参与其中或融合在一起。性驱力源于性的本能，而攻击驱力源于死亡本能。相对于性驱力和攻击驱力，弗洛伊德提出了两种心理能量——指向生命和成长的"里比多"及指向破坏、毁灭和死亡的攻击能量。

第三，客体关系理论。弗洛伊德的"客体"是相对于主体而言的，在精神分析理论中，客体指的是对我们心理发展影响最为重要的人，通常首先是父母，其次是兄弟姐妹。精神分析理论认为，一个人在他成年后是否具有与他人建立信任和友好关系的能力，取决于他早年生活经历中的客体关系。一个始终能够得到充分并且恰当的关爱的孩子，就能够建立对生活和对他人的基本信任感，能够拥有基本的自信；反之，则容易陷入焦虑和自卑之中。弗洛伊德最初使用"客体"这一概念时是与内驱力联系在一起的，他把内驱力比作人类心理活动的能量，且这一能量是有指向性的，即指向某一个客体。比如，通常一个婴儿的内驱力指向首先是对母亲的，其次是父亲。弗洛伊德将内驱力指向特定客体这一现象叫做心理能量的"投注"，"投注"所能传递的是各种各样的想法、记忆、幻想以及感情等心理活动的产物。因此，对某一客体投注越大，这个客体就越重要。

第四，人格结构理论。弗洛伊德在晚年又进一步完善了他的潜意识学说，提出了人格结构的理论。他用"本我"、"自我"、"超我"三个层次的结构来阐述人的精神世界，其中的"本我"是人格中最原始的、与生俱来的部分，它由先天的本能和欲望所组成，是无意识、无理性的。"本我"奉行的是快乐原则，要求无条件的即刻满足，婴儿的人格结构就完全是由本我组成的。"本我"与外部世界不能直接接触，它唯一的出路是通过"自我"表现出来。"超我"，又称为理想自我，它是通过家庭、学校和社会教育获得和发展出来的一部分，是人格结构中道德和准则的代表，其作用是按照社会道德标准监督自我的行动。"自我"是在现实环境的反复教训下，从"本我"分化出来的一部分，它是现实化了的"本我"，是理性的、识时务的，它不会盲目地追求满足，而是在现实原则指导下，力争既回避痛苦，又获得满足。"自我"在人格结构中代表着现实和审慎，它奉行的是现实原则。在正常情况下，人格结构的三个部分处于相对平衡的状态，但当"本我"的冲动和欲求强烈，"超我"给予严厉批判和压力，使"自我"难以承受，需不断地启用各种不成熟的、神经症性的甚至是精神病性的心理防御机制时，个体就会出现神经症性或精神病性的症状。

弗洛伊德的精神分析理论对人的行为具有重要的解释力。其不仅对人通常的行为具有解释力，而且对人的特殊行为（如犯罪行为）也具有解释力。

根据弗洛伊德的人格理论，虽然"本我"中的原始本能是犯罪的根源，如性的本能、死亡的本能，但是在一般情况下，人们并不会去犯罪。人格中的"超我"是人的行为中重要的控制系统，人们会根据现实社会道德法律的要求约束控制自己，使"本我"遵纪守法。但是，如果"超我"存在问题，行为人已有的道德的自我控制力无法抵御本能的冲动，或者"本我"突出，冲破了道德、法律所形成的对人的内在约束，就可能导致犯罪行为的发生。

由于弗洛伊德的理论对犯罪行为具有解释力，所以弗洛伊德的理论容易被监狱工作者、保护观察（社区矫正）工作者所关注、学习。于是，弗洛伊德的理论便进入监狱领域、保护观察（社区矫正）领域。英国学者鲁滨逊（Gwen Robinson）等认为，罪犯矫治思想形成于 19 世纪末。[①] 弗洛伊德的理论除了前述的潜意识理论、内驱力理论、人格理论，还有精神疗法理论。这样，精神疗法也便进入监狱领域、保护观察（社区矫正）领域。根据弗洛伊德的精神治疗理论，心理障碍是潜意识中的矛盾冲突引起的，所以精神分析疗法致力于挖掘病人压抑到潜意识中的幼年创伤性经验，带入到意识之中，启发病人重新认识这些经验，使潜意识的矛盾冲突获得解决，从而消除病人的症状。

随着弗洛伊德理论成功进入监狱领域、保护观察（社区矫正）领域，其他心理学家的研究成果也随后进入监狱领域、保护观察（社区矫正）领域。

四、总结：矫治时代的到来

19 世纪末 20 世纪初以前，罪犯改造工作是教士的舞台，教士通过向罪犯传导圣经，促进罪犯悔罪，使罪犯改造。但是，随着宗教的衰落，科学时代的到来与发展，罪犯皈依上帝的真诚，受到质疑；罪犯"改造"的宣言，受到怀疑。而实证犯罪学、心理科学的发展，为改变罪犯指出一条发展道路，这就是"罪犯矫治"：首先，要将罪犯当成"病人"；其次，要对罪犯进行病情"诊断"；再次，根据罪犯的"病情"，开出"药方"；最后，对罪犯个体进行"治疗"。罪犯矫治时代与罪犯改造时代最大的区别在于：在罪犯矫治时代罪犯被当作"病人"；在罪犯改造时代罪犯被当作"罪人"、"恶人"。

实证犯罪学、心理科学的发展，将监狱工作、保护观察（社区矫正）工作推入了一个新的时代。

① Robinson, G. & Crow, L., Offender Rehabilitation: Theory, Research and Practice. London: SAGE Publications Ltd.: 2009, p. 30.

第二节 矫治模式的形成

随着宗教的衰落，实证学派的兴起，精神分析学派等心理学理论在监狱及保护观察（社区矫正）领域的传播，罪犯矫治时代来临。

关于罪犯矫治时代的存在与重要性，矫正学界看法一致，但是，关于罪犯矫治时代兴起的时间，学者却有不同看法。美国学者卡尔森（N. A. Carlson）等认为矫治时代始于1930年，① 即罪犯矫治时代始于第二次世界大战前，而司马勒格（F. Schmalleger）、昌平（D. J. Champion）等认为矫治时代始于1945年，② 即罪犯矫治时代始于第二次世界大战后。在司马勒格、昌平等看来，矫治在1945年以前在监狱与保护观察（社区矫正）领域不成气候，不足以宣告矫治时代来临。卡尔森等认为，既然矫治在监狱及保护观察（社区矫正）领域已经有了实践，就应当认为矫治时代来临。

由于第二次世界大战前的罪犯矫治理论与实践是第二次世界大战后的罪犯矫治理论与实践的基础，所以，分析矫治模式，研究矫治时代，需要了解第二次世界大战前的罪犯矫治理论与实践。这里以第二次世界大战为界，分别介绍罪犯矫治发展情况。

一、第二次世界大战前的探索：医学——心理学的介入

由于宗教的衰落，罪犯改造可能的被质疑，监狱与保护观察（社区矫正）出现工作目标正当性的危机，面临工作目标与方法的重新选择问题。恰于此时，实证犯罪学、心理科学产生并进入监狱与保护观察（社区矫正）领域。

实证犯罪学关注犯罪人而不是犯罪行为，提倡对罪犯进行科学研究。③ 实证科学下的罪犯是具体的罪犯，是有生命的罪犯，是有生活经历的罪犯，而不是无血无肉、法条上的抽象的人。使用这种研究方法激发了大家的热情，呼唤起罪犯矫治的希望，也促成了人们对罪犯改造时代监狱与保护观察（社区矫正）工作的反思与批判。1930年美国矫治工作者巴尔内斯（H. E. Barnes）说："我们整

---

① Carlson, N. A., Hess, K. M., Orthmann, C. M. H., Corrections in the 21st Century: A Practical Approach. Belmont: Wadsworth Publishing Company, 1999, p. 20~21.

② Schmalleger, F. & Syykla, J. O., Corrections in the 21st Century. New York: McGraw - Hill, 2007, p. 267. Dean John Champion, Corrections in the United States: A Contemporary Perspective, Upper Saddle River: Pearson Education LTD, 2005, p. 12.

③ Robinson, G. & Crow, L., Offender Rehabilitation: Theory, Research and Practice. London: SAGE Publications Ltd., 2009, p. 17.

个的刑事司法的方向是错误的与不科学的，因为从开始我们将其建立在让刑罚适应犯罪的假设上。"① 而 1935 年 K. 闵宁格（K. Mnninger）说："将罪犯逮捕，然后关起来，也就是他们打了你，你反过来再打他。这似乎是理所当然，但是这种方法对罪犯没用。"②

实证犯罪学与心理学不仅在倡导科学矫治罪犯上是完全一致的，而且在主张罪犯矫治上互相支持。从一定意义上说，实证犯罪学主张的"关注犯罪人而不是犯罪行为"就是为在监狱与保护观察（社区矫正）领域引入心理方法矫治罪犯鸣锣开道。于是，随着龙勃罗梭的思想与学说在监狱与保护观察（社区矫正）领域的传播，心理学家进入监狱与保护观察（社区矫正）领域。

根据笔者搜集的资料，英国人莫兹利（H. Maudsley）应当是最早进入监狱与保护观察（社区矫正）领域研究罪犯的心理学家。他于19世纪末就提出监狱与保护观察（社区矫正）机构应当将罪犯当成病人。③ 奥地利人艾茨霍恩（A. Aichhorn）是较早将心理分析理论运用于罪犯的心理学家。英国心理学家霍林（C. R. Hollin）指出，由于心理学家不满足对犯罪行为的心理学解释，急切地将理论运用于实践，所以一些心理学家在20世纪20年代将心理学理论研究成果运用于罪犯。④

心理学进入监狱与保护观察（社区矫正）领域，受到了实务界人士的欢迎。罪犯矫治模式的热烈拥护者 C. 闵宁格（C. Mnningger）认为，将罪犯关押起来，而不考虑罪犯因不适应社会而犯罪的心理原因，太愚蠢！只有对罪犯进行心理的矫治，才能改变罪犯，才能体现监狱与保护观察（社区矫正）机构存在的价值。在罪犯矫治工作的支持者看来，罪犯犯罪是因为罪犯的精神存在缺陷、情感功能上出了问题，罪犯就是存在心理疾病的患者。要改变罪犯，就需要对罪犯进行"治疗"（Treatment）。⑤"治疗"一词具有浓厚的医学色彩。

在美国，1921年纽约的纳潘诺茨（Napanoch）开办了关押精神有问题的未成年犯的监狱。1922年马萨诸塞州的布里奇沃特（Bridgewater）也设置了关押

① Barnes, H. E., The Story of Punishment: A Record of Man's Inhumanity to Man. Montclair: Paterson smith, 1972, Originally Published in 1930, p. 265.

② Menninger, K., The Crime of Punishment. New York: Penguin Books, 1966, p. 5.

③ Crow, L., The Treatment and Rehabilitation of Offenders. London: SAGE Publications 2001, p. 23.

④ Hollin, C. R., "To Treat or Not to Treat"? In C. R. Hollin (Eds.), A Historical Perspective. Handbook of Offender Assessment and Treatment. Chickerter: John Wiley & Sons. LTD, 2001, pp. 3 ~ 16.

⑤ Clear, T. R. & Dammer, H. R., The Offender in the Community. Belmont: Wadsworth/Thomson Learning 2003, pp. 46.

精神有问题的未成年犯的监狱。1926年有67所监狱聘任了精神病专家，45所监狱有心理学家。[1]

20世纪前30年，由于联邦监狱管理混乱，美国国会建立了联邦监狱局。资深的监狱长贝特斯（Sanford Bates）被认命为首任联邦监狱局局长。联邦监狱局成立后首先建立联邦监狱系统，对监狱进行分类，将监狱分为悔罪营（Penitentiaries）、改造所（Reformatories）、监狱营（Prison Camps）、监狱医院（Medical Hospitals），设置了对特别罪犯的治疗机构，如对吸毒犯的治疗机构。贝特斯所作的重要贡献之一是在美国联邦的监狱中使用心理学学者、精神病学者参与对罪犯的矫治工作。[2]

在英国，在实证犯罪主义者胡顿（E. Hooton）、萨拉东（W. H. Sheldon）等的促进支持下，心理学家麦克伍德（J. Mackwood）博士1935年在沃姆沃德·斯克若博（Wormwood Scrubs）监狱开展精神治疗的工作。胡顿、萨拉东认为，矫治应当成为监狱，特别是未成年犯监管机构的中心工作。此后，英国内政部就罪犯心理治疗可能性请著名的实验精神病学家伊斯特（N. East）爵士作研究报告。1939年伊斯特的报告问世，伊斯特报告建议政府建立精神性治疗监狱，对罪犯进行矫治。[3]

从20世纪20年代开始，无论是美国的保护观察（社区矫正）机构，还是英国的保护观察（社区矫正）机构，罪犯矫治也开展起来。[4]

对罪犯采用什么方法进行矫治？精神分析方法似乎成了大家不二的选择。[5]虽然后来医学方法也进入罪犯矫治领域，但是精神分析方法长期居于主导地位，

---

① Rotman, E., "The Failue of Reform: United States, 1865~1965", In Morris, N., Rothman, D. (Eds.), The Oxford History of the Prison: the Practice of Punishment in Western Society. New York: Oxford University Press, 1995, pp. 151~177.

② Carlson, N. A., Hess, K. M., Orthmann, C. M. H., Corrections in the 21st Century: A Practical Approach. Belmont: Wadsworth Publishing Company, 1999, p. 81.

③ Morris, T., British Criminology: 1935~1948. In P. Rock (Eds.), A History of British Criminology, 1988. Oxford: Oxford University Press, pp. 20~34.

④ Whitehead P. and Statham, R., The History of Probation – Politics, Power and Cultural Change 1876~2005. Crayford: Shaw & Sons Limited 2006, p. 15~16.

⑤ Clear, T. R. & Dammer, H. R., The Offender in the Community. Belmont: Wadsworth/Thomson Learning 2003, p. 46; Patricia O'Brien, "The Prison on the Continent: Europe, 1865~1965", In Morris, N., Rothman, D. (Eds.), The Oxford History of the Prison: the Practice of Punishment in Western Society. New York: Oxford University Press, 1995, pp. 178~201; Whitehead, P. and Statham, R., The History of Probation – Politics, Power and Cultural Change 1876~2005. Crayford: Shaw & Sons Limited 2006, pp. 18~19.

直至20世纪70年代。①

因为精神分析理论认为心理障碍是潜意识中的矛盾冲突引起的，所以精神分析疗法致力于挖掘病人压抑到潜意识中的幼年创伤性经验，带入到意识之中，启发病人重新认识这些经验，使潜意识的矛盾冲突获得解决，从而消除病人的症状。这就好比屋里的异味如果是由地毯下发霉的垃圾散发的，要想彻底消除异味，只在地毯上打扫是不行的，必须把地毯下发霉的垃圾清除掉。为了达到上述目标，精神分析心理疗法主要采用自由联想和释梦等技术。弗洛伊德认为，浮现在脑海中的任何东西都不是无缘无故的，都是具有一定因果关系的，借此可挖掘出潜意识中的症结。自由联想就是让病人自由诉说心中想到的任何东西，鼓励病人尽量回忆童年时期所遭受的精神创伤。精神分析学说认为，通过自由联想，病人潜意识的大门不知不觉地打开了，潜意识的心理冲突可以被带入到意识领域，医生从中找出病人潜意识之中的矛盾冲突，并通过分析促进病人领悟心理障碍的"症结"，从而达到治疗的目的。自由联想是精神分析的基本手段。弗洛伊德认为，梦乃是做梦者潜意识冲突欲望的象征，做梦的人为了避免被人家察觉，用象征性的方式以避免焦虑的产生。所以，发掘潜意识中心理资料的另一技术就是要求病人在会谈中也谈谈他做的梦，并把梦中的不同内容自由地加以联想，以便治疗者能理解梦的外显内容和潜在内容。②

在精神分析的框架下，罪犯不再是"恶人"或者"罪人"，而是"病人"。"罪犯矫治"以"咨询"的形式展开。"咨询"往往是矫治工作者探索服刑人员犯罪动机、内心世界的"长途旅行"，试图探索犯罪的内在原因，并解决犯罪内在原因的途径。矫治工作者有时也调查服刑人员早年的生活，以发现其犯罪的内在线索。罪犯的"情感"、"逻辑"，都用以对罪犯犯罪原因的"解码"。③

鉴于监狱工作人员、保护观察（社区矫正）领域的工作人员不熟悉精神分析方法，所以监狱与保护观察（社区矫正）管理机构在支持心理学家参与罪犯矫治工作的同时，有意识地培训矫治工作者有关精神分析的课程。例如，在英国，1930年内政部支持设立的"治安法院保护观察人员培训项目"（Police Court Mission Training Scheme）向保护观察（社区矫正）人员传授弗洛伊德的心理学

① Hollin, C. R., "To Treat or Not to Treat"? In C. R. Hollin (Eds.), A Historical Perspective. Handbook of Offender Assessment and Treatment. Chickerter: John Wiley & Sons. LTD, 2001, pp. 3 ~ 16.

② 《精神分析疗法》，http://baike.soso.com/v217587.htm, 2012 - 09 - 18；《精神分析疗法的常用技术》，http://blog.163.com/sqz166@126/blog/static/10750891820091133131840863/, 2012 - 12 - 22。

③ Clear, T. R. & Dammer, H. R., The Offender in the Community. Belmont: Wadsworth/Thomson Learning 2003, pp. 46 ~ 47.

理论。① 而1932年"未成年人科学矫治研究所"（the Institute for the Scientific Treatment of Delinquency）设置了"临床心理分析学校"（the Clinical Psychoanalytic School）以期培养矫治工作者。②

二、第二次世界大战后的发展：新理论的运用

第二次世界大战后，随着和平的降临，罪犯矫治迎来了黄金时期。

首先，第二次世界大战后，由于越来越多的人相信科学，所以越来越多的人相信罪犯是有病的人，经过治疗完全可以转变为健康人。③

其次，第二次世界大战前理论界与实务界关于罪犯矫治的探讨与实践为第二次世界大战后罪犯矫治的开展奠定了基础。

第二次世界大战后的罪犯矫治的知识与方法承接了第二次世界大战前的成果。精神分析方法在罪犯矫治中一马当先，并长期居于罪犯矫治的核心地位。④

根据有关精神分析专家的观点，对来访罪犯的精神分析治疗可以包括四个阶段，即开始阶段、移情发展阶段、修通阶段和移情分析阶段。⑤ 开始阶段由两部分组成，首先是通过会谈了解当事人的问题，并决定是否适合于进行精神分析治疗，即确定来访罪犯的心理障碍是否精神分析疗法的适应症。在确定适合作精神分析以后，要就精神分析治疗的规则及咨访双方各自的职责进行解释和商讨，以取得共识。然后进入第二部分，治疗者设法了解来访罪犯及潜隐的无意识冲突的情形，记录下一些最基本的信息、资料。但在开始阶段，治疗者只适宜处理一些表面上的问题，不深挖更多的无意识的材料。移情的发展及对它的解释是精神分析疗法中的第二阶段。在这一阶段，随着治疗的开展，来访罪犯开始出现对医生的移情。移情实质上是来访罪犯对过去生活中重要人物的情感投射，此时，医生已成为当事人生活中的一个重要角色。医生要向他解释这一点，向他表明，他现在对医生的知觉、理解和反应的方式是与过去对父母的方式同出一辙的。随着当

① Whitehead P. and Statham, R., The History of Probation - Politics, Power and Cultural Change 1876~2005. Crayford: Shaw & Sons Limited 2006, p. 18.

② Crow, L., The Treatment and Rehabilitation of Offenders. London: SAGE Publications, 2001, p. 23.

③ Whitehead, J. T., Pollock, J. M. & Braswell, M, C., Exploring Corrections in America. Cincinnati: Anderson Publishing Co. 2003, p. 49.

④ Hollin, C. R., "To Treat or Not to Treat"? In C. R. Hollin (Eds.), A Historical Perspective. Handbook of Offender Assessment and Treatment. Chickerter: John Wiley & Sons. LTD, 2001, pp. 3~16.

⑤ 章恩友主编：《罪犯心理矫治技术》，中国物价出版社2002年版，第313~338页；狄小华著：《罪犯心理矫治导论》，群众出版社2004年版，第344~348页。

事人对过去经验影响到目前行为的原理的认识，就能促进他进行比较合理的决策，选择比较合理的行为方式。在解释移情的同时，治疗者要注意到反移情出现的可能性，反移情即治疗者自己未经解决的对某个重要人物的情感可能会转移到被治疗者身上，并可能会影响到对当事人的理解。如果治疗者和当事人都能对他们之间的关系中出现的移情和反移情有清醒的认识，将会大大促进整个治疗过程。修通阶段是精神分析疗法中的第三阶段。这一阶段与上一阶段有所交叉，是上一阶段的继续和深化。在这一阶段，矫治人员要使用包括运用以解释为主的各种技术，结合自由联想的材料和移情表现，向当事人揭示他的无意识愿望和无意识冲突，使当事人了解症状的真实含义，并得到当事人的认识和领悟。对阻抗的克服是修通工作的重要任务之一。移情的解决阶段是治疗的最后阶段。在这一阶段，无意识冲突又得到修通。当事人对症状的本质已获得了领悟，自我的力量也已经增强，治疗面临结束。但是，往往就在这时，当事人的移情一下子表现得更为强烈和突出，常见的是当事人已经消失的症状突然恢复，病又可能加重，或者推翻原来的解释和领悟，这实际上是当事人不愿结束治疗、不愿结束他与医生长时期建立的情感依恋关系的表现。如果通过医生的解释，当事人意识到自己的问题和原因，真正愿意结束治疗关系，并做好结束后的各种准备，那么原来的领悟就可以恢复，治疗就可以结束。

最后，医疗方法受到了更多的关注。西方国家对"矫治模式"的另一种称谓是"医疗模式"。这种称谓表明医疗方法在罪犯矫治中也具有很高的地位。

医疗方法主要是用于矫治毒品犯[①]与患精神病的罪犯。在加拿大，1953 年成立的佛通（Fauteaux）委员会在 1956 年指出，监狱应当以矫治为中心，监狱应当不断提高监狱管理人员的专业水平，重视对罪犯使用医疗方法。20 世纪 50 年代至 60 年代，加拿大通过对酗酒的罪犯、吸毒的罪犯的治疗，探索医疗方法在罪犯矫治中的运用。[②] 英国则重视对精神病犯进行医疗矫治。为更好地开展对精神病犯的矫治，20 世纪 60 年代英国将格林登·阿德伍德（Grendon Underwood）监狱改造成精神病犯的治疗机构。格林登·阿德伍德监狱是一所关押女犯的监狱。[③]

第二次世界大战后罪犯矫治突出的特点是，除了重视精神分析疗法，使其在

---

① Crow, L., The Treatment and Rehabilitation of Offenders. London：SAGE Publications, 2001, pp. 6 ~ 8.

② Moore, D. and Hannah – Moffat, K., "The Liberal Veil：Revisiting Canadian Penality", In J. Pratt, D. Brown, M. Brown, S. Hallsworth and W. Morrison, The New Punitiveness：Trends, Theories, Perspectives. Dovon：Willan Publishing, 2005, pp. 85 ~ 98.

③ Robinson, G. & Crow, L., Offender Rehabilitation：Theory, Research and Practice. London：SAGE Publications Ltd.：2009, p. 35.

监狱、保护观察（社区矫正）机构的罪犯矫治工作中发挥重要的作用，还不断探索将其他治疗方法，如行为疗法①、人本主义疗法②引入罪犯矫治领域。

　　行为疗法最基本的理论基础是行为学习理论。这一理论认为，人的正常的和反常的行为和习惯都是通过学习获得的。因此，人的反常行为和习惯也可以通过另外的学习而得以矫正。与精神分析疗法注意无意识冲突的分析，了解病犯童年的痛苦经历，强调情感的发泄和领悟不同，行为疗法更关心病犯当前的行为，强调病犯的自我控制能力，以及通过学习来矫正异常行为，最终治愈疾病。行为学习理论包括经典条件反射原理、操作性条件反射原理和社会学习理论。经典条件反射原理奠基者巴甫洛夫在实验室中研究狗的消化过程时，无意中发现了经典的条件反射作用。他在给狗喂食的同时，给它一个铃声刺激，若干次重复之后，即使不给食物，只要一听到铃声，狗也会分泌唾液，这就是条件反射。但是，连续几次不给食物，狗听到铃声后，分泌唾液的条件反射就会逐渐消退。这个实验说明：一是当条件刺激物（铃声）取代无条件刺激物（食物），形成特定的刺激——反应关系后，形成条件反射；二是当条件反射形成后，如果继续只给条件刺激物，而不给无条件刺激物，条件反射强度就会下降，直至消失。操作性条件反射原理代表人物斯金纳在所谓的"斯金纳"箱子上设置有一圆窗，当圆窗发光时，食盘中会出现食物。当鸽子被放到箱子边，鸽子乱啄。后来鸽子发现啄到圆窗，圆窗发光时，食盘中会出现食物，于是鸽子就倾向于啄圆窗。根据这一实验，斯金纳提出，包括心理疾病在内的行为是习得的。社会学习理论认为，人们的大量行为都是通过观察、模仿而习得的。人的不良行为也是通过模仿而产生的。例如，儿童和少年看到影视中的攻击行为而变得富有攻击性。社会学习理论强调榜样的示范作用，这种作用的正面效应则是使人们学会许多重要技能，其负面效应则是如果榜样本身是劣性的，就会使人们习得不良行为。行为疗法的技术和方法有系统脱敏法、厌恶疗法、电击疗法、行为塑造法、消退疗法等。系统脱敏法，又叫交互抑制法，主要用于治疗恐怖症以及超出一般紧张的焦虑或恐怖情绪。该疗法利用的交互抑制原理，亦即放松和焦虑或恐怖是两种交互抑制的状态，设法使病犯处于放松状态，就会抑制住病犯的焦虑或恐怖状态，如此反复多次，就会使罪犯不再感到焦虑或恐怖。由此，使罪犯放松是先决条件。放松训练有许多方法，常用的有肌肉放松法、深呼吸等。厌恶疗法，又称对抗性条件反射疗法，这种疗法的理论基础是条件反射原理。它是把令人厌恶的或惩罚性的刺激

---

　　① Whitehead, J. T., Pollock, J. M. & Braswell, M, C., Exploring Corrections in America. Cincinnati: Anderson Publishing Co. 2003, p. 249.

　　② Worrall, A. & Hoy, C., Punishment in the Community – managing Offenders, Making Choices. Dovon: Willian Publishing, 2005, p. 146.

与罪犯需戒除的不良行为结合起来，通过厌恶性条件反射的作用，来消除或减轻这种不良行为。这种方法可用来克服酗酒、吸毒等行为，也可用来治疗强迫症。治疗中常用的厌恶刺激有电击、药物、巨声、恶臭、烟熏等。例如，利用催吐药物治疗酗酒者，让罪犯服用催吐药，然后饮酒。这样病犯以后一闻到酒味就会呕吐，从而达到戒酒的效果。电击疗法的基本原理是，迅速给予能引起罪犯焦虑或恐惧的强烈刺激，在实际的恐惧事实面前，罪犯会感觉到并不像想象的那样恐惧，就会逐渐地消除恐惧感。这种疗法运用于有强烈治愈动机的病犯。由于刺激比较突然、强烈和反复，因此对于体质虚弱、心理承受能力较差，或患有心脏病、高血压等疾病的病犯要慎重使用。在治疗过程中，多数罪犯开始时会加重焦虑或恐惧情绪，医生必须用哄骗、谈判或命令等手段使罪犯坚持住。行为塑造法的理论基础是操作性条件反射原理。它把期望罪犯形成的新行为的塑造过程分成若干塑造阶段，并从低水平向高水平强化。在每一个阶段，若罪犯完成医生要求的行为，就给予奖励（积极强化），最终达到塑造新行为，克服不良行为的目的。消退疗法的理论基础也是操作性条件反射原理。行为治疗学家认为，人的不良行为是由不良刺激因素起到强化作用的结果。如果去除这些强化刺激，不良行为就会自行消退。[①]

人本主义疗法是强调人的意识所具有的主动性和自由选择性的心理疗法，是由心理学家罗杰斯所开创的。罗杰斯认为，人是有理性的，并具有自我实现的积极天性，而某些"恶"的特征只是由于防御的结果。当事人的心理困扰是由于自我实践的倾向受到阻滞所致。罗杰斯认为，人所得到的感觉是他个人对客观世界感知的结果。究竟是什么伤害了他，什么是恨，什么是爱，有什么经验，下一步应朝哪一个方向去，只有当事人最清楚。罗杰斯认为，心理治疗应当设法使当事人朝着自我调整、自我成长，逐步摆脱外因控制的目标前进。在人本主义疗法中，医生不是主导者，他与当事人的地位是同等的。在整个治疗过程中，医生要为当事人提供一个自然和谐的良好氛围，要尊重当事人的人格尊严，设身处地去理解当事人的感情和处境，把治疗过程看成是促进当事人自然成长的教育过程。只有这样，才能最终使当事人的内心世界发生变化，排除心理障碍，达到治疗的目的。在人本主义疗法中，医生的交谈技术对疗效具有很大的作用。医生切忌将自己的价值观和偏见带入谈话中，对当事人的话不作解释和评价，不提供信息、建议和忠告等。医生对当事人的谈话内容要采取鼓励、重复的做法，并对当事人

---

① 狄小华著：《罪犯心理矫治导论》，群众出版社2004年版，第349～353页；章恩友主编：《罪犯心理矫治技术》，中国物价出版社2002年版，第339～345页。

表达的感情要有所反应。①

除了行为疗法、人本主义疗法等心理学主流治疗方法被引入监狱，一些非主流的方法，诸如瑜伽也被引入监狱。心理学工作者、精神病医生替代了教士。②

此外，心理学工作者不断探索适用于罪犯"病情"的矫治手段，如有些矫治工作者试图使用"电击疗法"（Electroshock Therapy）、前额手术（Frontal Lobotomies）矫治精神病罪犯。③

为促进罪犯矫治理论研究与方法探索，《英国不法青少年研究》（the British Journal of Delinquency）于1950年创刊。该杂志发表了大量关于罪犯矫治的文章。1955年，著名犯罪学家、该刊编辑格罗威尔（Edward Glover）明确提出，犯罪是有病因的。④

随着矫治工作的不断探索，罪犯矫治模式基本成型。根据美国学者卡尔森（N. A. Carlson）等的著述，罪犯矫治模式的框架见本节表1。⑤

表1：罪犯矫治模式的框架

罪犯犯罪的原因	社会或者个人的疾病
罪犯的形象	病态的、自己不能控制的社会或者经济产品
罪犯监管机构工作目标	矫治罪犯，让罪犯以健康的心态回归社会
罪犯监管机构的职责	矫治罪犯让他们重返社会
矫正与惩罚的角色	矫治是必须的，惩罚是矫治的手段
执行刑罚的方式	矫治罪犯
惩罚的类型	不确定刑期以适应罪犯的改变
谁决定释放	专家（对成年犯而言是假释委员会，对未成年犯而言是工作人员）

在矫治时代，心理学方法不仅是罪犯矫治的方法，而且是罪犯分类的知识根据。第二次世界大战后，罪犯分类主要由心理学工作者、社会工作者、职业教育工作者与精神问题工作者完成。心理学工作者、社会工作者、职业教育工作者与

---

① 狄小华著：《罪犯心理矫治导论》，群众出版社2004年版，第353~356页；章恩友主编：《罪犯心理矫治技术》，中国物价出版社2002年版，第359~376页。

② Whitehead, J. T., Pollock, J. M. & Braswell, M, C., Exploring Corrections in America. Cincinnati: Anderson Publishing Co. 2003, p. 249.

③ Whitehead, J. T., Pollock, J. M. & Braswell, M, C., Exploring Corrections in America. Cincinnati: Anderson Publishing Co. 2003, p. 49.

④ Crow, L., The Treatment and Rehabilitation of Offenders. London: SAGE Publications 2001, p. 24.

⑤ Carlson, N. A., Hess, K. M., Orthmann, C. M. H., Corrections in the 21st Century: A Practical Approach. Belmont: Wadsworth Publishing Company, 1999, p. 18.

精神问题工作者根据他们的知识决定罪犯的分类及处遇。①

在 20 世纪 70 年代以前，不仅监狱改革者、保护观察（社区矫正）的改革者对矫治满怀乐观，而且立法者对矫治也满怀乐观。② 学者们也对罪犯矫治予以了充分肯定。法国刑法学家、社会防卫论的倡导者安塞尔（MarcCncel）认为，对罪犯进行心理咨询与向罪犯提供就业帮助一样，体现着人道主义精神。③ 安塞尔将"罪犯矫治"的道德地位提到同"罪犯改造"一样的高度。

---

① Rotman, E., "The Failue of Reform: United States, 1865 ~ 1965", In Morris, N., Rothman, D. (Eds.), The Oxford History of the Prison: the Practice of Punishment in Western Society, New York: Oxford University Press, 1995, pp. 151 ~ 177.

② Rotman, E., "The Failue of Reform: United States, 1865 ~ 1965", In Morris, N., Rothman, D. (Eds.), The Oxford History of the Prison: the Practice of Punishment in Western Society, New York: Oxford University Press, 1995, pp. 151 ~ 177.

③ Patricia O' Brien, "The Prison on the Continent: Europe, 1865 ~ 1965", In Morris, N., Rothman, D. (Eds.), The Oxford History of the Prison: the Practice of Punishment in Western Society, New York: Oxford University Press, 1995, pp. 178 ~ 201.

第三章 现代监狱制度在中国的引入

20世纪初，尽管现代监狱制度刚刚在西方国家站稳脚跟，一些制度尚未成熟，但是，在其传到中国后，却因各种原因很快被清朝政府所接受，而且冲垮了中国自隋唐以来形成的传统的"笞、杖、徒、流、死"刑罚体系。此后，监禁刑便在中国立足，中国的监狱思想与制度进入了一个新的发展阶段，一个"监禁就是执行刑罚"的新阶段，一个开始接受国际监狱文化的新纪元。

第一节 现代监狱制度在中国的确立

19世纪时的中国监狱仍是传统的审判前、行刑前的关押机构，到19世纪末20世纪初，监狱制度开始变革，与国际并轨，建立起了现代监狱制度。监狱成为刑罚执行机构。现代监狱与传统监狱的根本区别在于，监狱是否是刑罚执行的机构。如果监狱仅是审前或者执行刑罚前的羁押机构，那么是传统监狱；如果监狱是刑罚执行机构，则是现代监狱。

一、中国传统的监狱及基本特点：以清代为主

中国的监狱相传始自夏代。关于其称谓，夏称"圜土"，以"夏台"为征，遗迹在今河南禹县境内；商称"圉"，以"羑里"为征，遗迹在今河南汤阴县东北；周称"圜土"，亦称"囹圄"。春秋战国时代，狱制逐渐建立，一般称"圉"，至秦代，狱制基本成熟，《云梦秦简》中有《囚律》一篇，对监狱管理方面已有详细规定。自汉代，始称"狱"，中央设廷尉狱，各个官府设监狱，也称"内宫"、"居室"、"保宫"、"请室"等。东汉后，京城洛阳设廷尉狱、洛阳狱，地方州县各置监狱。南北朝时因袭汉时狱制，北朝时挖地为狱，称"地牢"。隋唐设大理狱，地方各设监狱，后世多依此制。明清改设刑部监狱，其中明时还设有东厂狱、西厂狱和锦衣卫狱，这种狱制一直延续至清末。

长期以来，中国传统的监狱，从性质上，只是一种羁押、监禁等待审理或者等候执行罪犯的机构，而不是一个刑罚执行机构。中国传统的刑罚体系是以肉

刑、死刑为核心的刑罚体系。自夏代以来，中国逐步形成了现在被称为"旧五刑"的刑罚体系。"旧五刑"包括墨、劓、剕（腓）、宫、大辟。从汉初的文景帝废除肉刑开始，"新五刑"逐步形成。"新五刑"最初规定在隋《开皇律》中，后由唐《武德律》、《永徽律》（唐律疏议）予以完善。"新五刑"包括笞、杖、徒、流、死。由于中国传统的刑罚体系是以肉刑、死刑为核心的刑罚体系，所以，中国传统的监狱的职能就是羁押、监禁等待审理或者等候执行的罪犯。《清史稿》在写到监狱的职能时概括道："监狱与刑制相消息，此前监羁罪犯，并无已决、未决之分。其囚禁在狱，大都未决犯为多。既定罪，则笞、杖折责释放，徒、流、军、遣即日发配，久禁者斩、绞监候而已。"①

由监狱的职能决定，监狱的监管目标就是"看守"。民国监狱学家王元增对中国传统监狱的工作目标归纳为"不外乎缧绁桎梏使犯人不至逃亡为毕事"。②基于"看守"需要，国家建立有完整的系囚制度。下面以清代监狱为例介绍系囚制度。

根据曹新强博士对清代监狱的研究，③ 系囚制度主要包括收监、出监制度；分类收押制度；狱门看守制度；巡逻与守卫制度；主官值守和点视制度；桎梏制度。根据收监、出监制度，罪犯入监、出监要接受严格的检查。《提牢备考》云："获犯到案并解审发回之时，州县官当堂细加搜检，有无夹带金刃等物，方许进监，并严禁禁卒不许将砖石、树木、铜铁器皿之类，混行取入。如有买酒入监者，将禁卒严行责治。"而囚犯家属送给囚犯的饭食，须经提牢官检验后，才能由狱卒转交给囚犯。根据分类收押制度，监狱实行了"掣签"制度。这项制度是为防止同案犯相互勾连串通被分在同一监舍内，同时也为防止司狱官和狱卒在囚犯监舍分配上发生贿买入监等。如何抽签？《提牢备考》云："两监均设一签桶，置签四枝，头贰叁肆，各写一枝，共入一桶，每于收人时，令其自掣一枝，照签点收。俟掣完后一并将签入桶，照此轮转。"狱门安全事关整个监狱安全，清代监狱狱门安全制度非常严密，要求司狱、狱卒严守职责守护狱门安全。首先，狱门的启闭时间有严格的规定。根据《提牢备考》，狱门"每薄暮下管键，质明启钥"。其次，狱卒的值守制度。各监晚间查号点名后，封闭狱门，由狱吏分班轮流看守，司狱官经常前往稽查，发现狱卒有懈怠之处，即回明提牢厅分别责革。为防止狱卒值班时玩忽职守或脱岗溜号，还规定了严格的定时点名和按期换班制度。巡逻与守卫制度包括外围巡逻警戒制度与监狱内部内控巡更制

① 《清史稿·刑法志三》。

② 转引自肖世杰：《清末监狱改良》，湘潭大学 2007 年博士论文。

③ 曹新强著：《清代监狱制度》，湖北长江出版集团、湖北人民出版社 2011 年版，第75～84 页。

度。为随时处置监狱各项事务，稽查狱卒值守情况，清代规定了主官值守和点视制度。根据这一制度，提牢官要值班并检查狱卒工作情况。桎梏制度是系囚制度的基本内容。历朝历代都非常重视桎梏制度。例如，唐朝为防止囚禁者越狱、行凶以及进行其他反抗活动，对不同的囚禁者施以不同的狱具。根据《旧唐书·刑法志》记载，唐朝的狱具主要有四种："系囚之具，有枷、杻、钳、镣，皆有长短广狭之制，量罪轻重，节级用之。"其中，枷又称"校"，是一种加在囚人颈项上的木制械具。其大小为：长5尺以上，6尺以下；颊长2.5尺以上，6寸以下；共阔1.4尺以上，6寸以下；头径3寸以上，4寸以下。"杻"是一种束手的狱具，唐朝的杻长1.6尺以上，2尺以下，广3寸，厚1寸。"钳"是一种以铁束颈的械具，东汉时曾一度废止，南北朝时又恢复使用。唐朝的钳重8两以上，1斤以下，长1尺以上，1.5尺以下，大体与枷相似，只不过"铁木及大小长短之不同耳"①。镣即锁，俗称银铛或镣，是一种用铁环勾连而成的长索，系在囚人的脚上或颈上，唐朝的镣长8尺以上，1.2丈以下。对各种狱具的使用，唐朝的律令有严格的规定。一般情况下，主要根据囚犯的具体情况而区别使用，或同时使用几种械具，或只使用其中的一种械具，或不戴械具而"散禁"。《唐律疏议》规定："囚禁死罪枷杻，妇人及流以下去杻，其仗罪，散禁。"②《新唐书》记载："死罪校而加杻，官品勋阶第七者，锁禁之。轻罪及十岁以下至八十以上者、废疾、侏儒、怀妊皆颂系以待断。"③清代同唐朝一样，也非常重视对押犯使用狱具。清代《刑部现行则例·断狱》规定："除关系强盗人命等情重罪人犯，脖项及手足概用铁锁索镣各三条外，其余人犯俱照民人用铁锁索镣各一条；答杖轻罪只用贯索，束颈而不用长枷。"《提牢备考》云："除强盗、十恶、谋故杀重犯，用铁锁杻镣各三道，其余斗殴、人命等案罪犯，以及军流、徒罪等犯止用铁锁杻镣各一道；答杖等犯，止用铁锁一道。如狱官禁卒将轻罪滥用重锁，重罪私用轻锁及应三道而用九道，应九道而用三道，将狱官题参，禁卒革役，受贿者照枉法从重论。任意轻重者，照不应锁杻而锁杻律治罪。提牢官失于觉察，交部议处。"提牢官每日点视中，其中一项重要的内容就是视察囚犯的狱具是否戴上，是否牢靠，狱具是否合制，以防囚犯挣脱狱具脱逃。

由于系囚制度下的监狱管理容易滑向对罪犯的凌虐，所以，中国古代监狱管理还包括有悯囚与恤囚制度。悯囚与恤囚制度主要有罪犯生活保障制度、禁止凌虐囚犯制度与录囚制度。根据罪犯生活保障制度，罪犯应当有饭吃。《大明令·刑令》规定："枷杻带须洗涤，席荐常须铺置，冬设暖匣，夏备凉浆，无家属者

---

① 选自《沈寄簃先生遗书》甲编刑具考。
② 《唐律疏议·断狱》。
③ 《新唐书·刑法志》。

食米一升,冬给絮衣一件,夜给灯油,病给药医。"清朝时正式确立了"罪犯吃皇粮"的制度,罪犯口粮一律由官府供给,规定无论禁囚是否家贫,其食粮一律由官府供给。在数量上"日给仓米一升,寒给絮衣一件"。① 在禁止凌虐囚犯制度上,历代王朝也有禁止滥用狱具的规定,如清代规定不得滥用非法狱具,如匣床、夹棍、站笼、立笼、大枷。② 录囚制度,是指皇帝和各级官吏定期或不定期巡视监狱,对在押犯的情况进行审录,以防止冤狱和淹狱,监督监狱管理及其他司法活动的制度。

虽然悯囚与恤囚制度在一定程度上有助于控制对罪犯的凌虐,但是,由于监狱的职能是对罪犯的"看守",所以,悯囚与恤囚的规定所起的作用很有限,甚至有名而无实。龚自珍就认为清代的狱制规定形同虚设。他评价当时之狱制,"古之书狱也以狱,今之书狱也不以狱","视狱自书狱,书狱者之言将不同","或成文章,语中律令,或不成文章,语不中律令"。③

由于"看守"简单,加之使用狱具合法化,可以对押犯使用铁锁杻镣,所以,监狱管理之责,往往被轻视。无论是有狱官还是管狱官,对于监狱的监督和管理往往并不亲力亲为,而是"大半寄耳目于家丁"。④ 以至于"此辈以差事为调剂之地,串通看役牢头,勒诈新犯,绝无能事,遑论管理。至看役,非吸烟嗜赌之无赖即老弱残喘之废民,责以看守,尚且不能,更何知管理之法"⑤。王元增称,"盖当时监狱,悉委诸下吏贱卒之手,视囚如犬豕,尚有何正义人道之可言。"⑥ 于是虐囚成了传统监狱管理的一大特点。山东道监察御史杨福臻在其奏请改良监狱的奏折中谈到,问官不即审结,弥月经年,饥寒交迫,疫疠频生。家人不许通问,差役横加需索。稍不遂意,即加凌虐;或将辫发系于秽桶,引其两手环抱,使晦气冲入口鼻;或置于木盆而系之梁上,另以绳索使牵簸,令其眩晕呕吐,或系两手大指于高处,令其两足离地,经数时之久,手指长至数寸;或以烟熏鼻,使之刻难忍受。其他凌辱尚多,皆属不可思议,被押者多至庾毙,闻之侧然。⑦ 由于虐囚是传统监狱体制、传统刑罚体制、王权体制的必然产物,所

---

① 《清史稿·刑法志》。

② 曹新强著:《清代监狱制度》,湖北长江出版集团、湖北人民出版社 2011 年版,第101 页。

③ [清] 龚自珍著:《乙丙之际塾议三》,上海古籍出版社 2000 年版,第 1 辑。

④ 刘志松:《清末天津习艺所创办始末》,载《中国监狱学刊》2009 年第 3 期。

⑤ 《署督部堂袁批香山县禀条对监狱积弊与改良问题由》,载《广东宪政筹备处报告书》1910 年第 4 期。

⑥ 转引自肖世杰:《清末监狱改良》,湘潭大学 2007 年博士论文。

⑦ 《法部奏议复实行改良监狱折》,载《东方杂志》1908 年第 12 期,转引自刘志松:《清末天津习艺所创办始末》,载《中国监狱学刊》2009 年第 3 期。

以，虐囚屡禁不绝。《清史稿》载，每有班馆差带诸名目，胥役籍端虐诈，弊窦丛滋。虽屡经内外臣工参奏，不能革也。[①]

进而言之，由于虐囚可以明威，可以告知天下违反王法的后果，彰显王法的威势，与诸如凌迟等酷刑相呼应，威慑天下，所以，虐囚为威权社会所需要。事实上，虐囚是专制社会结构的有机组成部分。

二、现代狱制改革的提出：从《江楚会奏变法三折》开始

清朝末年，由于义和团运动、列强大举入侵，加上列强在政治上不断给清廷施加压力，要求清政府迅速改变当前的无能状态。清政府及其军队已经无法应付当时的政治局势，财政上也早已严重亏空，统治者感到自己的统治地位已经开始动摇。因此，维护清王朝的统治成为统治者面临的首要任务。于是，1901年慈禧太后正式宣布实行"新政"。

1901年1月29日，慈禧太后用光绪皇帝的名义颁布上谕，命督抚以上大臣就朝章国政、吏治民生、学校科举、军制财政等问题详细议奏，"世有万古不易之常经，无一成不变之治法……欲求振作，须议更张"；谕旨要求臣下"各就现在情弊，参酌中西政治，举凡朝章国政、吏治民生、学校科举、军制财政，当因当革，当省当并，如何而国势始兴，如何而度支始裕，如何而武备始精神，各举所知，各抒己见，通限两个月内悉条议以闻"。[②] 1901年4月21日，又下令成立了以庆亲王奕劻为首的"督办政务处"，作为筹划推行"新政"的专门机构，任李鸿章、荣禄、昆冈、王文韶、鹿传霖为督办政务大臣，刘坤一、张之洞（后又增加袁世凯）为参予政务大臣，总揽一切"新政"事宜。

在这种背景下，刘坤一、张之洞二人于光绪二十七年（1901年）八月联名三次上奏《江楚会奏变法三折》。[③] 这三折实际定出新政改革方向，包括推行君主立宪制。

（一）刘坤一、张之洞的奏折及上谕的意义

《江楚会奏变法三折》中的第二折《整顿中法十二条折》，在中国历史上首次提出了具有现代意义的改革方案。该折首先尖锐地指出，旧式监狱"狭隘污秽，凌虐多端。暑疫传染，多致瘐毙。仁人不忍睹闻，等之于地狱"，"州县有司，政事过繁、文法过密、经费过绌，实心爱民者不多"。于是"滥刑株累之

---

① 《清史稿·刑法志三》。

② ［清］朱寿朋编，张静庐等点校：《光绪朝东华录》，中华书局1984年版，第4601～4602页。

③ 即《变通政治人才为先遵旨筹议折》、《整顿中法十二条折》和《采用西法十一条折》。

酷，囹圄凌虐之弊，往往而有"。针对这种司法苛酷、监狱庾毙等现实，该折提出，"禁讼累、省文法、省刑责、重众证、改罚锾"。《整顿中法十二条折》认为必须对监狱加以整修，"将臬司、府、厅、州、县各衙门内监外监，大加改修，地面务须宽敞，屋宇务须整齐，优给口食……禁卒凌虐，随时严惩"。《整顿中法十二条折》明确提出，对囚犯的教化是监狱存在的重要意义，必须在监狱内设立工艺部门，教习囚犯一定的生存技能，使其获释后可以另谋出路、改过自新。《整顿中法十二条折》还提出设立章程，严格规范狱政制度，听取囚犯申诉，以防止狱吏专横不法，凌虐囚犯。①

该奏折一经上书，便立即得到了决议新政后的清廷的肯定，清廷下旨，"择西法之善者，不难舍己从人；除中法之弊者，统归实事求是……请重申诰诫示天下，以朝廷立意坚定，志在必行……国势至此，断非苟且补苴，所能挽回厄运。唯有变法自强，为国家安危之命脉，即中国生民之转机……舍此更无他策……务当将应行变通兴革诸事，力任其难，破除积习，以期补救时艰。昨据刘坤一、张之洞会奏整顿中法以行西法各条，其中可行者，即著按照所陈，随时设法，则要举办。各省疆吏，亦应一律通筹，切实举行"②。后伍廷芳、沈家本在该折的基础上又上奏《奏核议恤刑狱各条折》，也马上得到了清廷的谕允。清廷于光绪三十一年（即1904年）3月下发了废除刑讯、拖累变通笞杖办法和清查监狱、羁所等的谕旨，旨云："昨据伍廷芳、沈家本奏议复恤刑狱各条，请饬禁止刑讯、拖累变通笞杖办法并清查监狱、羁所等条，业经降旨依议，惟立法期于尽善，而徒法不能自行，全在大小各官，任事实心，力除壅弊，庶几政平讼理，积习可回，颇闻各省州县，或严酷任性、率用刑求或一案动辄株连，传到不即审讯，任听丁差蒙蔽，择肥而噬，拖累羁押，凌虐百端，种种情形，实堪痛恨！此次奏定章程，全行照准。原以矜恤庶狱，务伸公道而通民情，用特重申告诫。著该督抚等严饬各属认真清理，实力遵行乃随时详加考察，傥有阳奉阴违、再蹈前项弊行者，即行从严查办，勿稍回护瞻徇。其各勤求民瘼，尽心狱讼，用副朝廷恤下省刑之至意。将此通谕知之。"③

对刘坤一、张之洞奏折的意义，肖世杰博士指出，由于该折出于当时两位朝廷重臣之手，并以正式的官方奏折形式予以上呈，其在中国监狱思想史乃至整个刑事司法制度史上的启蒙意义当然是既大且巨。该折不仅在理论上开启了中国近

---

① ［清］朱寿朋编，张静庐等点校：《光绪朝东华录》，中华书局1984年版，第4743页。

② ［清］朱寿朋编，张静庐等点校：《光绪朝东华录》，中华书局1984年版，第4771页。

③ 《清实录》第59册，德宗皇帝实录（八），第543卷，中华书局1987年版，影印本。

代监狱改良思想之先河，而且也在实质上启动了中国近代监狱改良之实践。① 刘志松博士认为，该折以及与之相关的一系列奏折与上谕在理论上奠定了中国近代监狱改良的思想基础，为此后的监狱改良运动铺平了道路。② 笔者对肖世杰、刘志松两博士的观点深以为然。笔者认为，刘坤一、张之洞奏折在中国监狱发展历史中的意义有二：其一，使中国彻底放弃了传统监狱制度；其二，对未来的中国监狱发展作了初步的规划。

（二）赵尔巽的奏折及其意义

1902年，山西巡抚赵尔巽上奏《奏请各省通设罪犯习艺所折》，奏准各处通设罪犯习艺所，收军流徒等罪罪犯在习艺所习艺，依罪行轻重，而定时限之长短。在《奏请各省通设罪犯习艺所折》中，赵尔巽从分析当时刑制（军、流、徒等）的流弊入手，认为随着社会之变迁，如海禁大开、交通发达，军流徒等刑罚已经不能适应客观情势之发展，至少在三个方面已经失去原来设立这些刑制的初衷。旧监狱制度已经不能适应客观情势之发展，已是流弊难除。他指旧狱制的弊端有四：一是各犯增多，凡在冲途州县，每岁不下数百起。一狱之成及护解所耗，岁费巨款，州县亏累。二是潜逃罪犯，无所查缉。游逷还乡或亡命社会，易生事端。三是安于配所者无悛改之望。或串通盗贼，或唆讼抗官，更为流徙地方添无数罪人。四是人犯或颠簸于道路，或死亡于异乡，朝廷虽有恻然之德，也有难安之处。其中尤其强调了耗费大量经费问题，指出每年要耗费大量的经费用于押解罪犯开往流放地，"上无差役可供，下无工艺可供，又无看管之地"，则罪犯"潜逃之案，层见叠出，缉获之犯，十无二三"。因此他提出，"饬下各省通设罪犯习艺所，以后将命盗杂案遣军流徒各罪犯，审明定拟后即在犯事地方，收所习艺"。他详细论证了创办习艺所的"十益"，即"拘系本地，众知儆惕；管束有所，不致逃亡；见闻不广，习染不深；各营工艺，使生善心；力之所获，足以自给；与人隔绝，不滋扰害；系念乡土，易于化导；护解无庸，经费可省；本籍保释，的确可靠；即或疾病死亡，仍获首邱，法中有恩"③。

刑部就其奏折进行议复后即由皇帝降发谕旨予以实行。④ 1903年，刑部还议定《各省通设罪犯习艺所章程》，规定各犯在定罪之后，"即在犯事地方收所习艺，不拘本省外省，分别年限之多寡，以为工艺之轻重"⑤。将之发往各省，命

---

① 肖世杰：《清末监狱改良》，湘潭大学2007年博士论文。
② 刘志松：《清末天津习艺所创办始末》，载《中国监狱学刊》2009年第3期。
③ ［清］朱寿朋编，张静庐等点校：《光绪朝东华录》，中华书局1984年版，第4967页。
④ 《清史稿·刑法志》。
⑤ 《大清法规大全》，卷十，法律部。

各省筹建罪犯习艺所。自此，各省罪犯习艺所的创建开始进入了实践阶段。此后，翰林院撰文吴荫培又上奏《奏罪犯习艺所新章请责成各省府州县一律分设折》，① 该折不仅将罪犯习艺所的设置推向基层，同时也为各地罪犯习艺所的设置提供了一个总纲。此折被发往各省后，各省纷纷照此办理。四川、云贵、广东、广西、闽浙、直隶、山东、山西都先后建立了罪犯习艺所。

关于赵尔巽的奏折及其意义，肖世杰博士认为，赵尔巽奏折的意义在于中国监狱史上最早系统倡导从改造罪犯的角度来改良狱制。他还对赵尔巽奏折的意义与刘坤一、张之洞奏折的意义进行了比较。肖世杰博士认为刘坤一、张之洞之奏可谓是从司法人道化和行刑人道化的角度开时代先河之有关狱制改良之倡议，而赵尔巽之奏折则可以说是在中国监狱史上最早系统地倡导从改造罪犯的角度来改良狱制。因此，如果说"变法三折"主要着眼于从监狱的硬件设施上进行改良，则赵尔巽所奏的"通设罪犯习艺所之奏"所蕴涵的思想就不仅仅是停留在监狱硬件设施上的改良了，而且更是从监狱改良之软件方面——行刑宗旨上进行的改良甚至是革命。于是，上述两份奏折，其中一份基于仁政与人道方面倡导监狱设施改良，另一份立足于行刑思想的角度主张对罪犯进行职业训练，作为中国近代监狱改良的经典代表正式开启了中国狱制近代化的思想之门。② 笔者认为，赵尔巽的奏折意义有三：第一，不仅否定了传统的监狱制度，而且否定了传统的刑制（军、流、徒等）。否定传统刑制的主张，不仅具有重大的政治意义，而且具有重大的文化意义。第二，赵尔巽的奏折提出设立罪犯习艺所收押适用传统的刑制（军、流、徒等）的罪犯，实质上是将罪犯习艺所作为刑罚执行机构。中国历史上的监禁设施从来都是审前或者刑前拘押的机构。罪犯习艺所的出现突破了中国监禁设施的传统定位与职能要求，为发展中国的现代监狱开辟了道路。第三，罪犯习艺所的发展，为中国执行监禁刑作了初步的探索。

（三）沈家本关于监狱改良的奏议及其意义

1906 年 11 月，清政府将刑部改为法部，掌管全国司法事务。法部之下设典狱司掌管全国监狱事务。随后设立各级审判厅开始实行独立审判，实行"审执分离"，中国的司法改革由此而始。

"监狱与司法、立法鼎峙而三，纵有完备之法典与明允之法官，无适当之监狱以执行刑罚，则迁善感化，犹托空言。"③ 进而言之，"狱制一日不改，则新

---

① 《奏罪犯习艺所新章请责成各省府州县一律分设折》，载《东方杂志》1905 年第 9 期。

② 参见肖世杰：《清末监狱改良》，湘潭大学 2007 年博士论文。

③ 《前修律大臣大理院正卿沈家本奏请实行改良监狱折》，载薛梅卿等编：《清末民初改良监狱专辑》，中国监狱学会 1997 年版，第 26～28 页。

（刑）律万不适用"①。为更有力地推进新政，沈家本于 1907 年奏请实行改良监狱。这份奏折在中国历史上正式提出了兴办新式监狱（即模范监狱）的主张。此外，沈家本还提出下列建议：第一，培养监狱官吏。第二，颁布监狱规制。第三，编辑监狱统计。

该折被指定法部议奏。法部基本肯定了沈家本的主张。在《法部奏议复实行改良监狱折》中法部表明了态度。法部认为，监狱改良宗旨应当以惩戒与感化并重，而中国监狱旧制相沿日久，监狱地势湫隘，疫疠易生；墙宇卑陋，防闲易弛；居处丛杂，恶习易染，于是有庾毙之惨，脱逃之虞，凶暴狡诈之传换。因此，法部认为有必要"参酌东西洋办法"，由各地对监狱进行次第改良。湖北、天津等改良有成效的地区的监狱可先行。法部肯定了西方的独居制②与累进处遇制③。而腹地省份、财力稍逊地区，分年修改。关于监狱立法，法部认为，对于中国来说，由于没有单立的监狱法规，有关审狱、管狱、恤囚、防囚等内容不过集中在现行律例之捕亡、断狱两门之中，因而疏漏颇多，未臻完备。因此，法部认为，为使监狱管理统一，很有必要学习各国善法，编订监狱章程。对于监狱官吏之培养，法部认为，"治狱之要端，"在管理得人，但"中国狱吏本乏专家，佐贰杂流，滥竽充数"，以致"狱事不治，百弊丛生"。因此，法部认为亟须实行储才之法，并建议：第一，在京师法律学堂设立监狱学一科。第二，对于京外法政学堂，法部建议应饬学部责成其一律增设监狱学专科，选法政高等学生派入专门研究。第三，对于已设立新监狱的地方，应当附设监狱学堂，由该地督抚酌量妥办。

沈家本长期从事法律工作。1864 年他就到刑部任郎中。1900 年清廷责成袁世凯、刘坤一、张之洞保举"熟悉中西律例者"修改《大清律例》。沈家本凭借自己渊博的法律知识、丰硕的研究成果、深厚的法律经验，与伍廷芳一起被保举修订法律。经过他与同僚的筹备，1904 年"修订法律馆"开馆。"修订法律馆"开馆后收集、翻译各国有关法律的资料。经此介绍到中国的东西诸国法律和法律学论著，涉之广、数量之大，前所未有。使得比较各国体例，去芜存菁，应用于改造中国旧律和创立新法成为可能。在这个过程中沈家本掌握了很多有关西方监狱发展的资料，包括各界人士出洋游历所作的有关西方狱制记载的各类资料。沈家本关注的独居制、累进处遇制就是 19 世纪末西方国家监狱工作发展的比较前沿的成果。更重要的是，沈家本对监狱理论有研究，他曾经完成过《狱考》

---

① 《修订法律大臣沈家本等奏进呈刑律分则草案折（并单）》，载《大清法规大全》卷十二，法律部。

② 当时称"分房制"。

③ 当时称"阶级制"。

的专门成果，① 对中国监狱发展方向看得准，对中国监狱发展框架有明晰的蓝图，对当时中国监狱发展所存在的问题了解得清楚，被后人称为清末监狱改良的设计师。② 总之，他关于监狱改良的奏议具有前瞻性。

沈家本关于监狱改良的奏议具有以下意义：

第一，为中国发展现代监狱制度奠定了功能上、制度上与文化上的基础。沈家本在奏折中提出设"模范监狱"，"以备拘禁流徒之罪"。③ 这就是说，"模范监狱"应当关押执行被判监禁刑的罪犯。而执行监禁刑正是现代监狱的功能。不仅如此，沈家本的奏折所提出的建立新式监狱、培养监狱官吏、颁布监狱规制与编辑监狱统计正是现代监狱的基本框架，其中的建议，如"编辑监狱统计"，即使在今天都有重要意义。如何构建公开、科学的监狱统计制度也是当代中国监狱工作需要解决的重大问题。沈家本的奏折对"习艺所"与"监狱"进行了区别，④ 实则是从文化上对监狱进行了厘定，将"监狱"与"刑罚"连接在一起。这一观点还反映在他的《前修律大臣大理院正卿沈家本奏请实行改良监狱折》中的第一句话——"窃刑罚与监狱相为表里"。沈家本对监狱的文化定位自清末始基本没有变化。

第二，为中国引入西方的监狱制度提供了政治上的保障，打开了学习西方监狱理论与实践的大门。19 世纪末，陆续有中国人参观国外的监狱，如王韬、李圭、郭嵩焘等。天津府知府凌福彭、刑部候补郎中董康等还专门考察了日本的监狱。参观、考察国外监狱者多主张学习国外的监狱制度。虽然甲午战争后，反对学习西方法律制度的人一般不再公开化，但是，不是没有。例如，刘锦藻认为，"模范监狱，高大其房屋，丰美其饮食，亭台楼院玻璃汽屋，一切器具皆用洋式，即衙署学校神祠，亦不过如此阔大，呜呼，此费从何而出？竭穷民之脂膏，给罪囚之颐养，人亦何乐而不犯罪乎"⑤？ 如何使监狱改良得到政治上的保障，彻底打开学习西方监狱理论与实践的大门？沈家本的奏本在此作出了努力。

三、现代监狱制度的建立与推进：从清末到民国

自《江楚会奏变法三折》提出了监狱制度改革问题后，中国监狱制度改革

---

① 郭明著：《中国监狱学史纲》，中国方正出版社 2009 年版，第 85～86 页。

② 李宜霞：《论沈家本在清末监狱改良中的作用》，载《中国监狱学刊》2006 年第 1期。

③ 《前修律大臣大理院正卿沈家本奏请实行改良监狱折》，载薛梅卿等编：《清末民初改良监狱专辑》，中国监狱学会 1997 年版，第 26～28 页。

④ 《前修律大臣大理院正卿沈家本奏请实行改良监狱折》，载薛梅卿等编：《清末民初改良监狱专辑》，中国监狱学会 1997 年版，第 26～28 页。

⑤ 刘锦藻编：《清朝续文献通考（三)》，商务印书馆 1955 年版，第 9928 页。

旋即开始。满清覆灭后，北洋政府、南京政府先后执政，仍然致力于推进监狱制度改革。现代监狱制度逐步建立起来。在中国监狱现代化过程中，下列工作所起作用巨大：第一，学习国外监狱制度。第二，筹建模范监狱。第三，培养监狱管理专门人才。第四，制定监狱法规。

（一）学习国外监狱制度

1870年春，中国大名士王韬便应邀前往"碧福"（Bedford）参观新建监狱。1876年，工商界人士李圭在美国费城分别参观了轻、重罪监狱和"儿童习正院"。1876年，郭嵩焘出使欧洲。出使三年，据其日记所载，共参观东、西狱七所，载记狱制处共九则，近约万言。1905年，为"预备立宪"，清廷派"五大臣"出洋考察。其中，考察内容之一就是监狱管理。[1] 国人跨出国门对海外监狱的参观考察，向国内传递了国外监狱先进管理的信息，为学习、借鉴国外的监狱制度奠定了基础。

1905年10月15日，修订法律大臣伍廷芳和沈家本向清廷上书了一份关于修订新律的奏折。[2] 奏折说道，"……而刑政之执行，尤资于试验。考查日本改律之始，屡遣人分赴法、英、德诸邦，采取西欧法界精理，输入东瀛。然后荟萃众长，编成全典。举凡诉讼之法，裁判之方，与夫之监狱规则刑制，莫不灿然大备……我国与日本相距甚近，同洲同文，取资尤易为力，亟应遴派专员前往调查，籍得与彼都人士接洽研求。至诉讼裁判之法，必亲赴其法衙狱舍，细心参考，方能穷其底蕴；将来新律告成，办理乃有把握。然非得有学有识、通达中外之员，不能胜任。兹查有刑部候补郎中董康、刑部候补主事王守恂、麦秩严通敏质实，平日娴习中律，兼及外国政法之书，均能确有心得。拟请派令该员等前赴日本，调查法制刑政……借助他山，事半功倍"。这份奏折突出了学习国外监狱制度的重要，特别是学习日本监狱制度的意义。这样，清廷加大了支持赴日考察、学习的力度。实际上，早在1902年，直隶总督袁世凯就率先派遣天津府知府凌福彭等赴日考察监狱，以取仿日本监狱拟建直隶罪犯习艺所。1905年，袁世凯又上奏清廷，凡新选新补各州县官，必先饬赴日本游历三个月，方准到任。湖广总督张之洞也积极倡导州县官员游历日本，考察"凡属有关政法之事，如学校、警察、监狱、道路、水利、财政、武备制造及一切农工商渔等实业"[3]。1906年，沈家本派董康等一行赴日考察监狱裁判，开始了中央层面对日本监狱的考察。

---

[1] 许章润著：《清末对于西方狱制的接触和研究——一项法的历史与文化考察》，载《南京大学法律评论》1995年秋季号。

[2] 丁贤俊等编：《伍廷芳集（上册）》，中华书局1993年版，第276页。

[3] 《申报》，光绪三十一年三月二十九日。

董康等受命赴日调查的范围包括刑政、裁判、监狱在内的有关事项。经朝廷谕准的上述奏折中，就这些调查事项作了如下的考察要求，"调查法制刑政，并分赴各裁判所，研究鞫审事宜，按月报告，以备采择。凡该国修订之沿革、颁布之次第，以及刑事民事之所以分判，并他项规则之关于刑政为译书内所未赅载者，俱可得其要领。此外监狱制度，日本向分为六，其中建筑精审，劝惩得宜，久为泰西所称颂，非循历周访，绘画图说，不能一目了然，尤应详细稽考"①。董康等人于1906年4月抵日时，日方接待的有司法省参事官齐藤十一郎、监狱局事务官小河滋次郎等人，其中以小河滋次郎最为恳切，以所学倾腹相告，细诉监狱改良之方策。② 经过8个月的辛勤调查，回国后董康就调查所见撰写了《调查日本裁判监狱报告书》以及根据被沈家本誉为"日本监狱学巨擘"的小河滋次郎的讲演编译成了《监狱访问录》上下两册。沈家本对《监狱访问录》颇为看重，并亲自为之作序，高度评价了日本的监狱制度。

此外，沈家本主持的"修订法律馆"还翻译了一大批西方的监狱学著作，其中包括《日本监狱法》、《比利时监狱规则》（未译完）、《狱务揽要》等。国内许多学者也编辑了一些监狱学论著，如刘蕃编《监狱学》（1905年）、廖维勋编《监狱学》（1907年）、韩兆蕃著《考察监狱记》（1907年）、王元增著《日本监狱实务》（1908年）、许世英、徐谦合著《第八次万国监狱大会报告书》（1910年）等。③ 如果说国人对国外监狱的考察，使人们对国外监狱有了一个感性的认识，那么，上述成果的出现使人们对国外监狱开始有了一个理性层面的认识和制度层面的认识，从此国人对国外监狱的认识上了一个新的台阶。

（二）筹建模范监狱

借鉴董康等人赴日考察监狱之成果，根据清廷监狱改良的需要，1907年沈家本向清廷上奏《实行改良监狱折》。他提出"改建新式监狱"，"宜于各省之省会及通商口岸，先造模范监狱一所，以备拘禁流徒等罪。若财力稍裕之省，酌就罪质年龄量设数所，试办数年，然后推暨于各州县"。根据肖世杰博士的研究，模范监狱始于1909年。《法部奏统筹司法行政事宜分期办法折（并单）》一折得到了宪政编查馆的认同及谕旨的批准，同年宪政编查馆在奏核各衙门九年筹备未尽事宜折内，又开具了法部的清单内容，即法部认为如果仅仅在京师筹办模范监狱，"恐各省相距辽远，未能悉来取法"，因此建议应当酌定年限，令各省一律

---

① 丁贤俊等编：《伍廷芳集（上册）》，中华书局1993年版，第276页。
② 董康编译：《监狱访问录》，1907年（出版地不详）。
③ 赵国玲：《二十世纪之中国监狱法学》，载《中外法学》1998年第3期。

筹办模范监狱，以期周遍。① 这样，模范监狱建设开始，② 并一直持续到民国。

模范监狱中率先兴建者，为湖北省城模范监狱。湖北省城模范监狱兴建于1905年到1907年，其负责建设者为赴日考察学习的补用知县廷启等。早在1901年（光绪二十七年），时任湖广总督的张之洞便命令臬司通饬湖北各府厅州县各衙门将所设内监外监大加修改，务须"宽敞整洁、凌虐之弊随时禁革"。为将作为通省领袖的省会城市设立一监狱之模范，张之洞便令在省城兴建一模范监狱，监狱"兼采各国监狱管理之式、管理之法"，使罪犯"虽在禁锢之中，而处处皆施以矜悯之方，并实有教诲之事"。该监狱"一切体制均仿照日本东京及巢鸭两处监狱规模"③。

模范监狱中最具代表者则为京师模范监狱。京师模范监狱由日本监狱学家小河滋次郎博士设计规划。监狱坐西面东，依次划分为三个区域。前区（东部）包括大门、传达室、接待室、看守教练所和宿舍；中区为办公楼及附属用房；后区（西部）为监区。监区监舍分南北两监平行排列，每监各有5栋监房，均呈扇形展开。在扇柄处建有二层瞭望楼，管控各栋监房，楼顶为瞭望台，中间二层为教诲堂，一层有惩训室。在东、中区的北部建有病监监房28间，其中独居房13间，2人杂居房11间，传染病房4间。以上建筑是监狱开办之前（即民国元年八月）的规模。监狱启用后，随着押犯的增加和结构的需要，监狱建筑又陆续进行了扩建。1914年增建了女监，实现了男女分监。1922年，因收容苏联犯人的需要，在部分监房内安装暖气管道、消防器材等，其他如图书馆、教诲堂逐步设立。至此，监狱规模和格局才算基本定型。监狱设置5个监区，总共594间监房，可容纳男女犯人共计1000余人。此外，还有可供犯人劳役作业的工厂以及教诲室、图书室、炊食用房等。④

除上述湖北、京师模范监狱外，奉天、江宁、江西、云贵、山东、广东、广西、河南、闽浙、热河、安徽等省都奏报筹建模范监狱。而各地模范监狱的报告中，大多以日本监狱为模本，监办人也大多为具有赴日考察监狱经验的官员。例如，奉天模范监狱即以日本巢鸭监狱为模本。⑤

随着模范监狱的成立与开办，标志着中国的监狱制度开始步入现代化轨道。与旧式监狱相比，模范监狱有如下特点：

① 《宪政编查馆会奏核复各衙门九年筹备未尽事宜缮单呈览折（并清单）》，《大清法规大全》，卷四，宪政部，筹备立宪一。

② 参见肖世杰：《清末监狱改良》，湘潭大学2007年博士论文。

③ 《升任湖广总督张奏陈省城模范监狱开办情形折》，载《东方杂志》1907年第10期。

④ 王炳东、孙启俊：《北京市监狱百年历史考迹》，载《中国监狱学刊》2013年第1期。

⑤ 王元增：《北京监狱纪实》，载《北京监狱》1912年。

一是在硬件上与满足监禁刑执行的需要联系起来，突出保证监管安全，能够开展罪犯劳动习艺组织、罪犯教育教诲活动。当时各省模范监狱，其结构可谓焕然一新，一改中国旧式监狱之四合院或直进形的模式，而以仿造日本新式监狱为多，[1] 日本的监狱结构，亦是在明治维新之后学习西方狱制下的结果，其形式根据地形各异而分星光形、扇面形、菊花形、十字形等"轮辐式"或"放射式"监狱。

二是软件上与罪犯"感化教诲"联系起来，构建了罪犯分类监禁制度、劳动习艺制度与教育教诲制度。尽管法部在议复沈家本改良监狱折中认为分房制、阶级制为"最善"，但同时也考虑到其所需费用甚巨，因而准许各省可以变通办理。[2] 后来在1909年核议御史麦秩严关于改良监狱奏折中，法部认为，分居之制固然良善，但"分配愈多，财政愈繁"，故法部最后还是认为以西方之兼采杂居分房两式而以阶级制参乎其间，按照罪质、年龄分区监禁。劳动习艺制度就是通过安排罪犯劳动习艺，让罪犯学习一技之长，不再犯罪。无论是京师模范监狱还是其他模范监狱，都组织罪犯劳动习艺。京师模范监狱罪犯作业的正式开办是在1912年冬初，作业开办费是在筹办监狱的款项下挪用。作业器械费预算1320元，实支6971元，用于购买了木作机器、缝纫机器、皮作器具、藤作器具等，作业材料费预算3000元，实支2104元。作业开办之初，共有织工科、木工科、缝纫科、洗濯科、板金科等九科。[3] 教育教诲制度是模范监狱构架中的重要组成部分。为了教育罪犯使其悔改，所有模范监狱都建有教诲堂、教诲室，以供教诲师教诲罪犯。例如，湖北模范监狱便设有专门的教诲师，并规定"每遇星期及犯人歇工时刻，教以改过迁善之道，寓劝于惩"，对于幼年犯，并教以小学课程，"以涤愚顽，期于涤染自新"[4]。

（三）培养监狱管理专门人才

关于培养监狱管理专门人才问题，早在1901年的《江楚会奏变法三折》中就已提出。刘坤一、张之洞在奏折中提出了监狱改革的三项主张："修监羁"、"教工艺"、"派专官"。这三项主张中的第三项就是人才培养。1905年修订法律大臣沈家本在《奏实行改良监狱宜注意四事折》中就"养成监狱官吏"作了专

① 王文豹：《京外改良各监狱报告书录要》，转引自许章润：《清末对于西方狱制的接触和研究——一项法的历史与文化考察》，载《南京大学法律评论》1995年秋季号。

② 《法部奏议复实行改良监狱折》，载薛梅卿等编：《清末民初改良监狱专辑》，中国监狱学会1997年版，第29~30页。

③ 参见薛梅卿等编：《清末民初改良监狱专辑》，中国监狱学会1997年版，第286、292页。

④ 《升任湖广总督张奏陈省城模范监狱开办情形折》，载《东方杂志》1907年第10期。

门的建议。他认为，必须在各省的法律学堂内或已成立的新监内，附设监狱学堂，以资造就狱官。法部对沈家本关于改良监狱的几条建议进行了详尽的议复。对于"养成监狱官吏"，法部认为，"治狱之要端，在管理得人。中国狱吏本乏专家，佐贰杂流，滥竽充数，狱事不治，百弊丛生"。因此，法部支持了沈家本造就监狱官吏之奏请，认为应在京师法律学堂中设监狱学一科，并饬下学部于京外法政学堂一律增设监狱学专科，选法政高等学生派入专门研究。对于已设新监狱的地方，同样应由该督抚酌量妥办附设监狱学堂。①

该议奏得到了朝廷谕允，从此中国监狱史上培养监狱管理人才翻开了新的一页。

1906 年 9 月，清廷创办了京师法律学堂。京师法律学堂设立了监狱专修科。清廷还于 1906 年开始先后从日本聘请著名的专家执教于中国，如聘请冈田朝太郎博士掌教刑律，小河滋次郎博士主讲监狱学。

1907 年，沈家本建议在各省法律学堂或新监狱内，附设监狱学堂。《学部通咨各省法政学堂增入监狱一科文》令各省法政学堂增设监狱学科。

此后，各地相继开始筹办监狱学堂或监狱专修科。吉林曾于法部的议复经奏准后便设立了监狱学堂。从当时的一份《吉林白话报》上可看到该省监狱学堂招考学员的告示，告示题目为《监狱学招考学员》，告示内容如下："抚宪谕办附设监狱科。查此科专为养成改良监狱官吏而设，因我国监狱亟待改良，而改良监狱之先，尤以养成管理人员为首务，经法部、大理院会奏，拟定外省高等审判厅以下得依制设立看守所，又总核官制王大臣奏订外省官制，各府厅州县设佐治各官，有典狱员管理监狱事宜均奉旨准行，谕著由东三省先行开办等因，钦此。是监狱改良亟应实行，抚宪谕办监狱科并蒙批准毕业后即派往各属录用，凡是有改良监狱之观念者，宜无不情殷向学，庶今日坐而言者异日即可起而行也。为此出示招考，除了本省候补人员照章应请分巡道移送入堂。肄业毋庸考试外，其有投效人员具左开之资格者，准于七月初四日起来堂报名，填写志愿书，听候择期考试，幸勿观望自误，切切特示。计开入学资格，一官职曾经注册或有执照可凭系实在功名者；一年在二十岁以上者，以文理通畅，事体明白者；一体格强壮身无嗜好者。"②

监狱管理队伍建设是现代监狱建设的有机组成部分。监狱现代化须监狱管理队伍现代化。正因为如此，即使清朝灭亡后，无论是北洋政府还是南京国民政府，都十分重视对监狱管理人员的选拔和培养。

---

　① 《法部奏议复实行改良监狱折》，载薛梅卿等编：《清末民初改良监狱专辑》，中国监狱学会 1997 年版，第 29～30 页。

　② 转引自肖世杰：《清末监狱改良》，湘潭大学 2007 年博士论文。

1913 年 6 月，北洋政府司法部颁布了《监狱学校规程》。该规程对监狱学校的办学目标、办学宗旨、课程开设等内容进行了规定。例如，该规程第 1 条规定，"监狱学校，以养成监狱人才为宗旨"。无论是"公立私立监狱学校，均须呈报司法总长，得其认可"。监狱学校的学制为两年，关于监狱学校的课程设置，第 7 条规定，"法学通论、宪法、刑法、刑事诉讼法、法院编制法、监狱学、监狱法、监狱法实施细则、监狱实务、刑事政策、感化院制度、出狱人保护制度、民法大意、警察学、社会学、卫生学、心理学、统计学、建筑学、指纹学、体操"①。

民国时期对于监狱执法人员的录用选拔也有严格的法律程序。凡"民国男子，年在二十一岁以上，有左列各款资格之一者，得应管狱员考试。但有文官考试法草案第二条所列各款之一者，不在此限"②。监狱管理员的考试分笔试和口试。笔试合格者，再进行口试。笔试的内容主要是刑法和监狱法的内容，包括："一、暂行新刑律，二、监狱学，三、监狱现行法规，四、刑事诉讼法大意，五、刑事政策大意。"其中第一至第三为主要科，分数不及格者，余科分数虽多，也不得录取。③

另有一些监狱管理人员可以不经过考试的途径进入监狱管理阶层，譬如"历办监狱事务，满一年以上有成绩者；在新监狱充看守二年以上有成绩者；依各县地方帮审员考试章程，有第五条所列各款之一者"。如果"在监狱或警察学校一年以上毕业者；在设有监狱学科之法政法律学校，二年以上得有修业文凭者；曾在新监狱充看守半年以上者"，也可进入到监狱管理行列。对于免考及考试合格者，由县知事呈请司法筹备处长委任，但因必要情形，由司法筹备处长委任。

（四）制定监狱法规

1. 清末的立法实践

"纲纪一国必以法律组织，监狱亦然，上而官吏有服从之职务，下而囚徒有遵守之事项，大而惩罚赏誉，小而日用饮食，其间条理至为繁密"，因而必须"编定监狱章程，颁行各省"，以使监狱管理在全国能收整齐划一之效。这是1905 年 4 月《前修律大臣大理院正卿沈家本奏请实行改良监狱折》中的观点。法部完全支持沈家本的主张。法部在《法部奏议复实行改良监狱折》中指出，由于没有单立的监狱法规，有关审狱、管狱、恤囚、防囚等内容不过集中在现行律例之捕亡、断狱两门之中，因而疏漏颇多，未臻完备。因此，法部认为，为使

---

① 《中华民国法令大全》（增补再版），商务印书馆 2001 年版，第 121 页。

② 参见民国二年 3 月 25 日司法部令第 53 号《监狱员考试暂行章程》第 1 条。

③ 参见民国二年 3 月 25 日司法部令第 53 号《监狱员考试暂行章程》第 4 条。

监狱管理统一，很有必要学习各国善法，编订监狱章程。①

清廷将监狱立法正式纳入了工作议程，并聘请日本监狱学家小河滋次郎帮助监狱立法。小河滋次郎系日本长野县小县郡人，早年毕业于东京监狱专科学校，为日本著名法学家穗积陈重的高足，是日本监狱理论研究专家，曾经撰写《狱务览要》、《日本监狱法讲义》、《监狱学》等，受日本当时内务省警保局长青浦奎吾的赏识。② 小河滋次郎 1908 年 5 月来华，在华期间担任狱务顾问，兼任法律学堂监狱讲习，并设计京师模范监狱图式，代为起草《大清监狱律草案》。

《大清监狱律草案》从 1908 年开始起草，中经审查直至 1910 年完成，历时 3 年。《大清监狱律草案》是以西方，特别是日本监狱法为蓝本制定的，是中国第一部监狱法典草案，也是中国近代改良监狱的第一张蓝图。该草案虽未能颁行，却成为民国时期制定监狱法典的蓝本以及法政学堂监狱专科课程的教材。

《大清监狱律草案》共分 14 章，241 条，包括总则与分则两个部分。第一章是总则，确定了监狱种类和拘禁对象、监狱监督、监狱待遇、囚犯申诉等基本制度；第二章至第十四章为分则，规定了关于收监、监禁、戒护、劳役、教诲及教育、给养、卫生及医治、接见及书信、保管、赏罚、特赦减刑及假释、释放、出生及死亡等一系列较为完整的内容。

就整个内容来看，《大清监狱律草案》规定了分类监禁制度、劳动习艺、教育教诲等内容，基本巩固了清末监狱改良运动中的成果，吸收了近代西方的狱制经验，将刑罚惩罚与人权保障内容规定在草案中。尽管《大清监狱律草案》来不及颁行，清室即已倾覆，但是，它仍是中国法制史上关于监狱立法的一个重要部分，是中国历史上第一部正式以监狱律命名的单行监狱法。它打破了中国封建法系"诸法合体，民刑不分"的法例，废弃了封建狱制的腐朽残苛之流弊，基本确立了中国现代监狱立法的大致方向。

2. 北洋政府时期的立法实践

1912 年 1 月 1 日，孙中山在南京就任中华民国临时大总统；2 月 12 日，清帝退位；3 月 11 日，南京临时政府颁布了《中华民国临时约法》，中华民国成立。民国时期是中国法律从传统向现代转型的时期，不仅完成了宪法、民法、刑法、行政法、诉讼法等法律的立法，而且还构建了比较完善的监狱法体系。

1912 年中华民国颁布了《中华民国暂行新刑律》，规定自由刑分为徒刑、拘役两种，皆采用劳役制。在此基础上，1913 年 12 月 1 日，由司法部制定并公布了《监狱规则》。这是北洋政府时期颁布的最重要的一部监狱法规。它以《大清

---

① 《法部奏议复实行改良监狱折》，载薛梅卿等编：《清末民初改良监狱专辑》，中国监狱学会 1997 年版，第 29~30 页。

② 郭明著：《中国监狱学史纲》，中国方正出版社 2005 年版，第 97 页。

监狱律草案》为蓝本，继承了清末监狱改良的理论与实践成果。同时，《监狱规则》延续了清末的监狱改良，继续推进着中国监狱的现代化。从实务看，民国的监狱工作基本接续清末的监狱改造工作开展。例如，1912 年 12 月 1 日，由民国司法总长许世英提出的司法计划书中"改造旧式监狱"的计划，实质就是继续推行清末旧式监狱改造工作。①

《监狱规则》共分为 15 章，103 条。② 第一章是总则，共有 14 条法律条文，主要规定了监狱的隶属、监狱的管辖及适用、收监的范围、监狱犯人的申诉制度、监狱参观和视察制度等内容。其中，第 1 条规定，"监狱属司法部管辖"。第 2 条规定："监狱为监禁被处徒刑及拘役者之所。有不得已时，看守所得代用为监狱。"对于监禁的范围，第 3 条规定，"未满十八岁者，监禁于幼年监，但满十八岁后，三个月内刑期即可终结者，其残刑期间，仍得继续监禁之。因精神身体发育情形认为必要时，适用前项，得不拘定年龄"。第二章是收监，共有 7 条法律条文，包括收监的程序、对妇女携带年幼子女收监的限制、不适合收监的囚犯类型以及对囚犯身体检查的规定等。其中，第 16 条规定："收监妇女有请携带其子女者，非认为不得已时，不得许之。许携带子女，以满一岁为限，在监内分娩之子女亦同。但该子女已达限制年龄，若无相当领受人又无在外安置方法时，得延至三岁。"第 18 条规定了不能收监的情形："精神丧失或因监禁有不能保其生命之虞者，怀孕七月以上及分娩未满一月者，罹激性传染病者。"第三章是监禁，共有 4 条法律条文，主要规定了施行西方监狱法中的分房制、教诲制和杂居制等内容。其中，第 22 条规定："在监者概以分房监禁为原则，但因精神身体认为不适当者，不在此限。"第 24 条规定："监狱长官及教诲师，至少每十日一次，访问分房之在监者。看守长须常访问之。"第四章是戒护，共有 9 条法律条文，主要规定了对有逃走、暴行、自杀倾向的罪囚施加戒具，监狱官在何种情况下可以使用刀枪，以及应对突发性自然灾害、囚犯逃跑等紧急性措施。例如，第 30 条规定："当天灾事变，认为必要时，得令在监者就应急事务，并得请求军队警察等署之援助。"第五章是劳役，共有 13 条法律条文，主要规定了囚犯每日服劳役的时间、服劳役者的赏金以及服劳役期间受伤或死亡的待遇等内容。例如，第 44 条规定："赏与金额，徒刑囚不得过该地方普通佣工价十分之三，拘役囚不得过该地方普通佣工价十分之五。"第六章是教诲及教育，共有 9 条法律条文，主要规定了受教育的对象、教育内容等。例如，第 50 条规定："教育每星期二十四小时以内，依小学程度，教以读书、习字、算学、作文及其

---

① 张万军、赵友新：《徘徊于理想之门：民国初期行刑制度近代化的探索——以许世英 1911 年"司法计划书"为中心的考察》，载《中国监狱学刊》2010 年第 5 期。

② 薛梅卿等编：《清末民初监狱改良专辑》，中国监狱学会 1997 年版，第 98～106 页。

他必要学科，有同等学力者，依其程度设相当补习科。"第七章是给养，共有5条法律条文，主要规定了囚犯的囚服、生活待遇等问题。凡"在监者，禁用烟酒"；"在监者给予灰色狱衣，除一定衣外，所有衣被苟无碍于纪律及卫生者，得许在监者自备"。第八章是卫生及医治，共有10条法律条文，主要规定了对监狱囚犯的卫生管理，囚犯患病后的医治等内容。例如，第58条规定："在监者须令其沐浴。沐浴次数，由监狱长官斟酌劳役种类，及其他情形定之。但四月至九月至少三日一次，十月至三月至少七日一次。"第60条规定："在监者罹疾病时，速加治疗，病重者收入病室。"第九章是接见及书信，共有7条法律条文，主要规定了囚犯接待的对象、时间，以及对囚犯书信的管理等内容。例如，第67条规定："在监者只许与其家族人接见，但有特别理由时，得许与家族以外之人接见。"第68条规定："拘役囚接见每十日一次，徒刑囚每月一次，其接见时间，不得过三十分钟，但监狱长官认为有不得已情形者，不在此限。"第十章是保管，共有5条法律条文，主要是对在监犯人财产进行管理。例如，第74条规定："在监者之物品，检查保管之。无保存价值或不适于保存之物品，不得为保管。"第十一章是赏罚，共有5条法律条文，主要规定了对在监囚犯的奖励和惩罚制度。例如，第81条规定："在监者有左列各款行为，得赏给二十元以下之金钱：一、告密在监者为逃走、暴行之预谋或将为逃走暴行；二、救护人命或捕获逃走中之在监者；三、天灾事变或传染病流行服监狱事务有劳绩者。"第82条规定了对囚犯的惩罚措施："在监者违反监狱纪律时，得处以左列刑罚：一、面责；二、停止发受书信、接见及阅读书籍；三、减食，每餐减去五分之一或五分之三；四、停止运动；五、暗室监禁；六、酌减赏与金。"第十二章是赦免和假释，共有8条法律条文，主要规定了对囚犯的赦免及假释制度。例如，第87条规定："在监者虽达假释期，若非监狱长官确认其有悛悔实据并得监狱长官会议多数同意，不得声请假释。"第十三章是释放，共有6条法律条文，主要规定了释放的法律程序。例如，第93条规定："释放在监者，须依赦免假释之命令或期满之次日午前行之。"第96条规定："被释放者无归乡旅费及衣类时，得酌给之。"第十四章是死亡，共有5条法律条文，主要规定了在监囚犯死亡的检验程序及埋葬程序。凡"在监者死亡，监狱长官须会同检察官检验其尸体"；"病死者，医士应记明其病名、病历、死因及死亡年月日时于死亡簿，签名盖印"；"死亡经过二十四小时，无请领尸体者埋葬之。埋葬处应立木标，记明死亡者姓名及死亡年月日"。

北洋政府时期颁布的《监狱规则》总共实施了15年，对南京国民政府时期（1928年）新颁布的《监狱规则》产生了重要影响。

北洋政府除颁布《监狱规则》外，还颁布有很多监狱规定：1912年12月颁布的《监狱看守考试规则》、《监狱看守使用公物规则》、《司法部监狱看守教练规则》；1913 年颁布的《看守所暂行规则》、《视察监狱规则》、《监狱处务规则》、《监狱教诲师教师医士药剂士处务规则》、《监狱员考试暂行章程》、《监狱看守服务规则》、《监狱看守点检规则》、《参观监狱规则》；1914 年颁布的《改定各省模范监狱名称敕文》、《监狱报告规则》等。这些法规文件与前述的《监狱规则》，共同构成了北洋政府时期监狱法的体系。需要特别提及的是，北洋政府于 1912 年 2 月 15 日颁布了《假释管理规则》，1912 年 1 月 1 日颁布了《出狱人保护事业奖励规则》，使得当时中国监狱法律制度跟上了国际前沿立法水平。1912 年，当时很多西方发达国家也尚在假释罪犯管理、出狱人保护上立法。即使在当代中国，这方面的立法也尚未到位。

3. 南京国民政府时期的监狱立法

南京国民政府承袭北洋政府先后制定了一系列的监狱法规，使监狱法进一步完善，使得现代监狱制度在中国基本立足。

南京国民政府时期最重要的监狱法律规定是 1946 年公布的《监狱行刑法》与 1928 年 10 月公布的《监狱规则》。1946 年的《监狱行刑法》规定了累进处遇制。根据《监狱行刑法》的规定，刑期 1 年以上之受刑人，为促其改悔向上、适于社会生活，应分数阶段，以累进方法处遇之，但因心身状况或其他事由认为不适宜者经狱务委员会决议得不为累进处遇。该法是民国监狱立法的最好成果之一，是几代人对监狱改良的成果，是总结清末、民国监狱立法经验的成果。《监狱行刑法》的基础是 1928 年的《监狱规则》。这里有必要介绍一下《监狱规则》。

1928 年的《监狱规则》基本沿袭了北洋政府时期制定的《监狱规则》，只是在个别地方有所修改和增补。《监狱规则》共 15 章，109 条。其中，第一章是总则，共有 14 条法律条文，其主要内容基本上沿袭了 1913 年的《监狱规则》，只是在个别地方作了文字上的修改。例如，第 2 条规定："监狱分为左列二种：一、徒刑监，为监禁被处徒刑者之所；二、拘役监，为监禁被处拘役者之所。"第二章是收监，共有 7 条法律条文，第 15 条规定了收监的法律程序，"入监者监狱官非认定具备适法之公文，不得收之"。第 20 条规定："入监者之身体衣类及携带物品须检查之，并调查其体格及个人关系。"第三章是监禁，共有 3 条法律条文，与 1913 年的《监狱规则》相比，省略了"满十八岁者，分房三年后，非本人情愿，不得继续分房；未满十八岁者，分房一年后亦同"。在第 24 条加入了分类"性格"根据。这一规定反映了国际社会矫治罪犯的思想。第 24 条规定："杂居者无论在监房工场均须斟酌其罪质年龄犯数性格等隔别之。"第四章是戒护，共有 9 条法律条文，与 1913 年的《监狱规则》相同。第五章是劳役，共有 13 条法律条文，与 1913 年的《监狱规则》相比，劳役的时间有所变化，规定，"劳役时间于八小时以上十小时以下之范围内，斟酌时令地方情形监狱构造及劳役种类定之"。对于免除劳役日的规定方面，1928年的《监狱规则》第39条省略了"节日"免除劳役的条款。第六章是教诲及教育，共有5条法律条文，与1913年的《监狱规则》相比，有较大变化，如第50条规定，"在监者许其阅读书籍，但私有之书籍，除本规则有特别规定，或经监狱长官许可者外，不得阅读"，增加了对私人书籍的限制条款。第52条规定："在监者请在监房使用纸墨笔砚，得斟酌情形许之。"该项内容系新增加的条款。第七章是给养，共有5条法律条文，与1913年的《监狱规则》第55条"监房及其他在监者之处所，于极寒时，得设暖房，但病室设备暖房之时间，由监狱长官定之"相比，1928年的《监狱规则》第55条规定，"监房、工厂、病室等处于天寒时须有相当温度"。这说明南京国民政府时期对监狱犯人的生活待遇略有改善。第八章是卫生及医治，共有11条法律条文，与1913年的《监狱规则》相比，该章增加了第66条"罹精神病传染病或其他之疾病，认为监狱内不能施适当之医治者，得斟酌情形，呈请监督官署许可，保外医治，或移送医院。"第九章是接见及书信，共有7条法律条文，与1913年的《监狱规则》第73条内容相比，1928年的《监狱规则》第74条的内容更加详细，即"在监者发受书信费用应归自备，但对于监督官署、法院及其他官公署之书信无力自备时，其费用由监狱支给"。第十章是保管，共有8条法律条文，与1913年的《监狱规则》相比，该章规定了"保管之金钱及有价证券，不论何时，不得令在监者持有"的条款。第十一章是赏罚，共有5条法律条文，与1913年的《监狱规则》相比，该章变化较大，如第84条关于奖励的内容中，新增加了"许其阅读私有书籍"的条款，第86条新增加了"三月以内停止赏遇"、"二月以内慎独"等内容。第十二章是赦免与假释，共有8条法律条文。第十三章是释放，共有6条法律条文，其内容与1913年的《监狱规则》基本相同。第十四章是死亡，共有7条法律条文，除了增加合葬的条款"浮葬经过十年后，得合葬之"外，第108条是关于死刑执行的规定："死刑于监狱内行刑场执行之。国庆日、纪念日、节日、十二月卅一日、一月一日至三日，不执行死刑。"第十五章是附则1条，规定了该规则实施的时间。

南京国民政府时期除了1946年的《监狱行刑法》、1928年的《监狱规则》外，还制定了许多有关监狱管理方面的法令法规，主要有：1928年9月的《监狱经费保管规则》；1929年4月司法部公布的《假释管束规则》、《假释者须知事项》、《修正旧监狱呈请假释办法》；1930年2月公布的《出狱人保护事务奖励规则》；1931年2月颁布的《法院监狱看守所办理司法统计考成规则》；1932年5月公布的《监狱作业规则》、《出狱人保护会组织大纲》、《在监人五品保管办法》、《监狱慈惠费管理办法》、《在监人金钱保管办法》、《监犯保外服役暂行办法》；1934年7月公布、1936年修正的《徒刑人犯移垦暂行条例》、《监犯外役规则》；1935 年公布的《疏通监狱暂行条例》、《修正县监所协进委员会暂行章程》；1946 年公布的《行刑累进处遇条例》、《监狱组织条例》、《监狱条例》等。这些监狱法规连同上述的《监狱行刑法》、《监狱规则》共同构成了南京国民政府时期监狱法的法律体系。

（五）监狱改良的果实：历史的回顾

中国监狱制度改良从 1901 年刘坤一和张之洞联名上奏《江楚会奏变法三折》启动到 1946 年《监狱行刑法》出台，经过近半个世纪，历经清末、北洋政府时期、南京国民政府时期，监狱制度转型基本完成。在监狱制度转型过程中吊诡的是，虽然各时期的政治寡头之间的关系基本是你死我活，但是，监狱制度的改良却始终前后承袭：1913 年的《监狱规则》以《大清监狱律草案》为基础；而 1928 年的《监狱规则》乃至 1946 年的《监狱行刑法》都以 1913 年的《监狱规则》为基础。如果以 1946 年的《监狱行刑法》为标志，我们看到，中国的监狱基本从审前或者行刑前的羁押机构转型为以刑罚执行为职能的机构，从传统监狱转变为现代监狱。监狱是刑罚执行的机构，是现代监狱的基本特征。

1. 明确了监狱的性质及行刑目的

1946 年 1 月 19 日经立法院审议通过并由南京国民政府公布的《监狱行刑法》第 1 条规定，行刑的目的是"徒刑拘役之执行，以使受刑人改悔向上，适于社会生活"。这一规定在中国历史上具有重要意义。

首先，这一规定在中国历史上首次明确监狱是监禁刑执行机构，而不再是审前或者行刑前的羁押机构，从而在法律上完成了监狱改良的任务，赋予了监狱新的职能。

其次，明确规定监狱执行刑罚的目标是"使受刑人改悔向上"。关于中国传统监狱的目标，虽然名为看守，实为恐吓与威慑。先人对监狱的定位基本是"苦人"、"辱人"之地。① 虽然古人倡导明刑弼教，但是监狱从来就是辱人之地，"徒"就是"奴"，即役使罪犯、侮辱罪犯，这是《唐律疏议》的解释。因此，国人多认为狱乃"恶地"。② 自监狱改良提出，沈家本便一改前人主张，力主监狱的宗旨在于"感化"，从而为新式监狱确立了新的目标。沈家本在 1907 年上奏的《修订法律大臣沈家本奏实行改良监狱宜注意四事折》开头就讲，"严刑厉法可惩肃于既往，难望渐被于将来，故籍监狱之地，施教诲之方，亦即明刑弼教之本意也"。他在为董康的《监狱访问录》作序时更明确地讲，"监狱者，感化人而非苦人、辱人者也"，③ 明确"感化"罪犯为监狱工作的新目标，而完

---

① 沈家本著：《监狱访问录序》，载《寄簃文存》（卷六）。
② 许章润著：《监狱学》，中国人民公安大学出版社 1991 年版，第 185～187 页。
③ 沈家本著：《监狱访问录序》，载《寄簃文存》（卷六）。

全否定旧式监狱的目标。"感化"意为用潜移默化或劝导的方法感动人，使其思想逐渐起变化，其实质是使罪犯"改变"。虽然《监狱行刑法》没有使用"感化"一词，而使用"改悔"，但是其内涵都是"改变罪犯"之意，从而使得新式监狱与旧式监狱截然不同。

2. 组织罪犯开展劳动工作

关于组织罪犯劳动的主张与意义早在清末就已明确。山西巡抚赵尔巽上奏的《奏请各省通设罪犯习艺所》认为，设立罪犯习艺所有以下益处："管束有所，不致逃亡"；"各营工役，使生善心"；"力之所获，足以自给"；"与人隔绝，不生扰害"；"系念乡土，易于化导"等。正因为如此，开办"模范监狱"中的重要部分便是开设罪犯劳动习艺场所。

民国后，随着新式监狱数量的增加，监狱劳动作业成为监狱工作的重要组成部分，所以法律规定，监狱设立专门的管理机构。监狱的典狱长负责监狱的全面事务，下设三个科，其中第二科负责监狱囚犯作业的督饬和检查、作业器具的检查等事务；第三科直接负责作业方面的管理。为了依法对监狱的罪犯进行劳役作业，1932 年 5 月制定了《监狱作业规则》，并规定监狱在令罪犯从事劳役时，应将工作的种类、施行方法、就役人数及其类别、课程及赏与金、就业场所及机械器具材料之设备等报司法部备案。已核准的作业，《监狱作业规则》第 4 条规定，"如有应行废止或变更其施行方法之必要时，应详叙事由，呈报司法行政部备案"。

在监人员的劳役分为内役作业和外役作业两种形式。内役作业主要在监狱设立的工厂中进行。在 1913 年 10 月公布的《监狱看守服务规则》第八章中，主要规定了囚犯在工厂从事作业的内容："服役者之坐位，非有上官命不得变更"；工厂的看守应随时检查囚犯的工作情况，包括"服役之勤惰，服役之适否，制品之粗精，工业师之动作，谋逃反狱及自杀者之有无"。《监狱看守服务规则》第 97 条规定，在监人员在工厂服役时，除有不得已事由外，其大小便须于特定时间为之，尚须注意如下事项，"人数及动作，藏匿物之有无，谈话之有无，污损便所及不正行为之有无。"对于囚犯的外役，1934 年制定的《监狱外役规则》也作了详细规定，凡从事浚河、筑路、建筑等外役的罪犯，应具备如下条件，"年龄满二十岁以上，品性较良，身体强健；入监前之职业适于外役；无宣传反革命之虞"①。外役人犯关于工作的事项，应受工程人员指挥。为了防止工作人犯逃走，一律实行联锁进行管理。②

① 《中华民国六法理由判解汇编：刑事诉讼法》，会文堂新记书局 1936 年版，第 711 页。
② 李永宏：《民国时期的监狱立法与新式监狱管理模式的构建》，载《中国监狱学刊》2012 年第 6 期。

3. 开展教育教诲工作

监狱改良的目标是"感化"罪犯、使罪犯"改悔"。如何使罪犯"改悔"？教育、教诲罪犯是重要手段。早在小河滋次郎帮助起草的《大清监狱律草案》第六章就专门规定有"教诲与教育"。该章第 99 条规定，"对于受刑人休业日以外至少每十日仍应教诲一次"。第 101 条规定："教育每星期二十四时以内，依小学程度教以读书、习字、算学、作文及其他必要学科。"

民国后，随着新式监狱的发展，罪犯教育教诲工作不断向前发展。在 1913 年制定的《监狱规则》中，就明确强调对在监犯人实行强制教育。其中，第 49 条规定："未满十八岁者，一律施教育。但满十八岁者，自请教育或监狱官认为必要时，亦得教育之。"1928 年的《监狱规则》第 48 条对该条作了重大修改，规定："在监者一律施以教育，但十八岁以上刑期不满三月，及监狱长官认为无教育之必要者，不在此限。"关于在押囚犯受教育的时间和课程，1913 年的《监狱规则》第 50 条规定："教育每星期二十四小时以内，依小学程度教以读书、习字、算学、作文及其他必要学科。有同等学力者，依其程度设相当补习科。"在 1913 年颁布的《监狱教诲师教师医士药剂士处务规则》中，对教师的教育职责作了明确规定。其中，第 20 条规定："教师于就学者之年龄、智能、性情、境遇等，施个人适当之教育。"教师应备置教育簿册，详细记录教育的课程、就学者的年龄、上课时间、成绩优劣等内容，每月呈报典狱长核阅。教师应注意管理教学使用的图书和器具。教师在教学的过程中，应注重对学生灌输三民主义思想的教育。

1913 年和 1928 年制定的《监狱规则》都有对囚犯进行教诲的法律条文。1913 年制定的《监狱教诲师教师医士药剂士处务规则》详细规定了教诲师的职责。教诲师的任务是根据典狱长的命令，专门从事对囚犯培养道德的任务。教诲的形式分为三种：集合教诲、类别教诲、个人教诲。集合教诲的对象是一般狱囚，通常在星期日、国庆日、纪念日等在教诲堂进行。类别教诲主要是根据囚犯的犯罪性质、职业、教育、性情等情况，在工厂或监房分类教诲。个人教诲的形式很多，一般分为入监教诲、出监教诲、转监教诲、疾病教诲、亲丧教诲、惩罚教诲、接见教诲、书信教诲等。教诲师对囚犯教诲的时间和地点也有所选择，如对于刚入监的囚犯教诲，教诲师在独居房间内进行；囚犯患有疾病，教诲师在病监中进行；囚犯亲属去世，教诲师于免服劳役时教诲；对囚犯的惩罚教诲，于惩罚时或结束后进行；接见及书信教诲，应在囚犯感动时进行。

4. 先后引入了独居制、假释制、累进处遇制等国外的监狱管理制度

清末时，随着修订法律馆翻译工作的铺开，一批西方的监狱学著作被介绍到国内，其中包括《日本监狱法》、《比利时监狱规则》、《狱务揽要》等。国内许多学者也编辑了一些监狱学论著，如刘蕃编的《监狱学》（1905 年）、廖维勋的

《监狱学》（1907年）、韩兆蕃的《考察监狱记》（1907年）、王元增的《日本监狱实务》（1908年）等。随着监狱学研究之风的形成，民国后，越来越多的监狱学著作面世，包括对今天仍有一定影响的赵琛、芮佳瑞与孙雄等的著作。很多成果均花了一定篇幅介绍国外的独居制、假释制、累进处遇制等制度。例如，1924年王元增的《监狱学》介绍了杂居制（使多数之犯人起卧于同一监房，并就役于同一之工场）、分居制（独居拘禁）和累进处遇制。[①] 上述著作不仅使国人了解到西方的监狱制度，而且为学习、借鉴上述制度作了知识上的准备。随着新式监狱的发展与条件的改善，民国时期陆续引入了上述制度。

独居制在1913年的《监狱规则》和1928年的《监狱规则》中都有规定。例如，1913年的《监狱规则》第22条规定："在监者概以分房监禁为原则，但因精神身体认为不适当者，不在此限。"1928年的《监狱规则》第22条规定："分房监禁应由监狱长官斟酌情形核定三个月以上之期间。"

关于假释制，1913年的《监狱规则》第87条规定："在监者虽达假释期，若非监狱长官确认其确有悛悔实据，并得监狱长官会议多数同意，不得声请假释。"假释办理，除了填写在监狱者历年身份簿外，还要附有监狱长官会议多数同意书并加盖钤印，呈报司法部批准方可。随后的规定对假释制度不断完善。

由于累进处遇制实施难度大，所以累进处遇制在1946年的《监狱行刑法》上方予规定。尽管累进处遇制规定得晚，但是，由于《行刑累进处遇条例》的出台，累进处遇制的适用规定又是最详尽的，从而大大提高罪犯管理的操作水平。根据《行刑累进处遇条例》的规定，罪犯处遇分为四级。处遇分级第四级、处遇分级第三级者单独监禁；处遇分级第二级者，夜间独居。处遇分级第一级者，享有下列处遇：住室不加锁；不加监视；因劳动或学习需要，准予外出；准予配偶及直系亲属在指定住所同住。对于处遇分级第一级者，应当速报假释；对于处遇分级第二级者，符合假释规定，可以报请假释。

5. 推行刑罚人道主义

在前面章节中，我们介绍到，现代监狱源于刑罚人道主义的推动，因而现代监狱的基本特征便是反映刑罚人道主义。

尽管中国监狱的现代化不是自生自发，是通过引进而推进的，但是，同样需要贯穿刑罚人道精神。只有贯彻刑罚人道主义，刑罚才能体现公正，社会才能走向文明。

体现刑罚人道主义的规定主要体现在下面的规定中：

关于收押，为了尊重女性罪犯的人格，民国时期的监狱按照不同性别把囚犯分为男监、女监。1913年的《监狱规则》规定，"妇女监禁于女监"。为了体现

---

① 参见郭明著：《中国监狱学史纲》，中国方正出版社2005年版，第113～118页。

对罪犯身体的尊重，1913 年的《监狱规则》第 21 条规定，"身体检查及体格调查，非认为万不得已时，不得裸体为之"。1913 年颁布的《监狱处务规则》第 13 条规定："典狱当严禁所属各员私役在监人。"

在日常管理中，法律要求监狱的管理人员对待在押囚犯，应公平严肃，尊重囚犯的人格，严格禁止有其他任何轻浮的举动。1913 年颁布的《监狱看守服务规则》第 5 条规定："待遇在监人，以公平严肃为主，不得有愤怒狎昵情状。"1934 年颁布的《监犯外役规则》第 16 条第 1 款规定："对待人犯须公平正直，言语须诚恳，态度须庄严。"① 当囚犯遭遇直系亲属去世，法律规定，"祖父母父母丧七日"，免囚犯服劳役。

在罪犯生活卫生管理上，1913 年的《监狱规则》第 52 条规定："对于在监者，须斟酌其体质年龄劳役及地方气候等项，给与必要之饮食衣类及其他用具。"1928 年的《监狱规则》第 60 条规定："在监者罹疾病时，速加治疗，有必要情形者，收入病室。"1913 年颁布的《监狱教诲师教师医士药剂士处务规则》第 25 条规定："医士于劳役种类及方法，认为有害囚人健康时，须陈述意见于典狱长。"第 29 条规定："对于囚人之健康，宜随时就其居所视察，关于分房者，尤须特别视察之。"第 30 条规定："对于囚人之健康访断，每半年至少须行二次，并记载其实况于健康诊断簿。若认为有诊察之必要时，得不拘前项之次数。"

特别是法律规定了罪犯具有申诉的权利，使得刑罚人道主义在监狱中有了根本性突破。1913 年和 1928 年制定的《监狱规则》皆规定了罪犯有申诉的权利，以此来保障法律所赋予囚犯的权利。例如，南京国民政府颁布的《监狱规则》第 7 条规定："在监者不服监狱之处分时，得在是故发生后十日内，申诉于监督官署或视察员。但申诉未经判定时，无中止处分之效力。"

考虑有的罪犯出狱后衣食无着，1913 年颁布的《监狱规则》第 96 条规定："被释放者无归乡旅费及衣类时，得酌给之。"第 97 条规定："被释放者若罹重病，请在监医疗时，依其情状得许之。"在 1932 年 10 月颁布的《出狱人保护会组织大纲》第 2 条规定："凡出狱人之贫无所依，确有自新实据者，得享左列之保护：介绍，量其所习职业介绍于各处；资送，遇有出狱人之为异籍必须回籍者，得设法资送之；饮助，借贷衣食费俟其得有职业后归偿；调查，随时调查其品行等项以为指导之资。"

（六）必要的说明：落后国家引入发达国家制度不可避免的问题

这里要特别说明的是，当时中国接受的是西方国家改造时代的监狱知识与技术，基本没有接受西方国家矫治时代的知识与技术。具体来说，从发展时代看，

---

① 《中华民国六法理由判解汇编：刑事诉讼法》，会文堂新记书局 1936 年版，第 713 页。

中国决定引入国外监狱制度时，西方国家还处于监狱发展的改造时代；从监狱改良所确立的监狱目标看，中国基本接受"监狱应当帮助罪犯悔罪"的观点；从引入的制度看，无论是独居制还是累进处遇制，无论是教育教诲制度还是劳动习艺，都属于改造时代的成果。虽然在某些规定中有反映矫治时代知识的规定，但是名重于实。例如，1928 年颁布的《监狱规则》第 24 条规定："杂居者无论在监房工厂，均须斟酌其罪质、年龄、犯数、性格等隔离之。"由于当时的中国监狱系统缺乏测量罪犯性格的人才，更主要的是，当时中国尚未完全完成现代监狱引进工作，加之缺乏引入矫治时代知识、技术的主客观条件，所以这条规定中的"根据性格对罪犯分类"的内容只能停留在纸面上。

"滞后"是落后国家引入发达国家制度不可避免的问题。不仅如此，由于落后国家的经济、文化与社会的传统性决定了前现代监狱时代的监狱管理思想与实践仍然存在，因而民国时折磨罪犯的实践仍然残存，甚至在一定时期、对一定罪犯合法化。国民党于 1931 年开始设立"反省院"，而 1943 年前后分别建立了"中美合作所"集中营、上饶集中营、息烽集中营等。各省"反省院"在名义上属于司法行政部，实际属于国民党，具体管理机关是"中央"或者"省党部"，而"中美合作所"集中营、息烽集中营、上饶集中营则分属"军统"与军队。在这些监禁设施中，野蛮似乎苏醒。在"中美合作所"集中营，刑具有 130 多种，经常使用灌辣椒水、钻指甲、上电刑、"坐老虎凳"、"披麻戴孝"等酷刑。[①]

第二节　中国引入现代监狱制度的原因

清代为什么会引入现代监狱制度？现代监狱制度为什么被具有 2100 多年帝王统治史的国家迅速接受，从而放弃了传统监狱制度？

一、撤废领事裁判权的要求：直接的原因

领事裁判权，是指一国通过其驻外领事等对在另一国领土之内的本国居民按照本国法律行使司法管辖权的制度。英国通过发动鸦片战争，在 1843 年强迫清政府签订的《中英五口通商章程》中首先取得了这项特权。《中英五口通商章程》规定，"英国华民交涉词讼一款"，英国领事有权"查察"、"听讼"、"其人如何科罪，由英国议定章程、法律，发给管事官（即领事）照办"[②]。不过，根

---

① 参见薛梅卿主编：《中国监狱史》，群众出版社 1986 年版，第 296~300 页。
② 王铁崖编：《中外旧约章汇编》（第 1 册），三联书店 1962 年版，第 42 页。

据当时的规定，领事裁判权的适用范围仅限于 5 个通商口岸。同年 10 月 8 日签订的《虎门条约》中将该特权范围扩展至内地。此外，1844 年中美之间订立的《五口贸易章程》（即《望厦条约》）则把领事裁判权的范围扩大到各个港口，同时其调整对象也不限于在中国的美国侨民与中国人之间，或美国侨民之间的民刑事案件，甚至美国侨民与其他外国侨民在中国发生诉讼都要由美国领事审讯。法国、俄国、德国、日本、意大利等国也相继在中国取得领事裁判权。

列强在华实施的领事裁判权制度有损一个国家司法主权的尊严，同时不利于清朝的统治，所以清廷具有撤废领事裁判权的强烈愿望。

1901 年清廷推行"新政"。为了鼓励、推动"新政"的展开，西方列强同意以清廷"修律"换取废除领事裁判权。1902 年 9 月清政府与英国在上海签订了《续议通商行船条约》，该条约第 12 款规定，中国深欲整顿本国律例，以期与各西国律例改同一律，英国允愿尽力协助，以成此举，一俟查悉中国律例情形及其审断办法及一切相关事宜皆臻妥善，英国即允弃其治外法权（领事裁判权）。① 这是西方列强第一次承诺有条件地放弃领事裁判权。随后，美国、日本等国家在签订的条约中都承诺了这一条款。由于日本曾经"以修律以收回领事裁判权"，所以中国人也欲通过修律而收回领事裁判权。"夫东洋日本为小国耳。自明治维新后，痛革积气，变更刑章，仿行西例，近年与西人立约，首去其领事治西旅人之权，竟得与公法而列为平等。乃中国不如焉，可耻孰甚。"②

1902 年 3 月 11 日清廷正式下谕修律。③ 清廷责成袁世凯、刘坤一、张之洞

---

① ［清］朱寿朋编，张静庐等点校：《光绪朝东华录》，中华书局 1984 年版，第 4912 页以下。

② 江标辑：《沅湘通艺录》（第四卷），长沙使院 1897 年刊，第 20 页。

③ 清末修律，虽然时间短，但是成果大。在立法方面，为了"以商兴国"，鼓励商业发展，首先制定商事法律：1903 ~ 1907 年包括《公司律》、《破产律》在内的商事法律颁布，并制定了一批鼓励投资实业、建立工厂的实业奖励法规、促进行业发展的行会组织法规；1908 年《钦定宪法大纲》颁布，这是中国第一部宪法；1908 年《钦定行政纲目》颁布，明确规定了君主立宪政体的行政原则；1911 年《钦定大清刑律》颁布，《大清民律》也完成起草工作。在司法改革方面，建立了新的诉讼制度和司法机构。在诉讼制度上改变了民、刑不分的传统，区分了民事案件与刑事案件，确立了平等、公开、公正审判原则以及律师辩护、陪审制度。司法机构改革改变了司法与行政合一、司法不独立的传统，出现了司法机构和审判机构的分立。地方设立初级审判厅、地方审判厅和高等审判厅，实行四级三审制。在短短 10 年时间里，晚清法律改革以日本、德国为榜样，对传统法律制度进行了颠覆性的变革，传统的中华法系被废弃，初步建立了包括宪法、行政法、刑法、民法、诉讼法、法院编制法在内的全新部门法律体系和标榜"司法独立"、"平等、公开、公正审判"原则的司法系统。参见高汉成：《辛亥革命前后的中国法律变迁》，载《检察日报》2011 年 9 月 30 日。

保举熟悉中西律例者修改《大清律例》。沈家本与伍廷芳一起被保举修订法律，①并被任命为修律法律大臣。

修律的非常重要的部分就是修改刑律，中华法系最发达的法律就是刑法，所以沈家本与伍廷芳任职不久便奏上《删除律例内重法折》。而随着预备立宪的宣布，刑律编撰上升到"内政之首"②的高度。关于修刑的重要性，沈家本、伍廷芳曾经做过这样的解释："中国之重法，西人每訾为不仁。其旅居中国者，皆借口于此，不受中国之约束。夫西国首重法权，随一国之疆域为界限，甲国之人乔寓一国，即受乙国之制裁，乃独于中国不受制裁，转予我以不仁之名。此亟当幡然变计也。方今改订商约，英、美、日、葡四国，均允中国修订法律，首先收回治外法权，实变法自强之枢纽。"并且警告说："以上三事，皆中法之重者。参诸前人之论说，既多议其残苛，而考诸今日环球各国，又皆废而不用，且外人訾议中法之不仁者，亦惟此数端为最甚。此而不思变通，则欲彼之就我范围，不亦南辕而北辙乎?"③

中国传统刑罚以肉刑、死刑为核心，而拟引入的刑罚是监禁刑。1907 年的《大清刑律草案》所规定的刑罚是死刑、无期徒刑、有期徒刑、拘留、罚金。而中国的旧式监狱是审前或者行刑前的羁押机构，不能胜任执行监禁刑的工作要求，所以沈家本说，"狱制一日不改，则新（刑）律万不适用"④。这样，监狱改良便被推上修律的最前沿，甚至事关宪政之要务。肖世杰博士注意到，法部计划宣统元年的第一件事即是筹办京师模范监狱，⑤而清廷为推行"预备立宪"而设置的宪政编查馆于宣统元年（1909 年）8 月 14 日奏核各衙门 9 年筹备未尽事宜折内，不仅是将筹办京师模范监狱纳入了清廷预备立宪的筹办事宜中，而且将各省的模范监狱也都纳入其中。⑥

---

① 赵晓耕主编：《中国近代法制史专题研究》，中国人民大学出版社 2009 年版，第 99 页。

② 《天津府凌福彭调查日本监狱习艺详细情形呈直隶总督袁禀》，载《东方杂志》第 2 期，转引自刘志松：《清末天津习艺所创办始末》，载《中国监狱学刊》2009 年第 3 期。

③ 张国华、李贵连编著：《沈家本年谱初编》，北京大学出版社 1989 年版，第 87～90 页。

④ 《修订法律大臣沈家本等奏进呈刑律分则草案折（并单）》，载《大清法规大全·法律部》（卷 12）。

⑤ 参见肖世杰：《清末监狱改良》，湘潭大学 2007 年博士论文。

⑥ 《宪政编查馆会奏核复各衙门九年筹备未尽事宜缮单呈览折（并清单）》，《大清法规大全》，卷四，宪政部，筹备立宪一。

二、刑罚文明化的需要：基本的动力

法国社会学家杜尔克姆有个重要观点：威权结构社会的刑罚必然残酷。威权结构社会的刑罚之所以残酷是因为威权结构社会是机械团结的社会。① 在杜尔克姆看来，人类社会的团结是个体联结为社会的根本。人类社会有两种团结形式：一是机械团结，依靠机械团结形成的社会特点是人们的集体意识表现出神圣观、集体观，整个社会成员观念同质性高，即在价值观上趋向于一致，信仰基本相同，犯罪观差别小。二是有机团结，依据有机团结形成的社会基本特点是社会成员的集体意识表现为世俗化、理性与个人化。传统社会属于机械团结的社会，而现代社会属于有机团结的社会。有机团结的社会是随着社会分工的发展由机械团结的社会发展而来。杜尔克姆认为，道德不像斯宾塞（Spencer，H.）说的，资本主义社会不需要集体道德，个人主义自然会产生稳定与福利，相反，道德还存在，道德还需要，劳动分工将产生新的道德，如自由、理性、忍耐。他特别强调道德在社会生活中的重要性，道德的联结作用。由于刑罚对道德具有重要的维护作用，因而他认为刑罚非常重要。进而言之，他认为，刑罚的功能在于维护集体意识，维护社会的团结。但是，有机团结社会中的刑罚不同于机械团结社会中的刑罚。机械团结社会中的刑罚必然严厉。为什么在机械团结的社会中刑罚严厉？其主要原因是同质性的集体意识发挥作用。每个人深深被道德所浸染，有强烈的神圣感、认同感。对于犯罪，社会成员的认识是一致的；对于惩罚，他们的观念也没有多大差距，有惩罚罪犯的共同情感需要。而对于统治者而言，严厉的刑罚维护了集体意识，维护了共同的价值观，共同的信念，更容易得到公众的支持。② 于是，在机械团结的社会中刑罚不可避免地走向残酷，走向没有底线的威慑刑。

杜尔克姆的理论可以很好地解释中国刑罚残酷的原因。由于社会需要威慑，所以尽管有悯囚制度，监狱管理仍不可避免地出现欺凌、虐待与腐败。

关于清朝监狱罪犯的生活，方苞在其《狱中杂记》中有过细致的描述："余在刑部狱，见死而由窦出者日三四人。……每薄暮，下管键，矢溺皆闭其中，与饮食之气相薄；又隆冬，贫者席地而卧，春气动，鲜不疫矣。……方夜中，生人与死者并踵顶而卧，无可旋避，此所以染者众也。……苟入狱，不问罪之有无，必械手足，置老监，俾困苦不可忍，然后导以取保，量其家之所有以为剂，而官

---

① Garland，D.，Punishment and Modern Society – A Study in Social Theory. Oxford：Clarandon Press，1990，pp. 23~46.

② Garland，D.，Punishment and Modern Society – A Study in Social Theory. Oxford：Clarandon Press，1990，pp. 37.

与吏剖分焉。中家以上，皆竭资取保，其次求脱械居监外板屋，费亦数十金。惟极贫者无依，则械系不稍宽，为标准以警其余。或同系情罪重者，反出在外，而轻者无罪者罹其毒，积忧愤，寝食违节，及病，又无医药，故往往至死。……凡死刑，狱上者，先俟于门外，使其党人索财物。……其极刑，曰顺我先刺心，否则四肢解尽，心犹不死。其绞缢，曰顺我始缢即气绝，否则三缢加别械，然后得死。"

随着国人出国访问考察，所见刑罚文明不仅使访问考察者对国外监狱制度心生好感，而且使访问考察者对国内监狱制度形成厌恶之情。访问考察者所作的有关记录、资料的传播，渐渐促成国人对旧式监狱的批判。

许章润先生曾经对我国访问考察国外监狱的人员所发感慨或者议论予以整理①：1870 年春，王韬便应邀前往"碧福"（Bedford）参观新建监狱。在其归国后撰写的《漫游随录》中写道："每值礼拜日牧师或神父入狱讲道，使狱囚咸集环坐，静听以化其顽梗之心，消其桀骜之气……以视中国之牢狱，相去奚只天渊矣！"在《法国志略》中，王韬还对西方狱制有这样一个总的叙述，牢狱之制法极周详，刑无苛酷，待狱囚务极宽厚，日给饮食，岁给衣履，皆得温饱，无虞冻馁。在狱亦课以工作，视其所能，使之制造各物，或延艺匠教导，俾有一材一技之长，则出狱之后不致流为废民。② 1876 年，李圭以工商界人士身份"环游"世界，首航赴美。李圭在费城分别参观了轻、重罪监狱和"儿童习正院"后说过，"外国监狱，迥异中华"："第一务取洁净；第二饮食调匀；第三作息有序；第四可习技艺；第五则其总管、司事，一切体贴人情，处若父兄之于子弟。故凡游览其中者，非特不觉其为监狱，即犯人监禁日久，亦忘其身在监狱也。"1876 年，郭嵩焘出使欧洲。出使 3 年，就其日记所载，共参观东、西狱七所，载记狱制处共九则，近约万言。1895 年，兵部郎中傅云龙在日本参观长崎监狱，看到日本监狱"有堂，七日一说佛法"③。1905 年，为"预备立宪"，清廷派"五大臣"出洋考察。其中之一的法部大臣戴鸿慈将"日行所记，凡十二卷"，悉行整理为《出使九国日记》，于光绪三十二年 12 月交由清政府农商部工艺局印刷科印出，除缕记美、德、奥匈、俄、意的政制设置、风俗人情外，还多处载述彼国狱制情形。据日记记载，1905 年 12 月 24 日，戴鸿慈等首在美国"尼布罅士加

---

① 许章润：《清末对西方狱制的接触和研究———一项法的历史与文化考察》，载《南京大学法律评论》1995 年秋季号。

② 王韬：《漫游随录》，收入钟叔河主编：《走向世界丛书》，岳麓书社 1985 年版，第149 页。

③ 参见傅云龙：《游历日本余记》，收入罗森等著：《早期日本游记五种》，湖南人民出版社 1983 年版，第 124 页。

（内布拉斯加）"往观监狱"，记其规模、警戒、劳动、饮食、费用以及男女囚犯的不同处遇等项。观囚室"床、桌、盥洗之具毕备，且有电灯"，叹"其食所亦洁净"，女牢则"尤清洁，几于客店无异矣"。由其记述可知，其时该狱囚犯习艺项目不过"男犯皆于此作笤帚"，女犯则"皆课以针黹缝缀之事"。戴鸿慈发议论说，"监牢非以苦痛犯人也，束缚其自由而仍使之作工，故西人有改过所之称"；"今所见农务、监狱种种，皆可为吾国模范，何幸如之"。

国人对旧式监狱管理的反思与批判，是中国监狱变革的动力；国人对国外监狱制度的圈点，是中国监狱制度发展的参照对象。

三、政治体制改革的需要：决定性的原因

第二次鸦片战争后，清朝内部一些较为开明的官员认识到学习与利用西方先进生产技术的重要，提出"师夷长技以制夷"，从此拉开洋务运动的帷幕。洋务运动是近代中国第一次大规模实施西式工业化的运动，是一场在维护封建皇权前提下由上到下的改良运动。洋务运动引进了大量西方 18 世纪以后的科学技术成果，引入翻译了大量各类西方著作文献，培养了第一批留学童生，打开了西学之门；学习近现代公司体制，兴建了一大批工业企业，开启了日后中国工业发展和现代化之路。然而，随着清军水师在甲午海战的覆没，洋务运动黯然收场。北洋水师的覆没、《马关条约》的签订，要求国家从更基本层面，包括政治体制上进行改革，进行变法维新的主张一时被清廷接受，于是有了戊戌变法。但这次变法却遭到以慈禧太后为首的保守派的强烈反对。1889 年 9 月慈禧太后等发动政变，光绪被囚，谭嗣同等 6 人被杀害，变法失败。

1900 年，庚子事变爆发，八国联军入侵首都北京，清廷接受了八国联军提出的《辛丑和约》。此时，慈禧等朝廷保守派认识到政治体制改革的重要性与必要性，主动提出变法。1901 年 1 月 29 日，被八国联军赶到西安的慈禧太后下诏宣布变法，"世有万古不易之常经，无一成不变之治法……欲求振作，须议更张"，谕旨要求臣下"各就现在情弊，参酌中西政治，举凡朝章国政、吏治民生、学校科举、军制财政，当因当革，当省当并，如何而国势始兴，如何而度支始裕，如何而武备始精，各举所知，各抒己见，通限两个月内悉条议以闻"[1]。1901 年 4 月 21 日，慈禧又下令成立了以庆亲王奕劻为首的"督办政务处"，作为筹划推行"新政"的专门机构，任李鸿章、荣禄、昆冈、王文韶、鹿传霖为督办政务大臣，刘坤一、张之洞（后又增加袁世凯）为参予政务大臣，总揽一切"新政"事宜。

---

① ［清］朱寿朋编，张静庐等点校：《光绪朝东华录》，中华书局 1984 年版，第 4601 ~ 4602 页。

在这种背景下，时任两江总督的刘坤一和湖广总督张之洞于1901年8月先后联名向朝廷上奏了前述的《江楚会奏变法三折》。第一折提出参考古今，会通文武、育才兴学者四：设立文武学堂；酌改文科；停罢武试；奖励游学。第二折提出中法必应变通整顿者十二：崇节俭；破常格；停捐纳；课官重禄；去书吏；考差役；恤刑狱；改选法；筹八旗生计；裁屯卫；裁绿营；简文法。第三折提出西法必应兼采并用者十一：广派游历；练外国操；广军实；修农政；劝工艺；定矿律、路律、商律及交涉刑律；用银元；行印花税；推行邮政；官收洋药；多译东西各国书籍。《江楚会奏变法三折》实际上成了清末新政的纲领性文件。清政府根据《江楚会奏变法三折》和中外臣工的条陈奏议，制订了推行新政的一系列措施。

在《江楚会奏变法三折》第二折《整顿中法十二条折》的"恤刑狱"中，刘坤一、张之洞痛陈了中国传统司法的弊端——"滥刑株累之酷，囹圄凌虐之弊，往往而有"，在此基础上，提出了"禁讼累、省文法、省刑责、重众证、修监羁、教工艺、恤相验、改罚锾和派专官"等九项主张。中国历史上的监狱大变革由此开始。随着对旧式监狱制度的改造，新式监狱制度轮廓出现。特别是1906年9月清廷颁布了预备立宪诏后，"模范监狱"概念产生，中国监狱制度发展方向开始明晰起来，中国的监狱演变成为刑罚执行的机构。

我国法史学界有种观点认为，清廷修律是被迫的，是上了英国人的当。针对这个问题，高汉成提出自己的看法：清廷修律，包括将《大清律例》修改为现代以监禁刑为主的刑罚体系，并非完全是被迫的，那种认为清廷修律意在履行《马凯条约》第12款的主张需要重新认识。《马凯条约》第12款规定，"中国深欲整顿本国律例，以期与各西国律例改同一律，英国允愿尽力协助以成此举。一俟查悉中国律例情形及其审断办法及一切相关事宜皆臻妥善，英国即允弃其治外法权"。首先，这个观点从因果关系上看是错误的，因为它颠倒了清末修律的启动与《马凯条约》签订的时间先后顺序。《马凯条约》签订于1902年9月5日，但早在1901年1月29日，慈禧在逃往西安的路上就发布了"变法诏"。其次，清政府正式的官方文件也没有明确地表明这种关系。最后，就《马凯条约》第12款而言，既然各国承诺放弃在华治外法权是有条件的，中国如果真的希望收回治外法权的话，那就应该在中外条约中对成立条件作出更详尽的规定。但翻遍《马凯条约》的19个附件，无一与此有关，随后清政府签订的中外条约中也看不到针对该条款的细则性规定。总而言之，条约虽然签了，但中国似乎并不关心它的实施。比较合理的解释是，清政府压根儿也没真的相信能靠这短短的一个条款能收回失去了 60 年的国家主权。① 笔者基本同意高汉成的看法，即清廷修律有其内在的需要，而正是这种内在需要决定着"新政"的推出。

第三节 现代监狱制度引入中国的意义

现代监狱制度的引入，不仅摧毁了中国传统的监狱制度，支持中国刑罚与法律的变革，而且对于中国社会变迁也有促进意义。

一、为中国监狱制度发展确定了新的基础：对监狱的意义

现代监狱制度引入中国，不仅改变了监狱的社会角色，而且也改变了监狱的职能，监狱由审前或者行刑前羁押转为刑罚执行。

由于监狱成为刑罚执行机构，监狱需要考虑罪犯的收押，所以监狱需要建立罪犯收押分类制度、生活卫生制度及戒护制度。

监禁刑设计的本意在于通过将罪犯与他人相隔离，使其静思而悔罪。监禁刑执行引入中国后，虽因中国缺少基督教文化而没有宗教意义上的"悔罪"，但是沈家本通过对"感化"与"教诲"两个概念的使用，赋予了监禁刑执行的灵魂。于是，中国的监狱需要"感化"与"教诲"罪犯。为"感化"与"教诲"罪犯，监狱需要建立体现刑罚人道主义的制度，需要建立罪犯教育制度、劳动学艺制度。

为促进罪犯学习、劳动与遵守监规纪律，监狱需要建立奖励惩罚制度。为提高管理人员的管理能力，同时掌握有关规定，国家需要培养、教育监狱管理人员。这样，随着现代监狱制度的引入，中国的监狱管理领域也逐步出现专门的规定体系、知识体系与技术知识。

现代监狱制度的引入，使中国监狱工作内涵发生了质的变化，使中国的监狱制度不再是审前或者行刑前的羁押机构；现代监狱制度的引入，使中国的监狱需要考虑"感化"与"教诲"罪犯问题、罪犯转化问题或者罪犯改造问题，从而使监狱承载了新的社会责任与道德使命。

二、推动了中国刑罚与宪政的改革：法律上的意义

清末刑律修改一度因现代监狱不到位而让人担忧。随着"模范监狱"的投入使用与其他监狱改建的进行，监禁刑执行有了设施上的保障，规定监禁刑的刑

---

① 高汉成：《晚清法律改革动因再探——以张之洞与领事裁判权问题的关系为视角》，载《清史研究》2004 年第 4 期。

律有了实施上的保障，于是才有了《钦定大清刑律》的出台。

由于清末修律是引入西方的法律体系，所以现代监狱的建设在支持刑律修改的同时，也是对整个"修律"运动的支持，当然也是对引入宪政的支持。

三、一定程度上促进了中国社会的变迁：文化上的意义

现代监狱构成中的一大要素是刑罚人道主义。刑罚人道主义在监狱领域通常以罪犯人权保障的形式出现。随着现代监狱的建立，罪犯人权保障问题相应产生。这也是刑罚人道主义的要求。罪犯人权保障体现了现代社会精神文明。现代监狱建立后，罪犯人权保障工作的开展，不仅是对传统的监狱工作的挑战，也是对传统社会的挑战，更是对传统社会向现代社会变迁的推动。

（一）中国传统社会没有罪犯权利保障的文化

如果将权利保障问题放在中国传统社会，首先我想要明确的是，中国传统社会不存在罪犯权利保障问题，也不可能存在罪犯权利保障问题。

关于中国传统社会的结构有很多表述：费孝通使用"差序格局"描述中国传统社会结构。所谓差序格局，是指"社会关系是逐渐从一个一个人推出去的，是私人联系的增加，社会范围是一根根私人联系所构成的网络"，"好像把一块石头丢在水面上所发生的一圈圈推出去的波纹"[①]。金观涛、刘青峰使用"宗法一体化"概括中国传统社会结构。他们认为，中国封建社会的宗法家族制度不仅仅是原始的血缘关系的沿袭，而且是通过同构效应与中国封建社会相互依存并一起发展、强化的制度，是中国封建社会一体化调节在组织层次上的产物。同构效应是维护封建国家统治的重要组织力量和稳定因素。一体化是整个社会横向的主导组织方式，而宗法同构是纵向的组织层次上的特点。他们将中国封建社会的结构概括称为"宗法一体化"结构。[②] 袁绪程使用"家天下"概括中国传统社会结构。所谓家天下，是指"家国同构，天下一家"，从而给掌握权力的家族或个人垄断披上了一层温馨的外衣，涂上了浓郁的血脉亲情，染上了在皇权面前"人人平等"的色彩，给众多的臣民极大的归属感。[③] 还有其他的表述，如"金字塔结构"，这里就不再介绍了。尽管上述对中国传统社会结构的概括、表述与称谓不尽相同，但是，其基本点是相同的：

第一，家庭与国家组织同构。中国传统社会的单元不是个人而是家庭（家族）。这在世界上是独一无二的。在西方国家，家庭组织随着社会的分工和人的社会化而逐渐失去其原始的社会功能，仅剩纯粹的血缘关系。传统中，家庭

---

① 费孝通著：《乡土中国》，北京大学出版社1998年版，第26页。
② 金观涛、刘青峰著：《兴盛与危机》，湖南人民出版社1984年版，第16～38页。
③ 袁绪程：《中国传统社会制度研究》，载《战略与管理》2003年第10期。

（家族）作为独立的生产经营单位，是一个经济组织；当它履行对"社会"或朝廷的各种义务，以家长（族长）的方式管理家庭成员时，又近似于一个带有政治性的社会组织。宗法血缘关系是把人组织在一起的天然纽带，但它又具有强烈的自闭性。氏族、部落组织的大小有其天然界限，有着难以扩展的坚硬外壳。一旦宗法氏族关系成为人与人之间的主要组织纽带，那就必然对广大地域性概念的国家构建形成障碍。所以，在其他国家，家庭和国家组织一般说来是互相对立的。但是，在中国历史上，家庭（家族）这一宗法组织和国家组织不但不矛盾，反而彼此互相结合。金观涛、刘青峰在《兴盛与危机》一书中认为，这一成功的关键就在于一体化调节，通过儒家学说来组织国家。在儒家学说中，对家长的"孝"是首要的，它是"为仁之本"。在此前提下，儒家学说把这种宗法组织的道德要素推广到社会组织中去，要求臣对君的"忠"。"孝"与"忠"具有完全互相包容、支持的关系：没有对家长、家族的"孝"，就没有对国家的"忠"，对皇帝、上级领导的"忠"；只有对家长行"孝"，才能对国家尽"忠"，对皇帝、上级领导尽"忠"。这样，宗法关系不仅成为维系某一血缘集团的组织力量，而且被推广成为一种社会组织的原则。这是封建官僚们被称作"父母官"的道德逻辑结果。如果仅仅是儒家学说把家庭与国家组织协调起来，把国家看作是家庭的同构，那么它只是一种观念，但是，儒家学说成为国家的意识形态，成为组织、管理国家的思想，这样，"礼"便不仅是观念，而是有国家刑罚依托的组织活动。信奉孔孟圣贤学说的封建儒生，一方面推行儒家学说；另一方面使用孔孟伦理管理家庭、管理社会，使宗法组织与国家组织协调起来。于是，家庭成为国家组成的一部分，而皇帝不仅是国家领导人，也是父母。正是皇帝这个"大家长"将无数分散的"小家长"统率起来，使中国分散的家庭构成了专制帝国广泛的基层组织。

　　第二，实施"礼制"。何为"礼"？中国古代所谓的"礼"，不是现代意义上的"文明礼貌"之"礼"，而是专指君尊臣卑的秩序、上下有别的秩序。《资治通鉴》开篇道，"臣光曰：臣闻天子之职莫大于礼，礼莫大于分，分莫大于名。礼乃纪纲是也；分乃君臣是也；名乃公、侯、卿、大夫是也。夫以四海之广，兆民之众，受制于一人，虽有绝伦之力，高世之智，莫不奔走而服役者，岂非以礼为之纪纲哉！是故天子统三公，三公率诸侯，诸侯制卿大夫，卿大夫治士庶人。贵以临贱，贱以承贵。上之使下，犹腹心之运手足，根本之制枝叶，下之事上，犹手足之卫心腹，枝叶之庇本根，然后能上下相保而国家治安"。根据这一表述，国家治理要求得稳定，必须建立上下有别的等级秩序。为什么要建立"君尊臣卑"的秩序？《礼记》云："天子者，与天地参，故德配天地，兼利万物，与日月并明，明照四海而不遗微小。其在朝廷，则道仁圣礼义之序……发号出令则民悦，谓之和，上下相亲，谓之仁……"司马光的解释是："文王序易，以乾坤为首。孔子系之曰，'天尊地卑，乾坤定矣。卑高以陈，贵贱位矣。'言君臣之位犹天地之不可易也。"由于天子不同于普通人，因而大家需要遵从天子。同理，下级要听从上级的。这就是所谓的"贵以临贱，贱以承贵"。

"礼制"不仅是要求，而且更是生活，从为官到死亡，王者之制爵禄分公、侯、伯、子、男五等。诸侯之下士禄食9人，中士食18人，上士食36人；下大夫食72人，卿食288人，君食2880人。次国之卿食216人，君食2160人；小国之卿食144人，君食1440人。凡养老……50异粻，60宿肉，70贰膳，80常珍，90饮食不违寝，膳饮从于游可也。……50杖于家，60杖于乡，70杖于国，80杖于朝，90者，天子欲有问焉，则就其室。天子死曰崩，诸侯曰薨，士曰不禄，庶人曰死。

在孔子看来，逾礼就是蔑视上级，是侵权行为。"夫礼，天子爱天下，诸侯爱境内，大夫爱官职，士爱其家，过其所爱曰侵，今鲁君有民而子擅爱之，是子侵也。"汉代后，随以礼入法，礼成为法律的重要组成部分，形成了法律为礼教所支配的局面，出礼不仅构成违法，而且构成犯罪，即出礼入刑。古人所谓"明刑弼教"，实质上即以法律制裁的力量来维持礼，加强礼的合法性和强制性。礼认为对的，就是法认为合法的；礼所不容许的，也就是为法所禁、所制裁。诚如东汉廷尉陈宠疏中所云："礼之所去，刑之所取，失礼则入刑，相为表里者也。"明丘濬在《大学衍义补》中云："人心违于礼义，然后入于刑法。"

在"礼制"下，皇帝位于这一官僚科层"金字塔"的顶端，大小官吏随官阶层层排列。这些官吏"假托圣人之言，创立朝仪，制作律令，帮同把大皇帝的绝对支配权力建树起来，他们好像围绕在鲨鱼周围的小鱼，靠着鲨鱼的分泌物而生活一样，这绝对支配权力愈神圣、愈牢固，他们托庇它、依傍它而保持着小皇帝的地位，也就愈不可侵犯和动摇了。"[①]

在这种社会体制下，刑罚如何定位？《汉书·刑法志》说得非常明白，"《洪范》曰：'天子为民父母，为天下王。'圣人取类以正名，而谓君为父母，明仁爱德让，王道之本也。爱待敬而不败，德须威而久立，故致礼以崇敬，作刑以明威也"。这也就是说，正因为君王是民之父母，所以要在君王与民众之间建立"礼"，而"礼"的确立离不开"刑"。有"刑"便有了"威"，有了"威"不仅有了"礼"，更有"德"。在中国传统社会中，刑罚不仅具有很好的功利性，而且具有充分的在道德上的正当性。由于"明威"的需要，刑罚必然残酷。这样，酷刑成为传统社会的有机组成部分。

在传统社会中，罪犯就是"明威"的"道具"。刑罚需要在闹市中执行，如弃市；也需要在朝廷执行，如廷杖；还需要带罪犯游街示众，死后辱尸。

---

① 王亚南著：《中国官僚政治研究》，中国社会科学出版社1993年版，第61页。

作为"明威"的重要组成部分，监狱需要让罪犯感到痛苦，公众恐惧。古人使用"威狱"表达这一治狱思想，即"法天讨以制常刑，类震曜而为威狱"（《宋大诏令集》卷三〇二）。既然治狱是为了"威狱"，对罪犯戴枷加镣，不仅可以防止可能的越狱、破坏监管秩序，而且可以实施惩罚；而虐待罪犯不仅不是违法行为，而且是一种道德的行为。狱吏们不仅使用法律规定的方法惩治罪犯，而且自己发明了一些惩罚罪犯的方法，如"驴驹拔橛"、"犊子悬驹"、"仙人献果"、"玉女登梯"等。① 这些方法对人身体都有一定的物理性伤害，如"玉女登梯"是指使罪犯"立高木之上，枷柄向后拗之"（《新元史·刑法志》）。

虽说在罪犯管理上中国有"悯囚"的传统，但是，"悯囚"并非为了保障罪犯的权利，而是为了昭显皇帝的"宽仁"，显示"大家长""慈爱"的一面。由于"礼制"所构建的人与人的等级化关系，在中国传统文化中没有权利保障思想和制度生长与存在的任何空间。无论是普通人还是罪犯，都不存在权利保障问题。

（二）罪犯权利保障是现代社会的内容

罪犯权利保障的概念、思想与制度是现代社会结构下所谈的话题。只有在现代社会中才有罪犯权利保障思想生成、存在与发展的空间。

现代社会的出现与人道主义的发展密切相关。"人道主义"一词是从拉丁文Humanistas 引申而来的。在古罗马时期的人道主义，是指一种能够促使个人的才能得到最大限度发展的、具有人道精神的教育制度。在 15 世纪后的启蒙思想家那里，人道主义继承和发展了古罗马、古希腊人道精神的精华，冲破了中世纪教会统治下以神为中心的思想束缚，主张人是自然的一部分并支配自然，认为追求快乐是人的天然权利和社会发展的动因。这种思想否定了封建教会视肉欲和世俗生活为罪恶的禁欲主义，肯定了人拥有享受人间一切快乐的权利。最初人道主义表现在文学艺术方面，后来逐渐渗透到其他领域。随着这种思想的传播，人类开始积极地征服自然，进行自由创造，争取个性解放以及建立公正的社会制度等活动，并构建了法治社会，而法治社会进一步推动了人道主义思想的传播。

人道主义的核心是以人为本、以人为中心，提倡关怀人、爱护人、尊重人，而不分人的种族、性别、法律地位。当人道主义思想传播到监狱领域后，罪犯便成为关心、尊重的对象。这在人道主义出现以前是没有过的。

英国人约翰·霍华德（J. Howard）是世界公认的监狱领域的第一位人道主义者，人道主义思想传播者与推动者。1990 年卡尔森（T. Carlson）在约翰·霍华德传记中称他是伟大的人道主义者，称他所提出的监狱改良建议都很实际：向

---

① 参见金良年著：《酷刑与中国社会》，浙江人民出版社 1991 年版，第 87～88 页。

罪犯提供用水保证；关注与改善罪犯卫生条件；建立独立的监狱督查机构。约翰·霍华德死后80年，"霍华德协会"在英国成立，该协会的目标就是"有效地促进罪犯的处遇改善"。1921年该组织与英国"刑罚改革协会"合并，成立了"霍华德刑罚改革协会"。加拿大后来也成立有"霍华德协会"，组织目标也是促进罪犯管理人道化。

人道主义不仅具有"破坏"作用，瓦解神权思想、等级制度，而且具有巨大的建设价值。在资产阶级革命时期，人道主义的内涵被"翻译"为"自由"、"平等"与"博爱"。所谓自由，是指每个公民都有自由的权利。因为权利是相对权力而言，所以政府需要保障公众的自由。如何保障公众的自由？那就是构建法治关系，通过法律监督政府，从而防止政府滥用权力。所谓平等，是指不分人的种族、文化、性别等，皆具有平等的权利。在不平等的社会中，在有等级的社会中，倡导"平等"意味着改变社会结构。所谓博爱，是指关心他人、帮助他人。博爱是人与人平等概念的延伸。这样，人道主义与人权保障、法治政府思想融合起来。人道主义与人权保障、法治政府思想的融合，最终促成了现代社会的形成。关于现代社会的结构大体包括以下几点：第一，人与人平等。第二，人民主权。第三，推行法治，政府接受人民的监督。第四，国家保障人民的权利。关于现代社会的特征，马克思·韦伯还提出了一个"形式合理"[①]的说法。所谓形式合理，是指在统治关系中，行动方式倾向于在其手段和程序等方面尽可能地被加以量化，从而使得行动本身以及对行动结束后目的实现程序的预测成为可以被计算的任务。形式合理性不同于实质合理性。实质合理性则完全基于价值判断的基础，它对行动的目的和后果作出价值评价，如是否合乎宗教信仰或宗教教义，是否符合习惯，是否表现出某种社会美德或善行等。实质合理性只是关乎伦理主义或道德理想的一种合理性，它仅仅对行动实现价值判断，极力强调行动的社会关注，忽视行动效率，这是一种主观合理性。韦伯认为，实质合理性是前资本主义社会秩序的本质特征，在现代社会，这种合理性已经基本失去了它存在的社会氛围。现代社会日趋繁复的生产与生活，必然要求把行动的效率提到一个十分重要的位置，社会管理必然日益科层化、专业化与技术化。

由现代社会的结构决定，在现代社会中，罪犯不仅是在道义上需要关心的人群（这是人道主义"关怀人"内涵的必然要求），而且是法律上保护的人群。这是由人权保障的现代社会属性所决定的。在现代社会中对公民人权的保障与权力执掌者的监督存在"一体两面"的关系，有人权保障，必然要求从下至上监督权力，反之，人权保障便是空谈；而落实权力监督，必然要保障人权，保障人权是监督权力的目的。正因为存在上述关系，约翰·霍华德在要求关心罪犯的同

---

① 谢立中主编：《西方社会学名著提要》，江西人民出版社1998年版，第24～52页。

时，呼吁议会立法保障罪犯人权。正因为现代社会具有保障罪犯人权的内在要求，英国议会根据约翰·霍华德的报告于 1774 年通过了《释放囚犯法》与《囚犯健康法》。前者规定，被释放的罪犯不再向郡政府交纳手续费等，后者要求监狱要为罪犯雇请医生。虽然这两项法律也有不尽人意的地方，如《释放囚犯法》规定罪犯仍然要向监狱支付膳食费和住宿费，但是其促使监狱工作发生了方向性的变化，罪犯人权保障的思想开始走向监狱立法，走向监狱管理的实践。

此后，越来越多的国家将罪犯人权保障纳入法律中，特别是第二次世界大战后。联合国也积极推动各国立法，促进罪犯人权保障。1948 年联合国的《国际人权宣言》第 5 条规定，"任何人不应当受到残酷、不人道的或者有损人格的惩罚或者处遇"。1957 年联合国的《罪犯处遇最低标准》第 9 条到第 21 条就罪犯居住、个人卫生、食物、体育活动、卫生保障、娱乐、诉冤、宗教、财产权等最低处遇要求作了规定，要求罪犯有足够的时间接触新鲜空气与阳光。1990 年联合国的《罪犯处遇基本原则》（Basic Principles for the Treatment of Prisoners）第 1 条规定，因为人与生俱来的尊严与价值，所有罪犯应当受到尊重。罪犯人权保障法制化不仅法律趋同，而且越来越多的国家从社会结构上发生变化，进入现代社会。现代社会无论从社会结构构建，还是意识形态完善，都需要保障人权，保障罪犯人权，这是现代社会发展的有机组成部分。

（三）现代监狱的建立与罪犯权利保障的出现有助于社会转型

现代监狱的建立与罪犯权利保障概念的出现，在一定程度上可以促进中国从传统社会向现代社会转型。

1. 维护底线意义上的人权

罪犯是因犯罪而承担刑事责任的人，所以其个人的一些权利因承担刑事责任被剥夺或者被限制。这是罪犯法律地位不同于普通公民之所在。在传统社会中，罪犯的"犯罪性"是社会所关注的，因此罪犯成为惩罚的对象。而在现代社会，虽然罪犯的犯罪性被关注，但是罪犯的"人"的属性同样受关注，因此罪犯被关心，被给予人的尊严。现代社会结构的一个基本特点就在于重视人的权利保障，注重维护人的尊严，并将此作为社会发展的目标。中国社会的转型之所以需要注重罪犯人权保障，其重要原因在于：一是维护罪犯权利；二是通过维护保障罪犯人权确立一个整个中国社会的人权保障的底线。换句话说，保障罪犯的人权，不仅是为了保障罪犯的人格尊严，更是为保障全社会成员的权利找到一个法律上的、文化上的根据，找一个生活中比较的根据，从而推动社会的进步。这一点对于缺乏公民权利保障传统的国家尤其有意义。在中国，推进人权的保障，不仅面临建设的问题，而且需要克服或者消解源自传统文化的抵触，甚至扼制问题，因而需要投入更大的能量与时间。毕竟平地起高楼与拆迁重建有所不同。从罪犯人权保障入手，不仅全面促进了社会人权保障事业发展，而且为全社会人权保障事业推动找到了基准点。遗漏罪犯人权的保障，人权事业的发展是不完整的。

2. 为全社会的权利保障发展开辟道路

由于罪犯权利是底线上的公民权利，因而罪犯权利保障水平必然连动全社会成员的权利保障水平：当罪犯权利保障不存在时，全社会成员的权利保障可能不存在，可能出现随意侵犯公民权利问题；当昭显罪犯权利时，全社会的权利保障要求自然会提出；当罪犯权利保障水平低，全社会成员权利保障水平就低；当罪犯权利保障水平提高，全社会的权利保障水平必然提高。由于罪犯权利与全社会公民的权利存在上述关系，因而发展、推进全社会成员的权利保障事业不仅不应遗忘罪犯的权利，而且应当以罪犯权利保障为起点，推动全社会成员的权利保障，通过罪犯权利保障为全社会权利保障开辟道路。

3. 推动国家法治化建设

公民权利的保障与国家的法治化建设是"一体两面"的关系：保障公民权利，必然要求制约权力，而权力制约的根本目的又在于更好地保障公民的权利。由于公民权利的保障与国家的法治化建设存在上述关系，所以保障罪犯权利的微观意义在于促进监管工作法治化建设，而宏观意义在于推动整个国家的法治化建设。

中篇　20 世纪中后期的矫正

　　20 世纪中后期，矫治在西方国家由盛转衰，刑罚执行的公正原则受到高度重视。60 年代犯罪外因论得到发展，罪犯就业、技能培养的重要性受到广泛的认同，重返社会理论走向刑罚执行的中心舞台。矫正向新方向发展。随着中华人民共和国的成立，全面废弃了国民党建立的监狱制度而建立了劳动改造制度。进入改革开放后，中国重新关注西方国家监狱理论与实践，借鉴国外 19 世纪的累进处遇制构建了计分考核制，并进行了"分押、分管、分教"的探索。

第四章 矫治的衰落与矫正的发展

美国社会学家马丁逊的一个报告引发了全美、全世界的关注，这一报告使人们认识到，矫治并不一定都有效果。在反思矫治效果的过程中，"刑罚公正"、"帮助罪犯重返社会"被纳入矫治的价值体系中，并逐步发展为重新犯罪防治的基本政策。刑罚公正政策要求罪犯对所犯的罪行承担责任，国家对罪犯所犯罪行必须予以刑事惩罚；重返社会政策关注罪犯犯罪的社会性因素，如无业可就、就业能力低下，进而通过帮助罪犯解决这些社会性问题，预防罪犯重新犯罪。罪犯矫治发展为罪犯矫正。20世纪中后期，西方国家的矫正哲学开始从"片面"向"折中"、"综合"方向发展，矫正政策开始从一元政策走向多元政策。

第一节 对矫治的批判

一、对矫治的质疑：阿提卡监狱骚乱引起的反思

如前所述，第二次世界大战后，由于越来越多的人相信科学，所以越来越多的人相信罪犯经过治疗完全可以转变为健康人。[①] 于是罪犯矫治工作在第二次世界大战后有了长足发展，精神分析方法在罪犯矫治中一马当先，并长期居于罪犯矫治的核心地位，[②] 一些新的心理学方法被陆续引入到罪犯矫治领域，如行为疗

---

① Whitehead, J.T., Pollock, J.M. & Braswell, M, C., Exploring Corrections in America. Cincinnati: Anderson Publishing Co. 2003, p. 49.

② Hollin, C.R., "To Treat or Not to Treat"? In C. R. Hollin（Eds.）, A Historical Perspective. Handbook of Offender Assessment and Treatment. Chickerter: John Wiley & Sons. LTD, 2001, pp. 3 ~ 16.

法①、人本主义疗法②，甚至瑜伽也被引入监狱中。心理学工作者、精神病医生替代了教士。③ 在 20 世纪 60 年代的美国，罪犯矫治不仅被完全正当化，而且变成很时尚的东西。④ 1968 年美国学者哈里斯（L. Harris）作了一个调查，调查结果显示，多数人认为矫正机构应当矫治罪犯。具体数据是：48％的人认为监狱的主要目的是罪犯矫治，24％的人认为是保卫社会，13％的人认为是惩罚，15％的人不能确定。⑤ 此外，有 72％的人认为矫正机构应当强化对罪犯的矫治。

然而，位于美国纽约州的阿提卡（Attica）监狱发生的骚乱引发了社会对监狱的关注，并最后导致了人们的上述观念发生了颠覆。1971 年 9 月，阿提卡监狱的 1300 名罪犯参与一场骚乱。一些罪犯劫持了监狱管理人员。为控制骚乱，政府出动了防暴警察。在使用武力过程中，造成 80 名罪犯受伤，29 名罪犯死亡，11 名监狱管理人员死亡。⑥

阿提卡监狱骚乱后，人们由对监狱的关注、对矫正系统的关注，扩大到对刑事司法系统的关注。

人们开始注意到，美国在 20 世纪 70 年代前后，犯罪率上涨很快。先看美国 1960～1970 年犯罪基本情况。具体看本节表 1。⑦ 我们看到，1960～1970 年之间，犯罪总数从 3384200 起上升到 8098000 起。

表 1：美国 1960～1970 年犯罪基本情况

年度	人口	犯罪总数	暴力犯罪	财产犯罪	谋杀	强奸
1960	179323175	3384200	288460	3095700	9110	17190
1961	182992000	3488000	289390	3198600	8740	17220
1962	185771000	3752200	301510	3450700	8530	17550

---

① Whitehead, J. T., Pollock, J. M. & Braswell, M, C., Exploring Corrections in America. Cincinnati：Anderson Publishing Co. 2003，p. 249.

② Worrall, A. & Hoy, C., Punishment in the Community – managing Offenders, Making Choices. Dovon：Willian Publishing, 2005, p. 146.

③ Whitehead, J. T., Pollock, J. M. & Braswell, M, C., Exploring Corrections in America. Cincinnati：Anderson Publishing Co. 2003，p. 249.

④ Cullen, F. T. & Gilbert, K. E., Reaffirming Rehabilitation. Ohio, Cincinati：Anderson Publishing Co., 1982, p. 8.

⑤ Harris, L., The Public Look at Crime and Corrections. Washington，D. C.：Joint Commission on Correctional Manpower and Training, 1968，p. 7.

⑥ Whitehead, J. T., Pollock, J. M. & Braswell, M, C., Exploring Corrections in America. Cincinnati：Anderson Publishing Co. 2003，pp. 49～50.

⑦ 具体数据参见 http：//www. disastercenter. com/crime/uscrime. htm。

（续表）

年度	人口	犯罪总数	暴力犯罪	财产犯罪	谋杀	强奸
1963	188483000	4109500	316970	3792500	8640	17650
1964	191141000	4564600	364220	4200400	9360	21420
1965	193526000	4739400	387390	4352000	9960	23410
1966	195576000	5223500	430180	4793300	11040	25820
1967	197457000	5903400	499930	5403500	12240	27620
1968	199399000	6720200	595010	6125200	13800	31670
1969	201385000	7410900	661870	6749000	14760	37170
1970	203235298	8098000	738820	7359200	16000	37990
年度	攻击	夜盗	盗窃	盗车	抢劫	
1960	154320	912100	1855400	328200	107840	
1961	156760	949600	1913000	336000	106670	
1962	164570	994300	2089600	366800	110860	
1963	174210	1086400	2297800	408300	116470	
1964	203050	1213200	2514400	472800	130390	
1965	215330	1282500	2572600	496900	138690	
1966	235330	1410100	2822000	561200	157990	
1967	257160	1632100	3111600	659800	202910	
1968	286700	1858900	3482700	783600	262840	
1969	311090	1981900	3888600	878500	298850	
1970	334970	2205000	4225800	928400	349860	

　　在上升的犯罪中，危害民众生活的暴力犯罪、财产犯罪快速上涨。我们通过本节图1看到，1965～1997年之间暴力犯罪、财产犯罪的变化较快。[①] 这里需要特别注意的是，上涨幅度最大的时间段在1965～1975年之间。

　　美国国家对暴力犯罪原因及预防分析委员会，即肯纳（KERNER）委员会1969年指出：美国的暴力犯罪，包括伤害、攻击、抢劫在世界上是最严重的。在

---

　　① Mackenzie，D. L.，Sentencing and Corrections in the 21st Century：Setting the Stage for the Future. Washinton，DC. 2001，NCJ 189089.

1986 年，每年不低于 7 万名未成年人因为伤害、杀人、抢劫、强奸等而入狱。①

菱形线表示监禁率；正方形线表示暴力犯罪率；三角形线表示财产犯罪率

图 1：1965～1997 年暴力犯罪、财产犯罪与监禁率变化

犯罪的上升引发人们对刑事司法的不间断的、强烈的批评。1975 年美国前总统里根（Ronald Reagan）说："你要想知道我们的国家为什么犯罪率上升得如此高，不要看收入与财富，只要看看罪犯被捕、公诉和监狱人口的数据就够了……主要的问题在于似乎刑事司法系统丧失了判断事实的能力，不能惩罚犯罪而保卫社会。"专栏作家布坎南（P. Buchanan）说："犯罪在 20 年间增长三倍是因为犯罪者支付得低。由于犯罪成为一种激动的、可享受的而付出很少风险的行为因而成为发展很快的产业。在这 10 年间，成千上万的男人、妇女与孩子被谋杀，作为报应，我们的被告人只有一个执行了死刑。"1976 年美国众议院议员斯泰格尔（Sam Steiger）批评道："当今美国公民最头疼的问题是犯罪问题。"对于飞速上升的犯罪，"刑事司法机构不但没有控制，反而推进，甚至是束手无策、无所作为"，"法官不能再将罪犯送回社会了"。②

美国社会犯罪率的上涨引发了人们对刑事司法系统有效性的怀疑，引发了人们对矫正系统有效性的怀疑，引发了人们对矫治模式的怀疑。

---

① Fagan, J. A., "Treatment and Reintegration of Violent Juveniles Offenders: Experimental Results", In F. T. Cullen and B. K. Appedgate (Eds.), Offender Rehabilitation: Effective Correctional Intervention. Aldershot: Ashgate Publishing Company Limited, Dartmouth Publishing Company Limited. Justice Quarterly, 1990, 2.

② Cullen, F. T. & Gilbert, K. E., Reaffirming Rehabilitation. Ohio, Cincinati: Anderson Publishing Co., 1982, pp. 94～96.

二、矫治的命运：马丁逊报告及社会回应

人们对罪犯矫治的有效性的怀疑早已有之。早在 1954 年美国学者马丁（J. B. Martin）就说，矫治是一种危险的梦想，事实上今天监狱中所实施的各种矫治措施，都是胡扯。监狱就是关押人的地方，从来没有超过这个意义。① 更早的时候，一位伊利诺斯州的心理学工作者辛普森（R. Simpson）说："几乎很难有证据表明上述所提的方法对罪犯根深蒂固的行为倾向有影响……今天监狱之所为是愚蠢的、不适当的。"②

罪犯矫治在控制犯罪方面、控制重新犯罪方面发挥了什么作用？矫治能否发挥作用？带着诸如上述大家关注的问题，社会学家马丁逊（Robert Martinson）受托对 1945 年到 1967 年关于矫治效果研究的成果进行检验。1974 年他以"什么有效？监狱改革的问题与答案"为名的报告公布了研究成果。他的结论是，除了个别的、孤立的例外，迄今为止所报告的矫治成果在控制累犯方面不理想。③ 1975 年他与他的同事李普顿（Douglas Lipton）、威尔克斯（Judith Wilks）在他们合著的著作中将详细情况予以了介绍。④

马丁逊的报告否定了罪犯矫治的有效性。

无独有偶，马丁逊的结论在英国有重复的成果。英国的 IMPACT（"保护观察与释放后矫治效果强度比较"，Intensive Matched Probation After – Care and Treatment）研究小组在 1971 年到 1972 年对四个地区年龄在 17 周岁以上的大约 500 名男性罪犯进行矫治后的比对研究。研究人员将罪犯随机分为试验组与控制组，然后开展监控，对刑满后的矫治效果进行了评估。结论也是矫治方法对控制罪犯的重新犯罪没有显著效果。该成果重复了马丁逊的结论。⑤ 这也就是说，罪犯矫治模式不仅在监狱内效果不显著，在社区矫正领域内矫治效果也不显著。

对此，哈佛大学的威尔逊（James Q. Wilson）教授评论道，对待犯罪似乎只有采取矫治的方法才能取得好的效果，但是矫治的主张经科学证明是失败的，主

---

① Martin, J. B., Break Down the Wall: American Prison – Present, Past, and Future. New York: Balantine Books, 1954, p. 244.

② Simpson, R. M., "Prison Stagnation since 1900", Journal of the American Institute of Criminal Law and Criminology, 1936, 26, p. 870.

③ Martinson, R., "What Works? – Questions and Answers about Prison Reform", Public Interest, 1974, . Spring, pp. 22 ~ 54.

④ Lipton, D., Martinson, R. & Wilks, J., The Effectiveness of Correctional Treatment: A Survey of Treatment Evaluation Studies. New York: Praeger, 1975.

⑤ Robinson, G. & Crow, L., Offender Rehabilitation: Theory, Research and Practice. London: SAGE Publications Ltd., 2009, p. 29.

张通过矫治罪犯控制累犯是无效的。威尔逊认为，人们应当追求与完成合理性的事业，而放弃荒唐的尝试，忘记乌托邦的构想。① 威尔逊让人们忘记矫治，抛开矫治模式。

如果说威尔逊是从学术角度主张放弃矫治模式，美国社会中的自由主义者与保守主义者②主张放弃矫治，则有政治与法律上的双重意义。

自由主义者认为，放弃罪犯矫治是因为矫治理论本身存在问题。第一，矫治主义者认为罪犯是有"病"而入狱的是错误的。罪犯与我们一样有理智、意志，其犯罪是自由意志的产物，是经过计算认为犯罪利大于弊而犯罪的。第二，监狱中的好犯人并不意味着其出狱后会成为好公民，适应监狱生活与适应社会生活是不同的。矫正系统的官员所宣称的"不定期刑是矫治罪犯的有利工具"实际是强制罪犯遵守监规的工具。不定期刑运行的信号很清晰：罪犯服从监狱管理人员的管理，表现出屈服、害怕的样子，就可以换取假释、早释。如果罪犯持不同看法，有自己的个性，可能就会继续被剥夺自己宝贵的自由，直至自己变得聪明起来服从监禁的规则。第三，矫治主义有个问题难以解决。从逻辑上说，只有罪犯得到矫治后才能释放，否则不能释放。如何判断罪犯是否得到矫治？如何判断罪犯矫治的程度？根据一项研究得出，人类不大可能判断出罪犯是否得到矫治。罗森汉（David Rosenhan）设立了一个精神健康设施，旨在帮助被认为精神不健康者恢复精神健康。然而在3个月的工作实验后，工作人员们，包括精神病专家、心理学专家，认为10%的所谓病人是装病。罗森汉的结论是，不能将精神健全者与不健全者区别开来。人们连精神是否健康都不能判断，如何能够判断罪犯是否得到矫治？第四，矫治机制违反心理学原则。由于监狱推行累进处遇制，罪犯接受矫治项目成了尽早出监摆脱痛苦的手段，成了罪犯监狱生活的游戏。要知道违背罪犯的意志是不能矫治他们的，只有那些自己想改变生活道路的罪犯才能从心理服务所提供的帮助中受益。心理学家莫力（N. Morri）与雅各布（J. Jocobs）指出："在心理学领域强制罪犯接受矫治是危险的，所谓矫治是'幻影'。心理

---

① Wilson, J. Q., Thinking About Crime. New York: Random House, 1975, pp. 222~223.

② 自由主义与保守主义是美国社会的两大哲学、政治理念。这两大理念既冲突，又互补，在相当程度上左右美国的社会、政治生活。自由主义的特色为追求发展、相信人类善良本性以及拥护个人自治权，此外亦主张放宽及免除专制政权对个人的控制。更广泛的，自由主义追求保护个人思想自由的社会、以法律限制政府对权力的运用、保障自由贸易的观念、支持私人企业的市场经济、透明的政治体制以保障每一个公民的权利。保守主义的主要特征，是极其重视现存的传统、秩序、等级和自由的价值，认为这四大政治价值高于其他任何价值，维护这些价值是国家的根本任务。它反对任何激进的社会变革，认为传统和秩序高于一切。

学公认，心理治疗，特别是心理分析需要建立在自愿基础上才能有效果。"① 第五，由于监狱的结构原因，矫治主张者的矫治愿望与实际效果是相向的。他们说，当贵格教徒建立了悔罪所后，自以为为罪犯改造创造了非常好的环境。然而，每日的监禁培养的不是责任精神，而是依赖，教授给罪犯的不是他在自由环境下所需要的技术，而是在压制环境下与危险社区下的生存方式。正像一位罪犯所说，没有鸟可以在笼中学会飞行。监狱不会也不可能教会罪犯在社会中生活。② 自由主义者还认为，因为推行矫治，导致国家权力被滥用。根据美国矫正学会的调查，在 1955 年到 1966 年期间，美国监狱有 100 多起骚乱的主要原因是：刑罚执行，特别是假释执行中的不公平；监狱经费紧张；监狱工作人员素质不高；罪犯无所事事；缺乏专业人员；工作人员与罪犯缺乏沟通；监狱过于拥挤；管理受政治影响过大。③ 刑罚执行，特别是假释执行中的不公平，列在第一位。"我们善良的愿望却结出带给人苦难的果子。"④ 自由主义者认为，矫正理论与实践差距很大，政府官员，包括法官、假释委员会成员、矫正机构的官员往往将本来赋予他们促进罪犯矫治的自由裁量权滥用，而忽视罪犯矫治本身的真正需要：剥夺罪犯使用正当程序的权利；因为种族、阶级将罪犯超期监禁等。矫治不能成为刑罚执行的指导哲学，矫治只有在罪犯自愿的情况下才能实施，刑罚目标只有在正义的前提下才能实现。

自由主义者认为，矫治政策模式应当让位于公正政策模式。同时，提出要揭开矫治滥用权力与低效的真面目，将"刑罚与犯罪人相适应"的理论扔掉，而建立公正模式。公正模式要求刑罚与犯罪行为的严重性一一对应，而不是与犯罪人相对应。这是一种简单而平等的刑罚。具体观点为：观点一，公正是可能的，所有的刑罚应当是确定的。该观点主张取消不定期刑，控制权力滥用。观点二，使用公正原则而不是个别处遇原则调整罪犯所接受的刑罚。轻罪轻刑，重罪重刑，当然，对于 2 次以上犯罪的还要重惩。观点三，刑罚应当由立法重新确立，应当尽可能地减小刑罚幅度。观点四，监禁刑的刑期应当实质性地降低。剥夺自由刑在自由社会是非常严重的刑罚，应当节俭地使用。除了身体伤害与反复盗窃，其他犯罪应当尽量避免使用剥夺自由刑。自由刑不应当超过 5 年。观点五，

① Morri, N. & Jabobs, J., Proposals for Prison Reform. Public Affairs Pamphlet No. 510. New York：Public Affairs Committee, 1974, p. 12.

② Cullen, F. T. & Gilbert, K. E., Reaffirming Rehabilitation. Ohio, Cincinati：Anderson Publishing Co., 1982, pp. 111~117.

③ Carlson, N. A., Hess, K. M., Orthmann, C. M. H., Corrections in the 21st Century：A Practical Approach. Belmont：Wadsworth Publishing Company, 1999, p. 84.

④ American Friends Service Committee Working Party, Struggle of Justice：A Report on Crime and Punishment. New York：Hill and Wang, 1971, p. 19.

法官的自由裁量权力应当实质性地严格控制。观点六，假释委员会应当被撤销。由于刑罚确定使法官的量刑幅度受到限制，所以没有必要保留假释委员会。考虑监狱管理的便利，可以推行善行折减制。观点七，推行自愿矫治项目。由于基本刑期确定，有关人员没有那么大权力调整刑期，矫治应当推行，但是，应当保证矫治项目的自愿性，而矫治不能是强迫的。观点八，所有的罪犯都应当得到公正与人道的环境。除了剥夺自由刑，罪犯不应当被附加其他刑罚。反对使用撤销减刑或者禁闭。①

保守主义者强调，尊敬老人、热爱劳动、个人责任、宗教信仰、尊重权威是社会稳定之本。保守主义者指出，假释委员会表现出让暴力犯假释的倾向，法官表现出很不情愿地将惯犯关进监狱的倾向。那种"慈爱"，导致很多具有较大危险的罪犯出现在我们的社区，而这些罪犯随时可能实施犯罪。数据显示，犯罪的罪犯中只有19%的人被捕，而被捕的罪犯中只有1%的人被审判。②

保守主义者认为，推行矫治政策使罪犯失去了学习"犯罪需要付出代价"一课的机会，降低了罪犯因犯罪所应当产生的对痛苦的感受，削弱了刑罚的威慑力，导致犯罪率的上升。推行矫治，导致假释委员会不能控制危险罪犯重新返回社会"捕食"善良、无辜的人们。③ 保守主义者认为，在矫治模式下罪犯更加堕落，罪犯矫治变为罪犯提前释放的幌子，从而使其出狱后侵犯无辜的人。④

保守主义者主张推行确定刑，放弃不定期刑。保守主义者认为这一策略有助于威慑罪犯。保守主义者也不认为犯罪是一种"病"。虽然一部分罪犯犯罪具有心理上的原因，但是大多数罪犯犯罪是理性的，是经过计算的，认为犯罪之利大于犯罪之弊，于是选择了犯罪。由于犯罪是罪犯自由意志决定的，因而他们应当受到惩罚。他们认为，实行确定刑有利于对罪犯的特别威慑与一般威慑。⑤ 保守主义者认为，解决矫治所带来问题的"解药"就是确定刑，让那些被置于缓刑，随时可能侵犯无辜公民的罪犯回到监狱，让他们明白犯罪的代价。同时，保守主义者主张强制监禁。强制监禁意味着罪犯在监狱中什么都不做，只是将其与外界

---

① Cullen, F. T. & Gilbert, K. E., Reaffirming Rehabilitation. Ohio, Cincinati：Anderson Publishing Co., 1982, pp. 126~131.

② Haag, E. vanden, Punishing Criminals：Concerning a Very Old and Painful Question. New York：Basic Books, 1975, pp. 157~158.

③ Cullen, F. T. & Gilbert, K. E., Reaffirming Rehabilitation. Ohio, Cincinati：Anderson Publishing Co., 1982, p. 12.

④ Cullen, F. T. & Gilbert, K. E., Reaffirming Rehabilitation. Ohio, Cincinati：Anderson Publishing Co., 1982, p. 89.

⑤ Cullen, F. T. & Gilbert, K. E., Reaffirming Rehabilitation. Ohio, Cincinati：Anderson Publishing Co., 1982, p. 98.

隔离。①

　　自由主义者与保守主义者的批评，最后导致美国刑事政策的变化、矫治领域中政策的变化，罪犯矫治政策由矫治政策模式走向刑罚正义政策模式。对矫治的官方评价，使得矫治的地位一落千丈。美国国家刑事司法标准委员会指出："监狱、改造营仅留下失败的记录。关于矫治机构制造犯罪而不是预防犯罪的证据是压倒性的。"② 1986 年美国国会制定了《全面控制犯罪法》（the Comprehensive Crime Control Act of 1986）。关于制定本法的理由，美国国会宣称，19 世纪以来的矫治模式事实证明是错误的，其不再为刑事司法机关所遵循。③ 矫治被迫让位。

　　一场思想冲突，使矫治褪去了昔日的光彩，不仅矫治被怀疑，被要求让位，所有与矫治相关的概念都在"审查"中，如不定期刑、假释、缓刑、累进处遇制、点数制、个体心理咨询、群体心理咨询……而正义、惩罚、威慑等概念接踵入场。

第二节　刑罚公正政策的出台

　　如前所述，20 世纪 70 年代后，美国社会的保守主义与自由主义都对刑事司法、传统的矫治政策进行了批评，具体情况可见本节表 1。

表 1：保守主义与自由主义的刑事司法与罪犯矫治的观点④

思想派别	保守主义	自由主义
学术立场	古典	古典
支持的矫治类型	无所谓，但必须无关释放	志愿
对矫正的批判	矫正无效，溺爱罪犯	不公正
支持的刑期	定期刑，要长期	定期刑，要短期
刑罚目标	威慑、剥夺	公正、惩罚

　　保守主义者哈格（Ernest Van den Haag）、威尔逊（James Q. Wilson）认为，

　　① Cullen, F. T. & Gilbert, K. E., Reaffirming Rehabilitation. Ohio, Cincinati：Anderson Publishing Co., 1982, p. 12, p. 154.

　　② National Advisory Commission on Criminal Justice Standards and Goals, Task Force Report on Corrections, Washington：Government Printing Office, 1973.

　　③ Congressional Information Service, 1984, 1986. Abstracts of Congressional Publications.

　　④ Cullen, F. T. & Gilbert, K. E., Reaffirming Rehabilitation. Ohio, Cincinati：Anderson Publishing Co., 1982, p. 136.

罪犯矫治理论需要抛弃，需要建立体现刑罚公正的刑罚理论。自由主义者福格尔（David Fogel）与斯坦利（David T. Stanley）认为，罪犯矫治理论与假释委员会主导的假释导致了权力滥用。马丁逊报告发布后，保守主义者与自由主义者达成一致：第一，矫治模式应当抛弃。第二，刑罚对犯罪分子应当"强硬"①，应当推行体现刑罚公正的政策。

在评价矫治模式时，不仅美国社会认为国家刑罚"软"，而且欧洲一些国家也认为刑罚"软"，如英国。②

于是，体现刑罚公正的政策不断出台，如"强制最低刑量刑"（Mandatory Minimum Sentencing）政策、"报应"政策、"量刑准则"政策、"真正服刑"（Truth–in–Sentencing）政策。"强制最低刑量刑"政策的特点是通过在法律上规定确定的、具体的刑罚，以威慑罪犯，对特别的犯罪法律规定有最低刑罚。"报应"政策的特点是立法者与司法者在罪刑关系上寻求对等关系，对犯罪人以对等的刑罚惩罚其相应的罪行，以期实现对犯罪人犯罪的报应。"量刑准则"政策的基本特点是立法者通过确定不同犯罪等级和不同的犯罪记录以确定不同犯罪与犯罪人的受刑幅度，司法者根据量刑幅度确定刑罚。"真实服刑"政策的基本特点要求在狱内服满法定比例的刑罚，才能出狱。

上述政策不仅具有理论上的地位，而且都有实践载体。有的是在独立国家内实施，有的是在独立司法区内实施，有的是在具有司法自治权的州内实施。例如，"强制最低刑量刑"政策在美国俄勒冈州是重要的政策。俄勒冈州 1994 年 11 月公决的"措施 11"（Ballot Measure 11）（该法律从 1995 年 4 月 1 日生效），对谋杀、加重的谋杀未遂等作了规定，见本节表 2。

表 2：俄勒冈州"措施 11"有关犯罪的强制最低刑

犯罪	俄勒冈州法律	根据量刑规则犯罪的严重程度	最低监禁刑（以月计）
谋杀	163. 115	11	300
加重的谋杀未遂	163. 095 X	10	120
一级杀害	163. 118	10	120
一级强奸	163. 375	10，9	100
一级鸡奸	163. 405	10，9	100
一级性侵犯	163. 411	10，9	100

---

① Clear, T. R. & Dammer, H. R., The Offender in the Community. Belmont：Wadsworth/Thomson Learning 2003，p. 49.

② Worrall, A. & Hoy, C., Punishment in the Community – managing Offenders, Making Choices. Dovon：Willian Publishing 2005，p. 40.

（续表）

犯罪	俄勒冈州法律	根据量刑规则犯罪的严重程度	最低监禁刑（以月计）
一级劫持	163. 235	10	90
一级放火	164. 325	10	90
一级攻击	163. 185	10, 9	90
谋杀未遂	163. 115 X	9	90
一级抢劫	164. 415	9	90
二级杀害	163. 125	8	75
二级强奸	163. 365	8	75
二级鸡奸	163. 395	8	75
二级性侵犯	163. 408	8	75
一级性滥用	163. 427	8	75
二级攻击	163. 175	9	70
二级劫持	163. 225	9	70
二级抢劫	164. 405	9	70
向儿童表现性活动	163. 670	8	70
强迫卖淫	167. 017	8	70

在上述政策中，"量刑准则"政策与"真正服刑"政策具有一定综合性。下面主要介绍这两个政策。

一、刑罚公正政策之一：量刑准则

（一）量刑准则政策产生的背景

19 世纪末，不定期刑逐步成为美国各州量刑的基本形式，法官根据成文法在量刑中对罪犯判处一个有最高刑与最低刑的刑罚阶段，然后由假释委员会决定释放日期。假释委员会根据对罪犯矫正的情况或者矫治的情况、服刑的期限等决定释放日期。

20 世纪 60 年代后由于犯罪率、重新犯罪率的上升，引发美国各界对矫治效能的怀疑。马丁逊的报告公布后，由于矫治无效论被迅速而广泛地接受，不定期刑受到猛烈批判，不定期刑导致刑罚适用的偏差，还导致刑罚的软弱，大量的罪犯没有受到应有的惩罚。要求严厉惩罚罪犯的呼声一时成为政治界、法律界与民众的共识，于是各种体现威慑价值的政策议案问世，如定期刑主张、最低刑裁量主张等。确立量刑准则是其中的政策主张之一。

（二）量刑准则的基本内容

量刑准则有两种：一是志愿的量刑准则（Voluntary Sentencing Guidelines）；二是推定的量刑准则（Presupptive Sentencing Guidelines）。前者是向法官提供参考性的量刑准则，法官可以在量刑中参照或者适用，也可以在量刑中不参照或者不适用。后者是要求法官适用的量刑准则。如果法官不依照量刑准则适用刑罚，必须写出书面的理由。量刑准则由各方面利益代表，包括刑事司法机构的代表组成的委员会（Sentencing Commission）制定。其不仅有公正性，而且代表各方利益。志愿的量刑准则为威斯康辛州等所采用，而推定的量刑准则被明尼苏达州等所采用。推定的量刑准则 1980 年被明尼苏达州所采用后，华盛顿州、宾夕法尼亚州、佛罗里达州、美国联邦等陆续接受。下面本书拟通过介绍美国威斯康辛州、美国联邦与宾夕法尼亚州的量刑准则内容以期了解量刑准则制度概况。在所介绍的三个司法实体中，美国威斯康辛州所推行的量刑准则是志愿的量刑准则，而美国联邦与宾夕法尼亚州是推定的量刑准则。

1. 威斯康辛州的量刑准则

威斯康辛州的量刑准则是由威斯康辛州量刑委员会（Wisconsin Sentencing Commission）制定的。这个准则已于 2003 年 2 月开始实施。

威斯康辛州的量刑准则包括五部分：犯罪危害程度评价；罪犯危险性评估；所适用的犯罪；刑罪关系调整；刑罚裁量。

（1）关于犯罪危害程度评价。

犯罪危害程度评价需要考虑以下因素：

①成文法上的规定，如对性犯罪而言，要考虑成文法中的条款。

②犯罪所造成的伤害。

③被害人的情况。

④成文法上加重犯罪性的因素，如共同犯罪、使用危险性的犯罪工具。

⑤其他因素，如滥用公共权力。

（2）关于罪犯危险性评估。

罪犯危险性评估需要考虑以下因素：

①年龄、所受教育与就业史。以性犯罪为例，30～40 岁的曾经犯过罪的罪犯，危险性非常突出。

②犯罪史。犯罪史分析中需要区分以下不同情况考虑：没有犯罪记录；以前有轻罪，法院量刑需要考虑以前罪犯实施轻罪的次数；以前具有重罪的记录，考虑重罪本身及其次数；以前犯罪与现在犯罪性质的相似性；罪犯以前接受过社区刑情况；最近定罪与以前服监禁刑情况。

③精神与生理健康情况。精神与生理健康情况的分析在考虑罪犯的精神与身体健康的同时，需要考虑罪犯使用酒精或者毒品的情况。

④社会性因素。社会性因素的考察包括：罪犯遵守监规，积极参与监狱所安排项目的记录；罪犯的悔罪表现；罪犯承担法律责任的状况；罪犯与警察、公诉人配合情况；罪犯制订矫正计划情况。

罪犯危险性分为三种：第一，低度危险性。以下情况是考虑认定罪犯为低度危险罪犯的重要根据：没有犯罪史；以前只有非暴力的轻罪记录；以前只有非暴力的重罪定罪记录。第二，中度危险性。以下情况是考虑认定罪犯为中度危险罪犯的重要根据：现行犯罪是非暴力重罪，而且以前实施过一次同样或者性质相近的犯罪；以前实施过 2 次或者 3 次非暴力的重罪；以前因实施 1 次暴力犯罪而被定重罪。第三，高度危险性。以下情况是考虑认定罪犯为高度危险罪犯的重要根据：现行犯罪是暴力犯罪，被定为重罪，而且罪犯曾经实施过 2 次以下相同或者类似的犯罪；罪犯以前实施过 2 次暴力犯罪，都被定为重罪；罪犯以前实施过 4 次暴力犯罪，都被定为轻罪。

（3）所适用的犯罪。

量刑准则适用于 11 个重罪，具体见本节表 3。

表 3：量刑准则适用的重罪

犯罪	法律根据	犯罪等级
一级性攻击	948.02（1）	B
二级性攻击	940.225（2）	C
对儿童的二级性攻击	948.02（2）	C
携带武器的抢劫	943.34（2）	C
抢劫	943.32（1）	E
夜盗	943.10（1m）	F
携带海洛因	961.41（1）	G
盗窃（＞＄10，000）	943.20（1）	G
携带其他毒品	961.41（1）&（1m）	H
伪造	943.38（1）	H

根据威斯康辛州的刑罚目录（Penalty Chart），B 级至 H 级的重罪最长刑期（最高监禁期/最长监督期）如下：

B 级重罪 – 60 年（40/20）。

C 级重罪 – 40 年（25/15）；＄100000。

D 级重罪 – 25 年（15/10）；＄100000。

E 级重罪 – 15 年（10/5）；＄50000。

F 级重罪 – 12.5 年（7.5/5）；＄25000。

G 级重罪 – 10 年（5/5）；＄25000。

H 级重罪 – 6 年（3/3）；＄10000。

（4）刑罪关系调整。

刑罚适用中考虑的其他因素有：判前报告的意见；被害人的主张与看法；检察官的量刑意见；与犯罪行为关联的后果，如导致有关人员工作丧失、可能受到公众侮辱等；是否惯犯；赔偿被害人情况。

（5）刑罚裁量。

当法院决定使用监禁刑，应当将罪犯的监禁刑分为两部分：第一，监禁；第二，社区执行。而社区执行至少是监禁部分的 1/4。监督时间与条件由法院决定。监督长度要考虑保卫社会、惩罚、矫正、赔偿、帮助罪犯融入社会等因素。

2. 美国联邦的量刑准则

1984 年美国国会通过了量刑改革法（Sentencing Reform Act of 1984），这部法律要求设立美国量刑委员会。1985 年该委员会成立，成员有 9 个人，职责是制定与修改完善量刑准则。从 1987 年 11 月 1 日开始，量刑准则启用。

量刑基本准则的价值目标是构建罪刑相当的刑罚适用关系。根据这一目标，量刑的基本根据定位在罪犯犯罪的严重性上，同时考虑罪犯的犯罪史。所构建的关系是：犯罪越严重，刑罚越重；犯罪次数越多，刑罚越重。

根据美国量刑准则（2004 年版），犯罪严重程度被分为 43 个等级，犯罪记录包括 1 次到 13 次以上。犯罪人犯罪应得刑罚可以从量刑表中查出，如受贿罪的基本等级被定为 10 级，如果行为人以前没有犯罪史，罪犯被判的刑罚是 6～12 个月。对于具体罪行，随着犯罪情节的不同，犯罪的等级会加以调整。根据量刑准则对攻击罪的规定：意欲谋杀的攻击罪的基本犯罪等级定为 27 级，如果犯罪的目标构成一级谋杀，犯罪等级是 33 级；如果被害人所受到的伤害是永久的，或者威胁到生命，犯罪等级提高 4 个级别；如果被害人身体受到严重伤害，犯罪等级提高 2 个级别。加重的攻击基本犯罪等级定为 14 级；如果犯罪有精细计划的情节，犯罪等级加重 2 级；如果携带武器，犯罪等级提高 5 级；使用危险性器械，包括枪械，进行威胁，犯罪等级提高 3 级。如果被害人身体受到伤害，根据伤害程度增加犯罪等级：造成轻伤，犯罪等级增加 2 级；造成重伤，犯罪等级增加 4 级；造成永久性或者威胁生命的伤害，犯罪等级增加 7 级；伤害程度介于轻伤与重伤之间，犯罪等级增加 4 级；伤害程度介于重伤与终生残疾之间，犯罪等级增加 6 级。具体情况见本节表 4。

表4：监禁刑量刑表（被监禁月数）

犯罪等级 ＼ 犯罪记录	I (0 或 1)	II (2 或 3)	III (4, 5, 6)	IV (7, 8, 9)	V (10, 11, 12)	VI (13 及以上)
1	0－6	0－6	0－6	0－6	0－6	0－6
2	0－6	0－6	0－6	0－6	0－6	1－7
3	0－6	0－6	0－6	0－6	2－8	3－9
4	0－6	0－6	0－6	2－8	4－10	6－12
5	0－6	0－6	1－7	4－10	6－12	8－14
6	0－6	1－7	2－8	6－12	8－14	10－16
7	0－6	2－8	4－10	8－14	10－16	12－18
8	0－6	4－10	6－12	10－16	12－18	15－21
9	4－10	6－12	8－14	12－18	15－21	18－24
10	6－12	8－14	10－16	15－21	18－24	21－27
11	8－14	10－16	12－18	18－24	21－27	24－30
12	10－16	12－18	15－21	21－27	24－30	27－33
13	12－18	15－21	18－24	24－30	27－33	30－37
14	15－21	18－24	21－27	27－33	30－37	33－41
15	18－24	21－27	24－30	30－37	33－41	37－46
16	21－27	24－30	27－33	33－41	37－46	41－51
17	24－30	27－33	30－37	37－46	41－51	46－57
18	27－33	30－37	33－41	41－51	46－57	51－63
19	30－37	33－41	37－46	46－57	51－63	57－71
20	33－41	37－46	41－51	51－63	57－71	63－78
21	37－46	41－51	46－57	57－71	63－78	70－87
22	41－51	46－57	51－63	63－78	70－87	77－96
23	46－57	51－63	57－71	70－87	77－96	84－105
24	51－63	57－71	63－78	77－96	84－105	92－115
25	57－71	63－78	70－87	84－105	92－115	100－125
26	63－78	70－87	78－97	92－115	100－125	110－137
27	70－87	78－97	87－108	100－125	110－137	130－162
28	78－97	87－108	97－121	110－137	130－162	140－175
29	87－108	97－121	108－135	121－151	140－175	151－188
30	97－121	108－135	121－151	135－168	151－188	168－210

（续表）

犯罪等级 \ 犯罪记录	I (0 或 1)	II (2 或 3)	III (4, 5, 6)	IV (7, 8, 9)	V (10, 11, 12)	VI (13 及以上)
31	108 – 135	121 – 151	135 – 168	151 – 188	168 – 210	188 – 235
32	121 – 151	135 – 168	151 – 188	168 – 210	188 – 235	210 – 262
33	135 – 168	151 – 188	168 – 210	188 – 235	210 – 262	235 – 293
34	151 – 188	168 – 210	188 – 235	210 – 262	235 – 293	262 – 327
35	168 – 210	188 – 235	210 – 262	235 – 293	262 – 327	292 – 365
36	188 – 235	210 – 262	235 – 293	262 – 327	292 – 365	324 – 405
37	210262	235 – 293	262 – 327	292 – 365	324 – 405	360 – 无期
38	235 – 293	262 – 327	292 – 365	324 – 405	360 – 无期	360 – 无期
39	262 – 327	292 – 365	324 – 405	360 – 无期	360 – 无期	360 – 无期
40	292 – 365	324 – 405	360 – 无期	360 – 无期	360 – 无期	360 – 无期
41	324 – 405	360 – 无期	360 – 无期	360 – 无期	360 – 无期	360 – 无期
42	360 – 无期	360 – 无期	360 – 无期	360 – 无期	360 – 无期	360 – 无期
43	无期	无期	无期	无期	无期	无期

罚金的量刑根据罚金量刑表，具体量刑幅度见本节表 5。

表 5：罚金量刑表

犯罪等级	最低罚金	最高罚金
3 级以下	$ 100	$ 5000
4 – 5	$ 250	$ 5000
6 – 7	$ 500	$ 5000
8 – 9	$ 1000	$ 10000
10 – 11	$ 2000	$ 20000
12 – 13	$ 3000	$ 30000
14 – 15	$ 4000	$ 40000
16 – 17	$ 5000	$ 50000
18 – 19	$ 6000	$ 60000
20 – 22	$ 7500	$ 75000
23 – 25	$ 10000	$ 100000
26 – 28	$ 12500	$ 125000

（续表）

犯罪等级	最低罚金	最高罚金
29－31	＄15000	＄150000
32－34	＄17500	＄175000
35－37	＄20000	＄200000
38级以上	＄25000	＄250000

3. 宾夕法尼亚州的量刑准则

虽然宾夕法尼亚州的量刑准则发展路径不同于美国联邦，但是它们的基本价值取向是相同的——在实现其他刑罚目的的同时，实现对罪犯的威慑：罪重者，刑罚重；罪轻者，刑罚轻；犯罪次数多者，刑罚重；犯罪次数少者，刑罚轻。但是，宾夕法尼亚州的量刑准则也有自己的特点，量刑准则所列入的刑罚不仅包括监禁刑，而且包括半监禁刑与社区性刑罚。这点可以从量刑基本表中看出（见本节表6）。

在个罪适用中，由于罪质的不同，具体适用中的要求可能有所不同。例如，量刑准则对拥有武器或者使用武器作了不同规定。从本节表7中可以看出，拥有武器与使用武器的刑罚不同。

表 6：宾夕法尼亚州基本量刑表（第六版 6/3/05）

刑罚档次	犯罪严重程度	犯罪例子	犯罪记录 0	犯罪记录 1	犯罪记录 2	犯罪记录 3	犯罪记录 4	犯罪记录 5	重复犯重罪 1 次或者 2 次的罪犯	重新实施暴力犯罪的罪犯	增加或者减轻刑罚的幅度（月）
	14	谋杀 3 级；强奸 13 岁以下儿童	72（单位为月，下同）－法定最低刑	84－法定最低刑	96－法定最低刑	120－法定最低刑	168－法定最低刑	192－法定最低刑	204－法定最低刑	法定最低刑	上下幅度 12 个月
第 5 级	13	使用武器伤害他人；拥有可卡因 1000 克以下	60－78	66－84	72－90	78－96	84－102	96－114	108－126	240	上下幅度 12 个月
	12	强奸；抢劫	48－66	54－72	60－78	66－84	72－90	84－102	96－114	120	上下幅度 12 个月
	11	加重的攻击；同意下的伤害；性攻击	36－54	42－60	48－66	54－72	60－78	72－90	84－102	120	上下幅度 12 个月
	10	绑架；投毒	22－36 军训营	30－42 军训营	36－48 军训营	42－54 军训营	48－60	60－72	72－84	120	上下幅度 12 个月
	9	性利用；夜盗	12－24 军训营	18－30 军训营	24－36 军训营	30－42 军训营	36－48 军训营	48－60	60－72	120	上下幅度 12 个月

（续表）

级别	编号	犯罪行为									上下幅度
第4级与第3级	8	加重的攻击；盗窃（10万美元以下）		9-16 军训营	12-18 军训营	15-21 军训营	18-24 军训营	21-27 军训营	27-33 军训营	40-52 军训营	上下幅度9个月
	7	性攻击；盗窃（5-10万美元）		6-14 军训营	9-16 军训营	12-18 军训营	15-21 军训营	18-24 军训营	24-30 军训营	35-45 军训营	上下幅度6个月
	6	对财产攻击；盗窃（2.5-5万美元）		3-12 军训营	6-14 军训营	9-16 军训营	12-18 军训营	15-21 军训营	21-27 军训营	27-40 军训营	上下幅度6个月
第2级	5	夜盗（非家庭）；盗窃（2000-2.5万美元）	恢复性惩罚-9个月监禁	1-12 军训营	3-14 军训营	6-16 军训营	9-16 军训营	12-18 军训营		24-36 军训营	上下幅度3个月
	4	不文明的具有攻击性的行为；伪造（货币或者股票）	恢复性惩罚-3个月监禁	恢复性惩罚-6个月监禁	恢复性惩罚-9个月监禁	恢复性惩罚-12个月监禁	3-14 军训营	6-16 军训营	9-16 军训营	21-30 军训营	上下幅度3个月
	3	盗窃（200-2000美元）；拥有毒品	恢复性惩罚-1个月监禁	恢复性惩罚-3个月监禁	恢复性惩罚-6个月监禁	恢复性惩罚-9个月监禁	恢复性惩罚-12个月监禁	3-14 军训营	6-16 军训营	12-18 军训营	上下幅度3个月

（续表）

刑罚档次	犯罪严重程度	犯罪类型	犯罪记录0	犯罪记录1	犯罪记录2	犯罪记录3	犯罪记录4	犯罪记录5	重复犯重罪1次或者2次的罪犯	重新实施暴力的罪犯	增加或者减轻刑罚的幅度
第1级	2	盗窃（50－200美元）；商品盗窃	恢复性惩罚－2个月监禁	恢复性惩罚－3个月监禁	恢复性惩罚－4个月监禁	恢复性惩罚－6个月监禁	1－9	6－12			上下幅度3个月
	1	盗窃50美元以下的财产；拥有大麻	恢复性惩罚	恢复性惩罚－1个月监禁	恢复性惩罚－2个月监禁	恢复性惩罚－3个月监禁	恢复性惩罚－4个月监禁	恢复性惩罚－6个月监禁	3－6		上下幅度3个月

表7：量刑准则对拥有武器或者使用武器的规定

刑罚档次	犯罪严重程度	致命性武器	犯罪记录0	犯罪记录1	犯罪记录2	犯罪记录3	犯罪记录4	犯罪记录5	重复犯重罪1次或者2次的罪犯	重新实施暴力的罪犯	增加或者减轻刑罚的幅度
第5级	14	拥有	81（单位为月，下同）－法定最低刑	93－法定最低刑	105－法定最低刑	129－法定最低刑	177－法定最低刑	201－法定最低刑	213－法定最低刑	240	下幅12个月
	13	拥有	69－87	75－93	81－99	87－105	93－111	105－123	117－135	240	上下幅度12个月
	12	拥有	57－75	63－81	69－87	75－93	81－99	93－111	105－123	120	上下幅度12个月
	11	拥有	45－63	51－69	57－75	63－81	69－87	81－99	93－111	120	上下幅度12个月
	10	拥有	31－45	39－51	45－57	51－63	57－69	69－81	81－93	120	上下幅度12个月
	9	拥有	21－33	27－39	33－45	39－51	45－57	57－69	69－81	120	上下幅度12个月

（续表）

级										
第4级	8	拥有	15－22	18－24	21－27	24－30	27－33	33－39	46－58	上下幅度9个月
	7	拥有	12－20	15－22	18－24	21－27	24－30	30－36	41－51	上下幅度6个月
	6	拥有	9－18	12－20	16－22	18－24	21－27	27－33	33－46	上下幅度6个月
第3级	5	拥有	6－15	7－18	9－20	12－22	15－22	18－24	30－42	上下幅度3个月
	4	拥有	3－6	3－12	3－15	6－17	9－19	12－19	24－33	上下幅度3个月
	3	拥有	3－4	3－9	3－12	3－15	6－17	9－19	15－21	上下幅度3个月
	2	拥有	3－3	3－5	3－6	3－7	3－9	4－12	9－15	上下幅度3个月
	1	拥有	3－3	3－4	3－5	3－6	3－7	3－9	6－9	上下幅度3个月

（续表）

刑罚档次	犯罪严重程度	致命性武器	犯罪记录0	犯罪记录1	犯罪记录2	犯罪记录3	犯罪记录4	犯罪记录5	重复犯重罪1次或者2次的罪犯	重新实施暴力犯罪的罪犯	增加或者减轻刑罚的幅度
第5级	14	使用	90－法定最低刑	102－法定最低刑	114－法定最低刑	138－法定最低刑	186－法定最低刑	210－法定最低刑	222－法定最低刑	法定最高刑	下幅12个月
	13	使用	78－96	84－102	90－108	96－114	102－120	114－132	126－144	240	上下幅度12个月
	12	使用	66－84	72－90	78－96	84－102	90－108	102－120	114－132	120	上下幅度12个月
	11	使用	54－72	60－78	66－84	72－90	78－96	90－108	102－120	120	上下幅度12个月
	10	使用	40－54	48－60	54－66	60－72	66－78	78－90	90－102	120	上下幅度12个月
	9	使用	30－42	36－48	42－54	48－60	54－66	66－78	78－90	120	上下幅度12个月
第4级	8	使用	21－28	24－30	27－33	30－36	33－39	39－45	52－64		上下幅度9个月
	7	使用	18－26	21－28	24－30	27－33	30－36	36－42	47－57		上下幅度6个月
	6	使用	15－24	18－26	21－28	24－30	27－33	33－39	39－52		上下幅度6个月

（续表）

第3级								
5	使用	12～21	13～24	15～26	18～28	21～28	24～30	36～48	上下幅度3个月
4	使用	6～9	6～15	6～18	9～20	12～22	15～22	27～36	上下幅度3个月
3	使用	6～7	6～12	6～15	6～18	9～20	12～22	18～24	上下幅度3个月
2	使用	6～6	6～8	6～9	6～10	6～12	7～15	12～18	上下幅度3个月
1	使用	6～6	6～7	6～8	6～9	6～10	6～12	9～12	上下幅度3个月

(三) 量刑准则政策的发展

由于量刑准则在实现威慑犯罪、控制量刑权使用、促进公平等多元目的上有显著的成果，因此量刑准则被越来越多的国家所注意、重视，甚至接受。例如，1989 年英国"治安法官协会"（Magistrate Association）通过了国家量刑指南。该指南覆盖了 25 个常发犯罪类型。现在这个指南定期修订。1993 年的版本根据刑事司法法的有关规定首次对每个个罪的入刑点进行了规定。[①] 在我国，不仅业界出现了中文版的《美国量刑指南》[②]，而且一些省的司法机构也在这方面进行了探索。例如，2004 年 6 月，江苏省高级人民法院下发了中国法院系统第一个正式的有关量刑方面的系统指导性法律文件——《量刑指导规则》，使法官的量刑步骤和量刑方法有了一个统一的标准。

同时，量刑准则也不断调整完善，积极反映刑罪均衡关系。例如，美国联邦量刑准则（1992 年版）将意欲谋杀的攻击罪的基本犯罪等级定为 22 级，如果犯罪的目的属于一级谋杀，等级是 28 级。2004 年修订为，意欲谋杀的攻击罪的基本犯罪等级为 27 级，如果犯罪的目的属于一级谋杀，等级是 33 级。

此外，量刑准则存在多元发展的趋势。有的量刑准则突出威慑，有的量刑准则突出剥夺，有的量刑准则突出选择性剥夺，有的量刑准则突出恢复，还有的量刑准则各种目标兼顾，如美国的北卡罗来纳州。北卡罗来纳州推行的量刑规则被称为"结构性量刑"（Structured Sentencing）。这个量刑规则于 1993 年使用。其包括三方面内容：对暴力犯与累犯监禁；对非暴力犯而且以前没有前科的使用社区刑；在两者之间的选择半监禁刑。在这个系统，威慑与剥夺被认为是监禁刑的依据，矫正与恢复被认为是社区刑的依据；矫正与威慑被认为是半监禁刑的依据。量刑规则的运行机制是刑罚与犯罪的严重性与犯罪人的背景相适应。具体关系见本节图 1、图 2。[③]

---

① Cavadino, M. & Dignan, J., The Penal System. London： Sage Publications, 1997, p. 92.

② 北京大学出版社于 1995 年出版了 1992 年版的《美国量刑指南》，法律出版社于 2006 年出版了 2001 年版的《美国量刑指南》。

③ Lubitz, R. L. & Ross, T. W., Sentencing Guidelines： Reflections on the Future. Papers from the Executive Sessions on Sentencing and Corrections, No. 10. Washington D. C. ： National Insitute of Justice, 2001.

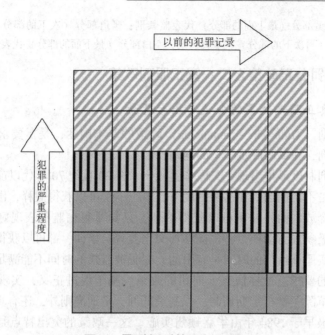

图 1：量刑规则的运行机制

注释：斜道部分（最上面的部分）代表监禁刑；竖道部分（次之的部分）代表半监禁刑；方形部分（最下面的部分）代表社区刑。

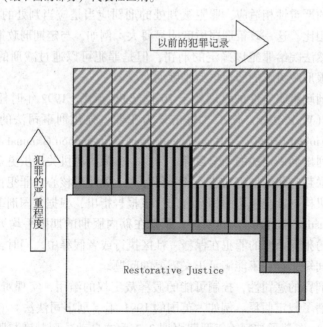

图 2：恢复性司法量刑规则

注释：斜道部分（最上面的部分）代表监禁刑；竖道部分（次下的部分）代表半监禁刑；方形部分（再次下的部分）代表社区刑；空白部分（最下面的部分）代表恢复性司法。

二、刑罚公正政策之二：真正服刑政策

（一）真正服刑政策的含义与出台背景

真正服刑（Truth‑in‑Sentencing）政策的基本内涵，是指要求罪犯在狱内实质性地服刑，在狱内服足够长的刑期。

真正服刑制度最早出现在美国华盛顿州。在20世纪70年代以前，美国的基本刑罚制度是不定期刑。在这种制度下，罪犯不仅可以获得假释，由假释委员会负责罪犯的释放，而且罪犯可以获得减刑。只要罪犯在监狱表现好，就可以减刑；罪犯积极参加劳动项目，积极参加文化教育与培训，都可以获得减少刑期的机会。罪犯实质被监禁的时间是有限的，罪犯被监禁的时间不能满足公众惩罚罪犯实现正义的要求。这样便有了刑罚的改革。基于促进正义，实现对罪犯的威慑，这些改革除了推行定期刑制、强制最低刑、量刑准则外，还有真正服刑。真正服刑政策最早于1984年由华盛顿州实施。这一政策的突出特点是要求罪犯在监狱内承担刑事责任。假释、减刑受到很大限制。

与其他政策相比，真正服刑政策也是对犯罪强硬（Get Tough on Crime）的社会要求的产物，其哲学基础也是刑事正义理论、罪刑相适应主义。刑期的长度应当与犯罪的严重性相适应，罪犯被判处的刑罚应当是应当判处的刑罚。但是，与其他政策相比，这一政策刑罚厉度明显要大。例如，与定期刑政策相比，在定期刑中，虽然法院给罪犯以确定的刑罚，但是罪犯可以通过减刑的方式提早出狱；而真正服刑政策下的罪犯出狱难度加大。

真正服刑政策实质性的发展始于20世纪90年代。1992年时任美国司法部部长的巴瑞（W. P. Barr）作了"打击暴力犯罪：强化刑事司法的24个建议"（Combating Violent Crime：24 Recommendations to Strengthen Criminal Justice）的报告。该报告列出刑事司法的4个目标：目标一，为执法机关提供更多的资源；目标二，改革联邦与州的刑事司法系统；目标三，关注最核心的罪犯；目标四，促进刑事司法机构与社会机构的相互合作。该报告指出，根据美国刑事司法调查局（Bureau of Justice Statistics）的调查，罪犯在狱内服刑的期限平均为原判刑罚的37%，30%的犯谋杀罪的罪犯在保释、社区执行或者假释中。同时，提出罪犯在狱内服刑时间短，存在不能满足正义需要的问题。

为强化刑罚的惩罚性，控制可能的假释裁定权的滥用，实现对罪犯的威慑，一些国家取消了裁定假释。例如，英国的1991年《刑事司法法》（Criminal Justice Act 1991）取消了被判4年刑期服刑2/3后的自动减刑制度与服刑1/3后的

裁定假释，而代之以必须服刑 1/2，然后自动释放，可以附条件，也可以不附条件。[1] 在美国，有的州取消了假释委员会酌定假释的权力；有的州要在 10 年内取消假释委员会的释放权；有的州取消了假释委员会对犯暴力罪或者重罪罪犯的释放权，如纽约州；有的州，如加利福尼亚州，只允许假释委员会对判处不确定无期刑（Indeterminate Life Sentence）的罪犯酌处释放；有的州则提出推行真正服刑政策，如弗吉尼亚州。

1993 年，艾伦（G. Allen）被选为弗吉尼亚州的州长。犯罪问题是他竞选中的核心问题。他允诺如果竞选成功，将取消假释。他竞选成功后任命前美国司法部部长库伦（R. Cullen）和巴瑞（W. Barr）为假释取消委员会与刑罚改革委员会主任。他们提出贯彻实际量刑制度的主张，具体包括：罪犯需要在狱内服刑达到所判刑期的 85%；使暴力犯狱内服刑时间加倍；限制减刑适用。1994 年，实际服刑的主张在弗吉尼亚州实现法律化，具体规定在《暴力犯罪控制与法律执行法》（Violent Crime Control and Law Enforcement Act）中，这部法通常被称为 1994 年犯罪法案（Crime Bill）。根据这部法律，罪犯需要在狱内至少服满原判刑期的 85%。

（二）真正服刑政策的内容

通过威慑降低累犯是真正服刑政策追求的一个重要目标。[2] 如何实现这一目标？推行真正服刑的实体的做法不尽一致，下面着重介绍美国弗吉尼亚州的实践与威斯康辛州的做法。

1. 弗吉尼亚州真正服刑政策的基本内容

体现真正服刑政策的 1994 年犯罪法案（Crime Bill）于 1995 年 1 月生效。根据该法案，裁定假释制度被取消，假释委员会不再可以假释罪犯，同时减刑的适用也受到限制。罪犯被要求在监狱内至少服满所判刑罚的 85%，而对于暴力犯与反复犯罪的罪犯需要在监狱内服更长时间的刑期。[3]

（1）取消裁定假释制。在真正服刑制度下，罪犯在原判刑期结束前 6 个月获得假释的资格。虽然假释委员会不再决定假释，但是仍要为被假释的罪犯设定假释的条件，决定对罪犯的监督。对于 1994 年以前所判的罪犯仍然根据原来的制度执行刑罚。每个罪犯都被纳入积极行为予以鼓励的框架范围。在这个框架

---

① Worrall, A. & Hoy, C., Punishment in the Community – managing Offenders, Making Choices. Dovon：Willian Publishing 2005, p. 40.

② Ostrom, B. J., Cheesman, F., Jones, A. M. & Peterson, M., Truth in Sentencing in Virginia. Washington. D. C.：the National Institute of Justice, 2001.

③ Ostrom, B. J., Cheesman, F., Jones, A. M. & Peterson, M., Truth in Sentencing in Virginia. Washington. D. C.：the National Institute of Justice, 2001.

下，罪犯将在各自的级别内分别折减刑期，如在第一级别，积极服刑，有好的表现，减刑30日；在第二级别，积极服刑，有好的表现，减刑20日；在第三级别，积极服刑，有好的表现，减刑10日；在第四级别，积极服刑，有好的表现减刑0日。如果表现好获得全部分值，可以得到无条件假释；如果表现好获得一半的分值，可以获得酌定假释的资格。

一旦罪犯获得假释的资格，假释委员会要进行审议。假释委员会的审议包括一位专门审查人员的推荐与一次谈话。然后由假释委员会的五位成员独立复议。如果有三个同意，就可以假释，然后确定监督条件，包括到"中途之家"（Halfway House①）报到，或者到"日报告中心"（Day Reporting）报到，或者接受强化的监督（Intensive Supervision）或者电子监控（Electronic Monitoring），接受毒品检测等。对于无条件假释的罪犯至少要接受6个月的释放后监督。但由于制度不完善受到了各种批判，因此1992年假释指导准则被引入假释制度中。这个指导准则力图将客观因素，如罪犯现在的犯罪、以前的犯罪记录、犯罪史、社会资源等，与罪犯在动机上、行为上的改变、谈话中的印象等主观因素，纳入假释结构规范中。准则力图促进假释审议过程开放，适用连续而稳定。根据规定，假释准则包括四个因素：犯重罪的危险，服刑的时间，在监禁设施中的表现，辅助性的信息。为了准确确定罪犯犯重罪的危险，需要从以下方面把握：以前的犯罪记录；罪犯在监狱中的行为；罪犯的性格，包括年龄、使用毒品情况、所受教育情况。每个危险预测因子要核算成分，然后计算出总分。根据分数确定低度危险、中低度危险、中高度危险、高度危险四个危险等级。在监禁设施中的表现主要是指罪犯违反纪律情况。辅助性的信息包括罪犯的需要、被害人对假释的意见、家庭对假释的意见。

（2）延长罪犯狱内服刑时间。1995年前罪犯不仅可能被减刑，而且可能被假释。有的罪犯只在监狱服被判刑罚的1/5，但是在真正服刑体系中，罪犯被要求至少服满刑期的85%，有的在监狱内要服满所判有期徒刑的90%。②

根据奥斯特罗姆（B. J. Ostrom）等人的研究，真正量刑政策大大地延长了罪犯在狱内的服刑期。具体内容见本节表8、表9。

---

① 在弗吉尼亚州，"中途之家"与"日报告中心"是重要的监禁过渡设施。设置这一程序的目的是帮助接受监禁的罪犯逐步重新适应社会，以减轻他们适应社会的难度。

② Virginia Criminal Sentencing Commission, A Decade of Truth‐In‐Sentencing in Virginia. Richmond：Virginia Criminal Sentencing Commission, 2005.

表8：根据弗吉尼亚州新的量刑准则在监狱所服刑期
（适用于具有非暴力犯罪记录的罪犯）

定罪的类型	旧体系	新的没有假释的体系
一级谋杀	11 年	28 年～无期
严重的伤害	1.5 年	3～9 年
抢劫	2 年	5～14 年
强奸	5 年	13～33 年

表9：根据弗吉尼亚州新的量刑准则在监狱所服刑期
（适用于具有暴力犯罪记录的罪犯）

定罪的类型	旧体系	新的没有假释的体系
一级谋杀	11 年	50 年～无期
严重的伤害	1.5 年	6～9 年
抢劫	2 年	9～14 年
强奸	5 年	22～33 年

真正服刑的设想之一就是要求罪犯在狱内服更长的刑期,[①] 而在现实中，罪犯在狱内服刑时间显著延长。

2. 威斯康辛州真正服刑政策的基本内容

1997 年的威斯康辛法 283（Wisconsin Act 283）标志着威斯康辛州刑罚体制由不定期刑制转向真正服刑制，而立法机构于 2002 年 7 月通过的威斯康辛法 109（Wisconsin Act 109）将真正服刑政策完全转化为法律。

适用刑罚的规则：第一，实行两阶段刑罚，即全部刑罚期 = 监禁期 + 监督期。第二，监禁不能少于 1 年。第三，监督期不能低于监禁期的 25%。对犯重罪的罪犯，保护观察刑期不能少于 1 年；对犯轻罪的罪犯，在社区中的保护观察刑期不能少于 6 个月。如果罪犯的保护观察被撤销，罪犯需要在监狱内服相应期限的刑期。第四，两阶段刑期不能超过最长刑期。第五，两阶段刑期不能少于 1 年 3 个月。第六，最长监禁期不能超过两阶段刑期的 75%。对于惯犯（Habitual Criminality），增加到最高刑期，增加监禁期至最高，但不增加监督期。在监禁中，如果罪犯表现不好，或者缠诉，可以延长其监禁期。

对于因为 2 次以上或者 3 次以上犯重罪被处以无期徒刑的罪犯，法院不能对

---

① Virginia Criminal Sentencing Commission, A Decade of Truth – In – Sentencing in Virginia. Richmond：Virginia Criminal Sentencing Commission, 2005.

罪犯适用假释或者社会监督。①

真正服刑的关系可以通过本节表10加以认识：

表10：真正服刑刑罚表

重罪	最高刑期（两阶段）	最高监禁	最长监督	最高罚金	最长保护观察（Probation）
A	终身	终身			
B	60年	40年	20年		40年
C	40年	25年	15年	$100000	25年
D	25年	15年	10年	$100000	15年
E	15年	10年	5年	$50000	10年
F	12.5年	7.5年	5年	$25000	7.5年
G	10年	5年	5年	$25000	5年
H	6年	3年	3年	$10000	3年
I	3.5年	1.5年	2年	$10000	3年
轻罪（惯犯）					
A	2年	1.5年	1年	$10000	2年
B	2年	1.5年	1年	$1000	2年
C	2年	1.5年	1年	$500	2年

威斯康辛州的法律规定有军训营刑（Boot Camp）这样的半监禁刑。根据规定，下列情况不能适用军训营刑：对儿童进行性攻击；对同一名儿童进行性攻击；对儿童进行生理性破坏；对儿童性利用；导致儿童看或者听性活动；利用电脑引诱儿童性犯罪；引诱儿童实施性行为；利用学校工作人员身份对学生进行性攻击。

可以接受军训营刑的情况是：参加过志愿者活动，或者正参加志愿者活动的罪犯；40岁以下的罪犯；法院认定符合条件的；矫正部门判断符合条件的。适用于犯重罪与轻罪的罪犯，有效期始于2003年1月，但不适用于被判无期徒刑的罪犯。

---

① Wis. Stat. §§939.62（2m）（c）and 973.014（2）（2001～2002）.

3. 真正服刑政策实施的效果

根据研究，无论何种犯罪类型，何种犯罪人，罪犯出狱后的第 1 年是最容易犯罪的。统计显示，重新犯罪的罪犯中有 60% 是在第 1 年被捕的。[1] 而在影响犯罪的因素中，犯罪史对重新犯罪的影响尤其大：[2] 以前因重罪而被判过刑的罪犯，出狱后又犯罪而被捕的占 44%；以前因重罪而被判过一次刑的罪犯，出狱后又犯罪而被捕的占 62%；以前因重罪而被判过 2 次刑的罪犯，出狱后又犯罪而被捕的占 72%；以前因重罪而被判过 3 次刑的罪犯，出狱后又犯罪而被捕的占 79%。

真正服刑政策是否可以降低重新犯罪率？有研究者对弗吉尼亚州 1993 年后所释放的罪犯进行了为期 3 年的跟踪调查，发现有 49.3% 的罪犯重新被捕，重新犯罪率下降很明显。

事实上，降低了重新犯罪率也就降低了社会上的犯罪率。调查表明，1993 年到 1997 年弗吉尼亚州的犯罪率（每 10 万人）下降了 8%，从 1993 年的 4210 人下降到 1997 年的 3870 人。具体内容见本节表 11。[3]

表 11：弗吉尼亚州犯罪率的变化

年度	每 10 万人口犯罪数	百分比变化
1993	4210	
1994	4108	− 2.4
1995	4063	− 1.1
1996	3971	− 2.3
1997	3870	− 2.5

1996 年超过 28% 的罪犯曾经有过暴力犯罪而且是重罪的记录，而到了 2004 年这个数字下降到了 24%。监狱中越来越多的床位提供给因使用暴力而犯罪的人。

维拉（Vera）司法研究所也对弗吉尼亚州推行真正服刑政策后的犯罪情况

① Ostrom, B. J., Cheesman, F., Jones, A. M. & Peterson, M., Truth in Sentencing in Virginia. Washington. D. C.：the National Institute of Justice, 2001, p. 80.

② Ostrom, B. J., Cheesman, F., Jones, A. M. & Peterson, M., Truth in Sentencing in Virginia. Washington. D. C.：the National Institute of Justice, 2001, p. 84.

③ Ostrom, B. J., Cheesman, F., Jones, A. M. & Peterson, M., Truth in Sentencing in Virginia. Washington. D. C.：the National Institute of Justice, 2001, p. 61.

进行了研究。① 研究指出，弗吉尼亚州的犯罪率下降了26%，而全国的犯罪率下降了24%。

本节图3是弗吉尼亚州每10万人中的犯罪率变化图形。我们看到，推行真正服刑制度后，犯罪率总体下降，甚至低于1970年。

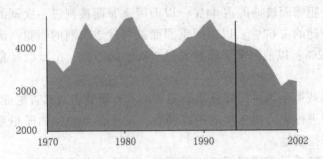

图3：弗吉尼亚州每10万人中的犯罪率变化

在弗吉尼亚州，不仅犯罪率总体下降，而且暴力犯罪也在下降。从20世纪80年代后期开始，暴力犯罪一直呈上升趋势，但是在过去的10年暴力犯罪开始下降，下降幅度达到20%。今天的暴力犯罪是1978年以来的最低时期。以谋杀案为例，2003年比1994年低28%。同样，抢劫案件在这一时段也下降了，降幅达23%，攻击案件在这一时段降幅达10%，强奸案件在这一时段降幅达8%。②

虽然犯罪率下降，但是弗吉尼亚州的监禁率仅上升了6%，而全国的监禁率上升了22%。这是因为弗吉尼亚州在推行真正服刑制度的同时使用了危险评估方法与监禁替代刑罚，从而使监狱人口上升速度大大降低：1985～1995年，监狱人口增长幅度是154%；1995～2004年，监狱人口增长幅度是31%。

（三）真正服刑政策的发展

被弗吉尼亚州采用后，真正服刑政策在纵深上不断发展。根据弗吉尼亚州旨在降低重新犯罪的"罪犯释放声明的规定"（The Offender Notification Release Program），罪犯释放时要接收到一个通知卡，这个卡要告诉罪犯重新被捕或者重新犯罪的后果，特别是重新犯重罪的后果。③ 不仅如此，真正服刑政策在横向上也有重大发展，越来越多的独立司法主体接受了真正服刑政策。

---

① Virginia Criminal Sentencing Commission, A Decade of Truth – In – Sentencing in Virginia. Richmond：Virginia Criminal Sentencing Commission, 2005.

② Virginia Criminal Sentencing Commission, A Decade of Truth – In – Sentencing in Virginia. Richmond：Virginia Criminal Sentencing Commission, 2005.

③ Ostrom, B. J., Cheesman, F., Jones, A. M. & Peterson, M., Truth in Sentencing in Virginia. Washington. D. C.：the National Institute of Justice, 2001.

真正服刑政策首先被美国联邦所肯定。美国国会于 1994 年通过《暴力犯罪控制与法律执行法》（The Violent Crime Control and Law Enforcement Act of 1994），这部法对真正服刑政策予以了充分肯定。随后在全美推行指向暴力犯的"真正服刑资金资助项目"（The Violent Offender Incarcerate and Truth‑in‑Sentencing Incentive Grants Program in the 1994 Crime Act）。根据这一项目的申请规定：获得这一资金资助的州需要保证暴力犯在监狱的服刑期限不低于所判刑期的 85%。到 20 世纪 90 年代末，不管是否接受联邦资助，有 41 个州，加上哥伦比亚特区已经推行了真正服刑政策。①

推行真正服刑政策的各州在制度上有所不同。有的州要求罪犯，主要是暴力犯，在狱内的服刑期不低于原判刑期的 85%，而有的州要求罪犯在狱内服刑完毕。

马里兰州要求罪犯在狱内至少服满所判刑期的 50%。

阿拉斯加州规定了两阶段服刑制，罪犯在狱内所服刑期至少应当占到所判刑罚的 2/3，其余在假释状态完成。

根据亚利桑那州 1993 年的法律规定，罪犯需要在狱内服满所判刑期的 85%，减刑不超过刑期的 15%。该州尽管取消了裁定中的假释，但是仍然可以获得自动性的假释。

阿肯色州 1995 年的法律规定，因一级谋杀、绑架、抢劫、强奸等而入狱的罪犯需要在狱内服满所判刑期的 70%。

加利福尼亚州于 1994 年采用真正服刑制度，其与美国联邦的规定一样，要求因暴力犯罪入狱的罪犯服满所判刑期的 85%，所减刑期不超过所判刑期的 15%。要求暴力犯在狱内服刑期不少于原判刑期 85% 的州有很多，包括康涅狄格州、特拉华州、佛罗里达州、乔治亚州、爱荷华州、堪萨斯州、路易斯安那州、缅因州、密歇根州、明尼苏达州、密西西比州、密苏里州、纽约州、北卡罗来纳州、北达科他州、俄亥俄州、俄克拉荷马州、俄勒冈州、宾夕法尼亚州、南达科他州、田纳西州、犹他州、弗吉尼亚州、华盛顿州等。

新泽西州于 1997 年开始推行真正服刑制度。根据规定，对于犯 1 级与 2 级暴力犯罪的罪犯需要在狱内至少服满原判刑期的 85%，另加 3～5 年的假释考察。这里的暴力犯罪是指导致死亡、严重身体伤害或者使用致命性武器的犯罪。此外，还包括使用武力的性犯罪。

马萨诸塞州在 1993 年的法律第 432 章"通过真正量刑提高刑事司法的有效性"中规定设立量刑委员会，同时规定了真正量刑制度：取消法定的减刑；取

---

① Rosich, K. J. & Kane, K. M. , " Truth in Sentencing and State Sentencing Practices", NIJ Journal, 2005, No. 252, pp. 18～21.

消罪犯服满所判刑罚 1/3 时或者 1/2 时假释的规定。[①]

第三节　重返社会政策的产生与展开

一、重返社会政策：一个帮助罪犯适应社会的政策

从有关文献看，关于重返社会政策的表述不尽一致。围绕重返社会政策使用的词汇有 "Reintegration"、"Resettlement"、"Reentry"、"Transition" 等。如何理解上述概念？美国学者司马勒格（F. Schmalleger）与斯莫凯（J. O. Smykal）在他们的《21世纪的矫正》（Corrections in the 21st Century）一书中认为，"Reintegration" 是使罪犯转变为建设性社会成员的过程，是矫正（Rehabilitation）的衍生概念。矫正，是指通过矫治（Treatment）、教育、职业培训等将罪犯的犯罪生活方式改变为守法的生活方式。这个概念突出医学上或者说心理上的治疗。[②]而在澳大利亚犯罪学研究院的一个报告[③]中，"Reintegration" 被定义为使罪犯成为具有建设性的、独立人格的目标与过程。这个报告将 "Reintegration" 与 "Resettlement" 视为同一个意思。"Reentry" 被定义为监禁释放后的一个时间段。而司马勒格与斯莫凯将 "Reentry" 定义为罪犯从监狱到社会的过渡过程。[④] 还有的学者认为，"Reentry" 的意思就是 "Reintegration"。[⑤] "Transition" 被认为是监禁与社会的桥梁，具体体现在允许罪犯在外就业、允许罪犯与家庭联系等实质的与社会交流上。

何为重返社会政策？简单地说，重返社会政策就是主张通过帮助服刑人员适应社会生活，融入社会，使服刑人员不再重新犯罪的政策。重新犯罪是犯罪的一个种类，重新犯罪的犯罪主体具有特殊性，重新犯罪的犯罪主体不仅具有犯罪的

---

① Massachusetts Sentencing Commission, Survey of Sentencing Practices: Truth – in – Sentencing Reform in Massachusetts, 2000, NCJRS 193406.

② Schmalleger, F. & Syykla, J. O., Corrections in the 21st Century. New York: McGraw – Hill, 2007, p. 79.

③ Borzycki, M., Interventions for Prisoners Returning to the Community: A report prepared by the Australian Institute of Criminology for the Community Safety and Justice. Canberra: Australian Government Attorney – General's Department, 2005, pp. 11 ~ 12.

④ Schmalleger, F. & Syykla, J. O., Corrections in the 21st Century. New York: McGraw – Hill, 2007, p. 327.

⑤ Maruna, S., Immarigeon R. & Lebel, T. P., "Exoffender Reintegration: Theory and Practice", In S. Maruna, R. Immarigeon（Eds.）, After Crime and Punishment. Devon: Willam Publishing, 2004, p. 5.

经验，而且具有服刑的经验，犯罪主体不同程度地存在犯罪的敢为性、狡猾性、对刑罚惩罚的适应性，有的犯罪分子甚至已经完成犯罪职业化的过程，成为职业犯罪人。由于重新犯罪的犯罪主体的特殊性，因而重新犯罪具有危害大、防治难度大等特点。如何防治重新犯罪？历史上先后出现威慑政策、矫正政策、剥夺政策、重返社会政策、综合政策等防治重新犯罪的政策。威慑政策主张通过对服刑人员施加刑罚，以威慑罪犯不再重新犯罪；矫正政策坚持通过对服刑人员的矫正，帮助服刑人员改恶从善，不再犯罪；剥夺政策坚持通过剥夺服刑人员犯罪的能力，使服刑人员不再犯罪；重返社会政策主张通过帮助服刑人员适应社会生活，使其不再重新犯罪。上述四种政策，虽目标一致，但方法迥异。在综合政策的主张者看来，上述政策在防治重新犯罪中，都有重要价值，而不能一叶障目，不见泰山，因偏爱某一种重新犯罪防治政策的功用，而否定其他政策的价值。重返社会政策是防治重新犯罪的重要政策之一。

二、重返社会政策的兴起：20 世纪 60 年代的重要现象

帮助服刑人员"重返社会"的思想早在 19 世纪就已出现。基于仁慈与人道观念，19 世纪中期，在英国出现了由志愿者组成的刑释服刑人员帮助组织——"刑释服刑人员帮助者"。在美国，社会机构开始参与服刑人员矫正，以便帮助服刑人员顺利重返社会。较早的有"霍普家庭"、"底特律矫正之家"、"中途之家"等，向刑释人员、女犯提供帮助。但是，这些措施并不是防治重新犯罪的主流。

20 世纪 60 年代后，重返社会政策渐入防治重新犯罪领域的聚光灯下。鉴于犯罪率的不断上升，美国约翰逊总统 1965 年在国会上提出建立小组专门研究解决犯罪控制问题。这个小组发现，重新犯罪带动了犯罪的上升，于是提出重视保护观察与假释等帮助服刑人员重返社会的意见：第一，被纳入社区矫治的对象不仅应当包括青少年犯、犯轻罪的服刑人员，而且包括犯重罪的服刑人员。第二，假释的服刑人员都应当接受监督。第三，国家应当向所有的服刑人员提供文化教育与职业培训。第四，应当建立立足于矫正的监狱企业。第五，应当扩大渐近性释放①与请假离监的范围，并保持与社区矫正机构的联系。第六，检察机关应当有选择地提起公诉，对于适宜放到社会上的服刑人员，应当进行司法分流。小组的意见最终在《1965 年法律实施救助法案》（Law Enforcement Assistance Act of 1965）与 1968 年的《犯罪综合控制与安全街道法》（Omnibus Crime Control and

---

① 渐近性释放，是指通过使用宽管、半监禁、学习释放、假释等制度逐步扩大被监禁服刑人员的自由，以帮助服监禁刑罚的服刑人员逐步适应社会。

Safe Streets Act）中得到反映。① 此后，社会机构开始大规模参与服刑人员矫正，"中途之家"、"工作释放中心"、"社区矫正中心"迅速发展。帮助服刑人员找房子、找工作、帮助其接受教育等被纳入官员的责任范围。"重返社会"的概念与理论也在这时候产生。在英国，1966 年成立"全国服刑人员关心与安置帮助协会"（简称 NACRO），该组织的宗旨就是帮助在狱内外服刑的服刑人员重返社会。由于帮助服刑人员重返社会在降低服刑人员重新犯罪上有明显效果，这一观点得到了很多研究成果的支持，所以帮助服刑人员重返社会逐渐被越来越多的国家接受，并成为降低重新犯罪率的重要策略。②

从犯罪学视角看，"重返社会政策"概念的出现与犯罪外因论的兴起密切相关。犯罪外因论是解释犯罪发生的理论之一。这一理论与犯罪内因论相对而言。犯罪内因论认为犯罪是罪犯个体的生理或者心理因素缺陷导致的。犯罪外因论强调导致犯罪的外在因素对犯罪人犯罪选择影响的重要性，认为诸如工作机会获取不公平、无业可就、无房可住等因素导致了犯罪分子最后作出犯罪的选择。犯罪外因在犯罪发生中具有根本性与最终性的作用。犯罪外因远比犯罪内因重要。加之犯罪外因比犯罪内因更具有可操控性，因此犯罪外因论认为，犯罪控制，特别是对重新犯罪的控制，应当通过对服刑人员予以社会帮助而实现，通过帮助罪犯适应社会、再社会化，预防其重新犯罪。

三、重返社会政策兴起之原因：从监狱弊端被发现开始

监狱最初作为刑罚的执行载体被视为替代肉刑与死刑的完美选择。然而，随着越来越多地使用监禁刑，监狱的弊端慢慢地被发现。同时，人们认识到服刑人员犯罪的原因，除服刑人员内在的"恶"的原因，还有其家庭、接受教育、就业技能等原因。要防治重新犯罪，人们需要通过帮助解决服刑人员家庭、接受教育、就业等问题，促进服刑人员融入社会，成为社会合格的成员。

（一）监狱弊端不断凸显

1. 监狱可能成为服刑人员学习犯罪方法的"学校"

18 世纪时就有人认为监狱是"大染缸"，是服刑人员学习犯罪方法的"学校"。他们认为，监狱使在那里服刑的人获得了监狱经验；监狱使不知反社会的

---

① Mackenzie, D. L., Sentencing and Corrections in the 21st Century: Setting the Stage for the Future. Washington: the U. S. Department of Justice, 2001, pp. 6 ~ 7.

② Borzycki, M., Interventions for Prisoners Returning to the Community: A report prepared by the Australian Institute of Criminology for the Community Safety and Justice. Canberra: Australian Government Attorney – General's Department, 2005, pp. 11 ~ 12.

136

人开始有了反社会的观念。① 这一观点甚至被英国的边沁、法国的托克维尔（De Tocqueville）、意大利的龙勃罗梭所认同。还有人认为，服刑人员在监狱服刑时间越长，越可能重新犯罪。② 美国著名犯罪学家萨瑟兰（E. H. Sutherland）认为，服刑人员在监狱中生活更容易导致其重新犯罪。萨瑟兰于 1939 年在《犯罪学原则》中第一次详细阐述了犯罪习得理论。他特别强调服刑人员群体对犯罪行为影响的重要性。服刑人员群体的孤立与欣赏，都可能成为特定服刑人员实施犯罪行为、坚定实施犯罪行为信念的动力。③ 在所有关于监狱弊端的研究中，斯坦福大学直姆巴多（P. Zimbardo）教授的实验法使人印象深刻。直姆巴多为了确认监禁机构会导致人的理性与人性的变形，在斯坦福大学设置了一个模拟监狱。他从75 个志愿者中选取了 21 人，让其中的 11 个人扮演看守，10 个人扮演服刑人员。这些参加者的条件是：情感稳定，身体健康，成熟，守法。进入角色后，"看守"们很快开始想着确认他们的权威性及对"服刑人员"的主导性，他们使用工具污辱"服刑人员"、威吓他们，迫使"服刑人员"遵守纪律，对"服刑人员"进行去个性化、匿名化管理，使他们自卑。不到 36 个小时的实验，就有一名学生因压抑，不能忍受监管纪律被送回家中，此后天天有人退出。大多数"服刑人员"慑于"看守"们任意执行纪律的威权而变得行为被动化。随着实验的推进，对"服刑人员"心理与身体的危险不断增加，原本设计 2 周的实验被迫于第 6 天中止。直姆巴多就此指出："在监狱仿真环境下，正常的、健康的、有教养的人都转变得这么快，而且在这么短的时间内，更何况现实中的监狱。"④佛罗里达大学的阿克尔（R. L. Akers）作了更加深入的探讨，认为人们在与实施过犯罪行为的人交往时，会感受到一种犯罪情境，容易作出犯罪行为是可接受的判断，甚至作出犯罪行为是合理的判断。这样，与服刑人员接触的人实施犯罪行为的可能性就会大大增加，而遵守社会规则的可能性就会降低。⑤ 服刑人员相互交往在一定程度上又是相互进行精神鼓励、相互认同的过程。

---

① Tonry M. & Petersilia, J., "Prisons Research at the Beginning of the 21st Century", In M. Tonry & J. Petersilia (Eds.), Prisons. Chicago: the University of Chicago Press, 1999, pp. 1 ~ 14.

② D. R. Jaman, R. M. Dickover & L. A. Bennett, "Parole Outcome as a Function of Time Served", British Journal of Criminology, 1972, 12, pp. 5 ~ 34.

③ Southerland, E. H., "A Sociological Theory of Criminal Behavior", In S. Cote (Eds). Criminological Theories. Thousand Oaks: Sage Publications, Inc., 2002, pp. 132 ~ 133.

④ Cullen, F. & Gilbert, K., Reaffirming Rehabilitation. Cincinati: Anderson Publishing Co., 1982, pp. 117 ~ 118.

⑤ Akers, R. L., Social Learning and Social Structure: a General Theory of Crime and Deviance. Boston: Northeastern University, 1998, pp. 300 ~ 302.

2. 监狱很难有效控制服刑人员重新犯罪

监狱的价值在于控制服刑人员重新犯罪。然而，仅通过监狱控制重新犯罪几乎不可能。英国反社会排斥局认为，有多种因素影响重新犯罪,[①] 包括教育、就业、毒品与酒精使用、精神与心理、社会态度与自我控制、监狱化、生活技能、住所、经济、家庭关系。涉及这些问题的状态与服刑人员重新犯罪密切相关，而监狱对上述因素的影响往往体现出消极的一面。具体见本节表1。[②]

表1：监狱对服刑人员的消极影响

影响因素	监狱对服刑人员的消极影响
教育	原来所受教育落伍，强化消极观点
就业	失去现有的工作岗位；强化对劳动"无聊、收入低"的看法；逐步使劳动技能落伍
毒品与酒精使用	可能使服刑人员在监禁期间少用毒品或者不用毒品，但也可能使服刑人员出狱后"使毒补偿"
精神与心理	可能使服刑人员产生精神疾病，或者加重精神疾病
社会态度与自我控制	强化对社会与被害人的消极态度
监狱化	严格的纪律与单调的交往可能损害服刑人员的思考力，使服刑人员与服刑人员关系密切
生活技能	使服刑人员安排个人生活的能力下降
住所	可能使服刑人员丧失住房
经济	经济能力受到极大的影响
家庭关系	家庭关系紧张，甚至破裂

从国外情况看，监狱不仅不能有效解决上述问题，反而会使这些问题加重，对服刑人员的重新社会化起到消极作用。比如，监狱拥挤就是影响监狱矫治的一个重要原因。正如英格兰与威尔士的"监狱长协会"主席尼威尔（M. Newell）指出，监狱拥挤削弱了释放前计划的执行与服刑人员融入社会的努力；拥挤还增加了服刑人员的紧张，增加了服刑人员与管理人员的危险，等等。[③]

3. 监狱可能强化监狱化人格

美国社会学家唐纳德（C. Donald）曾说："监狱化首先源于服刑人员地位的

---

① The Social Exclusion Unit, Reducing Re – offending by Ex – prisoners: Report by the Social Exclusion Unit. London: the Social Exclusion Unit, 2002, p. 6.

② The Social Exclusion Unit, Reducing Re – offending by Ex – prisoners: Report by the Social Exclusion Unit. London: the Social Exclusion Unit, 2002, p. 38.

③ Newel, M. L., "A New Paradigm of Decerceration", Prison Service Journal, 2003, 150, pp. 2～8.

变化。任何进入监狱的人都将变成被监管群体中的一个无名小卒，他的名字被数字代替，他的服装表明他是另类社会群体的成员。"① 进入监狱后的服刑人员行为，包括吃饭、劳动、学习、睡觉、交往都有了监狱的意义，都打上了监狱特有文化的烙印。

随着"监狱化"概念的提出，对监狱功能的分析有了新的平台。通过"监狱化"概念，我们看到"监狱化"后服刑人员的变化。首先，监狱化意味着服刑人员对监狱不再恐惧，使监狱的威慑功能丧失。其次，监狱化意味着服刑人员对监狱生活的适应，使监狱成为其生存空间的一种选择，这样，逮捕、定罪与判刑对服刑人员来说只是换种生活方式。最后，监狱化意味着一种生活依赖，在监狱中虽然被剥夺自由，有人干预自己的生活，但是只要遵守监管纪律，不仅有温暖的住宿，而且有吃有喝。离开监狱，便没有了这个环境。英国谢菲尔德大学犯罪学教授付瑞（S. Farrall）与孔维莱（A. Calverlay）认为，监狱并没有达到使服刑人员放弃犯罪的目的。监禁，即使是短期的，也必然会破坏家庭关系，对犯罪人的就业方式与就业机会产生影响。许多在监狱服刑时间长的人对社会规则仅有很少的记忆。②

4. 监狱行刑经济成本大

监禁刑执行不仅需要提供衣、食、住，而且需要建设监管设施，保证足量的监管人员等，因而监禁刑执行是一种投入很大的刑罚执行方式。在美国，维持一单间监舍每年的费用大概是 1 万美元。③ 而新建一单间监舍大概需要 3.5～5 万美元。④ 每关押一人国家要支出 34675 美元。⑤ 在英国，2000 年到 2001 年之间，关押一名服刑人员的费用情况是：在青少年监狱（关押 15～17 岁的青少年）是47500 英镑；高度警备监狱是 41500 英镑；女性地方监狱是 30700 英镑；男性地方监狱是 23700 英镑；男性关押 C 类服刑人员（危险程度较低的服刑人员）训练监狱是 18200 英镑；男性开放监狱是 17500 英镑；安全训练中心（关押 15～

① Donald, C., "The Process of Prisonization", In L. L. Radzinowicz & M. Wolfgang (Eds.), The Criminal in Confinement. New York：Basic Books, 1971, pp. 92～93.

② Farrall, S. &Calverlay, A., "In What Ways Does Imprisonment Impact on Processes of Desistance?" Prison Service Journal, 2006, 164, pp. 25～30.

③ Hicks, S. D., The Corrections Yearbook. New York：Criminal Justice Institute Inc, 1981, p. 27.

④ Mullen, J. & Smith, B., American Prisons and Jails, Volume 3：Conditions and Costs of Confinement. Washington, D. C.：National Institute of Justice, 1980, p. 119.

⑤ Schrag, C., "Rediscovering Punitive Justice", In B. Krisberg & J. Austin (Eds), The Children of Ishmael：Critical Perspectives on Juvenile Justice. Palo Clto：Mayfield, 1978, pp. 465～466.

17 岁的男性）是 13000 英镑。①

在我国，根据 2002 年 12 月 3 日建设部、国家计委批准发布的《监狱建设标准》的投资估算，北方地区每多关押一名服刑人员国家需要增加 54620 元的建设投资，如果加上服刑人员每年的生活费用，包括食物、服装、医疗费，干警每年的工资支出、服装费用、办公费用、装备费用，国家每年至少还需支出 3179 元。

5. 监狱在犯罪防控系统中所起的作用有限

监狱通过剥夺服刑人员犯罪能力、惩罚与矫正服刑人员，可以起到防控犯罪的作用，但是，不能因此夸大监狱的作用，监狱在犯罪防控中所起的作用是有限的。美国加州大学犯罪学教授裴特丝莱（J. Petersilia）就明确指出：第一，因为年龄等因素，一些具有严重危险的人不能被押入监狱，这样，监狱在控制这些人犯罪上不能发挥作用。第二，监禁刑不能很好地覆盖犯罪分子的犯罪危险期。第三，由于"漏斗效应"，犯罪而接受刑罚处罚的，仅占犯罪分子的一部分，有的犯罪分子被定罪却被免除刑罚，而接受刑罚处罚的犯罪分子中，仅有一部分被判监禁刑，因而监禁刑对犯罪的影响是有限的。在美国加州，犯重罪的人由于诸如证据等问题只有 65% 的人被逮捕，而在这些人中，又只有 20% 的人被送入监狱。②

（二）帮助服刑人员适应社会受到了应有的关注

在 20 世纪 60 年代以前，世界上主要国家防治重新犯罪的模式是矫治模式。无论是专业人士还是公众，都认为矫治罪犯是防治重新犯罪的基本方法，甚至是唯一方法。这是因为，当时的人们认为，服刑人员犯罪的原因源于其内心的"恶"与心理不健康，如果通过改造罪犯、矫治罪犯能够减弱或者消除服刑人员内心的"恶"与心理不健康，就可以有效地控制其重新犯罪，或者降低重新犯罪的可能。但是，在 60 年代后，越来越多的人认识到，导致服刑人员犯罪的原因，除了内心的"恶"与心理不健康，还有其家庭问题、受教育问题、就业问题等。如果仅关注服刑人员内心的"恶"，仅对服刑人员实施矫治，忽略其家庭问题、受教育问题、就业问题，服刑人员重新犯罪不可能得到有效控制。事实似乎也印证了这种看法。美国社会学家马丁逊（R. Matinson）对美国 1945 ~ 1967 年的有关重新犯罪控制的成果进行检验，他认为，除了个别的、孤立的成果，大

---

① The Social Exclusion Unit, Reducing Re – offending by Ex – prisoners: Report by the Social Exclusion Unit. London: the Social Exclusion Unit, p. 31.

② Petersilia, J., "California' Prison Policy: Causes, Costs, and Consequences", The Prison Journal, 1992, 72, pp. 26 ~ 31.

多数有关重新犯罪控制报告显示，仅依靠矫正方法控制重新犯罪效果不理想。[1]

　　研究表明，服刑人员不仅存在家庭问题、受教育问题、就业问题，而且所存在的问题远比普通人群突出。英国反社会排斥局 2002 年曾以普通人群为参照就服刑人员存在的家庭问题、受教育问题进行过调查，调查表明，与普通人群相比，服刑人员存在比较严重的社会性问题。调查结果见本节表 2。[2]

表 2：普通人群、服刑人员存在社会问题的比较

社会问题	普通人群%	服刑人员%
孩提时离家出走	11	47（男性）/50（女性）
家长溺爱	2	27
有一个家庭成员被定罪	16	43
经常逃学	3	30
被学校开除者	2	49（男性）/33（女性）
不满 16 岁辍学	32	89（男性）/84（女性）
没有任何资格证书	15	52（男性）/71（女性）
数学能力低于一级水平[3]	23	65
阅读能力低于一级水平	21～23	48
书写能力低于一级水平		82
失业	5%	67%（犯罪前四个星期）
无家可归	0.9%	32%（住在非长久的住所）

　　根据英国反社会排斥局 2002 年报告——《降低重新犯罪率》（Reducing Re‑offending by Ex‑prisoner），许多服刑人员犯罪前存在严重的家庭问题、受教育问题、就业问题等。与常人相比，在需要关心上服刑人员比常人高 13 倍，有 6 倍的可能成为年少的父亲，有 10 倍的可能逃学，有 13 倍的可能失业。由于存在上述问题，服刑人员中有 20% 的人没有书写能力，35% 的人没有计算能力，50% 的人没有阅读能力，或者阅读能力低于 11 岁的孩子。很多服刑人员无一技之长，几乎没有就业经验。根据上面的报告，监禁不仅没有解决服刑人员的上述

　　[1]　Martinson, R., "What Work? – Question and Answers about Prison Reform", Public Interest, 1974, Spring, pp. 22～54.

　　[2]　The Social Exclusion Unit, Reducing Re‑offending by Ex‑prisoners: Report by the Social Exclusion Unit. London: the Social Exclusion Unit, 2002, pp. 18～21.

　　[3]　英国官方确定的文化教育领域能力测试中最低能力等级水平。

问题，反而使服刑人员存在的上述问题恶化。① 例如，超过 2/5 的服刑人员与家人关系破裂；1/3 的服刑人员在监禁中丧失了他们的房屋；超过 1/5 的服刑人员陷入经济困难；2/3 的服刑人员因为判刑丧失了工作。

如果不帮助服刑人员解决上述问题，即使对服刑人员矫正成功，但服刑人员重返社会后，由于无家可归、缺乏基本教育、劳动技能水平有限等原因，他们不能在社会立足、生存，一切矫正的努力都可能付之东流。② 这个观点非常重要，特别是对于过分迷信矫正，相信矫正能够解决甚至完全解决罪犯重新犯罪问题的人。这个观点告诉我们，矫正虽然重要，但帮助罪犯立足于社会也非常重要。

帮助服刑人员解决家庭问题、受教育问题、就业问题等，有助于控制重新犯罪问题。以解决受教育与就业问题为例，美国教育学家史马克（R. E. Schumacker）等在 1986 年对美国中西部监狱中的服刑人员进行研究发现，如果对服刑人员开展教育、进行职业培训，帮助他们提高受教育水平、就业能力，服刑人员回归社会后，参与犯罪活动的可能性显著降低。研究人员将服刑人员分为四组：248 名服刑人员只参加基本教育活动；107 名服刑人员只参加职业训练；118 名服刑人员同时参加基本教育活动与职业训练；287 名服刑人员不参加任何教育活动。跟踪研究结果表明，前三组服刑人员假释后参与犯罪活动的行为显著少于第四组。③ 一项更全面的研究表明，如果对犯罪人适用社区刑，给服刑人员以解决家庭问题、受教育问题、就业问题等的时空条件，服刑人员的重新犯罪率有明显的下降。美国加州大学欧文（Irvine）分校的犯罪学教授培特斯莱（J. Petersilia）等研究人员将犯罪性质一样、犯罪记录相同的服刑人员分为两组：一组放到监狱服刑，一组放在社区中服刑。经过 3 年跟踪研究证明：在监狱中服刑的服刑人员比在社区中服刑的服刑人员的重新犯罪率要高。在监狱中服刑的毒品犯重新犯罪率比在社区中服刑的高 11%；在监狱中服刑的暴力犯重新犯罪率比在社区中服刑的高 3%；在监狱中服刑的财产犯重新犯罪率比在社区中服刑的高 17%。④

由于帮助在监狱中服刑的人员解决家庭问题、受教育问题、就业问题等在防治重新犯罪中的重要性，因而不乏研究人员提出有关政策建议。剑桥大学的学者指出，控制犯罪的政策应当包括：帮助服刑人员建立稳定的家庭关系，帮助他们

① The Social Exclusion Unit, Reducing Re – offending by Ex – prisoners: Report by the Social Exclusion Unit. London: the Social Exclusion Unit, 2002, p. 7.

② Loney, M., Community Against Government. London: Heeinemann, 1983, p. 45.

③ Shumacker, R. E., Anderson, D. B. & Anderson, S. L., "Vocational and Academic Indicators of Parole Success", Journal of Correctional Education, 1990, 41, pp. 8 ~ 13.

④ Petersilia, J., Turner S. & Peterson, J., Prison Versus Probation in California, (R – 3323 – NIJ). Santa Monica: RAND, 1986, pp. 22 ~ 24.

找到稳定的工作，以及帮助其切断与原来的犯罪有关的关系。① 建议的目的在于推动有关方面关注帮助服刑人员适应社会、融入社会问题。

四、重返社会政策的展开：对刑罚体系、社区矫正与监禁刑执行的影响

重返社会政策是 20 世纪中期西方国家产生的非常重要的刑事政策。重返社会政策的实施，对矫正领域，乃至刑事司法领域，产生了非常大的影响。具体说：第一，改变了传统的刑罚体系，构建了社会性刑罚与监禁刑并列的新刑罚体系。第二，促就了社区矫正的迅速崛起，使得矫正领域形成监狱矫正与社区矫正两部分。第三，改变了监禁刑传统执行模式，使得监禁刑执行方式出现开放的监禁刑。

（一）改变了传统的刑罚体系，促成了社会性刑罚与监禁刑并列的新刑罚体系

1. 社区性刑罚的概念与特征

在刑罚传统理论与实践中，刑罚种类分为死刑、肉刑、监禁刑、财产刑与资格刑。在刑罚体系中，并没有社区性刑罚（Community Penalties）的位置，甚至没有社区性刑罚的概念。但是，20 世纪 60 年代后，随着重返社会政策的提出，社区性刑罚在西方国家获得了发展的空间，迅速发展，渐成与监禁刑、财产刑同等重要的刑罚，并在刑罚地位上呈现与监禁刑争雄的态势。

何为"社区性刑罚"？社区性刑罚是一类判处或者裁定罪犯在社区中服刑的刑罚。

（1）社区性刑罚是现代刑罚体系中的一类刑罚。社区性刑罚的基本特点是通过对社区服刑罪犯的自由限制与行为强制而实现国家刑罚目的。虽然社区性刑罚对服刑人员的刑罚惩罚厉度不能与生命刑相比，也不能与监禁性刑罚相比，甚至与财产性刑罚的刑罚厉度都难分伯仲，但是社区性刑罚是国家的刑罚，具备刑罚的所有基本属性。首先，社区性刑罚对犯罪分子具有刑罚惩罚性，体现着刑罚的正义性。其次，社区性刑罚表达了对犯罪的否定与谴责，体现了刑罚的威慑性。最后，社区性刑罚具有法定性，体现出国家的意志。现在我们所讨论的"社区性刑罚"，已经超越了理论研讨阶段，进入立法实践阶段。一些国家已经通过立法规定了社区性刑罚，如社区服务刑。

（2）社区性刑罚是一类新型的刑罚。虽然各国刑罚类别不尽一致，但是通

---

① Farrington, P., "Human Development and Criminal Careers", In S. Caffrey. & G. Mundy (Eds), Crime, Deviance and Society. Dartford：Greenwich University Press, 1996, p. 103.

常不超出死刑、肉刑、监禁刑、财产刑与资格刑范围。传统刑罚类型基本在上述范围。然而，社区性刑罚不同于所有的传统刑罚类型，社区性刑罚不仅不同于死刑、肉刑、财产刑与资格刑，而且不同于监禁刑：社区性刑罚是将罪犯放入社区内执行刑罚，而监禁刑是将罪犯关押在监禁设施内执行刑罚。如果说监禁刑是通过强制犯罪分子在监禁场所服刑而实现犯罪预防目的的刑罚，那么社区性刑罚就是通过强制犯罪分子在社区服刑而实现犯罪预防目的的刑罚。

（3）社区性刑罚是与监禁刑并列的刑罚。虽然社区性刑罚产生的历史短，但是发展很快，日益受到重视，已成为现代刑罚体系中的一类重要的刑罚类型。通过有关资料，我们看到，社区性刑罚适用量很大，在刑罚适用中所占的比例很高。

根据英国司法部的刑罚适用季度统计，英格兰与威尔士在 2011 年 4 ~ 6 月对 30771 名犯罪分子适用了社区性刑罚，而同期对 21467 名犯罪分子适用了监禁刑。① 根据澳大利亚南澳大利亚州司法部的统计，2007 年 1 ~ 12 月，南澳大利亚州对 6852 名犯罪分子适用了社区性刑罚，而同期对 3893 名犯罪分子适用了监禁刑。② 社区性刑罚的适用量超过了监禁刑的适用量。

由于社区性刑罚决定机关重视社区性刑罚的适用，所以在社区中执行刑罚的罪犯数量很大。以美国为例，在 2000 年时，有 3839532 名服刑人员接受保护观察机构③的监督，而且近 10 年来基本稳定。同英国、澳大利亚一样，由于社区性刑罚受到更多的重视，所以美国社区中服社区刑的服刑人员也很多，而且要多于在刑罚监禁机构服刑的罪犯。本节表 3 可以反映这一态势。

表 3：2000 年与 2005 ~ 2010 年保护观察机构与监狱监管罪犯数量④

年度	保护观察机构监管罪犯数量	监狱监管罪犯数量
2000	3839532	1316333
2005	4162495	1448344
2006	4237023	1492973

① Ministry of Justice, Offender Management Statistics Quarterly Bulletin, April to June 2011, England and Wales. London: Ministry of Justice, 2011, p. 3.

② Office of Crime Statistics and Research, Crime and Justice in South Australia, 2007: Adult Courts and Corrections. Adelaide: Office of Crime Statistics and Research South Australian Attorney – General's Department, 2011, pp. 6 ~ 7.

③ 保护观察机构是美国一些州社区矫正的主要机构之一。这类机构的重要职责之一就是执行社区性刑罚。

④ Glaze, L. E., Correctional Populations in the United States, 2010. Washington, D. C.: U. S. Department of Justice Office of Justice Programs, Bureau of Justice Statistics, 2011, p. 3.

（续表）

年度	保护观察机构监管罪犯数量	监狱监管罪犯数量
2007	4293163	1517867
2008	4270917	1522834
2009	4203967	1524478
2010	4055514	1518104

通过上述资料，我们看到，社区性刑罚不仅成为一种刑罚，而且日益受到一些国家的重视，成为与监禁刑并列的重要刑罚。

2. 社区性刑罚的产生与发展

（1）社区性刑罚的产生。

早在19世纪，欧洲与美国就出现了保护观察（Probation）制度，保护观察是对在社区上的犯罪分子予以监督与帮助的制度。保护观察是现代社区性刑罚的前身。现代社区性刑罚就是从保护观察制度发展起来的。

20世纪60年代，由于监狱人满为患，罪犯重新犯罪率居高不下，促进罪犯重返社会日益被关注，于是保护观察成为防治重新犯罪的新的立足点。在促进罪犯重返社会政策的推动下，保护观察制度渐变为社区性刑罚。

虽然社区性刑罚产生得晚，但是其在刑罚领域发展非常快。现在社区性刑罚继监禁刑、财产刑后，成为刑罚领域中的重要刑罚，成为刑罚的新贵。关于社区性刑罚的制定、修改与完善的理论研讨持续升温，关于社区性刑罚的立法成为刑罚立法的热点与焦点。下面我们领略一下21世纪前后有关社区性刑罚立法的一些重要事件。

1966年美国加利福尼亚州的法官为更好地惩处违反交通法与停车法的妇女，创设了社区服务刑（Community Service）。根据规定，被判该刑罚的罪犯需要在社区参加无偿的劳动。

20世纪70年代美国创设了日报告刑（Day Reporting Centers）。[1] 这种刑罚要求服刑人员每日到"日报告中心"报告个人情况。

美国佛罗里达州《矫正改革法》规定了家庭监禁刑（House Arrest, House Confinement），并于1983年付诸实施。[2]

---

[1] Parent, D., etal, Day Reporting Centers. Washington, DC: National Institution, 1995, p. 3.

[2] Nieto, M., "Community Correction Punishments: An Alternative to Incarceration for Nonviolent Offenders". www. library. ca. gov/C RB/96/08.

法国于 1981 年引入社区服务刑。①

1983 年，美国开始推广军训营刑（Boot Camp）。该刑罚属于半监禁刑，罪犯在监禁设施中服刑一段时间后，转到社区服刑。

1984 年爱尔兰引入社区服务刑。②

1991 年英国的《刑事司法法》明确保护观察刑（Probation Order）是一种独立的刑种。③ 保护观察产生于 19 世纪，长期以来没有明确其刑罚身份，1991 年英国的《刑事司法法》明确保护观察的刑罚身份。

1991 年英国规定了社区惩罚与矫正刑。这个刑罚将社区惩罚刑与社区矫正刑结合起来。

1996 年捷克引入社区服务刑。1998 年引入有监督的缓刑、有条件撤销的监督刑（The Conditional Waiver of Punishment with Supervision）。④

法国于 1997 年引入电子监控刑。⑤

1998 年英国的《犯罪与违反秩序法》（the Crime and Disorder Act 1998）规定了行动刑。行动刑是结合惩罚、矫正与恢复的短暂的、强力的社会干预项目，目的在于改变罪犯行为与预防进一步的犯罪。

1998 年英国创设了监禁与训练刑（Detention and Training Order），该刑罚适用于未成年犯。服这种刑罚的罪犯，第一阶段在监禁设施内服刑，第二阶段到社区服刑。

2000 年英国《刑事法院量刑权力法》（Powers of Criminal Courts（Sentencing）Act）规定了宵禁刑。宵禁刑是一种对特定人在特定时间、特定地点的活动内容予以限制的刑罚。根据该法第 37 条，治安法院、皇家法院都有权对犯有谋杀及法律规定的有关罪行以外罪行的犯罪人适用宵禁刑。

英国于 1972 年引入社区服务刑。根据英国 2000 年的《刑事司法与法院法》

---

① Herzog – evans, M., "Probation in France: Some Things Old, Somethings New, Somethings Borrows, and Often Blue", Probation Journal, 2011, 58 (4), pp. 345 ~ 354.

② P. O' Dea, "The Probation and Welfare Service: Its Rolein Criminal Justice", In P. O' Mahony (Eds.), Criminal Justice in Ireland. Dublin: The Institute of Public Administration, 2002, pp. 635 ~ 656.

③ Cavadino, M. & Dignan, J., The Penal System. London: SAGE Publications, 1997, p. 219.

④ Lenka Ourednickova, Pavel Stern, Dagmar Doubravova, "The Czech Republic", In Anton M. Von Kalmthout, Jenny Roberts & Sandra Vinding (Eds.), Probation and Probation Services in the EU Accession Countries. Nijmegen: Wolf Legal Publishers 2003, pp. 71 ~ 99.

⑤ Herzog – evans, M., "Probation in France: Some Things Old, Somethings New, Somethings Borrows, and Often Blue", Probation Journal, 2011, 58 (4), pp. 345 ~ 354.

（Criminal Justice and Court Service Act），社区服务刑改为社区惩罚刑，并于 2001 年 4 月生效。

根据英国 2002 年出台的《刑事司法法》（The Criminal Justice Bill 2002），英国过去的所有社区性刑罚统一为社区令（Community Orders）。这一综合性的社区刑（The Generic Community Sentence）将社区矫正刑（Community Rehabilitation Order）、社区惩罚刑（Community Punishment Order）、社区惩罚与矫正刑（The Community Punishment and Rehabilitation Order）、宵禁刑（The Curfew Order）、关护刑（The Attendance Center Order）、监督刑（The Supervision Order）、排除刑（The Exclusion Order）、毒品治疗与检测刑（The Drug Treatment and Testing Order）、戒毒刑（The Drug Abstinence Order）、行动刑（The Action Plan Order）这 10 种刑罚合为一种刑罚。

2002 年挪威规定了社区服务刑。①

间歇监禁刑（Intermittent Custody）是 2003 年英国设计的刑罚。该刑罚设计的直接目的是降低监狱的弊端，帮助罪犯维持家庭联系、保持工作技能发展。这种刑罚设计的终极目的是降低重新犯罪率。间歇监禁刑是一种替代短期监禁刑的刑罚。服间歇监禁刑的罪犯在接受社区矫正的过程中需要定期至监禁场所接受短期监禁。

……

我们看到，自 20 世纪 60 年代，世界上很多国家陆续推出社区性刑罚。社区性刑罚不仅在刑罚世界中立足，而且在不断扩展与完善中。社区性刑罚的出现与在世界范围的扩展已经成为当代国际刑罚世界中的一大景观。

（2）社区性刑罚的发展。

虽然社区性刑罚是新兴刑罚，与其他类型刑罚相比，发展历史短，但是，社区性刑罚如同其他刑罚一样，也有产生、发展的过程，也经历了几个发展阶段：突出"改造——矫治"的阶段；强调监禁的"替代性"作用的阶段；重视社区性刑罚的"惩罚"阶段；关注刑罚的"社区安全需要"阶段。

①突出"改造——矫治"的阶段。在突出"改造——矫治"的阶段，保护观察制度产生。由于保护观察在一定程度上能够救济短期监禁刑的弊端，所以，保护观察不仅被人们接受，而且日益受到重视，从局部探索发展到普遍推行，并最终被立法机关肯定。保护观察的法制化，即国家立法机关制定保护观察法，不仅标志着保护观察得到了普遍接受，而且标志着保护观察具备了存在与发展的法律基础。保护观察成为一种独立的刑事司法制度。保护观察救济监禁刑，特别是

---

① Gerhard Ploeg, Jan - Eeik Sandlie, "Mapping Probation Future: Norway", Probation Journal, 2011, 58 (4), pp. 368 - 394.

短期监禁刑弊端的功能及其在刑罚体系中的地位得以确立。①

②强调监禁的"替代性"作用的阶段。在强调监禁的"替代性"作用的阶段，由于监狱押犯数量的上涨及新建监狱支出费用的攀升，加之社区性刑罚在预防重新犯罪上的成效已经初步取得社会的信任，于是，以社区性刑罚替代监禁（Alternative to Custody）的思想出现，并传播开来。② 这种观点主张扩大社区性刑罚的适用，分流送到监狱中的罪犯人数，减轻监狱收押罪犯的压力。同时，通过社区性刑罚的适用，减轻国家为关押罪犯而建设监狱、维护监狱正常运行的支出。由于社区性刑罚替代监禁主张提出时，社区性刑罚的表现形式只有保护观察，而保护观察这一形式的社区性刑罚很难充分实现"监禁替代"这一目的，于是，其他形式的社区性刑罚被创新或者发展出来。以英国为例，为满足替代监禁的需要，英国在保护观察的基础上，先后发展出缓刑（Suspended Sentence）与社区服务刑（Community Service Order）这两种社区性刑罚。

③重视社区性刑罚的"惩罚"阶段。进入 20 世纪 90 年代，在社区性刑罚领域，重视刑罚惩罚思想替代了"监禁替代"观念，③ 社区性刑罚的发展进入"惩罚"阶段。社区性刑罚的"惩罚"思想认为，社区性刑罚如同监禁刑，应当用以惩罚罪犯。社区性刑罚的"惩罚"思想虽然显现于 20 世纪 90 年代，但是，其却孕育于 70 年代。所有刑罚，包括社区性刑罚，价值功用都聚焦于矫治，所以 70 年代以前的刑罚适用都强调对罪犯的矫治。但是，1974 年马丁逊发布报告后，他的刑罚观出现颠覆性的变化，刑罚正义论盛起。刑罚正义论认为，刑罚应当强调对犯罪的惩罚。惩罚是实现刑罚正义的桥梁与道路。刑罚正义论主张，不仅刑罚立法、刑罚适用与刑罚执行各环节应当体现刑罚的惩罚性，而且不同类别的刑罚适用与执行也应当体现惩罚性，包括社区性刑罚。这样，重视社区性刑罚的惩罚性主张应运而生。

---

①　"保护观察"制度在中国未得到应有的重视。"保护观察"之所以在中国未得到应有的重视，除了与中国的法律法典化有关，还与"保护观察"的翻译有关。笔者在《刑罚问题的社会学思考：方法与运用》（法律出版社 2010 年版）一书中提出这样的一个看法，由于我们将"Probation"翻译成缓刑，于是，"Probation"变成了刑罚裁量制度，而不关注对罪犯的监督了。知识社会学有个观点：世界是词语塑造的。制度难道不是词语塑造的？如果将"Probation"译成"保护观察"，或许我们关注的问题将是另一个风景了。从知识社会学的角度看，将"Probation"翻译成"缓刑"，流失了"Probation"的核心内容，使得"保护观察"制度被漠视。

②　Whitehead, P. & Statham, R., The History of Probation － Politics, Power and Cultural Change 1876 ~ 2005. Crayford：Shaw & Sons Limited, 2006, p. 5.

③　Whitehead, P. and Statham, R., The History of Probation － Politics, Power and Cultural Change 1876 ~ 2005. Crayford：Shaw & Sons Limited, 2006, p. 5.

对社区性刑罚理论与实践的检讨，是 20 世纪八九十年代社区性刑罚研究的重要内容。认为社区性刑罚对犯罪太"软"，是当时学术界对社区性刑罚的基本判断。强化社区性刑罚对犯罪的惩罚性，成为完善社区性刑罚的主导性主张。事实上，不仅学术界要求提高社区性刑罚的惩罚性，政治界也要求提高社区性刑罚的惩罚性。例如，英国 1990 年原内政部（现改名为司法部）的白皮书《犯罪、刑事司法与保护公众》（Crime, Justice and Protecting the Public）指出，刑罚裁量突出公正性，重视对罪犯的惩罚。① 1995 年原内政部的绿皮书《强化对社区中罪犯的惩罚性》（Strengthening Punishment in the Community）认为，社区内的各种社区性刑罚措施，包括保护观察措施太软，应当强硬。②

如何提高社区性刑罚的惩罚性？很多国家的做法是通过限制犯罪分子行为、强制犯罪分子行为，提高社区性刑罚的惩罚性，如强制尿检，参加矫正项目，宵禁，电子监控，对违反监督规定行为予以惩戒。③ 英国除了采取上述措施提高社区性刑罚的惩罚性，还明确规定了社区性刑罚的法律地位，从而将社区性刑罚推向一个新的高度与发展平台。

英国在 1991 年的《刑事司法法》（Criminal Justice Act 1991）中将保护观察（Prabation Order）明确定义为一种惩罚性措施，其惩罚力度略低于监禁刑，而不再将保护观察视为监禁替代措施、惩罚替代措施，从而在监禁刑与非监禁刑中构建无缝的刑罚体系。④ 在保护观察的发展史上，英国 1991 年的《刑事司法法》的规定具有深远的意义。虽然保护观察早于 19 世纪中期就已经产生，但是，关于保护观察的性质长期以来莫衷一是，存在不同的定义。有的认为，保护观察就是一个明确的机构，是在刑事司法中具有独立建制的管理机构；有的认为，保护观察是执行司法裁决的组织；有的认为，保护观察是建立在法律规定基础上的强制措施；有的认为，保护观察就是对在社区中的犯罪分子进行监督的措施；还有的认为，保护观察不仅要对社区中的服刑人员进行监督，而且要帮助服刑人员适

---

① Home Office, Crime, Justice and Protecting the Public, Cm965. London：HMSO, 1990, Paras. 1. 5 ~ 1. 6.

② Homeoffice, 1995. Cmnd2780. London：HMSO.

③ Flory, C., "The Emerging Paradigmin Probation and Parole in the United States", In D. Phillips（Eds）, Probation and Parole：Current Issue. New York：Routledge, 2008, pp. 1 ~ 11.

④ Raynor, P., "Theoretical Perspectiveson Resettlement：What it is and how it might work", In A. Hucklesby and L. Hagley – Dickinson（Eds）, Prisoner Resettlement Policy and Practice. Devon：Willan Publishing, 2007, pp. 30 ~ 31.

应社会。① 由于理论上对保护观察制度的性质没有明确界定，所以，联合国在 20世纪 50 年代定义保护观察时，也很模糊，同时将缓刑放在保护观察定义中：保护观察是一种处理被挑选出的罪犯的方法……包括罪犯在监督下的有条件的缓刑与提供个别化的指导或者矫正。② 虽然有学者主张将保护观察定位为刑罚，但是这一主张没有上升到法律高度。荷兰学者卡特雷泽（C. Cartledge）等认为，保护观察是一种建立在社会教育基础上的刑罚方法，其特点是将监督与帮助结合起来。它是在考虑罪犯犯罪性人格与社会接受能力的前提下将罪犯释放到社会让罪犯接受刑罚的制度。刑罚适用目的在于重塑罪犯的生活方式，帮助其找到自己生活的位置，不再重新犯罪。③ 英国 1991 年的《刑事司法法》明确规定保护观察为刑罚，解决了保护观察刑罚化的法律问题。保护观察的刑罚化，为社区性刑罚的发展开辟了道路。20 世纪 90 年代仅英国就增加了结合刑④（The Combination Order）⑤、附带电子监控的宵禁刑（The Curfew Order with Electronic Monitoring）、毒品治疗与检测刑（The Drug Treatment and Testing Order）、行动刑（The Action Plan Order）⑥、赔偿刑（The Reparation Order）⑦、监督刑（Supervision Order）⑧、关护刑（An Attendance Centre Order）⑨ 等 7 种社区性刑罚。⑩ 美国比英国稍早一些明确保护观察为刑罚。1984 年美国的《联邦量刑法》（the Federal Sentencing Reform Act）取消了美国联邦法院的缓期裁量刑罚或缓期执行刑罚而进行保护观

① Koichi Hamai, Renaud Ville, Robert Harris, Mike Hough and Ugljes Zvekic, "Introduction", In Koichi Hamai, Renaud Ville, Robert Harris, Mike Hough and Ugljes Zvekic（Eds.）, Probation Round the World: A Comparative Study. London and New York, Routledge, 1995, pp. 1~5.

② United Nations, Probation and Related Measures, Document E/C N. 5/F230. New York: United Nations, 1951, p. 4.

③ Cartledge, C., Tak, P. & Tomic – Malic M., （Eds）, Probatiion in/en Europe. Hertogenbosch, Netherlands: European Assembly for Probation and After Care, 1981, p. 22.

④ Bottoms, A., Gelsthorpe, L. & Rex, S., "Introduction: The Contemporary Scene for Community Penalties", In A. Bottoms, L. Gelsthorpe, S. Rex（Eds）, Community Penalties: Change and Challenges. Dovon: Willan Publishing, 2001, pp. 1~15.

⑤ 这一刑罚是将社区矫正刑与社区惩罚刑混合在一起。

⑥ 该刑罚适用于未成年犯。

⑦ 该刑罚适用于未成年犯。

⑧ 该刑罚适用于 10~17 周岁的犯罪分子。

⑨ 该刑罚适用于 10~20 周岁的犯罪分子。

⑩ Bottoms, A., Gelsthorpe, L. & Rex, S., "Introduction: The Contemporary Scene for Community Penalties", In A. Bottoms, L. Gelsthorpe, S. Rex（Eds）, Community Penalties: Change and Challenges. Dovon: Willan Publishing, 2001, pp. 1~15.

察的权力，规定保护观察（Probation）就是刑罚。这一规定同样为社区性刑罚立法开辟了道路。① 美国在此阶段也增设了一些社区性刑罚，包括住宿性毒品矫治刑（Residential Drug Treatment Facilities）、军训营刑（Boot Camps）、强化的监督刑（Intensive Supervision）、电子监控刑（Electronic Monitoring）、家庭监禁（Home Confinement）。② 保护观察的刑罚化，不仅促进了社区性刑罚的发展，而且促进了刑罚体系的科学化，③ 使监禁刑向财产刑的过渡，重刑向轻刑的过渡，有了更广阔的空间。保护观察的刑罚化，促进了社区性刑罚整体的发展，使司法人员在刑罚裁量中有了更多刑种的选择，有了更大余地的选择，提升了刑罚的个别化的水平。

社区性刑罚进入"惩罚"发展阶段后，由于明确了社区性刑罚的"刑罚"地位，因而，"惩罚目的"进入社区性刑罚适用的"目的"王国。根据英国原内政部的社区性刑罚适用标准，惩罚犯罪人不仅是社区性刑罚适用的目的，而且是第一目的。根据英国原内政部的社区性刑罚适用标准，社区性刑罚适用的目的是：对服刑人员进行严厉的惩罚；降低重新犯罪的可能性；矫正服刑人员；促进服刑人员向社会赔偿；最大程度地降低服刑人员对社会的风险。④

④关注刑罚的"社区安全需要"阶段。随着刑罚惩罚思想的被接受与刑罚正义模式的推行，西方国家打击犯罪的力度显著提高，越来越多的犯罪分子被判处刑罚。由于社区性刑罚被明确为刑罚，因而，越来越多的犯罪分子被适用社区性刑罚。这样，在社区中被监督控制的犯罪分子越来越多，于是出现监督管理人员数量相对不足的问题。同时，由于服刑人员增加，不同类型服刑人员的出现使监督管理难度也不断加大。如何保证社区公众安全的问题应运而生。

在这种背景下，新刑罚学理论被引入社区性刑罚领域。⑤ 新刑罚学的主张既可以维护社区性刑罚的地位，支持社区性刑罚的适用，同时，又可以维护公众的安全，主张对罪犯进行危险评估与危险控制。危险评估、危险控制先后被引入社区性刑罚领域。

① Cromwell, P. F., Carmen, R. V. del, Alarid, L. F., Community – based Corrections. Belmont：Wadsworth/Thomson Learning, 2002, p. 30.

② Clear, T. R. & Dammer, H. R., The Offender in the Community. Belmont：Wadsworth/Thomson Learning, 2003, p. 52.

③ Morris, N. and Tonry, M., Between Prison and Probation：Intermediate Punishment：Towarda Rational Sentencing System. Chicago：University of Chicago Press, 1990.

④ Home Office, National Standards for the Supervision of Offenders in the Community 2002. London：Home Office.

⑤ Worrall, A. & Hoy, C., Punishment in the Community – managing Offenders, Making Choices. Dovon：Willian Publishing, 2005, p. 54.

3. 社区性刑罚的种类

（1）社区刑。社区刑是将被判处有罪的犯罪分子放在社区中执行的刑罚类型。

①英国①的社区刑。根据 2002 年出台的《刑事司法法典》（The Criminal Justice Bill 2002），英国过去的所有社区性刑罚统一为社区令（Community Orders）。这一综合性的社区刑（The Generic Community Sentence）将社区矫正刑（Community Rehabilitation Order）、社区惩罚刑（Community Punishment Order）、社区惩罚与矫正刑（The Community Punishment and Rehabilitation Order）、宵禁刑（The Curfew Order）、关护刑（The Attendance Center Order）、监督刑（The Supervision Order）、排除刑（The Exclusion Order）、毒品治疗与检测刑（The Drug Treatment and Testing Order）、戒毒刑（The Drug Abstinence Order）、行动刑（the Action Plan Order）这 10 种刑罚合为一种刑罚。

由于现在的社区刑的刑罚基础是 2002 年前的 10 种社区性刑罚，理解现在的刑罚内涵需要了解过去 10 种刑罚的内容，所以这里需要专门介绍 2002 年前的 10 种刑罚。

第一，社区矫正刑②。社区矫正刑（Community Rehabilitation Order）是由保护观察刑（Probation Order）发展而来的。

在 19 世纪的英国，"教堂自愿者协会"（Voluntary Church Societies）就要求一些具有治安性质的人员，如警察法院的传教人员（Police Court Missionaries），帮助酗酒者改造。后来这种实践发展为一种刑事司法帮助形式——保护观察，即治安法院对一些轻微犯罪的人不再判刑而交由与教堂有密切关系的人员进行帮助。早在 16 世纪，英国对犯轻罪的罪犯就有保护观察（Probation）的实践。如果犯罪人保证"行为端正"，有保人，如犯罪人的亲戚、朋友，保证其出庭，法院允许犯罪人保护观察。如果犯罪人违反保证，将被送到监狱。③ 由于保护观察有利于防治犯罪分子重新犯罪，有助于促进犯罪分子赎罪，体现了人道主义的情怀，所以，各方都期待将保护观察实践法制化。1907 年立法机构通过了《保护观察法》（Probation of Offenders Act 1907），完成了保护观察制度法定化工作。

保护观察制度是保护观察刑的前身。

---

① 由于英国有不同的司法区，除英格兰与威尔士，还有苏格兰、北爱尔兰。这里所说的英国主要是指英格兰与威尔士。

② Wasik, M., Emminson Sentencing, Fourth Edition. London: Blackstone Press, 2001, pp. 172～179.

③ Samaha, J., Criminal Justice. Opperman Drive: West Publishing Company, 1997, p. 489.

早期的保护观察是由有关宗教的人士实施的，特别是宗教组织的传教人员。保护观察的内容是通过教诲犯罪分子、向犯罪分子传道、帮助犯罪分子，使其悔罪。1907 年的《保护观察法》出台后，保护观察由地方政府授薪的专职工作人员代替了有关宗教的人士。

保护观察工作专职人员的出现不仅为保护观察系统的推进提供了人力上的保障，而且为保护观察工作的专业化创造了条件，使得保护观察制度得到全面发展。在 1925～1926 年之间，英国建立起比较完整的保护观察系统。1930 年建立了保护观察培训机构。[1]

保护观察制度经过突出"改造——矫治"的阶段、强调监禁的"替代性"作用的阶段，进入到重视社区性刑罚的"惩罚"阶段。1991 年的《刑事司法法》明确规定保护观察是一种独立的刑种。[2] 根据 1991 年的《刑事司法法》，英国的刑罚分为三类：监禁刑（Custodial Sentences）、社区刑（Community Sentences）与其他刑罚（Other Orders）。监禁刑包括监禁（Imprisonment）、缓刑（Suspended Sentence）、未成年人监管设施的监禁（Detentionina Young Offender Institution）。社区刑包括保护观察刑（Probation Order with and without Requirements）、社区服务刑（Community Service Order）、结合刑（Combination Order）与关护刑（Attendance Centre）。其他刑罚（Other Orders）包括罚金刑（Fines）、赔偿刑（Compensation）、无条件释放（Absolute Discharge）与推迟判刑（Deferred Sentence）。[3] 保护观察是刑罚种类之一。

保护观察被规定为刑罚后，保护观察的监督措施被作为主要的惩罚措施。被判处保护观察刑的罪犯要与监督人员保持密切的联系，服从指令，当住址发生变化时要及时报告。保护观察时间为 6 个月至 3 年。如果罪犯是 18 岁以下的未成年人，保护观察监督由未成年罪犯工作组进行，而不是一般工作人员。

特别需要说明的是，保护观察刑不同于缓刑（Suspended Sentence）。在 2002 年英国的《刑事司法法典》（Criminal Justice Bill 2002）出台以前，[4] 英国有的学者不认为缓刑是一个刑种，而认为缓刑是剥夺自由刑的一种表现方式，不是社区

---

① Whitehead, P. and Statham, R., The History of Probation - Politics, Power and Cultural Change 1876～2005. Crayford：Shaw & Sons Limited, 2006, pp. 289～296.

② Cavadino, M. & Dignan, J., The Penal System. London：SAGE Publications, 1997, p. 219.

③ Whitehead, P. and Statham, R., The History of Probation - Politics, Power and Cultural Change 1876～2005. Crayford：Shaw & Sons Limited, 2006, p. 123.

④ 2002 年出台的《刑事司法法典》（The Criminal Justice Bill）将缓刑规定为一个刑种。

刑，因而，将缓刑纳入监禁刑范畴。① 而有的学者将缓刑与监禁刑、非监禁刑并列。② 缓刑是 1967 年引入英国的。现行法律规定包含在《刑事法院权力法》（PCC（S）A 2000）中。1998 年皇家法院对公诉罪中的 3% 适用了缓刑。根据法律规定，缓刑的最长期限是 2 年或者法院根据《刑事法院权力法》决定罪犯的缓刑期限。治安法院适用缓刑的最长期限为 6 个月，最低为 5 日。罪犯被判缓刑后，需要接受保护观察官员的监督。如果违反规定，治安法官可能发出逮捕令状，还可能对其处以罚金 1000 镑。如果被定罪，罪犯原判的刑罚还要执行。2002 年的《刑事司法法典》（Criminal Justice Bill 2002）对缓刑予以了进一步的规定。对于被判刑期至少 28 周而不超过 51 周的罪犯能够遵守监督规定，除非违反监督规定，实施犯罪，否则所判刑罚不发生法律效果。缓刑监督期不少于 6 个月，但不超过 2 年。需要遵守的监督规定包括：参加无报酬的劳动；参加某种活动；禁止参加某些活动；参加某些矫治项目；宵禁；排除性要求；住宿的要求；精神健康治疗的要求；毒品矫治的要求；酒精矫治的要求；监督的要求；25 岁以下的参加关护中心的活动。

适用保护观察刑的法院既可以是皇家法院（Crown Court，这类法院承担审判犯有重罪的犯罪分子的职责），也可以是治安法院（Magistrates Court，这类法院承担审判犯有轻罪的犯罪分子的职责）与青少年法院（这类法院承担审判青少年犯的职责）。根据有关统计，自保护观察被明确为刑罚后，无论是皇家法院还是治安法院在适用保护观察刑上的数量均有所提高。从 1986～2002 年的统计情况看，保护观察刑在各种刑罚适用中所占比例呈上升趋势，见本节表 4、表 5。③

表 4：皇家法院 1986～2002 年量刑情况（%）

	1986	1991	1996	2001	2002
有条件释放（Conditional Discharge）	5	6	3	3	3
罚金（Fine）	8	7	4	3	3
保护观察刑（Probation Order）	8	12	10	11	10
社区服务刑（Community Service）	10	13	12	11	11

① Wasik, M., Emminson Sentencing. London：Blackstone Press., 2001.

② Cavadino, M. & Dignan, J., The Penal System. London：SAGE Publications, 1997, p. 228.

③ Mair, G., "Diversionary and Non-supervisory Approaches to dealing with offenders", In A. Bottoms, S. Rex, G. Robinson（Eds.）, Alternativesto Prison：option for an insecure society. Devon：Willan Publishing, 2004, pp. 135～161.

（续表）

	1986	1991	1996	2001	2002
结合刑（Combination Order）			4	2	4
缓刑（Suspended Sentence）	14	16	3	2	2
监禁刑（Custody）	52	44	61	63	63
其他	1	2	3	5	6
总计	85600	83500	79900	68800	73000

表5：治安法院 1986～2002 年量刑情况（%）

	1986	1991	1996	2001	2002
无条件释放（Absolute Discharge）	1	1	1	1	1
有条件释放（Conditional Discharge）	16	23	22	18	17
罚金（Fine）	48	45	36	30	29
保护观察刑（Probation Order）	9	10	11	12	12
社区服务刑（Community Service Order）	7	7	9	8	8
监督刑（Supervision Order）	3	2	3	3	2
关护刑（Attendance Centre）	3	2	2	1	1
结合刑（Combination Order）			3	3	2
缓刑（Suspended Sentence）	4	3	0	0	0
监禁刑（Custody）	8	5	9	14	15
其他	1	2	2	10	12
总计	299500	252500	229400	254400	263700

我们看到，无论是皇家法院还是治安法院，自保护观察刑罚化后，适用保护观察刑的力度都有所提高。

在1991年规定的社区刑中，保护观察刑突出对罪犯的矫正，而社区服务刑突出对罪犯的惩罚。2000年的《刑事司法与法院法》（Criminal Justice and Court Service Act）修正了保护观察刑、社区服务刑与结合刑的名称，将保护观察刑改称为"社区矫正刑"（Community Rehabilitation Order），将社区服务刑改称为"社区惩罚刑"（Community Punishment Order），将结合刑改称为"社区惩罚与矫正刑"（Community Punishment and Rehabilitation Order）。

由于社区矫正刑是从保护观察刑发展而来的，所以社区矫正刑的内容与保护观察刑具有相同性。根据英国学者瑞诺（P. Raynor）与文斯顿（M. Vanstone）的著述，被判社区矫正刑的罪犯需要遵守以下规定：与保护观察机构联系；服从监督；参加矫正项目。此外，犯罪分子需要接受以下监督性的要求：住宿要求；

参加特别活动的要求，如参加保护观察中心的活动；接受精神病治疗；戒毒。如果服刑人员不遵守上述规定，保护观察机构可以起诉他们。[①]

第二，社区惩罚刑。社区惩罚刑（Community Punishment Order）是由社区服务刑发展而来的。

社区服务刑是 1972 年引入英国的。社区服务刑的基本内容是要求罪犯在社区参加无偿劳动。刑罚的目的是，通过积极的、遵纪守法的劳动，促使罪犯重新融入社会；通过劳动赔偿因犯罪给社会带来的损害。

根据 2000 年的《刑事司法与法院法》（Criminal Justice and Court Service Act 2000），社区服务刑改为社区惩罚刑，并于 2001 年 4 月生效。

英国学者瑞诺（P. Raynor）与文斯顿（M. Vanstone）将社区惩罚刑的内容概括为：其一，罪犯接受监督；其二，完成 40～240 个小时的无偿劳动。[②]

法院在公诉罪中很重视社区惩罚刑的运用，被判处社区惩罚刑的罪犯呈上升的趋势。根据统计，英国接受社区惩罚刑的罪犯人数从 1988 年的占罪犯总数的 8% 上升到 1999 年的 9%。1988 年有 30400 人适用社区服务刑，1999 年有 30500 人被判以社区惩罚。

第三，其他社区刑。其他社区刑主要有：社区惩罚与矫正刑、宵禁刑（The Curfew Order）、关护刑（The Attendance Center Order）、监督刑（The Supervision Order）、毒品治疗与检测刑（The Drug Treatment and Testing Order）、戒毒刑（The Drug Abstinence Order）、行动刑（the Action Plan Order）等。

2002 年出台的《刑事司法法典》（The Criminal Justice Bill 2002）对英国的刑罚体系进行了改革，对社区性刑罚作出了明确的规定，新规定了四种刑罚："综合性社区刑"（The Generic Community Sentence）；"监禁刑附加"（Custody plus）；"间歇监禁刑"（Intermittent Custody）；"缓刑或者称监禁减少"（The Suspended Sentence/Custodyminus）。

"综合性社区刑"将前述的社区刑进行了整合、重构，规定了新的社区刑（Community Order）。"监禁刑附加"、"间歇监禁刑"属于半监禁刑，我们在后面介绍。"缓刑或者监禁减少"（The Suspended Sentence/Custodyminus）也属于新的社区刑。

②美国的社区刑。随着对监禁刑的反思，美国也发展出自己的社区刑。但是，很多美国学者没有使用社区刑（Community Sentence/Community Penalties）

---

① Raynor, P. and Vanstone, M., Understanding Community Penalties：Probation, Policy and Social Change. Buckingham：Open University Press, 2002, p. 101.

② Raynor, P. and Vanstone, M., Understanding Community Penalties：Probation, Policy and Social Change. Buckingham：Open University Press, 2002, p. 101.

这种表述概念，而是使用"中间制裁"（Intermediate Sanctions）[①] 或者"中间惩罚"（Intermediate Punishment）[②] 这一概念。关于"中间制裁"或者"中间惩罚"包含的刑罚种类，学者们的看法也不尽一致。纽约大学约翰·杰刑事司法学院的科里尔（Todd R. Clear）等认为，中间制裁，指保护观察刑（Probation）与监禁刑之间的刑罚，包括罚金（Fine）、赔偿（Restitution）、社区服务刑（Community Service）、电子监控、日报告（Day Reporting Centers）。[③] 明尼苏达大学的萨马哈（J. Samaha）教授认为，中间制裁或者中间惩罚，包括社区服务刑、强化的监督刑（Intensive Supervision Programs）、家庭监禁（House Arrest/Home Confinement/Home Detention）、日报告、军训营（Boot Camp）。[④] 而山姆·休斯敦大学的卡门（Rolando V. Del Carmen）教授等认为，中间制裁包括：强化的保护观察刑（Intensive Supervision Probation）、赔偿与罚金、社区服务刑、毒品滥用矫治、日报告、家庭监禁与电子监控、中途之家（Halfway House）、军训营（Boot Camp）。[⑤] 辛辛那提大学的拉特萨（E. J. Latessa）等认为，中间制裁包括下列刑罚：罚金、社区服务、赔偿、保护观察刑、日报告、强化的保护观察刑、家庭监禁、电子监控、GPS 监控、社区住宿（Community Residential Centers）、两阶段刑罚（Split Sentences）。[⑥] 由于"中间制裁"这一概念不仅含有社区刑，而且容有半监禁刑，而半监禁刑我们在后面要专门介绍，所以，本书根据美国学者的论述与我们在前面对社区刑的定义，将美国的下列刑罚纳入社区刑：[⑦] 保护观察刑（Probation）、社区服务刑（Community Service）、强化的监督刑（Intensive Supervised Probation/Intensive Supervision Program）、家庭监禁（House Arrest）、日报告（Day Reporting Centers）。

---

① 如 Carlson, N. A., Hess, K. M. & Orthmann, C. M. H., Corrections in the 21st Century: A Practical Approach. Belmont: Wadsworth Publishing Company, 1999, p. 151.

② 如 Samaha, J., Criminal Justice. Minneapolis: West Publising Company, 1997, p. 504.

③ Clear, T. R. & Dammer, H. R., The Offender in the Community. Belmont: Wadsworth/Thomson Learning, p. 16.

④ Samaha, J., Criminal Justice. Minneapolis: West Publising Company, 1997, p. 505.

⑤ Cromwell, P. F., Carmen, R. V. del, Alarid, L. F., Community – based Corrections. Belmont: Wadsworth/Thomson Learning, 2002, pp. 16 ~ 17.

⑥ Latessa, E. J. & Smith, P., Corrections in the Community. Burlinton: Anderson, 2007, p. 35.

⑦ Carlson, N. A., Hess, K. M. & Orthmann, C. M. H., Corrections in the 21st Century: A Practical Approach. Belmont: Wadsworth Publishing Company, 1999.

第一，保护观察刑①。美国今天的保护观察刑（Probation）也是由保护观察制度发展而来的。

1841 年美国波士顿的鞋匠奥古斯特（J. Augustus）因不忍见到出狱罪犯生活凄惨，向法院提出对罪犯保释，从而开启了保护观察制度发展的大门。1878 年马萨诸塞州设立了保护观察项目及保护观察官员。1925 年全国的《保护观察法》（National Probation Act）通过，允许联邦地区法院雇佣官员。1927 年美国所有的州都设立了未成年人保护观察机构。1957 年美国所有的州都设立了成年人的保护观察机构。

第二次世界大战前，保护观察的主要目的是救济刑罚的残酷，体现刑罚的仁慈性，主要适用于初犯。但是第二次世界大战后，法官开始对犯重罪的罪犯适用保护观察，期望使用保护观察而不是监禁有效矫正罪犯。20 世纪 70 年代后，保护观察的监督性加强，惩罚性显著提高，保护观察的刑罚性得到普遍认可。②1984 年的《联邦量刑改革法》（the Federal Sentence Reform Act）明确规定保护观察是一种刑罚。这样，保护观察被纳入刑罚的谱系。学者们通常将保护观察刑作为刑罚谱系中与监禁刑相对的一端，其他刑罚都置于两者之间。

美国矫正协会对保护观察所下的定义是：保护观察，是将罪犯置于社区由法院确定监督条件并由保护观察机构监督的刑罚。保护观察刑是美国非监禁刑中的基本刑罚。在刑罚执行体系中，接受保护观察刑的罪犯所受的监督与控制最弱。理论上将保护观察刑分为通常的保护观察刑（Regular Probation）、强化的保护观察刑（Intensive Supervision Probation）、推迟判决的保护观察刑（Deferred Adjudication Probation）等，这里的保护观察刑就是通常的保护观察刑。通常的保护观察刑是一般意义上的保护观察刑。强化的保护观察刑将在后面介绍。推迟判决的保护观察刑是美国有的州对于应当判处保护观察刑的罪犯，在判决前给罪犯一个机会，保留判决保护观察刑，而先适用社区服务刑或者赔偿刑，如果罪犯能够完

---

① 我国学者多将美国的保护观察刑（Probation order）翻译为缓刑。这与美国学者的看法差距很大。根据美国学者的看法，美国也有缓刑，"缓刑"的英文是"Suspended Sentence"，而不是"Probation"，即保护观察刑。根据美国明尼苏达大学刑事司法学资深教授萨马哈（Joe Samaha）对保护观察与缓刑的界定，保护观察刑是正式的刑罚，而缓刑（Suspended Sentence）是法院推迟监禁执行的措施。根据萨马哈的解释，美国的缓刑是法院在对罪犯判决监禁后，对罪犯既不进行监督，也不设置监督条件，而直接释放罪犯，恢复罪犯自由，但是，法官可以随时撤销罪犯缓刑，将罪犯交付监狱。参见 Samaha, J., Criminal Justice. Minneapolis：West Publishing Company, 1997, p. 494. 又见 Allen, H. E., etal., Probation and Parolein America. New York：The Free Press, 1985, p. 81。

② Samaha, J., Criminal Justice. Minneapolis：West Publishing Company, 1997, pp. 490 ~ 494.

成社区服务刑或者赔偿刑刑罚，保护观察刑就不再执行；反之，执行保护观察刑。①

美国学者认为，保护观察刑具有以下功能：② 其一，惩罚功能。虽然罪犯在社区服刑，但是罪犯要接受行动限制，接受刑罚惩罚。其二，威慑功能。保护观察刑可以起到威慑欲犯者的作用。其三，帮助罪犯重新融入社会。由于保护观察刑是社区刑，所以，罪犯可以在社会上生活，能够继续工作、照顾家庭，维持或者提高自己适应社会的能力。其四，控制犯罪。保护观察官员通过对罪犯的监督与矫正，推进对犯罪的控制。

美国保护观察刑的适用条件是：遵守法律；不能持有武器或者爆炸性物品；参加劳动、上学，或者参加职业培训；抚养儿女；如果搬家需要得到保护观察官的许可；职业的变化需要报告保护观察官；没有书面许可，不能到限定区域外旅行；遵守其他规定。根据规定，如果被适用保护观察刑的罪犯违反监督规定、实施新的犯罪，法院依法可以撤销保护观察。保护观察的撤销要依照正当程序进行，要依法进行听证。法院撤销保护观察后，通常进行新的判决。新的判决类型包括判处新的保护观察刑、判处强化的监督刑、判处监禁刑等。③

虽然保护观察的总目的是促进罪犯重新融入社会，成为合法公民，但是由于罪犯的犯罪特点不同，法官用刑的目的不完全一样，有的突出矫正，有的突出惩罚，因而，法院对执行社区刑的罪犯所确定的保护观察监督条件不尽相同。

如果罪犯被判处保护观察刑，保护观察机构将在社区服刑的罪犯分为高度危险、中度危险与低度危险三类，然后根据罪犯的危险程度进行监督。监督与矫正的重点在高度危险的罪犯方面。

保护观察刑的执行一般由保护观察机构来进行，但是，美国有的州有所不

---

① Cromwell, P. F., Carmen, R. V. del, Alarid, L. F., Community – based Corrections. Belmont：Wadsworth/Thomson Learning, 2002, pp. 40~41.

② Champion, D. J., Corrections in the United States – A Contemporary Perspective. Upper Saddle River：Pearson Prentice Hall, 2005, pp. 118~119.

③ Samaha, J., Criminal Justice. Minneapolis：West Publising Company, 1997, pp. 495~500.

同。例如，佛罗里达州于 1974 年允许"救世军"① 对执行社区刑的犯有轻罪的罪犯帮助监督；而有的州允许私营组织完成判前调查。

第二，社区服务刑。社区服务刑（Community Service）是要求罪犯根据法院判决参加规定时间无偿劳动的刑罚。社会服务刑于 1966 年产生于美国的加利福尼亚州。加利福尼亚州的法官对违反交通法与停车法的妇女无计可施，判处罚金没钱，而判处监禁刑又太重了，最后适用了社区服务刑。此后这种刑罚逐步扩大适用范围，现在成为美国一种重要的社区刑。

美国学者认为，社区服务刑也是一种赔偿形式。社区服务刑的内容就是让罪犯参加没有报酬的劳动以赔偿社会之债。② 法院通常要求罪犯为慈善组织、诸如社区医院这样的公益组织提供无偿劳动，但是如果罪犯是专业人员，如医生，法院没有要求罪犯服务对象的具体要求。③

社区服务刑的劳动内容一般是：清理路边的垃圾；修理草坪；在教堂、学校从事义务劳动；建公园、修理公共房屋；在医院帮助照顾病人等。

在美国，社区服务刑往往与保护观察刑结合起来适用。社区服务刑与保护观察刑的关系非常密切，以至于公众将社区服务刑作为保护观察刑的内容，而不是

---

① 救世军（The Salvation Army）是基督新教中从事传教与社会服务的国际性组织。创始人为英国人威廉·布斯。布斯原为循道公会牧师，1861 年脱离循道公会，到各地旅行布道。1864 年在下层群众聚居的伦敦东区开展传教活动，获得不少信徒。由于正统教会拒绝接受布斯的信徒，布斯只能带领他们在教会以外的地方举行礼拜。1865 年建立传教组织，当时称基督徒布道团。1878 年定名为救世军，并模仿军队的建制，教徒称军兵，传道人称军官，且有军阶、军衔。布斯任总司令，军官着统一的制服，还有军旗和军乐队。救世军的神学观点基本上与教会传统信仰一致，如相信圣经为上帝默示、三位一体论、信者因信凭恩蒙救、灵魂不朽、身体复活、最后审判等。但它排斥一切圣事，强调个人道德与个人得救。救世军主要以下层群众为对象，十分重视街头露天布道，并用各种易引人注意的方式进行传教活动，如以世俗流行歌曲的曲调配上浅易的宗教歌词，用铜管乐伴奏。他们主张爱穷人，在拯救他们灵魂的同时，还要满足他们身体的需要。所以，救世军也致力于社会服务工作，举办各种慈善事业，如赈济贫民、兴办农场、学校、医院，开展海难救援等。但从成立之初，其即因其非传统的传教方式而受到正统教会的责难。在第一次世界大战中，救世军在服务性工作中作出的贡献，消除了外界对他们的偏见。该组织作为世界基督教一个成员的地位也得到了社会的承认。救世军于 1880 年传到美国，随之传到加拿大、印度等地。1916 年传入中国。目前救世军已传布 70 多个国家，据称有成员 200 万人。总部设在伦敦，大部分成员分布在英国以外的地区，其中以美国居多。参见百度百科"救世军"http：//baike. baidu. com/view/243150. htm。

② Carlson, N. A., Hess, K. M. & Orthmann, C. M. H., Corrections in the 21st Century: A Practical Approach. Belmont: Wadsworth Publishing Company, 1999, p. 157.

③ Latessa, E. J. & Smith, P., Corrections in the Community, Burlinton: Anderson, 2007, p. 36.

独立的刑罚，或者说将社区服务刑理解为增加了劳动惩罚内容的保护观察刑。

社区服务刑具有惩罚与矫正的属性。惩罚性体现在要求被判刑罚的罪犯参加无偿的劳动，矫正性体现在帮助罪犯融入社会。随着法的"正义"观念地位的上升，强调社区矫正刑的惩罚性用刑观被越来越多的法官接受。法官在裁量社区服务日数时将社区服务时间与犯罪危害结合起来。①

第三，强化的监督刑。与标准的保护观察刑相比，强化的监督刑（Intensive Supervised Probation/Intensive Supervision Program）突出监督，对罪犯有更多的限制。从刑罚目的层面看，虽然这种刑罚也将矫正列入刑罚目的中，但是，这种刑罚更强调对罪犯的限制，主张限制优于矫正。关于强化的监督刑的价值，一般认为有以下几点：其一，降低监狱的拥挤度；其二，强化对社区安全的保障；其三，矫正罪犯；其四，提高保护观察的保护性；其五，降低刑事司法的成本。②强化的监督刑产生于 20 世纪 60 年代末、70 年代初，现在美国每个州都有。强化的监督刑也被传到了欧洲国家。当然，欧洲人并非照搬美国人的制度，在学习美国人的理论与实践中，难免夹入欧洲人自己的见解。例如，在英国，强化的监督刑被定义为"强化的监督与监视刑"（Intensive Supervision and Surveillance Program）。除了刑罚名称有所不同，刑罚的内容、适用对象与刑罚的条件，也有所区别。③

强化的监督刑的适用对象是可以放到社区执行刑罚，但是犯罪又较重的，或者具有一定犯罪反复性的需要加强监督的青少年犯。现在强化的监督刑的适用对象除了上述青少年犯，也包括犯罪较重的成年犯，或者具有一定犯罪反复性的成年犯。

一般来说，强化的监督刑的内容是：监督人员与罪犯经常性的接触；经常性的家访；对罪犯进行宵禁；随机性的毒品与酒精检查；支付对被害人的损害；执行社区服务；必须有业可就；可能同时适用家庭监禁（House Arrest）与电子监控；要求参加矫正项目；要求参加教育课程；了解其是否被警察控制。

第四，家庭监禁。家庭监禁（House Arrest/House Confinement），又叫室内监禁，要求罪犯除了特别的时间或者特殊目的外，必须留在被判刑人家中。家庭监禁是一种特殊的措施，既是社区刑，又是监禁过渡措施。作为监禁过渡措施的家庭监禁，本书将在后面介绍。

①　Samaha, J., Criminal Justice. Minneapolis：West Publishing Company, 1997, p. 516.

②　Samaha, J., Criminal Justice. Minneapolis：West Publishing Company, 1997, p. 506.

③　Moore, R., Gray, E., Roberts, C., Taylor, E. & Merrington, S., Managing Persistent and Serious Offenders in the Community：Intensive Supervision Programmes in Theory and Practice. Portland：Willan Publishing, 2006, p. 75.

从历史上看，家庭监禁在欧洲早就存在，但是在当代，它是 1971 年美国圣路易斯（St Louis）首先适用的。圣路易斯于 1971 年开始对未成年犯适用家庭监禁。作为制定法上的刑罚，即社区刑，是美国佛罗里达州《矫正改革法》规定的。佛罗里达州 1983 年开始适用家庭监禁刑，1990 年有 2 万人被判家庭监禁。被判家庭监禁的罪犯一般是非暴力犯罪者，但是对犯轻罪的暴力犯也可以考虑适用家庭监禁。①

家庭监禁的功能有以下几点：其一，在实现惩罚罪犯的同时，避免罪犯在心中留下监禁耻辱的污点；其二，维持家庭关系；其三，为矫正留下空间；其四，节约刑事司法的投入，减少国家在监禁机构上的投入；其五，通过限制罪犯在街面的出现，保障公众的安全；其六，满足罪犯惩罚的要求。②

家庭监禁刑的基本特点是要求罪犯在特定的时间待在家中，晚上不准离开家。有时不准访客，但是外出工作、购物、参加社区服务是可以的。

从理论上说，家庭监禁分为三个层次：宵禁（Curfew）；家庭拘禁（Home Detention）；家庭监禁（Home Incarceration）。家庭宵禁有时间限制，罪犯的行动在特定时间，通常是晚上受到限制。在家庭拘禁的情况下，罪犯除了接受教育、工作与矫治，其他时间要待在家里，外出需要经过批准。在家庭监禁的情况下，罪犯除了宗教与医疗的原因，其他时间都被要求待在家里。宵禁、家庭拘禁与家庭监禁限制自由的力度不同。

美国加州大学欧文分校（University of California, Irvine）的裴特丝莱博士（J. Petersilia）等对家庭监禁的利弊进行过分析。③ 裴特丝莱博士认为，家庭监禁的利处在于有较好的刑罚经济性，判决内容具有一定弹性，不仅让罪犯在非监禁状态下生活，保持与社会的联系，而且让罪犯出来劳动；不足之处在于不利于社会控制。

第五，日报告。日报告（Day Reporting Centers）是要求罪犯到"日报告中心"报告每日活动的刑罚。日报告刑产生于 20 世纪 70 年代的美国。这种刑罚主要适用于未成年罪犯与不在监禁设施中的精神病人。1986 年美国马萨诸塞州建立全美第一座对成年犯的"日报告中心"，这样，日报告刑开始适用于普通成年犯。进入 90 年代，"日报告中心"发展很快，到 1995 年时已经有 22 个州建立了

---

① M. Nieto, Community Correction Punishments: An Alternative to Incarceration for Nonviolent Offenders. www. library. ca. gov/CRB/96/08.

② Samaha, J., Criminal Justice. Minneapolis: West Publishing Company, 1997, p. 509.

③ Petersilia, J., etal, Granting Felons Probation. Santa Monica: Rand Corporation, 1985, pp. 2 ~ 4.

100 多个"日报告中心"①。

日报告刑是一种要求罪犯每日必须出现且参加"日报告中心"提供的活动的刑罚。在刑罚执行中,"日报告中心"除了向罪犯提供各种活动,也要求罪犯经常地与"日报告中心"的工作人员电话联系,并不定期地提供尿样。

"日报告中心"要求罪犯参加的主要活动有:② 寻求工作的技能;关于滥用毒品危害的教育;群体咨询;工作安置的培训;教育课程;对吸毒者矫治;生活技能培训;个别咨询;提供过渡房;利用休闲时间。

第六,探索中的社区刑。由于社区刑的适用,不仅分流了监狱人口,缓解了监狱人口压力,而且还通过使用监督技术、非监禁方法等降低了罪犯重新犯罪率,实现了对罪犯的惩罚,所以社区刑得到人们的支持,甚至欢迎。由于不满足已有的社区刑,美国的一些州开始探索发展新的社区刑。1983 年美国佛罗里达州的《矫正改革法》(Correctional Reform Act)规定的社区控制刑(Community Control Program),应当被认为是其中的新探索。③

社区控制刑是很严厉的社区刑。根据法律规定,除了劳动时间,罪犯被要求待在居所,除非有监督官员的特别允许。监督官员每个月要与罪犯进行 28 次联系,包括家访、工作访问、电话联系。为了体现刑罚的惩罚性,这种刑罚要求罪犯支付监督费用。

这种刑罚的适用对象是有职业的罪犯或者正在上学的罪犯。从理论上说,社区控制刑在对罪犯的工作与家庭生活进行监控的条件下,不仅让罪犯纳税、支付监督费用,可能还让罪犯赔偿因犯罪所造成的有关损害;保持罪犯在家庭与社会中正常的角色,不仅可以确保公共安全,而且也能维护罪犯的劳动习惯,降低罪犯重新犯罪的可能。基于上述判断,法官都很重视使用社区控制。在 1991 ~ 1992 年有 1.6 万名犯有重罪的罪犯被适用社区控制刑,而在 1987 ~ 1992 年有超过 6 万人被判处社区控制刑。④

第七,电子监控(Electronic Monitoring)。电子监控是根据电子技术掌握社区中罪犯所处方位的监控方式。电子监控不是一种刑罚,但是,在社区刑或者说社区性刑罚执行中,电子监控已成为刑罚的有机组成部分,是强化监督的重要

---

① Parent, D., etal, Day Reporting Centers. Washington, DC: National Institution, 1995, p. 3.

② Parent, D., etal, Day Reporting Centers. Washington, DC: National Institution, 1995, p. 15.

③ Smith, L. G. & Akers, R. L., "A Comparison of Recidivism of Florida's Community Control and Prison: A Five - Years Survival Analysis", Journal of Research in Crime and Delinquency, 1993, 30, pp. 267~292.

④ 佛罗里达矫正局 1992 年公布的数字,Florida Department of Corrections 1992。

方法。

③其他国家的社区刑。

第一，加拿大的"有条件的监禁刑"①。加拿大的"有条件的监禁刑"（Conditional Sentence of Imprisonment）是 1996 年推出的刑罚，是加拿大刑罚改革的重要内容之一。

根据《加拿大刑法典》（Canadian Criminal Code）第 742.1 条的规定，当犯罪嫌疑人被认定为有罪后，在下列条件下，法院可以判处罪犯"有条件的监禁刑"：应当判处 2 年以下监禁刑；判处"有条件的监禁刑"不致危害社会；判决能够实现刑罚的目的并遵守刑罚的原则，即威慑犯罪、矫正罪犯、剥夺犯罪能力、实现正义；罪犯能够遵守监督条件。适用"有条件的监禁刑"的罪犯需要遵守的条件分为强制性条件与任意性条件。强制性条件是法院必须适用的条件，包括下面几项：罪犯需要保持平和；具有好的行为表现；服从法院命令，随叫随到；改名、搬家事先报告法院或者保护观察人员；就业变化时，事先报告法院或者保护观察人员。任意性条件是法院根据原则自行确定的条件。法院确定任意性条件的基本原则有两个：一是促进罪犯实施善行；二是防止罪犯复发犯罪。

如果罪犯违反监督规定，法院可以根据违反监督规定的具体情况选择下列措施中的一种予以惩戒：其一，保持原有监督条件，以观后效；其二，增加监督的条件；其三，对所判"有条件的监禁刑"缓执行，先让罪犯到监狱待一段时间；其四，撤销"有条件的监禁刑"，改判监禁刑。

第二，俄罗斯的强制（义务）劳动刑②。强制（义务）劳动刑要求被判处此种刑罚的罪犯必须在完成其主要工作或学习之余从事无偿的公益劳动。在俄罗斯，强制（义务）劳动刑规定的期限为 60～240 小时，而罪犯每天服刑的时间，即从事无偿社会公益劳动的时间不得超过 4 小时。根据《俄罗斯联邦刑法》第 45 条第 1 款的规定，强制（义务）劳动刑是俄罗斯联邦的主刑。

强制（义务）劳动刑的内容包括对罪犯的劳动及其他权利、合法利益和义务的剥夺、限制和追加。

第三，俄罗斯的矫正劳动刑③。矫正劳动刑是俄罗斯联邦社区刑中的一个重要刑罚。在俄罗斯刑罚体系中矫正劳动刑是比强制（义务）劳动刑重的刑罚。

---

① Roberts, J. V., The Virtual Prison: Community Custody and the Evolution of Imperisonment. Cambridge: Cambridge University Press, 2004, pp. 66～72.

② 王定辉、田越光：《俄罗斯联邦刑事执行制度研究——社区矫正刑之强制（义务）劳动刑的执行》，载《中国监狱学刊》2012 年第 4 期。

③ 王揆鹏、田越光：《俄罗斯联邦刑事执行制度研究——社区矫正刑之矫正劳动刑的执行》，载《中国监狱学刊》2013 年第 1 期。

根据《俄罗斯联邦刑法》第 45 条第 1 款的规定，矫正劳动刑只能作为主刑适用。该法第 50 条规定，被判处矫正劳动刑的罪犯，如没有主要工作地点，应在地方政府与社区矫正执行机关共同商定的地点服刑，但必须在罪犯居住所在地区。

第四，爱尔兰的社区服务刑。爱尔兰的社区服务刑始于 1984 年，刑罚设立目标是赔偿被害人或者社会、促进罪犯重返社会。根据法律规定，任何年满 16 周岁的人都有可能考虑被判此刑罚，同时，剥夺罪犯享受自由的时间。社区服务刑是可以上诉的刑罚。法官判决社区服务的前提有两个：其一，罪犯可以被判监禁；其二，保护观察机构提出了可以执行社区服务的判前报告。保护观察官员需特别注意的是，罪犯对犯罪的态度，罪犯对被害人的态度，可以向罪犯提供社区服务可能性。如果罪犯吸毒、没有参加一个矫治计划或者不愿意接受社区服务刑，应当认为罪犯不适宜服社区服务刑。

在爱尔兰，社区服务刑的时间是 40 ~ 140 个小时，罪犯所从事的无报酬工作包括：修理、油漆、修复社区设施、土地美化、在老年人服务中心进行帮助等。罪犯从事社区服务将受到保护观察人员监督，如果罪犯不能很好地劳动，社区保护观察人员将向法院申请撤销社区服务。法院可能改判罪犯监禁刑。跟踪材料表明，大约有 80% 的罪犯能够完成社区服务刑，有 17% 的罪犯被撤销社区服务刑而改判监禁刑。老年犯、初犯及罪行较轻者能够很好地完成社区服务。[①]

第五，澳大利亚塔斯马尼亚州的社区服务刑。与推行社区服务刑的多数国家一样，澳大利亚塔斯马尼亚州引入、推行社区服务刑的目标也在于促进罪犯赔偿被害人或者社会、促进罪犯重返社会，同时实现对罪犯的惩罚。但是，澳大利亚塔斯马尼亚州除了将社区服务刑作为独立的社区刑，还将社区服务刑作为一种罚金的替代刑。

根据塔斯马尼亚州 1997 年《量刑法》（the Sentencing Act 1997）第 47 条的规定，如果罪犯不能够缴纳罚金，法官可以将罪犯不能缴纳的罚金折合成社区服务刑。罚金与社区服务刑日数的换算大体如下：

95.00 澳元 = 7 小时；

135.00 澳元 = 14 小时；

201.00 澳元 = 21 小时。

如果执行社区服务刑的罪犯违反规定，根据塔斯马尼亚州 1997 年《量刑法》（the Sentencing Act 1997）第 36 条的规定，法院可以选择下列刑罚判处罪

---

① P. O' Dea, "The Probation and Welfare Service: Its Rolein Criminal Justice", In P. O' Mahony（Eds.）, Criminal Justice in Ireland. Dublin: The Institute of Public Administration, 2002, pp. 635 ~ 656.

犯：不超过 1000 澳元的罚金；不超过 3 个月的监禁实刑或者缓刑；保护观察刑；更长时日的社区服务刑；上述几种刑罚的混合使用。

（2）半监禁刑。半监禁刑是犯罪分子既要在监禁设施服刑，也要到社区服刑的刑罚，其特点是被判半监禁刑的犯罪分子需要在被判刑期的某个阶段或者时日在监狱中服刑，其他时间在社区中服刑。与社区刑相比，半监禁刑的刑罚要素中有监禁内容，被判半监禁刑的罪犯需要在被判刑期的某个阶段或者时日去监禁设施中服刑，而社区刑的刑罚要素中没有监禁内容，被判社区刑的罪犯无须服监禁刑。与监禁刑相比，半监禁刑的刑罚要素中有社区服刑内容，因而，被判半监禁刑的罪犯在被判刑期的某个阶段或者时日需要被放到社区中服刑。虽然开放的监禁刑在执行中罪犯也可以到社区中服刑，但是，半监禁刑与开放的监禁刑相比，罪犯在社区中服刑是刑罚构成的要素，半监禁刑的刑罚力度要轻于监禁刑。而在开放的监禁刑中，罪犯在社区中服刑通常并不是刑罚构成的要素，开放的监禁刑仍然属于监禁刑的范畴。

这里主要介绍英国、美国的半监禁刑。

①英国的半监禁刑。

第一，间歇监禁刑（Intermittent Custody）。间歇监禁刑是英国 2002 年出台的《刑事司法法典》（The Criminal Justice Bill 2002）推出的刑罚。该刑罚设计的直接目的是降低监狱的弊端，帮助罪犯维持家庭联系、保持工作技能发展。这种刑罚设计的终极目的是降低重新犯罪率。间歇监禁刑是一种替代短期监禁刑的刑罚。

间歇监禁刑包括两部分：第一部分，监禁部分；第二部分，社区服刑部分。在罪犯犯有一个罪的情况下，监禁期至少 14 日，但是不超过 90 日。社区监督期不低于 6 个月。

间歇监禁刑包括两种形式：形式一，周末服刑。这种形式一般适用于有稳定工作的罪犯。形式二，周末回家。这种形式通常适用于没有工作的罪犯。

在刑罚具体适用中，罪犯所判刑期应当至少是 28 周，但是，在罪犯犯有一个罪的情况下，间歇监禁的刑期不超过 51 周。

间歇监禁刑裁量时需要考虑：其一，危险评估的结果。如果罪犯危险大，不适用这种刑罚。其二，罪犯的犯罪性质。如果罪犯所犯罪行性质是性犯罪、暴力犯罪与比较严重的毒品犯罪，法官不能对罪犯适用间歇监禁刑。

被判处间歇监禁刑的罪犯在社区服刑中需要遵守下列规定：

其一，关于无偿劳动的规定。根据 2002 年《刑事司法法典》第 167 条的规定，对有劳动能力的罪犯，法院可以判处其参加无偿劳动，但是如果罪犯不适合劳动，罪犯可以不参加劳动。

其二，关于活动的规定。罪犯参加某种活动需要得到保护观察机构的认可。

如果参加某种活动需要遵守保护观察机构的要求。

其三，参加矫正项目①的规定。罪犯参加的矫正项目必须是得到认证的项目。

其四，禁止参加活动的规定。有的活动罪犯不能参加。法院下达的罪犯不能参加活动的命令内容，需要考虑保护观察机构的报告内容。

其五，关于宵禁的规定。根据 2002 年的《刑事司法法典》第 184 条的规定，被判处间歇监禁刑宵禁的时间应当有一定的灵活性。一般情况下，罪犯宵禁的时间不低于 2 个小时，但是不能高于 15 个小时。

第二，监禁刑附加（Custody plus）。监禁刑附加意为"监禁刑 + 社区监督"。关于监禁刑附加的价值，英国学者认为，监禁刑附加就是替代短期刑的刑罚。②

监禁刑附加包括短期的监禁部分与长期的社区监督部分。根据 2002 年《刑事司法法典》，在监禁刑附加中，监禁期在 2 周以上，但是对于罪犯犯一种罪的情况，监禁期不超过 13 周。社区监督期至少在 26 周以上。法院在量刑时可以围绕刑罚目的设置不同的社区监督内容。

第三，监禁与训练刑（Detention and Training Order）。监禁与训练刑刑罚设计的目的是降低重新犯罪。

监禁与训练刑是英国 1998 年开始对未成年犯实施的监禁刑罚。该刑罚于 2000 年 4 月 1 日开始实施。这一刑罚替代了"青少年犯拘禁与安全训练刑"（Detentionina Young Offender Institution and the Secure Training Order）。这一刑罚的执行单位包括英格兰与威尔士的法院、监禁设施，青少年犯罪局（Youth Offending Term）。"国家青少年刑事司法准则"（National Standard for youth Justice Services）是适用这种刑罚的指南。

这一刑罚是法院适用于高度危险的青少年罪犯的刑罚，即具有实施严重犯罪历史的罪犯；被认为是顽固犯（Persistent Offender）；没有别的刑罚有效地控制其危险的，才适用这种刑罚。所谓顽固犯，指年龄在 10 ~ 17 岁之间，已经有 3 次以上（包括 3 次）定罪记录，而且在 3 年内实施过其他的犯罪。当然，在刑罚裁定时，犯罪的严重性也是要考虑的。从年龄看，监禁与训练刑适用于 12 ~ 18 岁之间的人。在特殊的情况下也可以适用于应当予以刑罚处罚的 21 岁以上的年轻罪犯。

监禁与训练刑的最高刑期是 24 个月，最少是 4 个月。对于 21 岁以上的犯特别罪的人，皇家法院可以判处 24 个月以上的刑罚。

---

① "矫正项目"，是矫正服刑人员的具体的、可操作的矫正活动。本书在后面专门介绍。

② Campbell, B., "Transforming the Sentencing Framework", Prison Service Journal, 2003, 148.

监禁与训练刑分为两部分刑罚：一部分在安全设施（Secure Accommodation）内接受监禁与培训；另一部分是在社区接受监督。两部分刑罚各一半。监禁部分可以在"监禁训练中心"（A Secure Training Centre）服刑，也可以在"青少年犯罪所"（A Young Offender Institution）服刑，还可以在监狱中服刑。

②美国的半监禁刑。

第一，震动监禁（Shock Incareration）。在刑事司法中，监狱有其优势，也有其弊端。监狱可能导致罪犯监狱化，可能导致罪犯受到其他罪犯影响而强化犯罪性，同时，由于监狱具有强大的剥夺自由功能，监狱对于一些罪犯而言，确实有强大的威慑力。如何扬长避短？美国学者提出震动监禁（Shock Incareration）的思路，期望有效预防重新犯罪。在美国，对"震动监禁还有别的表达形式，如"中间监禁"（Intermittent Incareration）、"分段刑罚"（Split Sentence）。

震动监禁是一种期望通过短时间监禁使罪犯受到威慑，然后在社区接受监督的刑罚。震动监禁发源于 1965 年的美国俄亥俄州。由于震动监禁能够帮助罪犯重返社会，帮助罪犯维护家庭关系，同时降低监禁人口与矫正支出，因此受到普遍好评。学者的研究也表明，震动监禁在降低重新犯罪率上具有很好的效果。

由于美国各司法区的实践有所不同，这里欲通过介绍美国联邦震动监禁的实践，帮助读者了解震动监禁的理论与操作。[①]

美国联邦监狱局有两个震动监禁设施（the Intensive Confinement Center, ICC），一个是关押男犯的，位于宾州的刘易斯堡（Lewisburg）；另一个是关押女犯的，位于德州的布莱恩（Bryan）。这两个设施负责震动监禁刑罚的执行。

被判震动监禁的罪犯刑期分为两部分：第一部分，6 个月的监禁期；第二部分，社区监督。社区监督包括两个步骤：第一步是罪犯在中途之家或者社区矫正中心（Community Corrections Center）服刑；第二步是罪犯接受家庭监禁。

法院适用震动监禁的条件：

条件一，服刑期限在 12 个月到 30 个月之间。

条件二，第一次服监禁刑，或者符合最低监禁史的要求，如以前因为使用毒品而入狱或者因轻微的财产犯罪而入狱。

条件三，社会危险低。

条件四，不存在身体上的问题。

条件五，参加震动监禁是自愿的。

---

① Klein‐Saffran, J., "Bureau of Prisons: Expanding Intermediate Sanctions Through Intensive Confinement Centers", In D. L. MacKenzie and E. E. Hebert (Eds.), Correctional Boot Camps: A Tough Intermediate Sanction. Research Report. Washington, D. C.: U. S. Department of Justice, National Institute of Justice, 1996.

　　震动监禁的目标：帮助罪犯提供自我决定力、自我指导能力与自我构想能力，帮助他们获得稳定的工作。

　　震动监禁的方法：体育；安排劳动；文化学习；技术培训；毒品解除项目。

　　震动监禁设计的出发点：改变罪犯的行为，降低重新犯罪率。

　　震动监禁的特点：严格。每周 6 天的体育与高强度的劳动。

　　第二，军训营（Boot Camp）。军训营是 1983 年开始出现的，是震动监禁（Shock Incareration）思潮的产物。可以说，军训营是震动监禁刑中的一类。由于军训营具有重要的影响，所以，这里将军训营单独列出。在美国，乔治亚州与俄克拉荷马州分别于 1983 年与 1984 年开始对罪犯适用军训营刑。这两个州也是美国最早推行军训营的州。1987 年时有 7 个州使用，1993 年达到 26 个州，联邦系统也使用军训营。[①] 仅 26 个州就运作了 57 个军训营，接受了 8880 名罪犯。

　　关于军训营刑设计的理念。进监狱的人主要是接受教育不完整的人；出生在低收入家庭的人；没有找到好的社会角色的人；工作技能弱者；使用毒品的人。军训营有可能在罪犯犯更重的罪之前给他们提供在社会生存的机会。对罪犯而言，军训营提供改善回到社会的第二次机会；对法官而言，多了一种量刑手段，一种比普通监禁刑轻，而比保护观察重的刑罚；对于矫正系统，可以降低费用与监狱拥挤度。

　　军训营的适用对象是非暴力的、年轻的、第一次犯罪的、没有犯重罪的、没有实施暴力犯罪的倾向的人。军训营刑分两部分：第一部分是先到监禁设施中——军训营服刑，在军训营期间要接受严格管理，服刑要素包括：军事训练、体育、体力劳动、严格的纪律、毒品戒除治疗、咨询、教育；第二部分是到社区服刑。

　　4. 社区性刑罚对刑罚体系的重构

　　（1）以监禁刑为核心的刑罚体系的特点。人类社会的刑罚体系经过两个体系的变迁：第一个刑罚体系是以肉刑与死刑为核心的刑罚体系，这是一个充满血腥味道的刑罚体系；[②] 第二个刑罚体系是以监禁刑为核心的刑罚体系，这是一个文明化的刑罚体系。监禁刑成为主刑，并成为刑罚体系的核心，是刑罚体系从野蛮体系转变为文明体系的基本标志。

　　以监禁刑为核心的刑罚体系具有以下特点：

　　第一，监禁刑刑罚体系在当代世界中是主导性的刑罚体系。以监禁刑为核心的刑罚体系形成于 18、19 世纪。随着监禁刑在世界各国的发展与传播，监禁刑

---

　　① 在美国，各州的矫正系统与联邦的矫正系统是平行的。

　　② ［法］米歇尔·福柯著，刘北成等译：《规训与惩罚：监狱的诞生》，三联书店 1999 年版，第 3~45 页。

逐渐成为刑罚的核心。第二次世界大战后，世界上大多数的国家都建立了以监禁刑为核心，以财产刑、资格刑与生命刑为补充的刑罚体系。虽然在不同国家，在同一个国家不同的历史发展阶段，监禁刑、财产刑、资格刑与生命刑在司法中的地位不尽相同，有的国家比较重视资格刑的适用，有的国家比较重视罚金刑的适用，有的国家废除死刑，有的国家保留死刑，但是，有一点是相同的，即监禁刑最受重视，监禁刑适用量最高，监禁刑地位最高。

第二，监禁刑刑罚体系在刑罚结构上以监禁刑为核心。从立法看，在传统的刑罚体系中，无论从刑罚种类的数量看，还是从刑罚种类的排序看，监禁刑往往处于中心地位。例如，我国有5种主刑，其中监禁刑就有3种，即无期徒刑、有期徒刑与拘役。从司法看，监禁刑是法官用于处罚犯罪的最主要的武器，是法官适用最频繁的刑罚。从司法资源配置看，监禁刑执行需要占用国家刑事执行投入的主要资源。监禁刑是剥夺罪犯自由的刑罚，为执行监禁刑，国家需要建设监狱，而监狱建设不仅需要监管软件建设，而且需要监管硬件建设；监狱建设不仅需要监管人员队伍建设，而且更需要监舍、监狱围墙、监狱生活设施等监管设施及监狱后勤设施建设等。

第三，监禁刑刑罚体系的刑罚目的是围绕"惩罚罪犯"与"矫正罪犯"展开的。我国学者谢望原曾经对刑罚目的的各种学术主张进行过很好的归纳。关于刑罚目的的主张包括：一是惩罚说。该说认为惩罚是刑罚的本质属性，而行刑的目的就是要使罪犯的自由和权利受到限制和剥夺，从而使其体验到惩罚的痛苦。二是改造说。该说认为判处罪犯刑罚，并不是单纯为了追求报复的目的，而是通过对罪犯进行惩罚的手段，以达到改造罪犯、使其重新做人的目的。三是预防说。我国刑法学界通行理论认为，刑罚目的在于预防犯罪，包括特殊预防和一般预防，行刑作为刑罚的一个有机组成部分，其目的必然包含在刑罚的目的之中，并为其所吸收，故行刑的目的也在于预防犯罪。四是双重目的说。该说认为行刑的目的是双重的，既有惩罚罪犯的目的，也有教育改造罪犯的目的。五是三重目的说。该说认为行刑要达到三个目的，即惩罚和改造罪犯，预防他们重新犯罪；教育和警戒社会上的不稳定分子，使他们不致犯罪；增强广大群众的法制观念，鼓励同犯罪作斗争的积极性。六是预防和消灭犯罪说。该说认为行刑的目的在于把罪犯教育改造成为新人，从而达到预防犯罪，并最终消灭犯罪，保护国家和人民利益的目的。七是根本目的与直接目的说。该说认为行刑的根本目的是预防犯罪，保卫社会，直接目的是惩罚犯罪、伸张正义、预防犯罪和改造罪犯三项内容。① 虽然关于刑罚目的的表述不同，但是，基本是围绕着"惩罚罪犯"与"矫正罪犯"展开的。

---

① 谢望原著：《刑罚价值论》，中国检察出版社1999年版，第85～120页。

（2）社区性刑罚对传统刑罚体系的改变。社区性刑罚的产生与发展是刑罚发展史中的新鲜事物。社区性刑罚的出现与发展，不仅使刑罚世界增加了新的成员，而且在刑罚结构上、刑罚功能上、刑事司法上与刑罚目的上影响、改变传统刑罚体系。

第一，社区性刑罚对传统刑罚体系在结构上的影响。传统刑罚体系的结构是"多类刑罚搭配，以监禁刑为核心"。社区性刑罚出现后，刑罚类别便有所增加，刑罚谱系中的成员从财产刑、资格刑、监禁刑、生命刑，发展至财产刑、资格刑、监禁刑、生命刑与社区性刑罚。

社区性刑罚具有很强的扩张性。如前文所述，在英国，仅社区刑便曾经发展至 10 种，即社区矫正刑（Community Rehabilitation Order）、社区惩罚刑（Community Punishment Order）、社区惩罚与矫正刑（The Community Punishment and Rehabilitation Order）、宵禁刑（The Curfew Order）、关护刑（The Attendance Center Order）、监督刑（The Supervision Order）、排除刑（The Exclusion Order）、毒品治疗与检测刑（The Drug Treatment and Testing Order）、戒毒刑（The Drug Abstinence Order）、行动刑（the Action Plan Order）。北卡罗来纳州立大学的史马勒格（F. Schmalleger）教授与西佛罗里达州大学史莫卡拉（J. O. Smykla）曾经开列过一个刑罚谱系表：保护观察刑（Probation）、强化的监督刑（Intensive Supervised Probation/Intensive Supervision Program）、毒品法院使用的刑罚（Drug Court）、赔偿（Restitution）、罚金（Fine）、社区服务刑（Community Service）、日报告（Day Reporting Centers）、电子监控、社区住宿（Community Residential Centers）、军训营（Boot Camp）、监禁刑。[1] 由于社区性刑罚刚刚起步，所以，各国发展程度不同，有的国家发展快一些，有的国家发展慢一些，甚至有的国家尚未传播社区性刑罚的文化，而且即使推进社区性刑罚的国家也在不断对社区性刑罚进行修改。尽管如此，通过上面介绍英国、美国的社区性刑罚发展情况，我们看到，社区性刑罚显示出勃勃的生机，具有很强的扩张性。社区性刑罚的扩张在刑罚体系内对监禁刑的核心地位形成一定挤压。这种挤压表现在两个方面：其一，源于刑种数量上的挤压。我们从英国、美国刑罚谱系变化看，社区刑与半监禁刑种类的数量要高于监禁刑的数量。其二，由于社区刑与半监禁刑种类的数量大，刑罚适用量可能增长得很快，在刑罚适用量上形成一定挤压。社区性刑罚的出现，在一定程度上改变了原有的"多类刑罚搭配，以监禁刑为核心"的刑罚结构。

第二，社区性刑罚对传统刑罚体系功能的改变。关于传统刑罚体系的"多

---

① Schmalleger, F. & Smykla, J. O. , Corrections in the 21st Century. New York：McGraw - Hill, 2007, pp. 166 ~ 167.

类刑罚搭配，以监禁刑为核心"的结构所表现的基本功能，我国学界有很多主张。根据刑罚功能的类别，学界对刑罚功能有"二分法"、"三分法"、"四分法"与"八分法"等分法。虽然各家观点有不同之处，但是也有共同处。下列主张是相同的，即传统刑罚体系有下列基本功能：其一，惩罚罪犯、维护正义的功能；其二，改造罪犯的功能；其三，剥夺罪犯犯罪能力的功能；其四，威慑犯罪的功能；其五，安抚被害人的功能。

社区性刑罚的出现使传统刑罚体系的功能发生变化。社区性刑罚的出现使刑罚体系出现"帮助罪犯重返社会"的功能。

社区性刑罚虽然也具有惩罚罪犯、改造矫正罪犯、剥夺罪犯犯罪能力、威慑犯罪与安抚被害人的功能，但是，社区性刑罚最独特，也是最重要的功能就是帮助罪犯重返社会，即以刑罚的方式将强迫方法与引导方法融合起来，使罪犯接受社会主流生活方式，学习立身、立命的劳动技能，从违反社会规范，到接受社会规范，融入社会。特别是开放监禁刑的出现与发展，使被判监禁刑的罪犯获得适应社会空间与时间的机会大大增加，使被判监禁刑的罪犯有了从监狱到社会的过渡时空，从而有助于罪犯重返社会、重新融入社会，成为社会遵纪守法的成员。概而言之，社区性刑罚的出现使刑罚帮助罪犯重返社会的功能从无到有，或者说从"隐"到"显"。

第三，社区性刑罚对传统刑事裁决的影响。在传统刑事司法中，法官往往重用监禁刑，从而形成以"监禁刑为主，以其他刑罚为辅"的刑罚裁决格局。而社区性刑罚出现后，法官不仅开始适用社区性刑罚，而且日益重视社区性刑罚。西方有些国家，如英国，因为社区性刑罚受重视，适用量不断提升，已经成为适用量最大的刑罚类型。2004年英国原内政部（现司法部）曾经向平民院（The House of Commons）呈报一个报告，[①] 根据这个报告，从1992年到2002年，社区刑适用量不断上升，从1997年开始，社区刑适用量已经超出监禁刑、财产刑，成为英国1997年到2002年之间，适用量最大的刑罚，见本节图1。

社区性刑罚适用量的上升，特别是社区刑适用量大幅提升与居高不下，无疑改变了刑事裁决的传统格局。

---

① The House of Commons, Home? Affairs? – First Report. London: the House of Commons, 2004.

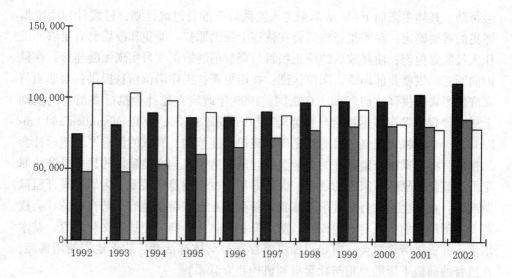

图 1：英格兰与威尔士被公诉犯罪分子量刑情况

（说明：竖轴指示犯罪人数，横轴指示年份；白色条形表示罚金刑适用量，浅色条形表示监禁刑适用量，深色条形表示社区刑适用量）

第四，社区性刑罚对传统刑罚目的的影响。如前文所述，传统刑罚体系下的刑罚目的基本是围绕着"惩罚罪犯"与"矫正罪犯"展开的。社区性刑罚的出现，不仅增加了刑事司法人员适用刑罚的选择范围与手段，而且拓展、深化立法者对社区性刑罚的认识。社区性刑罚具有帮助罪犯重返社会的功能。这样，帮助罪犯重返社会便随着社区性刑罚被纳入刑罚体系而成为刑罚的目的。

虽然"帮助罪犯重返社会"是刑罚新的"目的性成员"，但是却受到社会各方成员的关注。美国加州大学犯罪学教授裴特丝莱（J. Petersilia）在其专著《罪犯什么时候回家》第九章中围绕重新犯罪罪犯防控曾经提出过下面的建议：[①] 充分重视罪犯重返社会目标，将这一目标置于监狱管理的不同层面；通过狱内模拟社会的生活方式使罪犯学会承担自己的社会责任，如学习管理自己的开销，学习理财；学习使用药品；学习工作模式下的生活等；在罪犯释放前全面帮助罪犯进行释放后的生活规划；在危险评估基础上推行酌定假释制度。在美国，美国矫正协会（American Correctional Association）倡导推行重返社会项目，认为重返社会项目是对社会有益的项目。因为这个项目帮助罪犯为社会生活做准备，降低行为人将来的犯罪性行为，拆除可能阻碍罪犯回到社会的障碍，向罪犯提供可能的社

---

① Petersilia, J., When Prisoners Come Home. New York：Oxford University Press, 2003, Cha9.

会帮助。具体主张如下：① 从罪犯进入监狱后就准备过渡计划；过渡计划要根据罪犯的需要确定；在罪犯释放后要在住宿上帮助罪犯；罪犯释放后要有足够的工作人员监督他们；使释放后的矫正项目与释放前的矫正项目实现无缝连接；在狱内向罪犯提供就业前训练、岗位认证；技能更新；工作岗位信息提供；对罪犯与家庭的团聚提供释放前咨询。在法国，1999 年政府在原社会执行委员会的基础上成立 "促进罪犯重返社会与监督局"（Criminal Service for Reintegration and Probation）。这个机构成立的目的就是向罪犯提供连续的、有效的促进罪犯重返社会的措施，将监狱内与监狱外的力量整合起来。这个机构在监狱内的目标是防止罪犯因被监禁而隔断与家庭的联系，保持罪犯与社会的稳定关系，为罪犯离开监狱做准备；在社会上的目标是帮助罪犯重新融入社会：帮助他们了解自己的社会权利，并帮助他们实现自己的权利；防止罪犯赤贫化；向罪犯提供文化教育、技术培训，并提供劳动机会；向罪犯提供医疗服务与体育活动，防止他们使用毒品；在监督的前提下帮助罪犯与社会福利机构建立联系。②

（3）新刑罚体系的特点。社区性刑罚的产生与发展对传统刑罚体系的影响与改变非常大。经过社区性刑罚改变后的刑罚体系从结构上、刑罚功能上、刑罚目的上都不同于传统的刑罚体系。

从刑罚结构上看，新的刑罚体系融入社区性刑罚，在不同程度上改变了"多类刑罚搭配，以监禁刑为核心"的传统刑罚结构，形成了"多类刑罚搭配，重视监禁刑，关注社区性刑罚"的结构。

从刑罚功能上看，新的刑罚体系不仅具有惩罚罪犯、改造矫正罪犯、剥夺罪犯犯罪能力、威慑犯罪与安抚被害人的功能，而且具有帮助罪犯重返社会的功能。

从刑罚目的上看，新的刑罚体系不仅重视惩罚罪犯、改造罪犯等传统刑罚目的的实现，而且关注罪犯重返社会，将促进罪犯重返社会作为刑罚的重要目的。

新刑罚体系下的刑罚，不仅在结构上、功能上与目的上都有自己的特点，而且在刑罚资源安排上也有自己的特点。随着社区性刑罚的产生与发展，社区性刑罚的执行随即产生。这样，围绕社区性刑罚执行，国家需要发展专门机构、安排专门经费、设置专门岗位。而执行社区性刑罚的机构为履行其职能，需要制定有关规则、发展有关技术。这样，一个与监狱平行的社区矫正机构便出现了。20

---

① The Council of State Governments, The Report of the Re – Entry Policy Council：Charting of Safe and Successful Return of Prison to the Community. Lexington：The Council of State Governments, 2005.

② Coyle, A., A Speech：Justice Changes, London：the International Centre for Prison Studies, 2007, May.

世纪 70 年代后，不断有国家设置社区矫正机构，社区矫正成为与监禁矫正并行发展的矫正形式。社区性刑罚的产生与社区矫正的发展存在"源"与"流"的关系：认识社区矫正，需要考虑社区性刑罚的因素；分析社区性刑罚，需要考虑对社区矫正的影响。

（二）促就了社区矫正的迅速崛起，改变了原有的矫正地图

虽然社区矫正经历了重视"改造"阶段、关注"矫治"阶段、强调重返社会的阶段、重视"惩罚"阶段、关注"社区安全需要"阶段，但是，只有在后两个发展时期的社区矫正在刑事司法体系中具有举足轻重的意义。在社区矫正发展的后两个阶段，不仅社区矫正成为刑罚执行的核心工作，而且越来越多的国家推行社区矫正。而在社区矫正发展的前期，社区矫正只在少数国家中实施，在欧洲，即便法国、德国等大国也未推行，就是在推行社区矫正的国家中，社区矫正的法律影响、社会影响也非常有限。

社区矫正发展的后两个阶段处于社区性刑罚兴起的时期，特别是社区刑的出现与发展时期。随着社区性刑罚的兴起，新刑罚体系的形成，社区矫正进入前所未有的发展时期，执行社区性刑罚的人员数量由少到多，社区矫正从刑罚执行的阴影区走向刑罚执行的中心地带，从刑罚执行的边缘走向刑罚执行的舞台中央。

1. 社区矫正刑罚执行的性质得到明确

"社区矫正"（Community Corrections）这一词语是美国 20 世纪六七十年代出现的词汇。该词汇由保护观察与假释监督这两个概念发展而来。1973 年美国明尼苏达州制定了全美，乃至世界上第一部《社区矫正法》（Community Corrections Act）。此后，美国很多州，如爱荷华州、科罗拉多州等，跟进制定《社区矫正法》。这样，"社区矫正"的概念慢慢传播开来。现在很多国家都使用"社区矫正"这一概念。在使用社区矫正的国家或者在使用社区矫正的场合下，社区矫正通常被作为"保护观察"与"假释监督"的上位概念。这里要特别说明的是，虽然社区矫正是随着保护观察与假释监督的发展而出现的，但是"社区矫正"概念并没有取代"保护观察"（Probation）与"假释监督"这两个概念。英国的社区矫正工作仍然被称为"保护观察"工作，社区矫正管理部门仍然被称为"保护观察局"（Probation Service）。美国虽然使用"社区矫正"，但是，无论是学界还是矫正界，仍给保护观察、假释监督留有完整的话语空间。① 有的国家，虽然在某个阶段将保护观察与假释监督工作改称为社区矫正工作，但是，后来又改了回来。例如，澳大利亚西澳大利亚州 1987 年将"保护观察与假释监督"工

---

① 在美国的一些州，保护观察机构与假释监督机构是两个系统，保护观察机构是地方法院系统的附属机构，而假释监督机构归矫正机构管理。

作改为"社区矫正"工作，但是后来又将"社区矫正"改称"保护观察与假释监督"①。

对于社区矫正抑或保护观察的基本性质，人们也有不同的看法。有的认为社区矫正（保护观察）是强制性的措施；有的认为是对社区中的服刑人员进行监督的措施；也有的认为是对服刑人员的矫正措施；还有的认为是刑罚执行的措施。② 因为存在不同看法，所以围绕社区矫正（保护观察）的基本性质存在争论。在传统的以监禁刑为唯一核心的刑罚体系下，由于决定予以犯罪人员社区矫正（保护观察）的根据性质不明确，所以，关于社区矫正（保护观察）的基本性质存在争议。然而，在社区性刑罚兴起后的新刑罚体系框架下，由于社区刑、半监禁刑的刑罚性质已由立法者明确，传统学界争议的问题，诸如"保护观察是否是刑罚"、"缓刑是否是刑罚"，都得到了解决，社区矫正（保护观察）的基本性质自然确定，即社区矫正（保护观察）是执行刑罚的一种活动，是执行社区刑、半监禁刑或者开放的监禁刑的一种活动。

2. 社区矫正演变成为矫正工作的基本组成部分

随着社区性刑罚的兴起，适用社区性刑罚的犯罪分子逐年增加。以英国为例，1951年保护观察机构所监督管理的犯罪分子是5.5万名，而到1971年时所监督的犯罪分子是12万名。③ 如果看执行具体刑种的犯罪分子的数量，同样呈增长态势。1982年起英国被判保护观察刑的男性罪犯显著增加。1984年时被判保护观察刑的男性罪犯是2.9万名，1994年时被判保护观察刑的男性罪犯是4万名。④

在美国，在社区中执行保护观察刑的人员一直呈上升趋势。1980年时，美国接受保护观察刑的服刑人员刚超过100万人，到2000年上升到3839500人，占到服刑罪犯的59%。这个数据还不包括被假释的罪犯。⑤

---

① Worrall, A., "From 'Community Corrections' to 'Probation and Parole' in Western Australia". Probation Journal 2011, 12 (4), pp. 364～371.

② Koichi Hamai, Renaud Ville, Robert Harri, Mike Hough and Ugljesa Zvkic, "Introduction", In Koichi Hamai, Renaud Ville, Robert Harri, Mike Hough and Ugljesa Zvkic. (Eds), Probation Round the World: A Comparative Study. London and New York: Routlegde, 1995, pp. 3～27.

③ Brownlee, I., Community Punishment: A Critical Introduction. Harlow: Addison Wesley Longman, 1998, p. 73.

④ Worrall, A. & Hoy, C., Punishment in the Community – managing Offenders, Making Choices. Dovon: Willian Publishing, 2005, p. 76.

⑤ Clear, T. R. & Dammer, H. R., The Offender in the Community. Belmont: Wadsworth/Thomson Learning, 2003, p. 5.

进入 21 世纪，由于社区性刑罚的不断完善，社区矫正机构的发展，适用社区性刑罚的犯罪分子数量进一步增长。随着被适用社区性刑罚的犯罪分子数量的增长，社区矫正的人数也呈增长态势。

以英国为例，法院 2009 年对 166837 人适用了各种社区性刑罚，与 1999 年相比，社区性刑罚适用上升了 32%。[①] 1999 年法院判决社区矫正的罪犯是 126299 人。如果加上其他机构，如假释委员会决定社区矫正的罪犯，英国 1999 年在社区中矫正的罪犯是 175689 人，而到 2009 年在社区中矫正的罪犯是 205812 人。具体情况见本节表 6。

表 6：英格兰与威尔士社区矫正服刑人员人数[②]

类别	人数										
	1999	2000	2001	2002	2003	2004	2005	2006	2007	2008	2009
社区矫正总人数	175689	168529	165491	173701	175266	177387	181211	192583	199262	205108	205812
因法院判决而社区矫正	126299	122345	122514	128168	131493	135296	140430	155614	162648	164873	166837
其他	56572	52237	49212	51812	50626	48450	46103	43160	43638	47482	45970

虽然社区矫正历史短，但是发展非常迅速，社区矫正所监督与矫正的罪犯大幅度超过在监狱中监禁的罪犯。以美国为例，2000 年时，社区矫正机构所监督与矫正的罪犯是 4565100 名，而监狱所关押的罪犯是 1937500 名；2010 年时，社区矫正机构所监督与矫正的罪犯是 4887900 名，而监狱所关押的罪犯是 2266800 名。具体数字见本节表 7。

---

① Ministry of Justice, Offender Management Caseload Statistics 2009：Anoverview of the main-findings. London：Ministry of Justice, 2010, p. 8.

② Ministry of Justice, Offender Management Caseload Statistics 2009：Anoverview of the main-findings. London：Ministry of Justice, 2010, p. 10.

表7：美国2000年与2005～2010年矫正机构矫正罪犯情况①

年度	矫正总人数	社区矫正监管人数			监狱所关押人数		
		总数	保护观察机构监管人数	假释监督机构监管人数	总数	看守所所关押人数	监狱所关押人数
2000	6460000	4565100	3839532	725527	1937500	621149	1316333
2005	7051300	4946800	4162495	784354	2195900	747529	1448344
2006	7202100	5035200	4237023	798202	2258800	765819	1492973
2007	7337900	5119300	4293163	826097	2298000	780174	1517867
2008	7312400	5095200	4270917	828169	2308400	785533	1522834
2009	7232800	5018900	4203967	819308	2291900	767434	1524478
2010	7076200	4887900	4055514	840676	2266800	748728	1518104

　　社区矫正机构所监管人数的不断增长不仅表明社区矫正规模不断扩大，而且表明社区矫正机构已经与监狱一样成为刑罚执行的重要机构，社区矫正与监狱一样成为矫正的基本组成部分。

　　3. 社区矫正机构组织建设不断完善

　　在西方，虽然社区矫正工作早在19世纪就已经实施，但是长期处于发展边缘，社区矫正机构建设呈碎片化状态。社区性刑罚的兴起成为社区矫正机构组织建设的强大推力，在社区性刑罚的推动下，社区矫正机构不仅得到整合，而且组织目标得以明确。在英国，随着社区性刑罚的推进，英国内阁着手保护观察机构的整合。1990年原内政部（现司法部）在《社区中的监督与惩罚》（Supervision and Punishment in the Community）的报告中提出，强化中央的权力，对保护观察机构进行整合，强调有效的管理。② 2001年英国成立了"国家保护观察局"（The National Probation Service），该局负责全国的社区矫正工作。自此，英国第一次有了全国性的社区矫正机构，实现了资金、人员的中央管理。2001年国家保护观察局第一次明确提出保护观察局的工作目标是：保护公众；降低重新犯罪率；在社区中对罪犯进行适当的惩罚；确保罪犯了解对被害人、社会所造成的后果；矫正罪犯。③ 在新西兰，随着社区性刑罚的出台，1985年的《刑事司法法》

---

① Glaze, L., Correctional Populations in the United States, 2010. Washton, DC：U. S. Department of Justice, Bureau of Justice Statistics, 2011, p. 3.

② Home Office, Supervision and Punishment in the Community, Cmnd, 966. London：HMSO, 1990.

③ Worrall, A. & Hoy, C., Punishment in the Community – managing Offenders, Making Choices. Dovon：Willian Publishing, 2005, pp. 92～93.

（Criminal Justice 1985）将社区矫正系统建设纳入全国矫正系统建设范围，社区矫正得到了突飞猛进的发展。现在社区矫正系统在全国设置了 4 个大区，4 个大区分为 36 个区。有 420 名专职人员负责对被判保护观察刑、社区服务刑的罪犯的监督，适用假释罪犯的监督。① 1996 年捷克引入社区服务刑。1998 年捷克引入有监督的缓刑、有条件撤销的监督刑（The Conditional Waiver of Punishment with Supervision）。随着社区性刑罚的引入，捷克建立保护观察体系，设置官员岗位。2000 年捷克建立培训机构。刚开始捷克的社区矫正体系纳入法院体系内，但是，随着社区矫正的发展，捷克于 2002 年建立了独立的"保护观察与刑事和解局"（Probation and Mediation）。"保护观察与刑事和解局"归口司法部管理。②

随着社区矫正机构的不断完善，社区矫正的力量也不断加强。在英国，1950 年时社区矫正机构的工作人员有 1006 人，在 1976 年时社区矫正机构的工作人员是 5033 人。③ 而在 2012 年，社区矫正机构的工作人员达到 18000 人。④

4. 社区矫正经费逐步得到保障

发展社区矫正事业不仅需要组织保障，而且更需要财力保障。财力是保障推进社区矫正的基础。

1973 年美国明尼苏达州制定了全美，乃至全世界的第一部《社区矫正法》（Community Corrections Act）。此后，美国很多州，如爱荷华州、科罗拉多州等，跟进制定了《社区矫正法》。《社区矫正法》的基本价值在于构建州层面的保护观察、假释监督财政支持机制，以推动地方政府开展保护观察、假释监督机构建设、保障人员配备。通过立法提高社区矫正的经费保障的实践在进入 21 世纪后仍然在持续。例如，俄亥俄州 2001 年通过《社区解决法》（Community Solution Act）以帮助社区矫正机构解决人员招募问题。⑤

---

① Robert Harris, Probation Round the World: Origins and Development, Probation Round the World: A Comparative Study, Koichi Hamai, Renaud Ville, Robert Harri, Mike Hough and Ugljesa Zvkic. (Eds). London and New York: Routlegde, 1995, pp. 28~71.

② Lenka Ourednickova, Pavel Stern, Dagmar Doubravova, "The Czech Republic", In A. M. Von Kalmthout, J. Robertsand Sandra Vinding (Eds.), Probation and Probation Services in the EU Accession Countries. Nijmegen: Wolf Legal Publishers, 2003, pp. 71~99.

③ Brownlee, I., Community Punishment: A Critical Introduction. Harlow: Addison Wesley Longman, 1998, p. 73.

④ Ministry of Justice, Workforce Information Summary Report. London: Ministry of Justice, 2011, p. 1.

⑤ Champion, D. J., Corrections in the United States: A Contemporary Perspective. Upper Saddle River: Pearson Education, Inc, p. 167.

5. 社区矫正在预防犯罪中所扮演的角色越来越重要

随着社区矫正的持续推行，社区矫正的功能不断被"发现"出来。而且，随着社区矫正规模的扩大，社区矫正的功能不断被放大。社区矫正具有经济功能，社区矫正有利于降低国家在刑罚执行上的投入。社区矫正具有矫治罪犯的功能，有利于罪犯悔过自新。社区矫正具有帮助罪犯重返社会的功能，有利于罪犯重新融入社会。除了上述功能，社区矫正还有惩罚罪犯的功能，有利于促进社会正义；具有维护社会安全的功能，通过危险控制，保卫社会；具有刑事和解的功能，促进社会关系恢复。

随着社区矫正功能的被"发现"，充分挖掘社区矫正的不同功能，便成为社区矫正工作开展的重要方向。

于是，对社区矫正的目的不断有新的考虑。有的认为，社区矫正的目的应当是：保卫社会；矫正罪犯；促进罪犯融入社会；促进社会和解。① 有的认为，社区矫正的目的应当是：促进罪犯融入社会；保卫社会；惩罚罪犯；降低刑罚执行投入。② 还有的认为，社区矫正的目的应当是：惩罚犯罪分子；降低刑罚执行投入；促进罪犯融入社会。③

随着社区矫正目的的发展，社区矫正在预防犯罪中所扮演的角色也变得越来越重要。

（三）促进了开放的监禁刑执行形式出现

重返社会政策改变了监禁刑传统执行模式，使得监禁刑执行方式出现开放的监禁刑执行方式。

开放的监禁刑执行方式主要表现在国家在监禁刑制度中设置了"酌定假释与自动假释"制度、"家庭监禁"制度、"劳动释放"制度、"学习释放"制度等。国家通过推行"酌定假释与自动假释"制度、"家庭监禁"制度、"劳动释放"制度、"学习释放"制度等，使符合条件的罪犯到社区服刑，为服监禁刑的罪犯打开进入社区服刑的大门，从而使监禁刑执行从围墙内走到围墙外，使监禁刑具有了不同于传统的开放性。

1. 酌定假释与自动假释制度

传统意义上的假释就是由具有假释裁定权的机构根据法律规定的条件酌情决

---

① Cromwell, P. F., Carmen, R. V. del, Alarid, L. F., Community – based Corrections. Belmont: Wadsworth/Thomson Learning, 2002, pp. 8 ~ 12.

② Macarthy, B. R. & Jr. Macarthy, B. J., Community – Based Corrections, 3rd. Belment: Wadsworth Publishing Company, 1997, pp. 2 ~ 6.

③ Clear, T. R. & Dammer, H. R., The Offender in the Community. Belmont: Wadsworth/Thomson Learning, 2003, pp. 20 ~ 24.

定是否对罪犯适用假释。这种假释就是酌定假释。为促进罪犯重返社会，不再重新犯罪，现代西方国家推行自动假释制度。在这种制度下，只要罪犯服满法律规定的刑期比例或者期限，罪犯便可被假释，而不需要假释裁定机构裁定。下面介绍有关国家的酌定假释与自动假释制度。

（1）英国的酌定假释与自动假释制度。英国的假释（Parole）制度是从提前释放（Early Release）制度发展而来的。

提前释放的实践起源于 18 世纪。为了解决管理中的困难，监狱创制了提前释放制度，目的是对罪犯的善行予以奖励。1898 年的监狱法将这种制度适用于所有罪犯，而不仅限于流放的罪犯。

1967 年英国引入了假释（Parole）。1967 年的《刑事司法法》（Criminal Justice Act 1967）在工党的支持下规定了假释制度。

1977 年后由于矫治观念由控制重新犯罪的唯一方法换位为控制重新犯罪的方法之一，刑罚适用模式向两极化方向发展：对于社会危害性小的罪犯加大适用假释力度；而对于暴力犯，具有较大社会危险性的罪犯采取更严厉的措施。比如，对于谋杀犯，要求服刑至少 20 年，对于被判 5 年以上的暴力犯与走私犯，除非其到了自动假释前几个月，否则不考虑其假释问题。这样，假释便在传统的酌定假释基础上发展出"自动假释"的概念。1991 年的《刑事司法法》（Criminal Justice Act 1991）规定了自动假释制度。

根据 1991 年的《刑事司法法》：

第一，对于所判刑期小于 12 个月的罪犯的假释。对这样的罪犯，在他们服刑原判刑期 1/2 后自动假释，无条件释放罪犯。所谓无条件释放，是指在罪犯释放后不再对他们进行强迫监督，或者在住宿上提出要求。但是，如果罪犯在假释期间重新犯罪，未执行的部分要执行。如果罪犯违反规定，要延长其释放期。

第二，对于所判刑期在 12 个月以上不足 4 年的罪犯的假释。在罪犯服满所判刑期的 1/2 后自动假释，有条件释放。如果罪犯在假释期间重新犯罪，未在监执行的刑期重新执行。所谓有条件释放，是指罪犯释放后要接受强制监督，直至原判刑期 3/4 之后。如果不遵守监督规定，有关机关或者对罪犯处以罚金，或者将罪犯召回监狱。

第三，对于被判 4 年以上刑期的罪犯的假释。当服刑一半后，被判 4 年以上有期徒刑的罪犯获得酌定的有条件假释的资格。是否予以假释由假释委员会与内政部（现司法部）投票决定。在罪犯服刑至原判刑期 3/4 后，罪犯获得自动假释，但是要接受假释后的强制监督。对于长刑期罪犯，不仅在罪犯重新犯罪情况下法院可以将罪犯重新交给监狱，而且内政部（现司法部）在任何情况下都可以将罪犯送返监狱。

为帮助更多的罪犯适应社会，使更多的罪犯尽早适应社会的生活，英国

2003 年的《刑事司法法》（The Criminal Justice Act 2003）在 1991 年的《刑事司法法》基础上规定，所有被判确定刑的罪犯，即法院判决明确刑期的罪犯，在服刑原判刑期 1/2 后自动假释。假释委员会的工作：第一，对被判无期徒刑的罪犯决定是否假释。第二，对在服刑原判刑期 1/2 自动假释后违反规定或者犯罪重新回到监狱的罪犯决定是否假释。

在英国，1991 年出现自动假释概念，自动假释概念的出现丰富了假释的种类与概念，而到了 2003 年，自动假释已经成为假释世界的主角。这样，假释进入了一个新的发展阶段。自动假释的出现，使监禁刑的执行、监禁刑的内容发生了重大改变。

（2）美国的酌定假释与自动假释制度。美国的假释制度源于英国的提前释放制度。

1870 年，在美国的监狱协会大会上，克兰夫顿向大会介绍了爱尔兰制和释放票制度，为美国假释制度的发展埋下了思想的种子。1884 年，马萨诸塞州成为美国第一个立法规定假释的州，到 1900 年有 20 个州规定了假释制度，到 1944 年美国所有的州都规定了假释制度。这时美国各州规定的假释都是裁定假释。

20 世纪 70 年代，由于矫正无效问题的提出，假释不公正、假释委员会滥用权力一时成为美国刑事司法中的大问题，在这种背景下，不定期刑制度实行改革，"刑罚公正"成为矫正机构的主导政策。在新政策环境下，假释受到很大影响，裁定型假释被很多州取消。裁定假释是指由假释委员会决定的假释。由于 70 年代始美国各方认为假释委员会权力过大，缺乏约束，存在滥用权力问题，因此，很多州取消了裁定假释。缅因州是第一个取消裁定假释的州。尽管 1987 年"美国保护观察与假释协会"（American Probation and Parole Association）声明支持裁定假释，但是，同年就有 6 个州取消了裁定假释。到 2000 年，15 个州再加联邦，取消了裁定假释。[①]

不定期刑改革并非否定促进罪犯重返社会政策，假释改革并非取消假释。假释改革只是将假释中的裁定假释改革为自动假释（美国称为"强制假释"，Mandatory Parole）。假释的基本功能没有人否定：假释的一个重要内容就是对假释后的罪犯进行监督，而假释后的监督越严，假释犯重新犯罪的可能越小；假释可以在一定程度上弥补量刑的差异性；假释给罪犯以职业训练的机会；假释帮助罪犯适应社会生活，激励罪犯遵守监狱规定，缓解监狱押犯负担，威慑犯罪。

美国的自动假释是真正服刑制度（Truth - in - Sentencing）的组成部分。在真正服刑制度的框架下，罪犯的刑期分两部分，罪犯需要在两个设施中服刑，一

---

① Schmalleger, F. & Smykla, J. O., Corrections in the 21st Century. New York：McGraw - Hill, 2007, p. 327.

部分需要在监狱中服刑，另一部分在社会服刑。罪犯服完监禁部分后，自动假释到社区中服刑。

自动假释在美国发展得很快。1977 年时被假释的罪犯中有 69% 是通过裁定假释出狱的，31% 的罪犯是通过自动假释出狱的。而到了 2005 年时被假释的罪犯中有 31% 是通过裁定假释出狱的，52% 的罪犯是通过自动假释出狱的。①

2. 家庭监禁制度

这里所介绍的家庭监禁与前面介绍的美国的家庭监禁在性质上有很大的不同。在美国的法律制度中，家庭监禁是一种独立的社区刑，而这里介绍的家庭监禁是监禁刑的执行方式或者说开放监禁刑的表现形式。由于作为开放监禁刑的家庭监禁在不同国家有所不同，故这里分别介绍英国、新西兰与澳大利亚新南威尔士州的规定。

（1）英国②的家庭监禁。为了更有效地帮助罪犯重新返回社会，1997 年 11 月 20 日原内政部（现司法部）向议会报告将推行家庭监禁（Home Detention Curfew）。根据这一制度，被判 3 个月到 4 年徒刑，监禁刑余刑在法律规定范围内的罪犯都可以被放到社会上执行刑罚，接受宵禁。家庭监禁的适用意味着刑罚执行的空间由监狱转移到社会，由监狱转移到罪犯的家庭。

家庭监禁适用的法律根据是《犯罪与越轨法》（The Crime and Disorder Bill 1998）。根据规定，家庭监禁的适用对象是被法院判处 3 个月以上 4 年以下徒刑的罪犯。除了法律规定不能适用家庭监禁的罪犯，上述罪犯在自动假释前 2 星期至 4 个半月前都有资格获得家庭监禁。那些刑期在 3 个月不长于 4 个月的罪犯在服刑 30 日后有资格获得家庭监禁。那些刑期在 4 个月不长于 8 个月的罪犯在服 1/3 刑期后有资格获得家庭监禁。那些刑期在 8 个月的罪犯在他们到自动释放日前 60 日时有资格获得家庭监禁。

根据《犯罪与越轨法》，刑期被延长的罪犯、暴力犯、因性犯罪而入狱的罪犯不适用家庭监禁。

家庭监禁的实体条件是罪犯需要通过监狱局组织的危险评估。家庭监禁中的危险评估的目的是评估罪犯对被害人的危险；评估再犯罪的可能；评估违反宵禁规定的可能。危险评估建立在以下信息基础上：监狱官员与罪犯每日的接触；医学专家的评估；纸质的记录，包括判前报告、服刑计划中的评估；宵禁适用的评估的适当性。是否适用家庭监禁的有关住宿评估的报告由社区保护观察人员完成。

---

① Schmalleger, F. & Smykla, J. O., Corrections in the 21st Century. New York：McGraw - Hill, 2007, p. 342.

② 这里的英国指英格兰与威尔士。

罪犯出狱后接受宵禁的最长时间是 2 个月，最少是 14 天。是否对罪犯适用家庭监禁主要决定于监狱长。监狱长根据罪犯教育的需要、照顾孩子的需要、就业、宗教需要等决定家庭监禁的许可证内容，包括每日宵禁的地点与时间。宵禁时间通常为 12 个小时，特殊情况下可以是 9 个小时。一旦家庭监禁获得批准，监狱长需要签发家庭监禁许可证，许可证明确罪犯的地址，如家庭、旅馆（保护观察旅馆）。然后由私营的合同商安装监控设施。

适用家庭监禁涉及若干部门：监狱局负责评估适用家庭监禁的适当性，确定宵禁的期限。在评估过程中，保护观察部门负责协助危险性评估，特别是宵禁使用地址的适当性。监狱局的假释处决定是否撤销家庭监禁，将罪犯送回监狱。合同商负责设立电子监控设施，观察电子设施工作情况，按照监狱中监督部门的要求设定监督期间，报告罪犯遵守规定情况。警察接受监狱中假释部门的要求，负责对违反规定者予以逮捕并送回监狱。

家庭监禁的违反规定分为两级违法：一级违法包括在宵禁期内完全离开被控制的区域，破坏监督设施，攻击监禁设施所属公司工作人员等。这种情况要考虑撤销家庭监禁许可。二级违法行为如短期脱离控制，试图破坏监控设施。这种情况，监控公司会向罪犯发出警告信。如果行为人再次实施破坏监控设施等行为，监控公司会报告监狱局假释处，由假释处决定是否撤销家庭监禁。罪犯实施的暴力是否构成违反监督规定，由负责电子监控的合同签订当事方报告监狱局的假释处认定。

家庭监禁被撤销者将被送返监狱，罪犯在监狱服刑至其自动释放日。英国各方对家庭监禁多有好评。原监狱局局长本（H. Benn）说："家庭监禁是一种帮助罪犯返回社会并重新融入社会的好的方法与途径。而且这种措施基本对社会不造成危险。事实证明，在适用家庭监禁的 59000 名罪犯中，只有少于 3% 的罪犯在宵禁期犯罪。"[1]

2003 年监狱规则对家庭监禁进行了修改。新的修改见本节表 8。

表 8：根据 PSI03/2003 对 PSO6700 的修改

刑期	罪犯在狱内服刑资格期	家庭监禁期的最低与最高期
3~4 月	30 日	2 星期~1 月，决定于刑期
4~12 月	1/3 刑期	1~3 个月，决定于刑期
12~18 月	1/3 刑期	3~4 个半月，决定于刑期
18 月~4 年	135 日~刑期一半	135 日

---

[1] www.petercoad. co. uk/036. htm.

此外，监狱规则明确规定下列罪犯不适用家庭监禁：杀人；爆炸；拥有武器；严厉对待儿童；存在种族歧视；性犯罪者。

在促进罪犯从监区重返社会的工作中，英国的保护观察部门（Probation Service）的工作值得特别注意。根据法律规定，保护观察机构的工作目标是：保护公众；降低重新犯罪；惩罚在社区中的罪犯；使罪犯认识到犯罪的后果；矫正罪犯。保护观察部门不仅对出狱后的罪犯进行危险控制和监督，而且向罪犯提供回归社会的各种帮助，包括向罪犯提供住所。现在，仅英格兰与威尔士就建有100所"保护观察旅馆"（Probation Hostel）。① 保护观察机构的这些工作为有关部门适用假释、家庭监禁提供了便利。

（2）新西兰的家庭监禁②。新西兰于1999年引入家庭监禁（Home Detention）。引入家庭监禁的理由是：促进罪犯重返社会；降低监禁人数；帮助罪犯维持与社会、家庭的关系。对于家庭监禁刑的性质，新西兰的学者明确指出，新西兰的家庭监禁刑属于监禁刑。③

根据新西兰2002年《量刑法》（Sentencing Act 2002）第97条的规定，如果罪犯被判2年以下的监禁刑，除非法院认为不合适，罪犯必须去"新西兰假释委员会"（New Zealand Parole Board）申请家庭监禁。法院在决定是否允许罪犯申请家庭监禁时需要考虑下列因素：犯罪性质；犯罪的严重性；罪犯的背景；被害人的情况；其他情况。

此外，被判2年以上监禁刑的罪犯也可以向"新西兰假释委员会"申请家庭监禁。

为保证适用家庭监禁的罪犯不危害社会、不重新犯罪，"新西兰假释委员会"在决定是否对罪犯允许家庭监禁时需要考虑下列因素：罪犯重新犯罪的可能性；罪犯所犯罪行的性质；适用家庭监禁是否有利于罪犯本人；罪犯所拘禁地区群众的意见；被害人的意见。"新西兰假释委员会"在作出家庭监禁决定时，需要以保护观察机构所作出的"罪犯评估报告"作为依据之一。没有保护观察机构所作出的"罪犯评估报告"，"新西兰假释委员会"不能适用家庭监禁。根据2002年《假释法》（Parole Act 2002）第34条的规定，适用家庭监禁地区的保护观察人员需要保证适用家庭监禁地区的群众知道罪犯过去与现在的罪行，让群众了解对罪犯适用家庭监禁的原因，并获得他们的支持。

---

① www. homeoffice. gov. uk/rds/whatsnew1. html.

② Roberts，J. V.，The Virtual Prison：Community Custody and the Evolution of Imperisonment. Cambridge：Cambridge University Press，2004，pp. 77～81.

③ Mitchell，K.，"Home Detention". New Zealand Law Journal，1999，October，pp. 363～366.

被判家庭监禁的罪犯除了下列情形，只能待在家中：工作；找工作；治病；参加矫正项目，罪犯可以参加问题解决项目、就业培训、文化教育、毒品滥用治疗等；参加恢复性司法活动。

执行家庭监禁的罪犯需要加戴电子镣铐。如果罪犯违反家庭监禁的要求，通常被送到监狱。

（3）澳大利亚新南威尔士州的家庭监禁刑①。澳大利亚新南威尔士州的家庭监禁刑（Home Detention Order）规定于 1996 年出台的《家庭监禁法》（Home Detention Order 1996）中。根据新南威尔士州 1996 年《家庭监禁法》第 78 条的规定，家庭监禁是监禁刑的一种表现形式。根据规定，法院适用家庭监禁需要考虑罪犯的犯罪性质，如果罪犯的犯罪性质严重，如罪犯犯故意杀人罪，法院不能考虑对罪犯适用家庭监禁。罪犯所判监禁刑期不能超过 18 个月。

法院适用家庭监禁需要根据保护观察机构对罪犯所作出的评估报告决定。保护观察机构对罪犯所作出的评估报告对法院是否决定适用家庭监禁具有非常重要的意义。保护观察机构对罪犯所作出的评估报告包括下列内容：罪犯的犯罪记录；罪犯重新犯罪的可能性；罪犯对毒品的依赖性；罪犯实施家庭暴力的可能性；罪犯所居住的环境是否不利于监督；罪犯所从事的工作是否不利于监督；罪犯参加的活动是否不利于监督；罪犯是否可以和一起居住的人和睦相处，或者恢复和睦相处的关系；适用家庭监禁是否影响他人的生活，包括威胁他人安全；其他问题。

3. 工作释放制度

工作释放（Work Release），是指罪犯居住在一定监禁设施内，这里的监禁设施通常指监狱，也可以是看守所，而在监狱、看守所外参加劳动。② 工作释放又被称为日假释（Day Parole）、工作休假（Work Furlough）。工作释放的基本性质是监狱的临时释放项目（Temporary Release Programs）。美国有的州也将工作释放作为适用于偶犯者的半监禁刑适用。

工作释放起源于 1906 年美国的佛蒙特州。当时治安警察允许危险性小的罪犯到社会上参加劳动，但是遇到特殊的宵禁期罪犯需要回到监狱。1913 年威斯康辛州发展了劳动释放制度。以威斯康辛州参议员胡伯（Huber）的名字命名的《胡伯法》规定，对于被判 1 年及 1 年以下有期徒刑的罪犯，经过量刑法官同意，可以在劳动时间内在社会上服刑，所得报酬可以用于支付监禁食宿费用与抚

---

① Roberts, J. V., The Virtual Prison: Community Custody and the Evolution of Imperisonment. Cambridge: Cambridge University Press, 2004, pp. 81 ~ 84.

② Cromwell, P. F., Carmen, R. V. del, Alarid, L. F., Community – based Corrections. Belmont: Wadsworth/Thomson Learning, 2002, p. 256.

养家庭成员。① 后来美国越来越多的州接受了工作释放制度。如今，不仅美国，其他西方国家也开始推行工作释放制度。比如，加拿大于 1992 年开始推行工作释放制度。

工作释放的目的是：促进罪犯融入社会；给罪犯学习新技术的机会；为罪犯提供偿付被害人损害的途径；为罪犯提供帮助家庭的机会；如果罪犯被假释，帮助当局确定罪犯重新犯罪的可能性；通过劳动提高罪犯的责任感。

工作释放的特征是：第一，具有明确的目的；第二，具有明确的地点；第三，具有明确的时间段；第四，接受工作释放的罪犯要接受监督。

工作释放的基本程序是：②

第一步：找工作。在美国，具有获取工作释放资格的罪犯可以申请工作释放。获取工作释放的第一步程序是"找工作"。"找工作"有两个并行不悖的途径：一是罪犯自己寻找工作；二是监狱帮助罪犯寻找工作。

罪犯自己寻找工作的方法通常是：通过亲戚、朋友帮助找工作；罪犯利用监狱的请假离监（Furlough）制度在社会上找工作；罪犯根据一些招募工作人员的广告等信息通过写信、打电话等找工作。

监狱帮助罪犯寻找工作的方法是监狱雇佣专门的工作人员，收集有关信息，为用人单位牵线搭桥，为罪犯提供找工作的信息。

第二步：监狱审查。一旦罪犯找到工作，罪犯需要向监狱报告所找到工作的信息。监狱将根据罪犯所提供的信息判断与决定是否予以工作释放。在美国，北卡罗来纳州矫正局规定：罪犯所找到的工作需要在罪犯能力范围内；罪犯所找到的工作可以支付适当的工资；雇主所经营的业务是合法的；没有犯罪的诱因存在；罪犯到劳动场所具有较好的交通便捷性；罪犯所从事的劳动活动有利于监督。如果罪犯所提供的劳动种类符合上述要求，罪犯的工作释放申请便可以通过审查。在北卡罗来纳州，女犯获得的工作主要是服务员、护士助理、厨师助理、缝纫师、清洁工人、沙拉配菜员、机器操作人员、木工助手、秘书、技术工人。男犯获得的工作主要是理发师、扫地清洁员、建筑工地工人、机器操作人员、厨师助理、厨师、辅助工作人员。

一项独立的研究表明，接受过工作释放的罪犯在刑满释放后不仅就业率高，

---

① Macarthy, B. R. & Jr. Macarthy, B. J. , Community – Based Corrections. Pacific Grave：Brooks/Cole Publishing Company, 1991, pp. 174 ~ 175.

② Macarthy, B. R. & Jr. Macarthy, B. J. , Community – Based Corrections. Pacific Grave：Brooks/Cole Publishing Company, 1991, pp. 186 ~ 187.

而且被捕率低。①

由于工作释放可以帮助罪犯重返社会，美国的一些州很青睐工作释放。根据1988 年的资料，在阿拉巴马州、佛罗里达州、北卡罗来纳州平常都有超过 1000名的罪犯在接受工作释放。②

在美国，有一种制度与工作释放很接近，这种制度就是请假离监（Furlough）。所谓请假离监，是指罪犯基于一定目的而经批准短时离开监狱的行为。"目的"包括：维护家庭关系；解决家庭问题；为释放做准备，如参加就业面试、找房子、参加驾驶执照考试；参加教育项目；参加特别的活动。请假离监的时间一般是介于 24 小时到 72 小时之间。对间隔期，各州、各监狱的规定也有所不同，有的是每 2 周允许一次，有的是一年允许一至二次。③ 请假离监的条件通常包括：在最低警戒监狱服刑；距离假释或者释放有一段时间；在监狱内有好的记录。④ 但是，大多数州不许性犯罪者离监。有的州通过被害人的参与，即对符合条件的罪犯进行听证，最后再决定。美国的请假离监制度始于 1918 年的密西西比州。由于越来越多的人认为请假离监制度可以用来帮助罪犯融入社会，1950 ~ 1960 年此制度开始受到重视。1965 年通过的《联邦矫正法》（The Federal Prisoner Rehabilitation Act）规定，在联邦监狱中，监狱可以对罪犯适用请假离监制度。

4. 学习释放制度

学习释放（Study Release），是指罪犯居住在一定监禁设施中，这里的监禁设施通常是监狱，也可以是看守所，而在监狱、看守所外参加学习。⑤

接受学习释放的罪犯在狱外的学习类型包括：第一类，职业技能培训；第二类，高中教育；第三类，大学教育；第四类，社区成人基本教育。

根据美国 1971 年的调查，有 32 个州支持对罪犯的职业技能培训；有 38 个州支持罪犯接受高中教育；有 38 个州允许罪犯申请大学教育；有 8 个州支持罪

---

① Schumacker, R. E., Anderson D. B. & Anderson, S. L., "Vacational and Academic Indicators of Parole Success". Journal of Correctional Education, 1990, 41, pp. 8 ~ 13.

② Macarthy, B. R. & Jr. Macarthy, B. J., Community – Based Corrections. Pacific Grave: Brooks/Cole Publishing Company, 1991, pp. 167.

③ Macarthy, B. R. & Jr. Macarthy, B. J., Community – Based Corrections. Pacific Grave: Brooks/Cole Publishing Company, 1991, pp. 170.

④ Davis, S. P., "Survey". Corrections Compendium, 1991, 16, pp. 10 ~ 12.

⑤ Cromwell, P. F., Carmen, R. V. del, Alarid, L. F., Community – based Corrections. Belmont: Wadsworth/Thomson Learning, 2002, p. 256.

犯接受社区成人基本教育。①

学习释放的特征是：具有明确的目的；具有明确的地点；具有明确的时间段。

学习释放与工作释放最大的不同之处在于学习与工作的地点不同。学习释放的基本性质也是监狱的临时释放项目（Temporary Release Programs）。

学习释放一般适用于危险性低的罪犯。接受教育是罪犯的基本权利。同时，接受教育可以帮助罪犯悔过自新，帮助罪犯克服融入社会的障碍，促进罪犯就业，降低罪犯重新犯罪的可能。而学习释放可以使罪犯接受更好的培训与教育，所以学习释放受到应有的重视。

但是，由于学习需要毅力，而很多罪犯缺乏学习所需要的毅力，所以，学习释放在推行中遇到的问题之一就是接受学习释放的罪犯不能坚持学习。美国纽约州矫正局曾经以较大力度促进学习释放，但是由于接受学习释放的罪犯不能坚持学习，结果不尽如人意。纽约州矫正局为参加学习释放的罪犯不仅支付全部学费（每年每人1000美元），而且承担服装费、餐费、交通费，甚至还给每个参加学习释放项目的人一定现金，但是一个学期下来，有一半参加学习释放的罪犯退学。② 学习释放在推行中遇到的问题之二是罪犯的学习费用问题。虽然有的罪犯有个人经济能力可以承担学费，但是，更多的罪犯没有个人经济能力。如果没有外部力量支持，即使罪犯有愿望参加学习释放项目，有能力完成学习释放的课程，也不能实施这一项目。如前所述，矫正机构很重视学习释放，所以，现在美国各监狱通过多种途径争取经费，向罪犯提供学习释放项目。南卡罗来纳州通过向罪犯提供临时劳动项目帮助罪犯挣得学费。③

5. 结　语

我们看到，在现代西方国家的刑罚执行中，随着"自动假释"、"家庭监禁"、"劳动释放"、"学习释放"等制度的出现，服监禁刑的罪犯获得了越来越多的在社区服刑的机会，当然，酌定假释等制度也使罪犯获得在社区服刑的机会。现代社会的监禁刑与传统的监禁刑，尽管具有一样的名称，但是无论是刑罚力度还是服刑空间，都发生了变化，刑罚的目的、刑罚惩罚的量也发生了变化。

加拿大学者罗伯特（J. V. Roberts）提出了"社区监禁"（Community Custo-

---

① Macarthy, B. R. & Jr. Macarthy, B. J., Community – Based Corrections. Pacific Grave：Brooks/Cole Publishing Company, 1991, pp. 192.

② Macarthy, B. R. & Jr. Macarthy, B. J., Community – Based Corrections. Pacific Grave：Brooks/Cole Publishing Company, 1991, pp. 193.

③ Macarthy, B. R. & Jr. Macarthy, B. J., Community – Based Corrections. Pacific Grave：Brooks/Cole Publishing Company, 1991, pp. 169.

dy）的概念。尽管他的"社区监禁"概念主要指"家庭监禁"，但是他对传统监禁与社区监禁的比对，有助于我们认识监禁刑在刑罚目的与刑罚惩罚量上的变化。具体见本节表9。

表9：关于传统监禁与社区监禁的区别①

传统监禁	社区监禁
罪犯离开社会	罪犯没有离开社会
罪犯与家庭成员分开，家庭成员需要按照规定探视	与家庭成员生活在一起
罪犯焦虑，与伴侣关系破裂或者破裂的可能性大	与伴侣的关系能够维持
丢掉工作岗位	继续工作
突出惩罚，没有给罪犯与被害人之间的恢复性和解留有空间	突出惩罚，同时关注恢复性和解，为罪犯与被害人之间的恢复性和解留下空间
罪犯服刑生活是很被动的，需要遵守监狱的规定，根据监狱安排服刑	罪犯服刑生活是主动的，罪犯可以根据自己的矫正需要安排服刑生活
监狱经常损害罪犯的人格、尊严	罪犯的尊严在社区监禁中受到的损害少
监狱剥夺了罪犯的隐私	社区监禁保留了罪犯的隐私
在监狱中的罪犯需要过集体生活，有时与几个人睡在大床上	在社区监禁的罪犯不需要过集体生活，在没有别的罪犯的环境下服刑
罪犯很少有机会提高自己的生活技能	罪犯有机会提高自己的生活技能
监狱环境与罪犯矫治有冲突，不利于罪犯矫正	罪犯在社区监禁环境下有更大的社会接触面，有利于罪犯接受矫正
罪犯成为暴力伤害的受害人的可能性大	罪犯成为暴力伤害的受害人的可能性小
罪犯被关注的程度高	罪犯被关注的程度低

监禁刑执行的开放，不仅使得监禁刑驶离封闭，也使得监禁刑开始贴近社区刑、半监禁刑，使得监禁刑进入一个新的发展阶段。

---

① Roberts，J. V.，The Virtual Prison：Community Custody and the Evolution of Imperisonment. Cambridge：Cambridge University Press，2004，p. 44.

第五章　新中国罪犯劳动改造
制度的建立与发展

　　劳动改造制度是随着新中国的建立而建立的。新监狱制度完全否定了民国的监狱思想与制度，否定了源于西方的监狱思想与制度，而在根据地实践基础上，在毛泽东的指示下与学习苏联的监狱思想与制度发展而来。改革开放后，随着法制时代的到来，中国劳动改造制度发展为监狱制度，监狱从"专政工具"发展为"刑罚执行机构"。随着计分考核制度、心理矫治的推行，国外的监狱文化又悄然传到中国。

第一节　中国罪犯劳动改造制度的建立

一、罪犯劳动改造制度创立的背景：全面废弃国民党时代的监狱制度

　　如何解决旧法，是任何革命成功的政权都要面对的问题。苏联十月革命胜利后，曾有条件地参考引用旧法，但不久就同过去一刀两断，全部废止了旧法，扫除了已被推翻的政府的法律。南斯拉夫、波兰、民主德国等社会主义国家，则未完全取消旧法。例如，南斯拉夫最高法院于1951年指出，"在法院拒绝适用旧法的某条规定时，要求法院明确指出适用这条规定会违反的规定、制度或政治原则。不能只是说某条旧法的规定不再有法律效力，不作其他明确说明，就完全拒绝其适用"。这就是说，废除旧法主要是废止表明旧法的阶级性即反人民的规定，而其技术性、形式化方面的东西则可保留下来。①

　　中国与上述国家不同，随着全国政权的建立，前政权的法律制度全部被废除。1949年，面对国民党反动统治即将被打垮，革命即将取得全国胜利的新形

---

　　①　王人博、程燎原著：《法治论》，山东人民出版社1998年版，第280~281页。

势，毛泽东发表了《关于时局的声明》，提出与国民党"和平谈判八项条件"：惩办战争罪犯；废除伪宪法；废除伪法统；依据民主原则，改编一切反动军队；没收官僚资本；改革土地制度；废除卖国条约；召开没有反动分子参加的政治协商会议，成立民主联合政府，接收南京国民党反动政府及其所属各级政府的一切权力。为了贯彻落实毛泽东关于废除伪宪法和伪法统的指示，中共中央于1949年2月22日发出了《关于废除国民党的〈六法全书〉和确定解放区司法原则的指示》指出，"在无产阶级领导的、以工农联盟为主体的、人民民主专政的政权下，国民党的《六法全书》① 应该废除，人民的司法工作不能再以国民党的《六法全书》作依据，而应该以人民的新的法律作依据。在人民的新的法律还没有系统地发布以前，则应该以共产党的政策以及人民政府和人民解放军已发布的各种纲领、法律、命令、条例、决议作依据。在目前人民的法律还不完备的情况下，司法机关的办事原则是：有纲领、法律、命令、条例、决议规定者，从纲领、法律、命令、条例、决议之规定；无纲领、法律、命令、条例、决议规定者，从新民主主义政策"。

随着《六法全书》被废除，国民党时代以《监狱行刑法》为核心的监狱法律体系也被全面废弃。《监狱行刑法》规定有独居制、累进处遇制、对罪犯的劳动管理、教育教化、假释等监狱改良以来形成的基本监狱制度。

《关于废除国民党的〈六法全书〉和确定解放区司法原则的指示》还要求，"司法机关应该经常以蔑视和批判六法全书及国民党其他一切反动的法律、法令的精神，以蔑视和批判欧、美、日本资本主义国家一切反人民法律、法令的精神，以学习和掌握马列主义——毛泽东思想的国家观、法律观及新民主主义的政策纲领、法律、命令、条例、决议的办法来教育改造司法干部"②。

二、罪犯劳动改造制度建立的基础：根据地时期的经验

中国共产党早在根据地时期就建立了监狱。在根据地时期所累积的经验，成为新中国劳动改造制度建立的基础。

1931年11月，"中华苏维埃共和国"在江西瑞金宣告成立。继1931年11月颁布《中华苏维埃共和国宪法大纲》之后，又颁布了一系列刑事法律。例如，1931年12月13日颁布了《中华苏维埃共和国中央执行委员会训令——处理反革命案件和建立司法机关的暂行程序》；1932年6月9日颁布了《中华苏维埃共

---

① 国民党的《六法全书》是国民党政府制定的宪法及其关系法、民法及其关系法、刑法及其关系法、民事诉讼法、刑事诉讼法和行政法等六种法律法规的汇编。

② 蔡定剑著：《历史与变革——新中国法制建设的历程》，中国政法大学出版社1999年版，第3页。

和国裁判部暂行组织及裁判条例》；1932 年 8 月 10 日颁布了《中华苏维埃共和国劳动感化院暂行章程》等。

《中华苏维埃共和国裁判部暂行组织及裁判条例》规定，"裁判部为法院未设立之前的临时司法机构"，"县、省两级裁判部除设立看守所外，还须设立劳动感化院，以备监闭判决长期监禁的犯人"。根据这一法律，在中央各根据地建立了苏维埃劳动感化院作为关押被判处长期监禁的犯人的场所。

根据《中华苏维埃共和国劳动感化院暂行章程》的规定，劳动感化院的任务是，看守、教育及感化违犯苏维埃法令的一切犯人，使这些犯人在监禁期满之后，不再违犯苏维埃的法令。章程确立了对犯人"教育及感化"的感化院工作方针。

"中华苏维埃共和国"关于劳动感化院的设置及有关规定有着沈家本的影子。为了实施对犯人的教育感化，《中华苏维埃共和国劳动感化院暂行章程》中规定文化科要采取各种有积极意义形式的文化工作对犯人进行思想教育，如办识字班、上政治课、建图书馆以及组织各种文体活动等。

章程中还规定了犯人的劳动教育制度，规定劳动管理科负责根据犯人的不同情况组织犯人进行生产劳动，规定了生产劳动的时间以及工场管理细则，并规定劳动感化院可"开设店铺"自行销售劳动产品，以增加感化院的收入达到经济充裕。这项规定不仅使犯人通过劳动改造了思想，受到了教育，而且为新生的苏维埃政权节约了开支，增加了收入。[①]

抗日根据地时期，根据杨殿升教授的研究，各根据地基本建立了监狱。有的称看守所，有的称监狱，还有的称"自新学艺所"。关于监狱的任务，当时的提法是"带强制性的生产教育学校，是感化教育积极改造犯人的场所"。这是 1944 年晋绥边区高等法院报告中所表述的内容。关于监狱工作的方针：尊重犯人的人格，把犯人当人看；对犯人实施教育感化；实施教育与生产相结合，以教育为主。在大生产运动中，有的监所只抓生产，而忽视教育。1944 年 5 月林伯渠在政府工作报告中指示，"在劳动与教育并重的原则下整顿和改良监狱工作"。在罪犯管理上，各监所对犯人基本实行"一揽子"的管理方法，未实行分押分管。当时，在管理制度上的一项重大改革是在监所内建立犯人自治组织，如"救亡室"（或称犯人"俱乐部"、"文化俱乐部"）、"经济委员会"等，在监所的指导和监督下，组织犯人在一定范围内自己教育自己，自己管理自己。《陕甘宁边区高等法院监所管理规则》第 2 条规定："在规定管理范围内建立守法人的自治组织。其职责如下：清洁卫生的管理督促；生产学习任务的保证；维持自治公约和所内的纪律规定；调解互相间的意见和争吵；召集生活检讨大会。"各边区的监

---

① 参见金鉴主编：《监狱学总论》，法律出版社 1997 年版，第 93～97 页。

所还在犯人中建立组（班）、队等组织，由犯人选举组长、班长、队长，在监所的领导下，负责管理犯人的生活、教育、劳动，督促犯人遵守监所规则。① 抗日根据地监所还开展对犯人的教育改造工作，把它作为监所工作的中心环节。教育改造的内容包括政治教育、文化教育和劳动教育三个方面，称为"三大教育"，其中，政治教育处于主导地位。而在政治教育中，尤以思想教育为主，渗透于三大教育的全部过程之中。思想教育的重点是通过各种形式，对犯人进行爱国教育，启发其民族意识，坚定其抗日必胜的信心。同时，还进行怎样做个好公民的教育，耐心细致地讲解边区政府的政策、法令和对犯人的要求，提高犯人的思想觉悟，促其彻底悔改。晋察冀边区行政委员会在工作报告中指出，对犯人是以"政治教育为主，中心是启发民族意识，坚定抗战信心及说明政府对犯人态度，以促进彻底悔改。教材主要是报纸，政治课本，双十纲领，冬学教材……犯人除听讲讨论外，还经常举行生活检讨会，由犯人自己主持，互相批评"②。此外，抗战各根据地也组织罪犯劳动，如制砖、纺线、缝衣、制鞋、打铁、养殖。在陕甘宁边区，为调动犯人积极性，将生产收入的 15% 作为犯人参加劳动的分红。③

　　解放战争时期，随着解放区的扩大，共产党开始制定比较完备的监狱管理规定。例如，1948 年《哈尔滨市监狱工作规程》共 112 条，包括总则、监狱机构与分工、监狱会议、收监、监禁、戒护、劳动和劳动管理、教育、赏罚、供给、卫生及医疗、死亡、参观接见及书信、保管、附则等 15 章。对后来劳动改造工作有意义的探索是，当时解放区创建了劳动改造队。在解放战争后期，随着在押犯日益增多，解放区的监所已很难承担惩罚和改造罪犯的繁重任务。哈尔滨、沈阳等城市的司法机关抽调干部，带领一部分案情较轻、刑期较短的犯人到农村建立劳改农场，或者到矿山去承包矿井，于是便出现了劳动改造队这种新的监禁机构。劳动改造队的主要特点是：第一，它根据生产需要和生产单位的客观条件对犯人实施监管，既没有监狱那样严密的警戒设施，也没有特定的监房。犯人大都住集体宿舍，过集体生活，在广阔的场地上或野外从事集体劳动，有较大的活动自由。第二，按照军事组织形式管理犯人，分为组、班、小队、中队、大队。班组长及小队长均由犯人中的积极分子担任，劳动改造队的一切事务由大队统一管理。第三，劳动改造队把生产劳动作为改造罪犯的基本途径，并且结合生产劳

---

① 参见杨殿升、张金桑主编：《中国特色监狱制度研究》，法律出版社 1999 年版，第 17～22 页。

② 司法部编：《中国监狱史料汇编》（下册），群众出版社 1988 年版，第 299～300 页。

③ 参见杨殿升、张金桑主编：《中国特色监狱制度研究》，法律出版社 1999 年版，第 24 页。

动，对犯人进行多样的政治思想教育和文化技术教育。①

三、罪犯劳动改造制度的设计与安排：毛泽东与苏联专家的贡献

新中国成立初期，土匪、特务、恶霸、反动党团骨干分子、反动会道门头子等残余反革命分子大量存在。国内反革命分子与境外敌对势力勾结，疯狂进行破坏活动。为了巩固新生的政权，在中国共产党与人民政府领导下，全国开展了镇压反革命的运动。除了杀掉一批非杀不可的反革命分子外，对大批反革命犯和其他危害社会的刑事犯罪分子，判处了无期徒刑、有期徒刑，投入监管场所。1949年时，我国监管场所关押罪犯 6 万余人。1951 年时，我国监管场所关押罪犯 87万余人。监所人满为患。② 如何解决监管场所所面临的问题？在毛泽东同志的规划下，在苏联专家的技术帮助下，在全国监狱干警的努力下，新中国逐步建立起罪犯劳动改造制度。

（一）大规模组织罪犯开展劳动生产

1951 年 5 月，公安部召开第三次全国公安会议。这次会议把解决全国监所押犯问题作为会议重要内容讨论。会议明确了组织罪犯劳动改造。毛泽东同志亲自修改审定的《第三次全国公安会议决议》中有一段著名的论述："大批应判徒刑的犯人，是一个很大的劳动力，为了改造他们，为了解决监狱的困难，为了不让判处徒刑的反革命分子坐吃闲饭，必须立即着手组织劳动改造的工作。此事极为艰巨，又极为紧急，必须全力迅速地获得解决。"会议同时通过了《关于组织全国犯人劳动改造问题的决议》，决议规定，对犯人劳动改造的组织"应由县一级、专署一级、省市一级、大行政区一级和中央一级，共五级，分工负责，划分人数，划拨经费，调配干部和管押的武装部队，组织犯人劳动，从事大规模的水利、筑路、垦荒、开矿和造屋等生产建设事业"。

1951 年 6 月 22 日，公安部的苏联顾问③法捷扬诺夫就罪犯劳动的组织形式，政治组织提出了重要的顾问意见。法捷扬诺夫主张，罪犯劳动组织的形式应当是监狱、劳改队，劳改队可以是农业劳改队，也可以是工业劳改队。法捷扬诺夫还提出可以设置未成年劳改营。法捷扬诺夫主张在罪犯中应当开展政治教育活动，并就政治教育活动的具体组织提出意见。④

---

① 参见杨殿升、张金桑主编：《中国特色监狱制度研究》，法律出版社 1999 年版，第24～29 页。

② 参见金鉴主编：《监狱学总论》，法律出版社 1997 年版，第 103 页。

③ 根据沈志华的《苏联专家在中国：1948—1960》一书，当时公安部有 30 多位苏联专家。

④ 司法部编：《劳改工作经验选编》，群众出版社 1989 年版，第 368～370 页。

1949 年年底全国共有监所 257 个, 1951 年下半年全国开始了大规模的监狱、劳改队创建。到 1957 年年底, 全国监狱劳改队总数一下子达到 2400 多个。①

强迫罪犯劳动, 开展大规模的劳动改造, 是毛泽东的重要思想。毛泽东在 1949 年 6 月 30 日发表的《论人民民主专政》中就提出, "对于反动阶级和反动派的人们, 在他们的政权被推翻以后, 只要他们不造反, 不破坏, 不捣乱, 也给土地, 给工作, 让他们活下去, 让他们在劳动中改造自己, 成为新人。他们如果不愿意劳动, 人民的国家就要强迫他们劳动"。大规模组织罪犯开展劳动生产将毛泽东的这一思想付诸实践。

(二) 确立改造罪犯为 "新人" 的工作目标

在《第三次全国公安会议决议》上, 毛泽东提出要 "改造" 罪犯。对罪犯 "改造" 的内涵需要从阶级斗争理论的高度来理解。

在老一辈革命家看来, 犯罪和罪犯是阶级社会中的特有历史现象, 是随着私有制、阶级、国家的出现而产生的。罪犯之所以犯罪是因为私有制及其观念的结果。老一辈革命家的犯罪观与苏联在 20 世纪 30 ~ 50 年代之间形成的犯罪观基本一致。苏联的沃尔科夫教授认为, 无产阶级专政下犯罪行为的基本实质, 乃是阶级敌人及其代理人进行阶级斗争的一种形式。曼科夫斯基认为, 所有的犯罪行为都是阶级斗争的一种形式。②

如何控制或者消灭犯罪? 在老一辈革命家看来, 随着社会历史的不断变迁和发展, 到了无产阶级革命的社会主义时代, 用马克思主义世界观武装起来的无产阶级, 找到了减少和铲除犯罪的根本途径。因为无产阶级与历史上任何剥削阶级有着本质上的不同, 它以消灭阶级、消灭剥削, 改造社会、改造人作为奋斗的最高目标和历史使命。因此, 无产阶级在夺取国家政权以后, 其重要任务之一就是改造旧的社会制度, 改造那些反对社会主义制度的反革命分子以及各种危害社会的刑事犯罪分子。无产阶级和革命人民改造世界的斗争, 包括实现下述的任务: 改造客观世界, 也改造自己的主观世界。所谓被改造的客观世界, 其中包括了一切反对改造的人们, 世界到了全人类都自觉地改造自己和改造世界的时候, 那就是世界的共产主义时代。③ 改造自己的主观世界, 就是清除自己头脑中的剥削阶级思想。

既然罪犯是因为存在剥削阶级思想而犯罪的, 那么, 罪犯改造就是清除他们头脑中的剥削阶级思想, 罪犯改造的客体是剥削阶级思想。老一辈革命家谢觉哉

---

① 参见金鉴主编:《监狱学总论》, 法律出版社 1997 年版, 第 104 页。

② [苏] 库特良采夫主编, 劳改专业教材编辑部翻译组译:《苏联犯罪学劳改学发展史》, 科学出版社 1986 年版, 第 39 页。

③《毛泽东选集》(第一卷), 人民出版社, 第 296 页。

1960 年在《党的改造罪犯政策的伟大胜利》一文中指出："我们在改造罪犯的工作中，实现劳动改造与思想教育相结合的原则。马克思列宁主义告诉我们，劳动创造人类，劳动改造人类。要改造罪犯的不劳而获的剥削阶级思想和许多恶习，劳动是最好的办法。对于罪犯在劳动改造的同时，又加强政治思想教育，彻底清除他们犯罪的思想根源。"[①] 毛泽东则使用将罪犯转化为"新人"，表达"清除罪犯头脑中的剥削阶级思想"之意。毛泽东于 1962 年 1 月 20 日在扩大的中央工作会议上的讲话上明确指出："对反动阶级实行专政，这并不是说把一切反动阶级的分子统统消灭掉，而是要改造他们，用适当的方法改造他们，使他们成为新人。"

毛泽东所提"改造"与西方国家"改造时代"中的"改造"内涵不同。关于西方国家"改造时代"中的"改造"概念前面已经介绍，这里不再重复。关于毛泽东所提"改造"的特质，有学者将其概括为：第一，鲜明的阶级性；第二，强烈的政治性；第三，高尚的理想性。[②]

（三）开展罪犯教育改造

随着全国大规模罪犯劳动活动的展开，一个问题随后被提出：监狱、劳改队的罪犯改造是否就是开展罪犯劳动？苏联顾问普高夫根在 1954 年 2 月 10 日讲授狱政管教业务时指出，要开展罪犯教育改造工作，组织罪犯开展文化教育（如扫盲班）、劳动技术教育，还可以组织罪犯听报告、看电影。[③] 罪犯的教育改造，除了文化教育、技术教育，还应当有政治教育。普高夫根建议成立专门的教育机构，在监狱中设置教育科，由教育科负责罪犯教育的计划、内容与方式等。[④] 教育改造可以这样组织：在罪犯中组织扫除文盲小组；组织各种类型的讲演、报告与座谈；组织政治学习；组织各种文化娱乐活动，如演戏、合唱、演奏等；放映艺术和科学教育影片；订阅报纸杂志；出版墙报；把每个生产队、车间每日完成生产计划情况在布告栏中公布。[⑤]

---

① 谢觉哉：《党的改造罪犯政策的伟大胜利》，载《新华半月刊》1960 年第 9 期。

② 参见闵征：《毛泽东改造罪犯理论的独创性》，载辛国恩等著：《毛泽东改造罪犯理论研究》，人民出版社 2006 年版，第 322～338 页。

③ 司法部：《普高夫根讲授狱政管教业务问题》，载《劳改工作经验选编》，群众出版社 1989 年版，第 379～380 页。

④ 司法部：《顾问普高夫根解答问题录》、《普高夫根讲授狱政管教业务问题》，载《劳改工作经验选编》，群众出版社 1989 年版，第 371、379 页。

⑤ 司法部：《普高夫根在第二次全国劳改工作会议上的讲话》，载《劳改工作经验选编》，群众出版社 1989 年版，第 388～389 页。

(四) 将罪犯教育与劳动生产结合起来

针对劳动改造中重生产、轻教育的问题，苏联顾问普高夫根指出，重生产、轻教育，搞不好罪犯改造工作。要搞好罪犯改造工作，就必须将劳动生产与政治教育结合起来。监狱、劳改队要建立政治工作制度。法捷扬诺夫在1951年时也强调政治教育的重要性，[①] 使罪犯认识到劳动的意义。[②]

(五) 对罪犯的分押分管

普高夫根在第二次全国劳改工作会议上提出，罪犯收押不能不分性别、年龄和犯罪事实，而应当分别关押。应当建立女犯关押机构、未成年人关押机构。在分押基础上，还应当根据罪犯刑期、案情分别编队、编组。对罪犯的管理应当是直接管理，各部门（车间、队）的领导都应当是我们的干部，而不能使用犯人管理犯人。[③]

(六) 罪犯生活卫生管理

普高夫根认为，罪犯在劳动改造过程中要有睡眠、吃饭时间的安排，如睡眠8个小时，3~4个小时用于休息。要改善罪犯的生活卫生条件，罪犯吃、睡与劳动在一起不好。要改善洗澡设施。[④] 在监狱劳改队，要每月大扫除一次，养成习惯，以后可以每周一次。罪犯每次洗澡后必须换衣服。[⑤]

(七) 建立内看守与外围警戒制度

普高夫根认为，监狱、劳改队应当建立内看守制度。内看守的主要职责是：监视罪犯的行为；监督罪犯遵守监规纪律；保证监狱、劳改队不发生脱逃、暗杀、暴动等事故；监督罪犯的起床、吃饭、劳动、休息、室外活动等。外围警戒由部队负责。[⑥]

---

① 司法部：《苏联顾问法捷扬诺夫对中国劳改工作的意见》，载《劳改工作经验选编》，群众出版社1989年版，第369页。

② 司法部：《顾问普高夫根解答问题录》，载《劳改工作经验选编》，群众出版社1989年版，第371~372页。

③ 司法部：《普高夫根在第二次全国劳改工作会议上的讲话》、《普高夫根对天津监狱、北京清河农场所提的意见》，载《劳改工作经验选编》，群众出版社1989年版，第384、392~393页。

④ 司法部：《顾问普高夫根解答问题录》、《普高夫根对天津监狱、北京清河农场所提的意见》，载《劳改工作经验选编》，群众出版社1989年版，第393~394页。

⑤ 司法部：《普高夫根对天津监狱试点工作计划的审查修改意见》，载《劳改工作经验选编》，群众出版社1989年版，第397页。

⑥ 司法部：《普高夫根讲授狱政管教业务问题》，载《劳改工作经验选编》，群众出版社1989年版，第377页。

（八）开展狱内侦查工作

普高夫根认为，狱内侦查工作应当有三项任务：第一，防止罪犯脱逃；第二，防止罪犯暗杀、暴动、破坏等；第三，调查在押案犯与外界的联系。

（九）建立考核与奖励制度

普高夫根认为，罪犯劳动改造表现好，超额完成任务应当予以奖励。奖励可以分为物质奖励、口头表扬等。对于不愿学习、不愿劳动的罪犯应当予以处罚。[①] 罪犯的月终鉴定、出监鉴定应当由干部亲自执行，不能让罪犯给罪犯作鉴定。[②] 对罪犯应当是重点奖励，而不应当是普遍奖励。[③]

（十）制定劳改法与监狱、劳改队建章立制

普高夫根在第二次全国劳改工作会议上指出，大规模劳动改造工作展开来后，由于制度不健全，出现了很多问题，如私放罪犯回家、体罚罪犯。其基本原因是没有劳改法，在监狱、劳改工作中缺乏基本制度。所以，普高夫根主张中国应当制定劳改法，为劳改工作建章立制。[④]

四、中国罪犯劳动改造制度的框架：以《劳动改造条例》为主

在毛泽东同志的关怀下，在苏联专家的帮助下，全国监狱干警本着理论结合实践原则，到1954年时基本创建出新中国的罪犯劳动改造基本框架。基于对多年实践的总结，同时满足劳改工作规范化的需要，1954年9月7日政务院发布了《劳动改造条例》。

《劳动改造条例》规定了我国的罪犯监管机构是监狱、劳改队、少年犯管教所；规定了我国罪犯改造的基本方法是劳动改造、教育改造。管理罪犯的制度有收押制度、警戒制度、罪犯生活制度。此外，《劳动改造条例》还对罪犯的接见、取保、释放、奖惩、经费制度进行了规定。

《劳动改造条例》的出台，标志着新中国的罪犯改造工作有了自己的章法，完成了监狱工作的规范化。在一定意义上说，监狱领域是我国在废除国民党"六法全书"后第一个走出无法可依状况的领域。

---

① 司法部：《顾问普高夫根解答问题录》、《普高夫根讲授狱政管教业务问题》，载《劳改工作经验选编》，群众出版社1989年版，第373～374、380页。

② 司法部：《普高夫根对天津监狱试点工作计划的审查修改意见》，载《劳改工作经验选编》，群众出版社1989年版，第398页。

③ 司法部：《普高夫根对北京清河农场试点工作计划的审查修改意见》，载《劳改工作经验选编》，群众出版社1989年版，第401页。

④ 司法部：《普高夫根在第二次全国劳改工作会议上的讲话》，载《劳改工作经验选编》，群众出版社1989年版，第384页。

《人民日报》在政务院颁布《劳动改造条例》时发表了《贯彻对于罪犯的劳动改造政策》一文。文章认为《劳动改造条例》总结了我国多年的劳动改造经验，对我国的罪犯劳动改造工作作了基本规定。事实上，《劳动改造条例》确定了我国劳动改造工作或者说监狱工作的基本框架。

这一基本框架的内容是：第一，惩罚与改造罪犯。《劳动改造条例》第2条规定，劳动改造机关是"实施惩罚和改造的机关"。该条规定劳改机关的工作目的就是惩罚与改造罪犯。1994年的《监狱法》关于监狱工作的目的条款规定的历史基础就是《劳动改造条例》第2条。第二，组织罪犯劳动，对罪犯实施劳动改造。第三，对罪犯开展教育改造，内容包括思想教育、文化教育与技术教育。第四，在改造推行中，将劳动改造与思想教育相结合。

这里要特别强调的是，20世纪50年代这个框架下罪犯"改造"的客体是剥削阶级的思想。"改造"的概念具有鲜明的阶级性、强烈的政治性。① 改造的对象是具有剥削阶级思想的犯罪分子，如战争罪犯、特务、地主。所以，《劳动改造条例》第2条明确规定，中华人民共和国的劳动改造机关是人民民主专政的工具。

20世纪90年代后，我国兴起"中国监狱特色"研究，虽然表述不尽相同，而且反映了90年代监狱工作的实践成果，反映了人们对监狱改革的诉求，但是其内容基本围绕上述框架展开。金鉴主编的《监狱学总论》所作的表述是：坚持惩罚与改造相结合、教育与劳动相结合，把罪犯改造成守法公民；实行人道主义，依法保障罪犯合法权利，实行严格管理与教育、感化、挽救的政策；开展思想、文化与技术教育，把监狱办成特殊学校；文明组织罪犯劳动改造；利用社会力量帮教；坚持从严治警。② 杨殿升主编的《中国特色监狱制度》所作的表述是：以改造人为宗旨；把监狱办成特殊学校；注重思想教育；通过劳动改造罪犯；发挥狱政管理的功能；激励罪犯在希望中改造；对罪犯实行人道主义；运用社会力量改造罪犯；重视干警队伍建设。③

《劳动改造条例》所确定的劳改工作或者监狱工作基本框架，对我国监狱工作的影响与决定作用是非常深刻的。

---

① 参见辛国恩等著：《毛泽东改造罪犯理论研究》，人民出版社2006年版，第322～338页。

② 金鉴主编：《监狱学总论》，法律出版社1997年版，第127～129页。

③ 杨殿升主编：《中国特色监狱制度》，法律出版社1999年版，第160～271页。

第二节　改革开放后中国监狱的发展

"文化大革命"期间，受"砸烂公、检、法"的影响，监狱受到了很大冲击。改革开放后，我国的监狱也和其他机构一样，进行了恢复整顿与反思。此后，监狱进入了一个新的发展时期。

改革开放后，我国监狱工作有三大实质性发展：第一，制定《监狱法》；第二，推行"计分考核"；第三，开展心理矫治工作。此外，20 世纪 90 年代前后，我国监狱工作作了行刑个别化的一大重要尝试，即推行"分押、分管、分教"。

一、制定《监狱法》：从"专政工具论"到"刑罚执行机构"

（一）"专政工具论"的危机

《劳动改造条例》第 2 条规定，中华人民共和国劳动改造机关是人民民主专政的工具。据此，监狱领域便有了监狱的"专政工具论"。然而，改革开放后，这一主张处境尴尬。

让我们从犯罪的"阶级论"说起。在"文化大革命"以前及改革开放初期，"阶级论"是犯罪原因解释的主要理论。这种理论认为，犯罪是剥削阶级思想的外显，犯罪是阶段斗争的表现，是被统治者不自觉地反抗现行统治的一种斗争方式。[①] 因为社会主义国家的犯罪，是剥削阶级因为不甘心失败而实施的，所以人民政权要对犯罪分子进行专政，要使用劳动改造机关打击敌人。

根据传统理论，随着阶级敌人的被消灭，作为阶级的剥削阶级已经不存在的 20 世纪 80 年代，犯罪理应下降，监狱等专政机关应当无须过度劳神费力。但是，犯罪却出现从未有过的高峰。

首先是犯罪率突破了 7‰。1951 年以来，中国社会的犯罪率没有超过 7‰的水平，即使三年自然灾害期间中国社会的犯罪率也没达到。然而 1979 年后，中国的犯罪率突破了 7‰。

其次是犯罪率出现连续走高现象。根据有关资料，1979 年中国的犯罪率为 6.6‰，1980 年中国的犯罪率便达到 7.67‰，1981 年更达到 8.9‰，连续创造 1951 年以来中国犯罪率的新高。从本节表 1 中可以看出，在 1979 年后连续两年中国社会犯罪率不仅达到 1951 年以来的最高，而且连续三年上升。这是新中国成立以来没有遇到过的。在 1979 年以前，虽然中国社会的犯罪也有几次高峰，如 1961 年的犯罪率是每万人 6.4，1973 年的犯罪率是每万人 6，但是以往的情况

[①]　高铭暄主编：《刑法学原理》，中国人民大学出版社 1993 年版，第 399 页。

是，上升的犯罪一经司法机关的打击便随即下降，国家刑事力量的运用立竿见影。1961年的犯罪率经司法机关打击于次年降低为每万人4.8，1973年的处于犯罪高峰的犯罪率经打击降至每万人5.7。然而1979年后的犯罪情况却是，上升的犯罪率并未随着司法机关的打击迅速下降，而是又持续上升一个时期后才转为下降，高压下的低犯罪率维持5年后迅速弹起，且在1988年从每万人7.60的水平高跳至1989年每万人17.87的水平。

表1：1980～1995年犯罪率

年份	1980	1981	1982	1983	1984	1985	1986	1987
犯罪率（万人）	7.67	8.9	7.37	5.96	4.99	5.12	5.26	5.14
年份	1988	1989	1990	1991	1992	1993	1994	1995
犯罪率（万人）	7.60	17.87	19.87	20.90	13.70	13.90	14.15	14.25

最后是犯罪率呈现较快的上升趋势。虽然1979年后中国的犯罪率也曾经出现过下降，1982～1984年犯罪率曾经连续三年下降，1984年中国的犯罪率降至4.99‰的水平；1991～1992年犯罪率也有明显的下降，1992年的犯罪率从1991年的20.90‰降至13.70‰。但是，前述所言的犯罪率下降是犯罪率上升大趋势下的下降，其下降时间不仅短，尤其是1991～1992年，犯罪率仅降低一年随后又升起来，而且犯罪率的波谷值不断在提高，1984年的波谷值是4.99，而1992年的波谷值是13.70。根据原最高人民检察院检察长韩杼滨在2003年3月第十届全国人民代表大会上所作的《最高人民检察院工作报告》，1998～2003年全国检察机关批准逮捕各类刑事犯罪嫌疑人3601357人，提起公诉3666142人，比前五年分别上升24.5%和30.6%。这表明1998～2003年以来犯罪率仍然呈上升趋势，而不是持平或者下降。

由于犯罪的快速上涨，监狱承受了从未有过的罪犯收押、管理的压力。一时"收得下、管得住与跑不了"成了监狱需要迫切解决的难题。

犯罪的"阶级论"主张者很难解释清楚20世纪80年代后犯罪率上升的问题。改革开放后的犯罪主体基本是"生在新中国，长在红旗下"的一代，用"文化大革命"的"阶级观"看，80年代犯罪的多数都是"根红苗正"的一代，即父母是工人、农民、干部的一代。事实上，中国的犯罪"阶级论"主张者所遇到的尴尬在前苏联也发生过。20世纪50年代后，"苏联已经消灭了内部所有产生犯罪的社会因素"的论断已被普遍接受，但是，犯罪并未因"苏联已经消灭了内部所有产生犯罪的社会因素"而消灭或者下降。1964年苏共中央在《关于进一步发展法律科学与改善国家法制教育的办法》中直言，对犯罪的原因没有进行深刻的分析，需要对犯罪原因进行综合性考察。[①]

1981 年，中共中央政治局委员、中央政法委书记、全国人大常委会副委员长彭真提出了对失足青少年的"三像"（像父母对待儿女、像医生对待病人、像老师对待学生）与"六个字"（教育、感化、挽救），[②] 在一定程度表明中国的决策层已经放弃了犯罪的"阶级论"。

随着犯罪的"阶级论"的衰落，20 世纪 50 年代形成的罪犯改造观，即罪犯改造是"消灭剥削阶级的思想"，劳改机关的"专政工具论"事实上也受到了空前的挑战。犯罪的"阶级论"是 50 年代形成的罪犯改造观与"专政工具论"的基础，前者的衰落必然导致后者受到挑战。正可谓"皮之不存，毛将焉附"。这样，"专政工具论"也面临严重的正当性危机。

（二）走向"刑罚执行机构"

十一届三中全会以后，共产党重新认识社会主义的主要矛盾，认为当前的主要矛盾是人民群众日益增长的物质文化需要同落后的社会生产之间的矛盾，因此果断否定了"以阶级斗争为纲"的方针，从而为改革开放开辟了道路。1976 年以前，共产党一直认为社会主义社会的主要矛盾是无产阶级与资产阶级的矛盾。因此，长期强调要"以阶级斗争为纲"，对阶级斗争"必须年年讲，月月讲，天天讲"，防止资本主义复辟。在"以阶级斗争为纲"的路线指导下，监狱作为国家暴力机器毫无疑问地被定位于"专政工具"，被人们称为是无产阶级手中的"刀把子"，其基本功能在于镇压阶级敌人，消灭阶级（包括对罪犯的改造），防止资本主义复辟。

改革开放解决的一大问题是党的执政方式。新中国成立以来，共产党的执政方式和治国方略基本上是"人治"，表现在党政不分，以党代政，党的政策"大于"或"高于"国家法律，最终发展到"家长制式"的治国方式。这就导致了一系列错误的政治运动乃至"文化大革命"的发生。邓小平总结了沉痛的历史教训，发人深省地提出了建设社会主义是靠"人治"还是靠"法治"的问题。这样，党的执政方式开始从"人治"走向"法治"。党的十五大明确提出"依法治国，发展社会主义民主政治"，"发展民主、健全法制，建设社会主义法治国家"。新中国成立以来的历史经验告诉我们，要巩固人民民主专政这一国体，就必须依法治国。这样，中国开始了法制化。

在中国的立法活动中，《刑法》一马当先，早于 1979 年 7 月 1 日便由全国人

---

① ［苏］库特良采夫主编，劳改专业教材编辑部翻译组译：《苏联犯罪学劳改学发展史》，科学出版社 1986 年版，第 40 页。

② 司法部：《彭冲同志在全国省、市、自治区检察长会议上的讲话（1981 年 10 月 20 日）》，载《劳改立法参阅文件选编》，社会科学文献出版社 1987 年版。

民代表大会第二次会议通过。《刑法》立法脱颖，一方面与"文化大革命"无法无天、滥用暴力有关；另一方面也与改革开放稳定社会秩序有关。没有稳定的社会秩序，不可能有改革开放的推进。我国《刑法》立法总结了新中国成立后打击犯罪的经验，吸收了古今中外刑法立法的精华，根据改革开放的需要而制定，规定了有期徒刑、无期徒刑等现代刑种。《刑法》的出台，不仅解决了罪与非罪的法律界限问题，解决了依法适用刑罚问题，而且为其他法律推进提供了重要基础，为构建新中国的法律体系填补了重要空白。

随着《刑法》的出台，刑罚执行法的立法问题骤然突出起来。没有刑罚执行法，《刑法》规定的刑罚如何执行？如果执行，其合法性在哪里？于是国家开始了《监狱法》的起草工作。"经过调查研究、反复论证，广泛征求有关部门和专家的意见，在总结新中国成立以来监狱改造罪犯工作经验、特别是近十多年来监狱改革经验的基础上，起草了《中华人民共和国监狱法（草案）》。"① 该草案于1994年12月29日被第八届全国人民代表大会常务委员会第十一次会议通过。

《监狱法》的出台，不仅结束了新中国没有《监狱法》的历史，而且完成了刑事法体系的"闭合"，使得有期徒刑、无期徒刑等刑罚的执行有了正当的法律根据，使得犯罪惩罚被完整地纳入了法制轨道，使得监狱工作被纳入了刑事司法体系。

由于监狱被纳入国家的刑事司法体系，如同法院掌控刑事审判权，监狱便享有刑罚执行权，监狱在国家刑事司法体系中当然承担刑罚执行机关的角色。《监狱法》第2条明确规定"监狱是国家的刑罚执行机关"，而没有再规定"监狱是人民民主专政工具"。自此，中国监狱发展进入新的时期。

二、推行"计分考核"：接近累进处遇制的探索

（一）"计分考核"的推行

改革开放后，随着监狱押犯的增加，监狱系统规模的扩大，解决罪犯消极改造的问题出现。如何激励罪犯接受监规、激励罪犯参加劳动、激励罪犯接受教育？

一些省在20世纪80年代以前在罪犯定性评审制度的基础上，发展出定量评审制度，以激励罪犯改造。例如，山东省推出了"犯人行为日准则计分考核办法"。这种方法对罪犯每天的行为计分考核。80年代，辽宁、云南、广东等省都在探索对罪犯的计分考核。由于监狱所能给予罪犯的行政奖励激励力度有限，所

---

① 肖扬：《关于〈中华人民共和国监狱法（草案）〉的说明》，http：//www. law-lib. com/fzdt/newshtml/20/20050805205856. htm，2012-10-01。

以，全国多数进行计分考核探索的省监狱系统都将考核与罪犯的减刑、假释联系起来，这样逐渐形成了"以分计奖，以分折刑"的奖励机制，或者"以分计奖，依法减刑"的奖励机制。

由于各省做法不统一，甚至各监狱都有差别，为了统一执法，司法部会同最高人民法院、最高人民检察院对全国各地推行的计分考核工作进行了调查研究，并在此基础上于1990年8月制定了《关于计分考核奖罚罪犯的规定》（以下简称《规定》）。

根据《规定》，监狱对罪犯的奖励分为表扬、记功、授予劳改积极分子称号、依法呈报减刑或假释。处罚分为警告、记过、记大过；又犯罪的，依法惩处。监狱对罪犯奖惩的根据是计分考核的结果。监狱依据罪犯所获得的加分的多少，分别给予表扬、记功、授予劳改积极分子称号等奖励；依据扣分的多少，分别给予警告、记过、记大过等处分。

根据《规定》，罪犯考核分为思想改造和劳动改造两部分，思想改造满分为55分，劳动改造满分为45分。罪犯在服刑改造期间达到以下各项要求的，可以得到思想改造基础分满分，监狱还可视情节给予奖分：承认犯罪事实，认识犯罪危害，认罪悔罪，服从判决；认真学法，自觉改造世界观，如实向干部汇报思想，检举揭发坏人坏事；服从管教，严格遵守监规纪律，积极维护劳动、学习、生活秩序，爱护公共财物，讲究卫生，讲究文明礼貌；积极参加政治、文化、技术学习，学习态度端正，考核成绩合格。罪犯在服刑改造期间达到以下各项要求的，可以得到劳动改造基础分满分，监狱还可视情节给予奖分：积极劳动，服从调配，按时完成规定的生产指标和劳动定额；重视劳动质量，严格遵守操作规程，产品符合标准要求，次品、废品率不超过规定指标；物质消耗不超过规定指标，注意修旧利废和增产节约；遵守劳动纪律和安全生产规定，未发生生产事故，爱护劳动工具，保持劳动环境整洁卫生。

考核计分要严格依据考核内容和标准，做到的计满分，做不到的扣分，完成好的加分。罪犯对加分、扣分不服时，可以提出申辩，考核评审组或考核领导小组应当认真复查，并及时给予明确答复。

计分考核实行"日记载、周评议、月公布"制度。对罪犯给予加、扣分的，应当及时公布，随时听取意见，并及时进行有针对性的教育。

司法部《关于计分考核奖罚罪犯的规定》的出台有两大相关的意义：一是推动了全国范围的罪犯计分考核奖罚工作；二是由于计分考核与罪犯奖励，特别是减刑、假释联系起来，极大地激发了罪犯接受监管的积极性，激发了罪犯参加劳动与学习的积极性。

计分考核奖罚现在已经发展成监狱工作中的一项基础性的工作，维系监狱稳定与罪犯的日常工作。计分考核奖罚工作是1979年以来我国监狱工作推动成功的最重要的改革。

2003 年 4 月 2 日司法部公布的《监狱提请减刑假释工作程序规定》与 2012 年 1 月 17 日最高人民法院《关于办理减刑、假释案件具体应用法律若干问题的规定》所规定的有关减刑、假释提请前与减刑、假释裁定前的公示程序，极大地保障了减刑、假释提请前与减刑、假释裁定前的公开性，从而有利于改善各方，包括罪犯对计分考核奖惩的信任态度。

（二）"计分考核"的制度性质

"计分考核"是不是累进处遇制？笔者的看法是，"计分考核"制度是接近累进处遇制的制度，但不是累进处遇制。如果回首百余年监狱制度，我们看到西方有一种监狱制度与计分考核相似，这就是"分数制"（Mark System）。

"分数制"是英国人马克诺基（A. Maconochie）最早使用的罪犯管理制度。在 1787 年到 1857 年之间，英国大约将 13 万到 16 万名罪犯送到澳大利亚。对于有明显的再犯罪危险的罪犯，政府又将他们送到离大陆有 930 英里的诺福克（Norfolk）岛。当 1840 年马克诺基接手对这些罪犯的管理时，他在诺福克岛推行一种旨在激励罪犯服刑的制度，这就是"分数制"。"分数制"的主要内容是：第一，监狱根据罪犯所获得的分数，给予罪犯奖励；第二，罪犯通过遵守监规、参加劳动、监狱日常表现获得罪犯自己希望得到的分数。[①]

在当时，虽然不乏监狱工作者欣赏"分数制"，但是也不乏批评者。批评者认为"分数制"最大的不足是不能给予罪犯持续的激励力。毕竟很多罪犯的刑期很长，而且让罪犯从严格的监禁下突然回到社会，往往使罪犯无所适从。于是，有了累进处遇制。根据 1870 年 10 月时任爱尔兰监狱局局长的克罗夫顿在美国辛辛那提"国家监管工作会议"上的介绍，[②] 爱尔兰推行的累进处遇制分为四个阶段：第一阶段，当罪犯刚进改造所，罪犯要被关押在独居设施内 8 ~ 10 个月。这是为了让罪犯感受无聊的痛苦与劳动的快乐，罪犯进监狱的前 3 个月不让其劳动。第二阶段是分数制，这个阶段是所谓的"将罪犯的命运交给罪犯"。罪犯勤劳工作可以获得分数，如果有破坏行为或者挑衅态度则被扣分。第三阶段是克罗夫顿命名的"中间监狱"，在这个阶段，警卫不带武器，没有纪律强迫罪犯。如果罪犯有不当行为，则会被降级。第四阶段是有条件释放，罪犯要到警察局登记，如果罪犯不适应社会，如失业、与坏人交往、犯罪等，将会被送回监狱。

---

① Carlson, N. A., Hess, K. M. & Orthmann, C. M. H., Corrections in the 21st Century: A Practical Approach. Belmont: Wadsworth Publishing Company, 1999, pp. 55 ~ 56.

② Cullen, F. T. & Gilbert, K. E., Reaffirming Rehabilitation. Cincinati: Anderson Publishing Co., 1982, pp. 69 ~ 72.

在西法东渐中，累进处遇制是我国学者着力阐述的制度。例如，王元增的《监狱学》①、孙雄的《监狱学》②、芮佳瑞的《监狱法论》③。清末的法部、修律大臣沈家本都非常欣赏累进处遇制。关于累进处遇制的功能，即使现代监狱学学者也给予了高度评价。例如，王平教授认为，累进处遇制的优点主要在于：（1）利用自由刑的弹性，把打开监狱大门的钥匙交给罪犯自己，从而调动罪犯奋发向上、改过自新的积极性。（2）罪犯的服刑过程由严到宽，逐渐接近正常的社会生活，可以避免罪犯由完全监禁状况突然返回社会所产生的难以适应的问题，从而顺利回归社会。④ 1946 年中华民国《监狱行刑法》规定累进处遇制，颁布《行刑累进处遇条例》，确实是因为累进处遇制有其他制度不能比拟的优点。

在我国当代监狱中，不仅"计分考核"制度不属于累进处遇制，而且 1989 年后推行的"分级处遇"实践也不能纳入累进处遇制范畴中。累进处遇制除了激励功能，还有帮助罪犯逐渐接近正常社会生活的功能。"分级处遇"，是指在法律允许的限度内，在各级别罪犯之间拉开待遇档次，实行区别对待。由于各监狱具体情况的不同，分级处遇的具体内容也可能不同，但是大体上包括这些方面：服刑罪犯胸前佩戴某种颜色的标牌；警戒程度；活动空间；可否离监探亲及离监探亲的条件；通信的次数；可否与亲属、监护人等有关的监外人员通电话及通电话的次数；会见亲属、监护人等有关的监外人员的次数（每两次之间的间隔时间）、每次会见时可以持续的时间、会见的场所、接受由被会见人给予的物品的数量；奖惩的内容及宽严度；劳动报酬的数量；可否参加文体活动及参加文体活动的条件；可以到图书阅览室借阅图书、杂志的数量及借阅图书、杂志的时间间隔；每月购买日用物品的数量等。

三、开展心理矫治：中国的"矫治时代"来临

国民党统治时期，限于大学教育的稀缺，罪犯心理矫治在监狱领域没有开展。这点与西方国家不同。西方国家在 20 世纪 70 年代以前，罪犯心理矫治已经占尽风光。

中国内地的心理矫治兴起于 20 世纪 80 年代，随着心理学理论在监狱领域的传播，监狱领域出现心理咨询。1987 年，上海市少年犯管教所率先在未成年犯中开设心理诊所，开展心理测量和心理咨询工作。由于罪犯心理问题引发关注，所以，1989 年召开的全国监管改造工作会议提出，罪犯教育改造要解决心理缺

---

① 京师第一监狱 1924 年印。

② 商务印书馆 1936 年版。

③ 商务印书馆 1934 年版。

④ 王平著：《中国监狱改革及其现代化》，中国方正出版社 1999 年版，第 135 页。

陷和心理障碍问题，要开展心理咨询活动，要建立罪犯心理矫治工作制度。

1991 年，黑龙江省监狱系统率先开展以心理测验和心理咨询为主要内容的心理矫治工作试点，此后，罪犯心理矫治工作开始在上海、北京、山东、辽宁、黑龙江、河北等地广泛开展起来。

为促进心理矫治，1994 年年底司法部将开展心理咨询和心理测验正式列为现代文明监狱的验收标准，心理矫治开始受到各级领导的普遍重视。

虽然心理矫治有所发展，但各地心理矫治水平参差不齐。为规范心理矫治活动，司法部在 2003 年 6 月发布的《监狱教育改造工作规定》中专设一章规定了"心理矫治"。这表明，中国的心理矫治开始进入法制化阶段。

根据《监狱教育改造工作规定》，监狱应当开展对罪犯的心理矫治工作。心理矫治工作包括：心理健康教育、心理测验、心理咨询和心理疾病治疗。

《监狱教育改造工作规定》明确规定，监狱应当建立心理矫治室，配置必要的设备，由专业人员对罪犯进行心理矫治。监狱应当对罪犯进行心理健康教育，宣传心理健康知识，使罪犯在心理问题上学会自我调节、自我矫治。监狱应当配备专门人员，为罪犯提供心理咨询服务，解答罪犯提出的心理问题。监狱对有心理疾病的罪犯，应当实施治疗；对病情严重的，应当组织有关专业人员会诊，进行专门治疗。

根据《监狱教育改造工作规定》，监狱从事心理测验、心理咨询工作的人员应当具备以下条件：取得心理咨询员、心理咨询师、高级心理咨询师等国家职业资格证书；具有强烈的事业心和高度的责任感；具有良好的品行和职业道德。监狱的心理矫治人员正在向专业化方向发展。

《监狱教育改造工作规定》的出台，促进了心理矫治的规范化。中国的心理矫治在罪犯改造工作发展中成为改革开放后的突出亮点。

从目前的文献看，中国目前对罪犯开展的心理矫治工作主要有心理咨询、心理治疗，对罪犯进行心理治疗所采用的主要方法是精神分析疗法，也有人使用行为疗法。无论是心理咨询，还是使用精神分析疗法、行为疗法的心理治疗，20世纪 70 年代的研究表明，其矫治效果都非常有限，甚至无效。20 世纪 70 年代后西方的心理矫治走向项目矫正。关于项目矫正我们在后一章再讨论。中国的罪犯心理矫治需要认真研究效果问题。

四、推行"分押、分管、分教"：行刑个别化的重要尝试

罪犯"交叉感染"是现代监狱管理中的重要问题。监狱中的"交叉感染"，是指罪犯相互交流犯罪经验、相互学习犯罪经验。如何防控"交叉感染"？

为有效地避免罪犯混押改造的"交叉感染"，贯彻区别对待的政策和"有的放矢"、"对症下药"的教育改造原则，增强教育改造工作的针对性和实效性，

提高改造质量，20 世纪 80 年代一些监狱探索分押、分管、分教工作。例如，上海市白茅岭监狱即在根据罪犯性别、年龄、刑期分别收押的基础上，根据犯罪性质分押，如单独关押暴力犯。根据性别收押，女犯被收押于女监；根据年龄收押，未成年犯被收押于未成年犯管教所；根据刑期收押，长刑犯被收押于监狱，而刑期较短的罪犯被收押于劳改队。

1989 年 7 月，司法部在上海召开了全国监管改造工作会议，肯定了上海市白茅岭监狱及其他探索分押、分管、分教工作单位的经验，将分押、分管、分教工作正式列为新形势下强化监管改造工作的重大措施。1989 年 10 月，司法部制定印发了《对罪犯实施分押、分管、分教的试行意见》。这个意见提出，监狱要根据犯罪性质实现分类关押、分类管理、分类教育。根据上述意见，"分押"，即分类关押。在原有按性别、年龄、刑种、刑期实施分押的基础上，进一步以犯罪性质为主，结合考虑犯罪手段、行为方式和主观恶习程度予以分类关押。"分管"，一是分类管理，根据不同类型罪犯具有的特点予以相应管束，发挥管理的约束、惩戒、矫治、养成作用；二是分级管理，根据罪犯的改造表现、原判刑期和服刑时间，结合考虑罪犯的犯罪性质和主观恶习程度，实行不同级别的管理制度，并给予相应的处遇，发挥管理的激励、引导作用，最大限度地调动罪犯的改造积极性和自觉性。"分教"，即分类教育。主要依据犯罪性质，同时考虑罪犯的主观恶习程度和接受教育能力，类中分层，分级编班，分类施教；同时注意寓教于管，管中有教，管教结合，强化行为矫治和养成教育，并注意发挥监区环境对不同类型罪犯的教育改造功能。

经过两年的各地试点推行、经验积累，1991 年 9 月，司法部在河北第一劳改总队（现冀东监狱）召开了全国分押、分管、分教工作经验交流会，并修订印发了《对罪犯实施分押、分管、分教的试行意见（修改稿）》。自此，全国大部分监狱开始在根据性别、年龄、刑期分别收押的基础上，按照暴力型、财产型、性犯罪型等实行分别编队。

推行"分押、分管、分教"是我国行刑个别化的重要尝试。所谓行刑个别化，是指根据罪犯个体的不同特点执行刑罚，分别矫正。行刑个别化是刑罚个别化的一部分。刑罚个别化是 1898 年法国学者萨雷伊（R. Saleilles）提出的。[①] 经过 100 多年发展，行刑个别化观念不仅被广泛接受，而且探索得越来越细微。事实上，西方国家"矫治时代"矫治工作的发展就是行刑个别化的展开。

笔者认为，"分押、分管、分教"的大方向是正确的。基本理由是，只有个别化的矫正才可能完成对罪犯的矫正。但是，"分押、分管、分教"之所以不了了之，主要有三点：第一，我国的监狱学理论界不能予以"分押、分管、分教"

---

① 参见翟中东著：《刑罚个别化研究》，中国人民公安大学出版社 2001 年版，第 7 页。

有力的知识支持。"分押、分管、分教"的难点在"分教"。如何"分教"？当时我国的监狱学理论界拿不出一个既可操作，又行之有效的方案。即使现在，我国的监狱学理论界恐怕也制定不出类似国外推行的"暴力犯矫正项目"。第二，我国的监狱系统的民警尚未专家化，不能满足"分教"这样的专业要求。第三，由于我国的监狱很多是大型监狱，而大型监狱很难提供实现真正"分押"、"分管"的物质性环境，因而也很难开展"分教"。

下篇　20世纪后期至21世纪初的矫正

20世纪70年代，人们发现矫正并不一定有效，矫正工作者的艰苦工作并不一定能够产生效果，不一定都能够降低服刑人员的重新犯罪率，所以，西方国家开始对矫正制度进行变革。到20世纪后期至21世纪初，逐步建立了以危险管理与项目矫正为核心的制度。进入21世纪，随着押犯的增长、重新犯罪率的上升，中国开始关注国际社会矫正变革及矫正效果问题。

第六章 西方国家矫正制度的变革

20 世纪 70 年代后，西方国家的被判刑人口数量不断上升。如何有效控制罪犯，保障社会安全？"新刑罚学"提出对罪犯实施危险管理。马丁逊关于矫正有效性的问题到 21 世纪也有了比较明晰的解决方案，即通过推行项目矫正，提高矫正的有效性。21 世纪的西方国家在重新犯罪控制上放弃了利用"单一兵种"矫正罪犯的政策，而走向利用"合成兵种"矫正罪犯的政策。于是，体现威慑范式、矫正范式、重返社会范式、剥夺范式的综合性的重新犯罪防治政策被越来越多的国家所采用。

第一节 对罪犯实施危险管理

一、危险管理产生的背景：服刑人员的大量增加

20 世纪 70 年代后，随着刑罚惩罚正义思想的被接受与刑罚公正政策的推行，西方国家打击犯罪的力度显著提高，越来越多的犯罪分子被判处刑罚。

（一）被判监禁刑罪犯数量变化情况

我们先看推行刑罚公正政策后，美国的监禁人口变化情况。1980 年，美国监狱系统押犯人口是 32 万人。到 2000 年时押犯人口是 131.2 万人。具体情况可见本节表 1。

表 1：美国矫正系统监管人口（以千人为单位）[1]

年份	1980	1985	1990	1995	2000
监狱	320	488	743	1078	1312

---

① Bureau of Justice Statistics, Correction Populations in the United States, Washington：Government Printing Office. 2000，p. 2.

被监禁罪犯数量的增加，提高了社会人口的监禁比率。在美国，1930 年，每 10 万名成人中有 106 名被监禁的罪犯。1930～1975 年比较平稳，最低时每 10 万名成人中有 93 名被监禁的罪犯，最高时每 10 万名成人中有 137 名被监禁的罪犯。但是，1975 年以后，随着刑罚公正政策的推行，监禁率发生了变化：1985 年时，每 10 万名成人中有 202 人在联邦或者州监狱服刑；1995 年时，每 10 万名成人中有 411 人在联邦或者州监狱服刑；1997 年时，每 10 万名成人中有 445 人在联邦或者州监狱服刑。[①] 关于美国社会的监禁率，可以见本节图 1。[②]

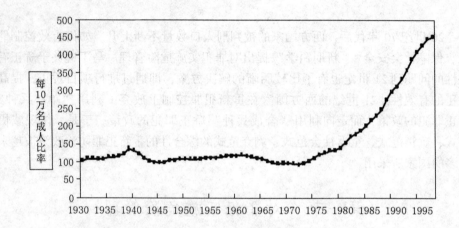

图 1：美国的监禁率（1930～1998 年）

我们看到，美国推行刑罚公正政策后，监禁率显著上升。从 1970 年到 2000 年这 30 年，美国的监禁率翻了 5 倍，而欧洲与澳大利亚的监禁率也有显著上涨。[③]

在英国，20 世纪 70 年代后，监禁人口数量上升得也很快，见本节表 2。

① Mackenzie, D, L., Setting the Stage for the Future, Evaluation Research Group, Department of Criminology and Criminal Justice, University of Maryland, College Park, M D, 2001, p. 1.

② Mackenzie, D, L., Setting the Stage for the Future, Evaluation Research Group, Department of Criminology and Criminal Justice, University of Maryland, College Park, M D, 2001, p. 1.

③ Hinds, L., "Crime Controlin Western Countries 1970～2000", In J. Pratt, D. Brown, M. Brown, S. Hallsworth and W. Morrison, The New Punitiveness: Trends, Theories, Perspectives. Dovon: Willan Publishing 2005, pp. 47～88.

表 2：英国监禁人口数量变化情况①

年份	1968	1978	1980	1987	1996	2001	2003
监禁人口	32461	41796	43109	50073	55000	66000	74000

（二）在社区中服刑的罪犯数量变化情况

由于 20 世纪 70 年代后社区性刑罚被美国、英国、澳大利亚等国家明确为刑罚，因而，越来越多的犯罪分子被适用社区性刑罚。这样，在社区中被监督控制的犯罪分子也越来越多。以美国为例，1980 年，全国被保护观察的服刑人员是 111.8 万人，被假释的人口是 22 万人，但是到 2000 年时，全国被保护观察的服刑人员上升至 384 万人，被假释的人口上升至 72.6 万人。具体情况可以见本节表 3。

表 3：美国 1980～2000 年社区矫正系统监管人口（以千人为单位）②

年份	1980	1985	1990	1995	2000
保护观察人口	1118	1969	2670	3078	3840
假释人口	220	300	531	679	726

在美国，被保护观察③的犯罪分子不仅绝对数高，而且相对数也高。"绝对数"指纯粹数字本身，而"相对数"是相对于一定对象而言的。相对于被监禁、被假释的罪犯，美国被保护观察的罪犯不仅数量大，而且年年增长。根据 1980～1998 年的统计，被保护观察的罪犯数量不仅绝对数大于被监禁、被假释的罪犯，而且相对数越来越高于被监禁、被假释的罪犯的数量，具体信息可以见本节图 2。

数字信息来源：司法统计局，《刑事司法统计》（Sourcebook of Criminal Justice Statistics），华盛顿：司法统计局 1999，NCJ 176356；博纳科扎（Bonczar, T. P.）和格拉泽（L. E. Glaze），《美国的保护观察和假释公报，1998》（Probation and Parole in the United States，1998，Bulletin），司法统计局 1999，NCJ 178234。

---

① Whitehead, P. and Statham, R., The History of Probation - Politics, Power and Cultural Change 1876～2005. Crayford：Shaw & Sons Limited 2006, p. 284.

② Bureau of Justice Statistics, Correction Populations in the United States. Washington：Government Printing Office，2000, p. 2.

③ 美国多数州的保护观察监督工作由法院设置的管理机构组织实施，而对假释人员的监督则由矫正局所属的机构组织实施。对被保护观察人员的监督与对被假释人员的监督两项工作的总称，即是社区矫正工作。

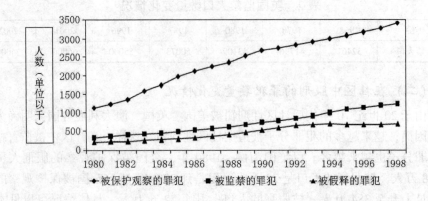

图 2：美国 1980～1998 年被保护观察、被监禁、被假释罪犯数量

由于罪犯数量的上升，国家在罪犯监管上的费用也随之上升。在美国，仅州政府在矫正领域的投入就从 1980 年的 40.26 亿美元上升到 1994 年的 210.27 亿美元。①

二、危险管理及其理论根据：新刑罚学的主张

由于罪犯数量上升，所以出现监管安全问题，社会安全问题，监督管理人员数量相对不足问题。同时，由于服刑人员增加，如何保证监管安全，如何保证公众安全，也成为一个新问题。

新刑罚学应运而生。新刑罚学认为，国家没有必要对所有的罪犯都投入大量的人力、物力、财力去监管，国家只需对危险性高的罪犯强化监督管理，监管安全就能得到保证，公众安全就能得到保证。这就是危险管理。

新刑罚学理论（the New Penology）是美国学者费莱（M. Feeley）与西蒙（J. Simon）提出的。新刑罚学理论是具有实证基础的理论。新刑罚学理论的实证基础是："少数人实施多数犯罪"。根据"少数人实施多数犯罪"的实证结论，新刑罚学理论认为，如果能够"标定"出犯罪危险性大的罪犯，并对他们加以监管控制，全社会的犯罪将会得到有效控制，而且犯罪控制成本将大大降低，社会安全程度将得到极大提高。②

（一）关于"少数人实施多数犯罪"的实证研究

根据国外很多学者的实证研究，从犯罪人实施犯罪的角度看，犯罪案件呈不

---

① Bureau of Justice Statistics, Dollar comparisons are given in constant dollars, Sourcebook, 1998.

② Carter, P, "Managing Offenders, Reducing Crime: A New Approach", Correctional Service Review, 2003.

均衡分布状态。在一定时间内在一定地区中发生的多数犯罪案件是由犯罪分子中的一小部分实施的，换言之，犯罪分子中的少数人实施了多数犯罪。

美国犯罪学家沃尔夫刚（M. Walfgang）、费格利奥（R. Figlio）与赛林（T. Sellin）于1972年在芝加哥大学出版社出版了他们的著名研究成果《同生代中的青少年犯》（Delinquency in a Birth Cohort）。他们在费城对青少年团伙犯罪进行了广泛深入的调查研究。他们调查了1万名青少年犯罪分子，发现被调查的1万名青少年犯罪分子中的6%，却对费城发生犯罪案件中的52%负责，对暴力犯罪中的2/3负责。这也就是说，犯罪分子中的少数人实施了犯罪案件中的多数。这个结果被其他对团伙犯罪的研究成果重复证实。美国学者怀特（J. D. Wright）与罗西（P. H. Rossi）在对被监禁的犯有重罪的罪犯进行调查时发现，被研究人员认定为严重危险的罪犯中的22%对所调查犯罪中的50%负责。[1]根据英国学者法林顿（D. P. Farrington）1981年的调查，仅占5%的被调查的男性犯罪分子对所调查犯罪中的50%负责，[2]即被调查犯罪案件中的50%是由被调查的犯罪分子中的5%实施的。

为何少数犯罪分子对多数犯罪负责？1982年美国兰德公司（Rand Corporation）的研究人员格林伍德（P. Greenwood）与阿伯拉汉姆斯（A. Abrahamse）在他们的研究报告《有选择剥夺》（Selective Incapacitation）中指出，虽然大部分犯罪分子犯罪的次数很有限，但是有一部分犯罪分子犯罪次数很频繁，有的犯罪分子每年实施夜盗行为232次；有的犯罪分子每年抢劫次数高达87次。10%的活跃的实施夜盗的犯罪分子对所调查区域的多数夜盗犯罪负责，平均每年达到230起。[3]部分犯罪分子犯罪的频繁性促成了"少数犯罪分子实施多数犯罪案件"的统计现象。

英国学者法林顿使用慢性犯（Chronic Offenders）概念称呼这一部分犯罪分子，这部分犯罪分子不仅对多数犯罪案件负责，而且对多数重大犯罪案件负责，是大案要案的实施者。美国学者沃尔夫刚于1972年在费城的研究表明，虽然慢性犯人数少，但是他们却是犯罪的主要人群，是重大犯罪的实施者。被调查男性犯罪分子中的6%，实施了重大伤害案件中的69%，杀人案件中的71%，强奸

---

① Wright, J. D. & Rossi, P. H., Armed and Considered Dangerous: A Survey of Felonsand Their Firearms. Aldinede Gruyter: New York, 1986, p. 148.

② Bank, L., Marlowe, J. H., Reid, J. B., Paterson, G. R. & Weinrott, M. R., "A Comparative Evaluation of Parent – Training Interventions for Families of Chronic Delinquents", In F. T. Cullen&B. K. Appedgate, Offender Rehabilitation: Effective Correctional Intervention. Aldershot: Ashgate Publishing Company Limited, Dartmouth Publishing Company Limited, 1997, p. 16.

③ Greenwood, P. & Abrahamse, A. F., Selective Incapacitation. Santa Monica: RCND. Corporation, 1982.

案件中的73%，抢劫案件中的82%。① 频繁性与严重性是紧密相关的。

为什么"慢性犯"具有很强的犯罪能力？英国剑桥大学犯罪研究所的法林顿教授对犯罪生涯有专门研究。法林顿教授的基本观点是"犯罪人的犯罪行为与其过去经历密切相关，具有违法犯罪经历的人容易再违法犯罪"。法林顿教授的主张对于理解上述问题具有很大的帮助。其基本观点与表述见于他的《人类进化与犯罪生涯》一文。②

观点一：违法犯罪生涯越长的人越容易犯罪或者再犯罪。

李博（Loeber）与勒布朗（Leblanc）1990年说，一个人的反社会行为越早出现意味着他的反社会生涯越长，越严重。雷特斯马－斯特里特（Reitsma－Street）等人发现，在加拿大安大略省，反社会的未成年人与他们的不反社会的兄弟姐妹相比只是在吸烟、酗酒、过性生活方面早2年。

汉姆培仁（Hamparian）等根据他们对美国俄亥俄州暴力未成年犯罪的研究，在1978年发表的研究成果中指出，犯罪起始年龄与行为人的犯罪次数不存在线性关系——犯罪起始年龄越早，犯罪次数越多。但是，塔伦（Tolan）在1987年的研究成果表明，犯罪年龄的早晚与其后来的犯罪频率有关，犯罪人犯罪时的年龄越小，其后来的犯罪频率越高。戈特佛德森（Gottfedson）与赦希（Hirschi）1986年指出，犯罪初始年龄的早晚仅仅是犯罪潜在可能性高的反应系数，即犯罪年龄越早意味行为人更可能持续实施犯罪，更可能实施严重的犯罪。理论上的解释是：初次犯罪的成功及行为人被犯罪化的标定，是导致行为人再次实施犯罪的原因。

一个人犯罪初始年龄的大小可能对他以后犯罪的频率与犯罪严重性及犯罪生涯有着直接的影响。美国内政部1987年的报告指出，对于犯夜盗罪与盗窃罪的人而言，犯罪起始年龄越早，意味着他们的犯罪持久性越长。因而，行为人第一次被捕或者被判刑的年龄可以用以判定其行为取向。

根据法林顿1981年的调查，大多数惯犯早在12岁就有了犯罪经历，仅有35%的惯犯在15岁以后开始犯罪生涯。③

观点二：违法犯罪具有连续性。

---

① Farrington, D. P., "Human Development and Criminal Careers", In S. Caffrey & G. Mundy (Eds.), Crime, Deviance and Society. Dartford: Greenwich University Press, 1996, pp. 111~126.

② Farrington, D. P., "Human Development and Criminal Careers", In S. Caffrey & G. Mundy (Eds.), Crime, Deviance and Society. Dartford: Greenwich University Press, 1996, pp. 95~136.

③ Bank, L., Marlowe, J. H., Reid, J. B., Paterson, G. R. & Weinrott, M. R., "A Comparative Evaluation of Parent – Training Interventions for Families of Chronic Delinquents", In F. T. Cullen & B. K. Appedgate (Eds.), Offender Rehabilitation: Effective Correctional Intervention. Aldershot: Ashgate Publishing Company Limited, Dartmouth Publishing Company Limited, 1997, p. 16.

巴奈特（Barnett）等人曾在 1987 年对定罪与重新犯罪之间的关系作过专门的研究。这项成果是使用很复杂的数学模型完成的。根据他们的研究，对于经常犯罪的人而言，其重新犯罪的可能性达到 0.9①，而对于偶然犯罪的人而言，其重新犯罪的可能性则是 0.67。曾经犯过罪的人重新犯罪的可能性更大。

巴勒莫斯坦（Blumstein）根据他的数学模型指出，当犯罪人持续犯罪的可能性为 0.87 以上，行为人会继续犯罪，走向重新犯罪的道路；当行为人持续犯罪的可能性为 0.57 时，行为人会放弃犯罪。

在瑞典，根据斯塔汀（Stattin）与马格努松（Magnusson）1991 年的报告，有 70% 曾经在 15 岁以前被登记有罪的人在 15～20 岁之间又被登记有罪，而有近 60% 的人在 21～29 岁之间又被登记有罪。

根据法林顿本人在 1992 年的研究，在 10～19 岁这个年龄段犯罪的人有 73% 在 17～24 岁的年龄段重新犯罪，只有 16% 的青少年犯不再犯罪；有 45% 的人在 25～32 岁这个年龄段重新犯罪，而只有 8% 的人不再重新犯罪。

关于犯罪经历对行为人的影响有两种理论进行解释：其一是持续异质（Persistent Heterogeneity）理论。这种理论认为行为人过去的犯罪行为使特定的人具有了犯罪潜在性。其二是状态依赖（State Dependent）理论。这种理论认为过去的犯罪由于强化了犯罪人的犯罪角色，由于已被标定为罪犯，从而大大增加其犯罪的可能性。法林顿认为，不仅犯罪经历对人的行为有影响，越轨行为对人的犯罪性也有很大的影响。②

斯皮维克（Spivck）等人于 1986 年在费城开展的一项研究结果指出，从一定角度说，我们可以通过对一个人在幼儿园（3～4 岁）的捣乱行为预测其对抗警察行为的可能性；而恩斯明格（Ensminger）1983 年在芝加哥的研究、特伦布莱（Tremblay）1988 年在蒙特利尔的研究表明，孩子在一年级（6～7 岁）时对老师的攻击行为可以用以预测其 14～15 岁时的犯罪行为。

剑桥大学犯罪研究所的研究指出，儿时的反社会行为与少年的反社会行为具有连续性。其一，根据反社会人格测量，对特定人而言，其 14 岁的行为与其 10 岁时的反社会行为的相关系数是 0.5，而其 18 岁时的行为与其 10 岁时的反社会行为的相关系数是 0.38。对一些年满 18 周岁实施反社会行为的人的研究表明，其在 8～10 岁时就是麻烦制造者或者是懒惰的人。根据法林顿在 1980 年到 1989 年发表的成果：8～10 岁的麻烦制造者往往到了初中会发展为逃学者、具有较高

---

① 这里的 0.9 是概率值。概率是一个介于 0 到 1 之间的数。概率越大，事件发生的可能性就越大；概率越小，事件发生的可能性就越小。不可能事件的概率为 0，必然事件的概率为 1。

② Farrington, D. P., "Human Development and Criminal Careers", In S. Caffrey & G. Mundy (Eds.), Crime, Deviance and Society. Dartford: Greenwich University Press, 1996, pp. 103～136.

侵犯性的人。

新西兰的怀特（White）等人在 1990 年发表的一个报告中指出，对 3 岁的孩子而言，其显示出的较强外向性与比较难管教的行为特征，可以用以推测其 11 岁时的反社会性。

一项跟踪研究指出，大约有一半儿童的反社会倾向会持续到少年；大约有一半少年的反社会倾向会持续到成年。随着年龄的增长，具有反社会人格的人的人格稳定性会增强。

泽科利乐（Zoccolillo）等人在 1992 年发表的一项跟踪研究报告指出，年龄在 9 ~ 12 岁的儿童所表现的违反规范行为与其在 26 岁时在工作领域、性关系方面表现的违反规范行为存在连续性。与在不超过 2 个方面具有违反规范行为的人相比较，在 3 个以上方面具有违反规范行为的人中的 81% 在成人后至少在 2 个方面仍然经常违反规范。而在这些人中有近一半人（40%）在 18 岁后有反社会行为，符合反社会人格的标准。

法林顿在 1990 年进行的一项调查显示，使用大麻者在年满 18 岁的人中占 29%，而在年满 32 岁的人中占 19%。但是，使用大麻者具有很强的连续性。从 18 岁开始使用大麻的人中有 44% 在年满 32 岁后仍然使用大麻。

攻击与暴力行为的连续性也很突出。法林顿在 1993 年的一项研究成果中指出，对于 32 岁后虐待妻子的行为可以从其 12 ~ 14 岁的攻击倾向与其在 14 ~ 18 岁的人格测量结果预测。但是，其在 18 岁时的攻击倾向不能预测其虐待倾向。

额容尼亚（Eronya）1990 年在纽约的研究报告指出，人们不仅可以根据特定人在 8 岁时的攻击行为推测其在 30 岁的攻击行为与虐待妻子行为，而且可以用以推断他的孩子的攻击倾向。

观点三：犯罪得手，犯罪可能与施害程度加大。①

根据沃尔夫刚（Wolfgang）等人于 1972 年在美国费城的研究，犯罪人每一次犯罪的成功都将增加犯罪人犯罪的可能性。第一次犯罪成功后的犯罪可能性是 0.54，第二次犯罪成功后的犯罪可能性是 0.65，第三次是 0.72，6 次以后达到 0.8。

闯珂（Trach）等在 1990 年发表的对费城犯罪团体的研究结果中指出，随着犯罪分子年龄的增长，犯罪的成功，犯罪分子所实施的犯罪会越来越严重。在我国，2000 年发生的"11·11"抢劫银行案件中的 6 名犯罪分子中有 4 人曾经被判刑入狱，1 人曾经被治安拘留过。

法林顿的犯罪生涯理论，一方面解释了为何"慢性犯具有很强的犯罪能力"问题，解释了为何"少数人实施多数犯罪"的现象；另一方面也暗含具有违法

---

① Farrington, D. P., "Human Development and Criminal Careers", In S. Caffrey & G. Mundy (Eds.), Crime, Deviance and Society. Dartford: Greenwich University Press, 1996, p. 102, p. 109.

犯罪史的人容易成为犯罪能力强的人。后一个观点与危险评估相关联。在现代危险评估工具中往往将犯罪史作为重要的评估因子。

（二）新刑罚学的主张

既然"少数人实施了多数犯罪"，如果在犯罪分子实施犯罪前标定出这些"少数人"，即具有较大犯罪危险的人，或者说"慢性犯"，并有针对性地采取控制措施，不仅可以降低刑事司法成本，而且可以有效预防犯罪与重新犯罪，维护社会安全。新刑罚学关注的重点不是惩罚，也不是矫正，而是危险人群的评估与控制，即对犯罪分子的危险管理。

危险管理包括危险评估与危险控制。所谓危险评估，是对犯罪分子重新违法犯罪危险大小进行定量化的评估，将犯罪分子区分出高度危险犯、中度危险犯与低度危险犯等类别。所谓危险控制，是根据犯罪分子的危险程度，予以针对性监控，对危险高的犯罪分子从人力、技术、制度、物力上入手强化监控，合理安排监控资源。危险评估是危险控制的基础，危险控制的根据是危险评估。

危险管理、危险评估、危险控制等概念的引入在刑罚理论中别开生面，从而形成新刑罚学。危险管理不仅是理论，而且是一种技术。危险管理的技术性突出体现在危险评估上。对犯罪分子的危险评估，可以追溯到犯罪学形成初期。传统的对犯罪分子的危险评估方法包括面相分析、心理学上的临床分析。现代犯罪分子的危险评估是使用统计的方法。以统计的方法替代道德分析与临床分析的方法后，危险评估的可操作性大大提高，可靠性显著改善。[1]

三、危险管理的内容：危险评估与危险控制

1897 年，意大利学者维弗雷度·帕累托（Vilfredo Pareto，1848~1923）在进行经济问题分析时，偶然注意到 19 世纪英国人财富和收益模式的调查取样中，大部分所得和财富流向了少数人手里。他发现了这个非常重要的事实：某一族群占总人口数的百分比，和该族群所享有的总收入或财富之间，有一项一致的数学关系。维弗雷度·帕累托感到兴奋的就是这种不平衡的模式会重复出现。他在对不同时期或不同国度的考察中都见到了这种现象。不管是早期的英国，还是与他同时代的其他国家，或是更早的资料，他发现相同的模式一再出现，而且有数学上的准确度。由此他提出了所谓"重要的少数与琐碎的多数原理"，大意是：在任何特定的群体中，重要的因子通常只占少数，而不重要的因子则占多数，因此，只要控制重要的少数，即能控制全局。帕累托法则又称 80/20 法则、二八定律。

---

[1] Feeley, M., & Simon, J., "The New Penology: Notes on the Emerging Strategy of Corrections and Its Implications". Criminology, 1992, . 30, p. 455.

危险管理符合帕累托法则。危险管理是通过对危险性大的服刑人员采取有效监管控制而保证社会安全与监管人员安全的服刑人员监督管理模式。这种模式的突出特点是将矫正机构的监管人力、物力与财力，投向经过危险评估被认为重新违法犯罪危险性大的服刑人员。传统的矫正，为维护社会与公众安全，往往通过对服刑人员普遍性的强化监督而进行。而危险管理是对服刑人员中的危险者进行强化的监督管理，从而维护社会与公众安全，即通过控制重要的少数服刑人员而控制全局。与普遍的强化监督相比，危险管理具有两个特点：第一，能够形成对个别服刑人员超强的监督力度。危险管理是有选择的强化监督模式。这种监督模式不是平均使用监督力量，而是对危险性较大的服刑人员予以强化监督，而对于危险性较小的服刑人员予以一般监督。第二，在监管资源相同的条件下，使用危险管理模式矫正机构可以监督更多的服刑人员。由于危险管理只关注少数人，所以在一定程度"节约"了监督资源。

危险管理包括危险评估与危险控制两大部分内容。危险评估是危险管理的基础，危险控制是危险管理的核心。准确的危险评估，有助于危险的控制，反之，不能有效控制危险。如果危险评估错误，危险的服刑人员就可能游离于矫正机关的严密监督法网之外，从而增加社会与公众的危险；如果危险控制不以危险评估为基础，监管资源就不会合理配置，就可能无法有力地控制危险性大的服刑人员带给社会与公众的危险。下面我们分别介绍危险评估与危险控制。

（一）危险评估

1. 危险评估概述

危险评估（Risk Assessment）[①]，就是对矫正机构中犯罪分子重新违法犯罪可能性的判断。它是刑事司法犯罪分子危险评估的组成部分。危险评估的实践空间，除了矫正领域，还有法院审判领域。

对犯罪人进行危险评估的思想早在龙勃罗梭时代就已经出现。龙勃罗梭认为，犯罪有遗传的原因，人类中存在天生犯罪人。天生犯罪人是犯罪预防与控制的对象。何种人为天生犯罪人？天生犯罪人的重要判断根据就是面相。[②] 龙勃罗梭在《犯罪及其原因和矫治》一书中将犯罪人的面相特点描述为："上颌骨和颧

[①] 国内很多人将矫正中的"Risk Assessment"翻译为"风险评估"，而不是"危险评估"。笔者以为不大妥当。主要理由是"危险评估"能够反映出服刑人员的危险性与程度，表明"服刑人员是危险源"这一事实。由于"风险"突出"他者"对"我"所造成的可能危害，而不是"我"对"他者"所造成的可能危害，所以"风险评估"很难反映出服刑人员给社会与公众所造成的可能危害。因此，将"Risk Assessment"翻译为"风险评估"不大妥当。

[②] 龙勃罗梭所提的天生犯罪人概念源于对一名叫维莱拉的罪犯大脑异常的发现。参见陈兴良著：《刑罚中的人性基础》，中国方正出版社1996年版，第78页。

骨过度发育，颌骨突出，眼眶倾斜，皮肤色素沉着，毛发丛生而卷曲，耳朵硕大。"① 上述面相特点不仅是天生犯罪人的面貌特征，反推过来，上述面相特点也可以作为判断天生犯罪人的重要根据。这样，具有上述面相特点的人就可能是很危险的犯罪人了。

虽然根据面相对犯罪人进行的危险评估比较古朴，但是，其开创了对犯罪人危险评估的先河。

无疑，从面相角度对犯罪人进行危险评估的可靠性较差。② 对犯罪人的危险有无、犯罪人危险大小的评估，是对人内心世界的窥探，而人的内心世界不仅广袤，而且非常幽深，仅根据人的面相判断人的内心世界，判断人的犯罪危险，其根据远远不够。虽然有的面目丑陋的人，有颗恶毒的心，但是，也有面目丑陋的人，却有颗善良的心。

于是，人们转向从人的心理角度、社会角度评估犯罪人的危险。人类对犯罪人的危险具有本能的防控需要，所以，人类一直在探索如何评估犯罪人的危险。

从心理角度评估危险的根据是心理异常者实施犯罪行为的可能性大，而心理健康者实施犯罪行为的可能性小。例如，精神分析学派的学者认为，在人的"本我"占胜"超我"的情况下，具有很大的危险性。从社会角度评估危险的根据是各种社会性因素，如犯罪人接受教育情况、家庭因素、交友情况、社区影响等。

由于危险评估角度的发展与思维空间的拓展，有关犯罪人危险评估的研究不断取得重要进展，有关犯罪人危险评估的成果丰硕。美国学者贝卡隆（K. B. Bucklen）认为，根据危险评估的方法，可以将危险评估分为以下四类：③

第一类是临床评估的方法。临床评估，是指完全由临床医生在经验与知识的基础上诊断的评估方法。其中，评估方法尽管是心理医生所作的评估，但是，其评估方式是非结构性的。一般认为，这种非结构性的预测方法比统计的预测方法可靠性差。

第二类是统计的预测方法。统计性危险评估是结构的、量化的、经过实证的预测项目。危险大的犯罪人只是重新犯罪的危险可能大；而危险小的犯罪人只是重新犯罪的危险可能小。这种方法建立在犯罪危险与相关变量基础上，如年龄、犯罪记录、不法行为数量等。

---

① ［意］龙勃罗梭著，吴宗宪等译：《犯罪及其原因和矫治》，中国人民公安大学出版社2009 年版，第 321 页。

② Lewis, D. O., Vulnerabilities to Delinquency. Lancaster：M T P Press，1981. pp. 8 ~ 32.

③ Bucklen, K. B., "Approach to Inmate Risk Assessment". Research in Review，2001，4，pp. 2 ~ 7.

第三类是结构性的临床判断。这种方法的特点是将临床判断与统计预测结合在一起。

第四类是采用自我评估问卷预测方法的评估。问卷包括能够反映犯罪性思维、反社会人格、犯罪史、反社会的人际关系等问题。很多专业人士认为这种评估需要评估者达到一定的专业水平。

在上述四类危险评估方法中，第一类与第二类是基本方法。

按照加拿大学者安德鲁（D. A. Andrews）、博塔（J. Bonta）等的看法，第一类危险评估方法属于危险评估中的第一代方法。这种方法因为主要依靠专业人员判断，存在因人而异，危险评估结果不稳定等问题，所以，被认为不可靠。第二类危险评估方法属于新一代的危险评估方法。其中，根据静态预测因子进行统计预测的方法，属于第二代评估方法。静态预测因子，是指用于评估犯罪人的危险的与犯罪人不可分割的、比较稳定的因素，如犯罪历史、家庭情况、接受教育情况等。根据静态预测因子，同时根据动态预测因子，对犯罪人进行危险预测的方法，属于第三代评估方法。动态预测因子，是指用于评估犯罪人的危险的能够变化的因素，如犯罪人的交友情况、情感情况、对犯罪的态度。[①]

下面重点探讨如何使用统计的方法对犯罪人进行危险评估。

危险评估的统计预测方法原理：就是根据与罪犯重新犯罪相关的因素推测犯罪人重新犯罪或者违法的可能性大小的一种预测活动。

使用统计方法进行危险评估有三大环节：

第一，筛选危险评估预测因子。预测因子是用以预测犯罪人重新犯罪可能的因素。能否确定为预测因子决定于特定因素与重新犯罪或者违法有无关系及关系远近，如果某种因素与罪犯重新违法犯罪有关系，且关联程度高，便可以将该因素确定为预测因子，并用此因素帮助推测罪犯是否具有重新犯罪可能；如果某种因素与罪犯重新违法犯罪没有关系，或者关联程度低，就不能将该因素确定为预测因子。

关于何种因素应当被确定为预测因子，观点不尽一致。美国学者昌平（D. J. Champion）对已有的研究进行过归纳并提出自己的看法，男性比女性更容易重新犯罪；年轻的重犯比年老的重犯更容易重新犯罪；对特定人而言，随着年龄增长，重新犯罪可能性下降；没有接受很好教育的人与接受正式教育的人相比，重新犯罪可能性大；[②] 在监狱待得时间越长，释放后重新犯罪的可能性越

① Andrews, D. A., Bonta, J. & Wormith, J. S., "The Recent Past and Near Future of Risk and/or Need Assessment", Crime and Delinquency, 2006, 52, pp. 7~27.

② Roundtree, G. A., Edware D. W. & Parker, J. B., "A Study of the Personal Characteristic of Probationers as Related to Recidivism", Journal of Offender Counseling, 1984, 8, pp. 53~61.

大。大多数累犯的犯罪行为是在从监狱释放后或者社会执行完毕后 3 年内发生的；以前逮捕的次数越多，重新犯罪的可能性越大；假释期间的暴力犯比非暴力犯更可能被逮捕；黑人重新犯罪的比率高于其他人种；犯罪史越长的人，重新犯罪可能性越大；获重罪的在社区执行的罪犯比假释犯更容易重新犯罪，因为前者的执行期长于后者；接受离监探亲、工作释放与其他提前释放的罪犯重新犯罪的可能性低于没有接受上述措施的；财产犯比暴力犯更容易重新犯罪；以前就业稳定的人比就业不稳定的人重新犯罪的可能性小；在监禁期违反监规越严重的人重新犯罪的可能性越大；在未成年时被捕或者被定罪的人重新犯罪的可能大于没有这种经历的人；从监狱中释放的年龄越早，重新犯罪的可能性越大。假释犯实施的犯罪往往与其入监时所犯之罪相同；使用酒精与毒品的罪犯重新犯罪的可能性大于没有使用酒精与毒品的罪犯。但是，作者认为，重新犯罪与罪犯假释时的年龄无关；假释后的财产犯比假释后的暴力犯更容易重新犯罪；罪犯在监内服刑的长度与重新犯罪没有关系；种族与重新犯罪没有关系；男性不一定比女性重新犯罪的可能性大；参加矫正项目与职业培训与重新犯罪关系不大。罪犯为减刑积极表现与重新犯罪没有关系；使用毒品与重新犯罪没有关系；就业记录与重新犯罪没有关系；[①] 被假释的罪犯再犯之罪与先前所犯之罪并不完全相同。[②]

　　一般认为，危险评估的预测因子包括：犯罪性需要；犯罪史/反社会史；社会业绩；年龄/性别/种族；家庭因素；知识情况；个人情绪因素；就业情况等。预测因子有静态与动态之分。静态因子包括：年龄；犯罪史，包括反社会的行为；家庭因素；犯罪情况等。动态因子包括：反社会人格；同情心；犯罪性需要；人际关系；社会成就；滥用毒品等。这些预测因子通常是通过对初步选定的因子与犯罪人重新违法犯罪的相关性进行分析后确定。

　　第二，确定预测因子的权重，即对预测因子影响犯罪人重新违法犯罪的程度给出分值，如犯罪史 10 分、滥用毒品 5 分。用于预测犯罪人重新犯罪的因子在重新犯罪预测中的重要程度不尽一致，有的重要程度强一些，有的重要程度弱一些。一般认为，犯罪性需要、犯罪史或者反社会史、年龄、性别、家庭因素等比较重要，有的因素对重新犯罪的影响要弱一些，如罪犯的社会地位、罪犯个人的情绪状态等。在使用统计方法的危险评估中，预测因子的重要程度是通过数字描述出来的。这个数字便是权重值。在危险评估中重要因子的权重值高一些，非重要因子的权重值低一些。

---

① Roundtree, G. A., Edware D. W. & Parker, J. B., "A Study of the Personal Characteristic of Probationers as Related to Recidivism", Journal of Offender Counseling, 1984, 8, pp. 53 ~ 61.

② Champion, D. J., Measuring Offender Risk – A Criminal Justice Sourcebook. Connecticut: Greenwood Press, 1994, pp. 92 ~ 93.

第三，对所有预测因子的权重值进行统计及分析。当评估人员使用危险评估工具（量表）对特定犯罪人进行预测因子评估后，需要对所有的预测因子评估的分值进行统计。评估人员统计所得的分值可以用于判断特定犯罪人的危险程度。

危险评估工具（量表）通常包含两部分：其一，量表主体。量表的基本内容是预测因子及对不同预测因子所作的赋值。其二，对量表总分值的解释。对量表总分值的解释的基本功能是标明不同分值的危险程度：分值越高表示犯罪人危险性越大；分值越低表示犯罪人危险性越小。根据对量表总分值的解释，评估人员可以对特定犯罪人所获得的总分值进行具体的判断，即犯罪人危险性大小。这里以英国的"犯罪人危险评估系统"（OA Sys）为例，看对危险评估工具（量表）的解释。"犯罪人危险评估系统"（OA Sys）将危险评估分值分为三个分数段：0～40 分；41～99 分；100～168 分。当犯罪人危险评估的结果分数落在 0～40 分的区间，表明犯罪人的危险程度是低度危险；当犯罪人危险评估的结果分数落在 41～99 分的区间，表明犯罪人的危险程度是中度危险；当犯罪人危险评估的结果分数落在 100～168 分的区间，表明犯罪人的危险程度是高度危险。

2. 当代国际社会在社区矫正领域所使用的重要危险评估工具

危险评估是危险控制的基础，是危险管理的核心要件之一。危险评估的质量高度决定了危险管理水平的高度。因此，提高危险评估准确度是提高危险管理水平的应有内容。

如何提高对犯罪人的危险评估准确度？自对犯罪人的危险评估思想产生并开始危险评估的探索以来，有关提高危险评估准确度的实践生生不息。按照加拿大学者安德鲁（D. A. Andrews）、博塔（J. Bonta）等人的观点，危险评估已经经历了四代产品的进化。[①] 虽然今天的危险评估方法仍然不尽如人意，但是，与前期的危险评估方法相比，其已经有了新的发展。

由于关于犯罪人危险评估的思想与方法在我国矫正理论与实务界还很少见，所以，这里通过介绍国际社会矫正领域中比较有影响的犯罪人危险评估工具，以帮助大家进一步了解犯罪人危险评估方法。

（1）"犯罪人危险评估系统"。"犯罪人危险评估系统"（OA Sys）是英格兰与威尔士所使用的犯罪人危险评估工具。该工具是 1999 年 4 月由英国监狱当局与社区矫正部门联合推出的，既在监狱系统适用，也在社区矫正系统适用。[②]

---

① Andrews, D. A., Bonta, J. & Wormith, J. S., "The Recent Past and Near Future of Risk and/or Need Assessment", Crime and Delinquency, 2006, 52, pp. 7～27.

② Using Risk Assessment in Effective Sentence, www. homeoffice. gov. uk/docs 2/riskassess4. html.

"犯罪人危险评估系统" 的评估框架（根据第二版的设计)①

部分 A：现行犯罪

A1　这次犯罪被独立定罪的个数

犯罪的个数	1	2 ~ 3	4 +
分数	0	1	2

A2　犯罪涉及下列因素

	打钩（一钩一分）
使用武器	
暴力威胁	
玩手段 Cunning/Manipulation	
行为表现出一定迷恋性	
行为表现出一定装腔作势	
背信	
对财产造成一定损害	
长时策划	
有性的因素	

A3　现在的犯罪是不是行为模式的一部分

否 = 0；是 = 2

A4　现在的犯罪是不是在以前犯罪的基础上有所发展

否 = 0；是 = 2

A5　被害人情况

被害人总数	分数
0 ~ 1	0
2	1
2 个以上	2

对同一个被害人侵害

否 = 0；是 = 2

被害人是不是老弱病残

否 = 0；是 = 2

---

① Howard, P., Clark D. & Garnham, N., An Evaluation of the Offender Assessment System (OA Sys)：In Three Pilots 1999 ~ 2001. London：National Offender Management Service，2006.

被害人是不是陌生人

否 = 0；是 = 2

部分 B：犯罪史（以前定罪情况）

B1　18 周岁以前被定罪次数

被定罪情况	0	1 ~ 2	3 +
分数	0	1	2

B2　成人后被定罪次数

被定罪情况	0	1 ~ 2	3 +
分数	0	1	2

B3　第一次被定罪时的年龄

年龄	18 +	14 ~ 17	14 岁以下
分数	0	1	2

B4　第一次与警察打交道时的年龄，包括警告

年龄	18 +	14 ~ 17	14 岁以下
分数	0	1	2

B5　21 周岁以下被监禁的次数

监禁刑	0	1 ~ 2	3 +
分数	0	1	2

B6　21 周岁以上被监禁的次数

监禁刑	0	1 ~ 2	3 +
分数	0	1	2

B7　违反保释、保护观察

否 = 0；是 = 2

B8　是否具有脱逃史

否 = 0；是 = 2

B9　在监管设施内具有实施暴力、攻击与破坏的历史

否 = 0；是 = 2

B10　犯罪种类

故意杀人、伤害、故意杀人预备、伤害预备	
其他暴力，包括攻击、持有武器	
性犯罪	
绑架	
夜盗	
盗窃	
诈骗、伪造	
其他不诚实的行为	
投毒	
进口、提供与拥有毒品	
交通犯罪	

犯 3 种罪 = 0；犯 3～4 种罪 = 1；犯 4 种以上罪 = 2

部分 C：态度

没有问题 = 0；有些问题 = 1；有严重问题 = 2

C1　接受或者拒绝自己的犯罪责任

C2　犯罪的动机

C3　对被害人的态度

C4　对量刑与法律程序的态度

C5　对管理人员的态度

C6　对假释等促进罪犯重返社会措施的态度

C7　对自己犯罪的态度（将来）

C8　对犯罪的一般态度（提供机会是否任何人都会犯罪）

C9　对社会的态度

C10　对自己的态度（是否有信心）

部分 D：住宿

没有问题 = 0；有些问题 = 1；有严重问题 = 2

D1　罪犯住的是哪类房屋

D2　释放后是否有确定的住所

D3　住宿的适宜性

D4　是否经常迁移

D5　释放后的住所是否与犯罪活动或者被害人比较接近

部分 E：家庭或者婚姻关系

没有问题 = 0；有些问题 = 1；有严重问题 = 2

E1　与家庭、孩子的关系，如是否能够经常关心孩子

E2　在未成年时期是否受到过虐待

E3　现在与最亲近亲属的关系

E4 过去与最亲近的亲属关系情况，如数量、满意程度等

E5 现在与配偶的感情情况

E6 家庭暴力情况

E7 为人父母角色下看其与孩子的关系

E8 与其亲近的家庭成员是否有犯罪记录

否 =0；是 =2

部分 F：所接受教育与训练情况

没有问题 =0；有些问题 =1；有严重问题 =2

F1 上学情况，是否逃过学、被学校逐出

F2 未获得文凭

F3 在阅读、写作与数学上存在问题

F4 在学习上有困难

F5 对学习与培训的态度

部分 G：就业情况

G1 现在的就业情况

	分数
在狱内全时就业	0
临时就业	0
偶尔参加劳动	1
参加政府的训练项目	0
参加全日教育	0
曾经失业（6 个月以下）	1
曾经失业（6 个月以上）	2
退休	0
因为能力原因未能找到工作	0
其他没有找到工作的原因	0
照顾家庭成员	0
说明：如果罪犯符合 1 种以上情况，以最高分计	

G2 就业史，如工作种类、数量、离职的原因

G3 与工作相关的技能，如木工

有技能 =0；无技能 =2

G4 最近有多少个月没有工作

月数	0 ~ 17	18 ~ 21	22 +
分数	2	1	0

G5 工作中与人的关系

G6 对就业的态度

部分 H：理财能力与收入

没有问题＝0；有些问题＝1；有严重问题＝2

H1 是否已经申请福利（入狱前）

否＝0；是＝2

H2 非法收入是钱物主要来源

H3 生活主要依靠别人的经济帮助

H4 理财情况，如收支关系处理

H5 存在滥用钱财问题，如赌博、滥用信用等

H6 对经济上需要帮助的人予以帮助，如自己的孩子、其他家庭成员

部分 I：生活方式与外在联系

没有问题＝0；有些问题＝1；有严重问题＝2

I1 有些孤僻，很少有亲密朋友

I2 融入社会情况，是否加入诸如体育俱乐部类的社团组织

I3 与其他罪犯的关系

I4 是否与其他罪犯共度时光

I5 是否容易受到犯罪性交往的影响

I6 休闲活动是否与犯罪机会创造相关

I7 是否滥用友情、是否欺负他人，是否利用他人

I8 生活方式中的其他问题

I9 行为大意，存在对刺激的需要

部分 J：酗酒

没有问题＝0；有些问题＝1；有严重问题＝2

J1 现在喝酒频率

J2 最近 6 个月喝醉酒的情况

J3 通常酗酒频率

J4 与处方药品一起使用酒精

否＝0；是＝2

J5 因酗酒身体状况很差

否＝0；是＝2

J6 家庭成员也存在酗酒问题

否＝0；是＝2

J7 由于酗酒从事任何工作都有问题

否＝0；是＝2

J8 其他与酗酒相关的问题，如驾驶、理财

否＝0；是＝2

J9 酗酒后有使用暴力的记录

否＝0；是＝2

J10 有证据证明监禁后还使用过酒品

否＝0；是＝2

231

J11　在矫治中酒瘾复发

复发次数	0 ~ 1	2	3 +
分数	0	1	2

J12　使用酒类的态度。

部分 K：使用毒品

K1　使用毒品情况

毒品种类	没有使用	以前使用过	现在偶尔使用	现在经常使用
可卡因				
兴奋性的药品				
幻觉性的药品				
鸦片				
苯丙胺类毒品				
巴比妥类				
大麻类毒品				
苯二氮类				
类固醇				
溶剂类				
其他				

说明：偶然使用 1 分；经常使用 2 分

K2　使用的主要毒品

K3　是否曾经注射过毒品

否 = 0；是 = 2

K4　是否滥用处方药品

否 = 0；是 = 2

K5　是否经常性地与酒精一起使用药品

否 = 0；是 = 2

K6　是否因使用毒品存在健康问题

否 = 0；是 = 2

K7　家庭成员是否与使用毒品有关

否 = 0；是 = 2

K8　是否因为使用毒品从事任何职业都有问题

否 = 0；是 = 2

K9　是否有其他因使用毒品产生的问题，如个人经济问题、驾驶问题等

否 = 0；是 = 2

K10　是否有与使用毒品相关的暴力使用史

否 = 0；是 = 2

K11　是否在监禁中使用过毒品

否 = 0；是 = 2

K12　是否在矫治中复发

复发次数	0 ~ 1	2	3 +
分数	0	1	2

K13　是否以毒品买卖为职业

否 = 0；是 = 2

K14　对使用毒品的态度

部分 L：情感或者心理问题

没有问题 = 0；有些问题 = 1；有严重问题 = 2

L1　有问题，如情绪不稳定、处于紧张中，容易焦虑

L2　存在抑郁问题

L3　儿童时存在问题，如破坏公物、残害动物、注意力不集中、不良性倾向等

L4　是否具有头脑被伤害的历史

否 = 0；是 = 2

L5　是否正在接受精神治疗

否 = 0；是 = 2

L6　是否曾经接受过精神治疗

否 = 0；是 = 2

L7　是否因为精神健康问题进行过"静默"治疗

否 = 0；是 = 2

L8　在特别的医院接受过治疗或者在地方安全机构接受过控制

否 = 0；是 = 2

L9　是否具有自伤、自杀的想法

否 = 0；是 = 2

L10　现在的心理或者精神有问题

部分 M：相互之间的行为

没有问题 = 0；有些问题 = 1；有严重问题 = 2

M1　交往技能水平

M2　交往中的敌对态度，是否对他人总有疑心，是否有敌对态度

M3　攻击性行为，有通过威胁或者暴力解决问题的倾向

M4　愤怒管理情况，如是否容易生气、是否能管理自己的情绪、解决问题的能力如何

M5　存在歧视他人问题，如种族歧视、性歧视等

部分 N：思维形式

没有问题 = 0；有些问题 = 1；有严重问题 = 2

N1　意识到问题的能力

N2　解决问题的能力

N3　对结果的判断与了解能力

N4　确定目标的能力，是否确定不具有可行性的目标

N5　解读环境，包括社会环境、人际环境，能否理解他人，体会他人的情感

N6　是否容易冲动，是否倾向于无计划行动，倾向于刺激

N7　抽象思维能力，如是否以刻板的思维思考、看待问题

总分数：

根据英国学者霍华德（P. Howard）的报告，危险评估分值与重新犯罪率的关系是：[①]

OA Sys 分值	重新犯罪可能
0 ~ 40	低度危险
41 ~ 99	中度危险
100 ~ 168	高度危险

英格兰与威尔士在以前曾经使用过"评估、个案管理与评估系统"，即 ACE（Assessment, Case Management and Evaluation）与"水平评估量表"（LSI – R）。2000 年前后开发并使用"犯罪人危险评估系统"（OA Sys）。[②] OA Sys 被认为是世界同类危险评估系统中最先进的系统。

2011 年，英国在"犯罪人危险评估系统"的基础上推出"犯罪人危险评估系统——修改版"（OA Sys – R）。与"犯罪人危险评估系统"相比，"犯罪人危险评估系统——修改版"可以更好地在网络平台上使用。由于"犯罪人危险评估系统——修改版"的网络功能突出，所以，"犯罪人危险评估系统——修改版"可以更全面地获取与分享犯罪人有关危险评估的资料，进行数据更新，支持危险管理，降低评估费用。

（2）水平评估量表（Level of Service Inventory – Revised），简称 LSI – R 量表。这个危险评估工具是由加拿大的安德鲁（D. A. Andrews）博士与博塔（J. Bonta）博士于 1995 年设计并推出的，是一个包容使用动态与静态的要素于一体的评估再犯的危险的工具。两位博士认为下面 10 方面 54 项内容与重新犯罪有密切关系，并试图通过对这 10 方面 54 项（每项 1 分）内容的评估，确定被测者重新犯罪的可能性。

---

① Howard, P., "The Offender Assessment System: an evaluation of the second pilot". Findings, 2006, 278.

② Bullock, K., "The Construction and Interpretation of Risk Management Technologies in Contemporary Probation Practice", British Journal of Criminology, 2011, 51, pp. 120 ~ 135.

第一，犯罪史（Criminal History 10 分），具体包括：

①以前至少接受过 1 次定罪；

②在成年期间 2 次被定罪；

③在成年期间曾接受了 3 次定罪；

④现行犯罪有 3 个以上；

⑤在 16 周岁以下被捕过；

⑥曾经因为犯罪行为而被监禁过；

⑦曾经被监禁过；

⑧曾经因为不当行为而被惩罚过；

⑨在被监督期间违反有关规定或者被起诉；

⑩有攻击或者使用暴力的记录。

第二，教育或者就业情况（Education/Employment 10 分），具体包括：

①现在失业；

②经常失业；

③整年无业可就；

④曾经被开除；

⑤在学校没有读完 10 年级；

⑥在学校没有读完 12 年级；

⑦停学或者被开除；

⑧参与项目情况与成绩；

⑨伙伴之间的来往；

⑩与有关机构联系或者来往的情况。

第三，财产情况（Financial 2 分），具体包括：

①存在经济问题；

②依赖于社会帮助。

第四，家庭情况（Family/Marital 4 分），具体包括：

①对家庭不满意；

②从来没有回报父母；

③从来没有回报亲戚；

④家庭成员或者配偶也犯罪。

第五，住宿情况（Accommodation 3 分），具体包括：

①对居住状况不满意；

②去年变更住址 3 次以下；

③邻居犯罪问题突出。

第六，娱乐情况（Leisure/Recreation 2 分），具体包括：

①缺少娱乐；

②能够很好地使用时间，提高自己的需要。

第七，交往（Companions 5 分），具体包括：

①交往孤独；

②有些犯过罪或者正在服刑的朋友；

③有犯过罪的朋友；

④与犯过罪的人不交往；

⑤没有没犯过罪的朋友。

第八，使用酒精或者毒品问题（Alcohol/Drug Problems 9 分），具体包括：

①曾经有酗酒问题；

②曾经有吸毒问题；

③现在有酗酒问题；

④现在有吸毒问题；

⑤有违法问题；

⑥有婚姻或者家庭问题；

⑦有学校或者工作问题；

⑧有生理问题；

⑨其他酗酒、吸毒信息。

第九，情感问题（Emotional/Personal 5 分），具体包括：

①情感干预；

②动态的精神状态；

③经过治疗后的精神状态；

④现在的精神状况；

⑤精神指标。

第十，态度（Attitudes/Orientation 4 分），具体包括：

①对犯罪持赞同态度，不满意现状；

②对传统持不赞成的态度；

③对刑期态度消极；

④对监督态度消极。

如何确定危险等级？

根据 LSI – R 用户手册，LSI – R 将危险等级分为 5 级。[①] 在对 956 名加拿大罪犯的分析基础上所确定的危险等级分值与重新犯罪可能性是：

---

① Andrews, D. A. and Bonta, J. , LSI – R User's Manual. New York：MHS, 2001.

分值范围	重新犯罪情况（释放 1 年后）
41～47 分以上	高危险的罪犯（重新犯罪率是 76%）
34～40 分	中高度危险的罪犯（重新犯罪率是 57.3%）
24～33 分	中度危险的罪犯（重新犯罪率是 48.1%）
14～23 分	中低度危险的罪犯（重新犯罪率是 31.1%）
0～13 分	低度危险的罪犯（重新犯罪率是 11.7%）

这就是说，如果对一名罪犯测试的分数是 41～47 分以上，罪犯将被认定为高度危险的罪犯；如果被测罪犯的分数是 34～40 分，罪犯将被认定为中高度危险的罪犯；如果被测罪犯的分数是 24～33 分，罪犯将被认定为中度危险的罪犯；如果被测罪犯的分数是 14～23 分，罪犯将被认定为低中度危险的罪犯；如果对一名罪犯测试的分数是 0～13 分，罪犯就被认定为低度危险的罪犯。

需要说明的是，这一分值标准并非被所有使用者接受，例如，美国宾州的假释与假释监督机构将 LSI－R 危险标准确定为三级，分值是：

高度危险的罪犯是 29 分以上；

中度危险的罪犯是 21～28 分；

低度危险的罪犯是 20 分以下。

美国宾州是 LSI－R 危险评估的用户。

LSI－R 是一种被比较广泛接受的危险评估工具。例如，在美国的一些州，LSI－R 被适用于 18 周岁以上的罪犯，使用领域包括：判断适用假释后的结果，判断是否可以顺利通过中途之家（一种监禁过渡措施），是否会违反监规，是否会重新犯罪。具体目标包括：判断监督等级、罪犯安全等级与分类，判断危险程度等。

3. 历史因素评估工具

历史因素评估工具（Historical Clinical Risk，简称 HCR－20）是由多伦多大学的教授韦伯斯特（Christopher D. Webster）等人于 1997 年完成的。1995 年他开始关注、研究危险性评估，1997 年研究出了历史因素评估工具。

这一工具被分为 3 个维度，20 个项目。三个维度是：历史变量（Historical Variables），其主要源于司法机构移送的有关材料，包括 10 个要素；诊断变量（Clinical Variables），其主要源于与犯罪分子的谈话，包括 5 个要素；危险管理要素（Risk Management Items），其来源包括材料查阅与谈话，包括 5 个要素。

历史变量（Historical Variables）包括：

（1）以前使用暴力情况。

（2）第一次实施暴力的时间。

（3）与他人关系稳定性。

（4）有关就业信息。

（5）使用毒品或者酒精问题。

（6）有无主要的精神疾病及其严重程度。

（7）精神状况。

（8）（在家庭与学校）不适应问题。

（9）人格不正常（Personality Disorder）情况。

（10）以前假释监督的失败情况。

诊断变量（Clinical Variables）包括：

（1）缺乏认识能力与自省力。缺乏自省力与缺乏自我控制力有关，与潜在的暴力有关。

（2）消极的态度。态度消极与反社会有关。

（3）精神疾病问题。这个问题不仅与自杀有关，而且与以后的暴力有关。

（4）冲动。冲动与暴力有关。

（5）不配合治疗。不配合治疗与再犯有关。

危险管理要素（Risk Management Items）包括：

（1）计划缺乏可行性。这里需要确定的是患者防止旧病复发的计划是否合适、安全与现实。

（2）稳定性。这一项是用以评价被评估者接触被害人、武器与毒品后的危险。行为人到了一定情境下，如与同伙相聚，犯罪危险会显著上升。

（3）缺乏人际支持。这一项要同被测者的亲戚、朋友与专业人员交谈后评估。

（4）遵守达成的协议。如果被评估者能够遵守有关协议，实施暴力的危险就小，反之就大。

（5）紧张。紧张状态可能导致行为人旧病复发。引起被测者的紧张的因素主要有家庭、朋友与就业。

每个要素的分值被设定为 0，1，2，用以区分被测者实施暴力危险的高、中与低程度。

分数总值高，意味着危险性高；分数总值低，意味着危险性低。

一些学者认为，HCR - 20 是比较好的评估危险的工具。[1]

4. 精神疾病量表

精神疾病量表（Psychopathy Check List - Revised，简称 PCL - R）是黑尔（Robert D. Hare）于 1985 年设计，1991 年公布的。这个量表是以人格为对象的

---

[1] Beech, A. R., "Case Material and Interview", In C. R. Hollin (Eds.). Handbook of Offender Assessment and Treatment. Chickerter：John Wiley & Sons. LTD., 2001.

诊断性的量表。PCL - R 可以有效地预测重新犯罪，同时可以为干预、矫正创造条件。该量表的项目有下面 20 个：

(1) 表面有魅力；

(2) 自我，自大；

(3) 需要刺激改变无聊的生活；

(4) 病态性的撒谎；

(5) 欺骗；

(6) 缺乏悔改之心；

(7) 浮浅的感情体验；

(8) 冷酷/缺乏同情之心；

(9) 寄生的生活方式；

(10) 控制能力差；

(11) 滥交（性）；

(12) 早年就存在行为问题；

(13) 缺乏长期目标；

(14) 冲动；

(15) 行为不负责；

(16) 接受自己的行为责任失败；

(17) 有很多短期的婚姻关系；

(18) 未成年不轨行为突出；

(19) 假释被撤销；

(20) 犯罪种类多。

方法谈话与表格填写，大概需要 90～120 分钟完成。

每一要素的分值被设为 0，1，2。设计有一般的诊断内容。其一：对别人自私、冷酷、不知后悔；其二，长期的不稳定、反社会的生活方式。

0 = 不符合；

1 = 有些符合；

2 = 完全符合。

分数总值在 0～40 分之间。分数总值高，意味着重新犯罪危险性大；分数总值低，意味着重新犯罪危险性小。

5. 重新犯罪统计信息量表

重新犯罪统计信息量表[1]（The Statistical Information on Recidivism - Revised1

---

[1] Nafekh, M. & Motiuk, L. L. , The Statistical Information on Recidivism - Revised1 Scale. Ottwa：Research Branch Correction Service of Canada，2002.

Scale，简称 SIR – R1）是纳菲尔德（Joan Nuffield）最初于1982年设计的，名为"重新犯罪统计信息量表"（the General Statistical Information on Recidivism Scale），作为预测重新犯罪的工具。重新犯罪被定义为释放3年后因可诉之罪而被捕。1996年为提高效度，适应法律的修改，该量表进行了修订。

SIR – R1 量表有15个项目：

现行犯罪
入狱时的年龄
以前被监禁的情况
撤销假释或者剥夺权利情况
脱逃行为
安全等级
成年后第一次被定罪时的年龄
以前因攻击行为被定罪情况
入狱时的婚姻状况
上次犯罪后的危险间隔期
从上次入狱看其依赖性因素
加重刑罚情况的数量
以前性犯罪的数量
因违反有关监督规定被定罪的情况
逮捕时的就业情况

分数设置是

现行犯罪

乱伦的，诱奸跨代沟者的	+4
除了交通肇事导致伤亡的伤害	+3
使用毒品	+3
不带装备的抢劫	+3
危险驾驶、使用交通工具疏忽大意	+2
窝赃	−1
盗窃	−1
进入他人住宅，非法拥有武器	−2
脱逃	−4

入狱时的年龄

40岁及其以上	+2
20岁以下	−2

以前被监禁的情况

从未进入过监禁机构	+4
在监禁机构服刑 3~4 次	−1
在监禁机构服刑 5 次以上的	−2

撤销假释或者剥夺权利情况	
被撤销过假释	−2

脱逃行为	
脱逃或者试图脱逃不超过一次	−3

安全等级	
在假释听审中罪犯是否在高度安全监狱中	−1

成年后第一次被定罪时的年龄	
50 岁以下	+7
41~49 岁	+6
31~40 岁	+3
23~30 岁	+2
18 岁以下	−2

以前因攻击行为被定罪情况	
以前被定罪 1 次的	−2
以前被定罪 2 次以上的	−3

入狱时的婚姻状况	
已婚或者有普通法上的配偶	+1

上次犯罪后的危险间隔期	
如果罪犯这次被定罪与上次被定罪或者释放时间距 24 个月或者以上	+2
如果罪犯这次被定罪与上次被定罪或者释放时间不超过 6 个月	−1

从上次入狱看其依赖性因素	
有 3 种以上的依赖因素	+2

加重刑罚情况的数量	
刑罚加重 5 年以上不到 6 年的	+3
刑罚加重 6 年以上的	+2

以前性犯罪的数量	
以前因强奸、预谋强奸、性攻击等被定罪过 2 次	−4

因违反有关监督规定被定罪的情况	
以前没有被定过罪的	+2
以前因违反规定被定罪 1~2 次	−2
以前因违反规定被定罪 3~4 次	−3
以前因违反规定被定罪 5 次以上	−6

逮捕时的就业情况	
逮捕时处于就业状况	+1

根据分值，罪犯危险被分为五种情况：

−27~−6 分	高度危险
−5~−1 分	中高度危险
0~4 分	中度危险
5~8 分	中低度危险
9~30 分	低度危险

　　加拿大的一项跟踪研究表明，被认定为高度危险的罪犯重犯率是 44%，而被确定低度危险的罪犯重新犯罪率是 6%。具体如下：[1]

SIR−R1	成功	失败	总计
高度危险人群	866（56%）	673（44%）	1539（100%）
中高度危险人群	583（69%）	265（31%）	848（100%）
中度危险人群	768（76%）	246（24%）	1014（100%）
中低度危险人群	765（84%）	142（16%）	907（100%）
低度危险人群	2382（94%）	141（6%）	2523（100%）
总计	5364（79%）	1467（21%）	6831（100%）

　　6. 静态−99（Static−99）量表

　　静态−99 量表的特点是使用静态因子评估性犯罪者重新犯罪可能的评估工具，但是，这个量表也可以适用于暴力犯罪者。

　　这个量表是由加拿大总检察院的汉森（R. K. Hanson）博士与英格兰监狱局

---

　　① Nafekh, M. & Motiuk, L. L., The Statistical Information on Recidivism − Revised1 Scale. Ottwa: Research Branch Correction Service of Canada, 2002.

的桑顿（D. Thornton）博士设计推出的。这个量表是融两个危险评估工具发展而来的，即"性罪犯重新犯罪快速评估量表"（RRASOR，Rapid Risk Assessment of Sex Offender Recidivism）与"结构性最低度临床诊断量表"（SACJ – Min，The Structured Anchored Clinical Judgement – Minimum）。

评估分为以下方面：以前的性犯罪情况；以前的服刑期日；现在的非性犯罪的定罪情况；以前的非性犯罪的定罪情况；与被害人是否有亲属关系；陌生的被害人情况；男性被害人情况；年少情况；单身情况。

分值设置如下：

问题	危险预测因子	规则	分值
1	年龄	25 岁以上的 18～25 岁（不含）的	0 1
2	曾经相爱过	曾经与爱人生活过 2 年以上 是 否	 0 1
3	现在是否因性暴力而被定罪	否 是	0 1
4	以前是否因为性暴力而被定罪	否 是	0 1
5	以前的性犯罪	被起诉　　被定罪 无　　　　无 1～2　　　1 3～5　　　2～3 6＋　　　　4＋	 0 1 2 3
6	上次被定罪的期日	尚未超过 3 年 4 年以上	0 1
7	因为非性犯罪而被定罪情况	无 是	0 1
8	非亲属被害人	无 是	0 1
9	陌生的被害人	无 是	0 1
10	男性被害人	无 是	0 1
总分			

分值评估：

0～1 分　危险程度低

2～3 分　危险程度中低

4～5 分　危险程度中高

6 分以上　危险程度高

根据哈里斯（A. Harris）、菲尼克斯（A. Phenix）、汉森（R. K. Hanson）与桑顿（D. Thornton）的报告，[1] 对 1086 名罪犯的调查显示，高度危险罪犯重新犯罪率可以高达 59%，而低度危险罪犯的重新犯罪率是 5%。

Static－99 分值	样本	性罪犯重新犯罪率%			暴力罪犯重新犯罪率%		
		5 年	10 年	15 年	5 年	10 年	15 年
0	107	5	11	13	6	12	15
1	150	6	7	7	11	17	18
2	204	9	13	16	17	25	30
3	206	12	14	19	22	27	34
4	190	26	31	36	36	36	44
5	100	33	38	40	42	48	52
6＋	129	39	45	52	44	51	59
平均	1086	18	22	26	25	32	37

7. 美国弗吉尼亚州的罪犯危险评估[2]

1994 年，弗吉尼亚州取消了假释，目的是使暴力犯，特别是有过暴力犯罪记录的罪犯，留在监狱。根据规定，暴力犯在监狱内需要服满法院所判监禁刑。作为改革目标之一，"弗吉尼亚州量刑委员会"（the Virginia Criminal Sentencing Commission）希望使用危险评估工具适用于非暴力犯罪者，对危险性低的非暴力罪犯使用监禁替代措施。危险评估工具融入量刑准则中。对于犯有盗窃、诈骗、销售毒品等罪行需要送入监狱的犯罪分子，将根据危险情况决定是否适用替代刑。排除因销售 1 盎司以上可卡因而被认定有罪的情况。

弗吉尼亚州量刑委员会认为下列 11 个因素对于认定危险有价值：

（1）罪犯的性别；

（2）罪犯的年龄；

---

① Harris, A., Phenix, A., Hanson, R. K. & Thornton, D., Static－99 Coding Rules Revised－2003. Ottwa：Corrections Reports, 2003.

② Kleiman, M., Ostrom, B. J. &Cheesman, F. L., Using Risk Assessment to Inform Sentencing Decisions for Nonviolent Offenders in Virginia. Crime & Delinquency 2007. 1，pp. 106～132.

（3）罪犯的婚姻情况；

（4）罪犯的就业情况；

（5）罪犯是否自己单独犯罪；

（6）是否有其他的罪行；

（7）在过去的 12 个月被捕过或者被拘禁过；

（8）罪犯以前的犯罪记录；

（9）是否以前因使用毒品被定过重罪；

（10）是否在成年后被监禁过；

（11）是否在未成年时被监禁过。

在这里，年龄、以前的犯罪记录、未成年被监禁三个因素权重最高。在这个系统中，如果罪犯的分值是 10 分以下，将被分流，不再适用监禁刑。法官可以根据量刑准则适用替代刑。目标：将大概 25% 的犯财产罪与毒品罪的罪犯分流，适用非监禁刑。

危险性评估表

1. 是否是男性		
是		1 分
2. 罪犯的年龄		
20 岁以下		5 分
20～27 岁		4 分
28～33 岁		3 分
34 岁以上		0 分
3. 是否结婚		
否		1 分
4. 犯罪时是否就业		
否		1 分
5. 罪犯是否自己单独犯罪		
是		2 分
6. 全部其他罪行所处刑罚		
低于 8 年		0 分
28～48 年		2 分
49 年以上		3 分
7. 在过去的 12 个月被捕过或者被拘禁过		
是		2 分
8. 罪犯以前的犯罪记录		
0 次重罪	1～2 次轻罪	1 分
	3 次以上轻罪	2 分
1 次重罪	0 次轻罪	1 分

	1 ~ 2 次轻罪	2 分
	2 ~ 7 次轻罪	3 分
	8 次以上轻罪	4 分
2 ~ 3 次重罪	0 ~ 2 次轻罪	2 分
	2 ~ 7 次轻罪	4 分
	8 次以上轻罪	5 分
4 次重罪	0 次轻罪	3 分
	1 ~ 7 次轻罪	4 分
	8 次以上轻罪	5 分
9. 是否以前因使用毒品被定过重罪		
1 次		1 分
2 次		2 分
3 次		3 分
4 次以上		4 分
10. 成年后是否被监禁过		
1 ~ 2 次		1 分
2 ~ 4 次		2 分
5 次以上		3 分
11. 是否在未成年时被监禁过		
是		4 分

总分:

　　根据弗吉尼亚州法典第 17 – 235 条的规定，危险性评估 10 分以下者可以适用的替代性刑罚包括但是又不限于罚金、日罚金；军训营刑；地方监禁；家庭监禁；社区刑罚；强化的社区执行监督；社区服务刑等。

　　8. 威斯康辛危险评估工具（Wisconsin Risk Assessment）

　　威斯康辛危险评估工具是在美国威斯康辛州发展起来的危险评估工具。该危险评估曾经被美国国家矫正学院（the National Institute of Corrections）向美国各司法区介绍与推广。威斯康辛危险评估工具内容如下：

威斯康辛危险评估工具①

1. 在现行犯罪前 5 年是否被捕过	
没有	0 分
有	4 分

---

① Latessa，E. J. & Smith，P.，Corrections in the Community. Burlinton：Anderson，2007，p. 235.

2. 成年前被监禁的次数

 没有   0 分

 1～2 次   3 分

 3 次及以上   6 分

3. 以前因为撤销保护观察、假释而被监禁的次数

 没有   0 分

 一次以上   4 分

4. 在最近 12 个月连续就业情况

 超过 7 个月   0 分

 5～7 个月   1 分

 少于 5 个月   2 分

 没有申请   0 分

5. 以前被判重罪的情况

 没有   0 分

 1 次   2 分

 2 次及以上   4 分

* 未成年时被判重罪

 没有   0 分

 1 次   3 分

 2 次   6 分

 3 次及以上   7 分

6. 因第一次犯重罪而被捕的年龄

 24 岁以上   0 分

 20～23 岁   2 分

 19 岁及以下   4 分

7. 被执行刑罚时的年龄

 30 岁及以上   0 分

 18～29 岁   3 分

 17 岁及以下   6 分

8. 酒精使用上的问题

 没有问题   0 分

 偶尔滥用，有时影响生活   2 分

 经常滥用，有严重的问题，需要矫正 4 分

9. 毒品使用上的问题

 没有问题   0 分

 偶尔滥用，有时影响生活   2 分

 经常滥用，有严重的问题，需要矫正 4 分

10. 交友情况

 主要与没有犯罪倾向的人交往   0 分

 与不三不四的人交往   5 分

247

11. 犯罪的严重情况

轻微罪	2分
轻罪	4分
重罪	8分

12. 社会态度

没有敌意，有改变的动机	0分
与司法机关不合作	2分
有敌意，有犯罪倾向	5分

总分：

17分及以上	高度危险
9～16分	中度危险
8分及以下	低度危险

　　根据威斯康辛危险评估工具，如果罪犯在上述评估中得分17分及以上，该罪犯是高度危险的犯罪人；如果罪犯得分在9～16分之间，该罪犯是中度危险的犯罪人；如果罪犯得分在8分及以下，该罪犯是低度危险的犯罪人。

　　9. 宾夕法尼亚危险评估工具（Pennsylvania's Initial Client Assessment Form）

　　宾夕法尼亚危险评估工具源于美国宾夕法尼亚州社区矫正系统。宾夕法尼亚危险评估工具内容如下：

宾夕法尼亚危险评估工具①

1. 第一次定罪年龄

24岁及以上	0分
20～23岁	2分
19岁及以下	4分

2. 以前被撤销社区矫正的次数

没有	0分
1次或以上	4分

3. 以前被判重罪的次数

没有	0分
1次	2分
2次及以上	4分

4. 或者在青少年时被定罪，因为

夜盗、盗窃等	2分
票据或伪造等	3分

---

① Cromwell, P. F., Carmen, R. V. del, Alarid, L. F., Community - based Corrections. Belmont: Wadsworth/Thomson Learning, 2002, p. 124.

5. 以前被适用社区矫正次数

没有 .... 0 分

1 次及以上 .... 4 分

6. 在最近 5 年内因暴力性犯罪而被定罪

是 .... 15 分

否 .... 0 分

7. 在最近 12 个月内家庭地址变迁次数

没有 .... 0 分

1 次 .... 2 分

2 次或者以上 .... 3 分

8. 在最近的 12 个月中就业的时间比例

60% 以上 .... 0 分

40% ~ 50% .... 1 分

低于 40% .... 2 分

9. 酒精使用问题

没有问题 .... 0 分

偶尔滥用，不影响正常生活 .... 2 分

经常滥用，严重影响生活，需要矫正 .... 4 分

10. 使用毒品情况

没有问题 .... 0 分

偶尔滥用，不影响正常生活 .... 1 分

经常滥用，严重影响生活，需要矫正 .... 2 分

11. 生活态度

有改造的动机，接受帮助 .... 0 分

不愿意承担责任 .... 3 分

生活消极，没有改造的动机 .... 5 分

总分：

---

0 ~ 5 分 .... 降低监督等级

6 ~ 16 分 .... 通常监督等级

17 ~ 30 分 .... 严格的监督等级

31 分及以上 .... 强化的监督等级

根据宾夕法尼亚危险评估工具，如果罪犯在危险评估中得分在 0 ~ 5 分之间，该罪犯是低度危险的犯罪人，在监管上需要降低监督等级；如果罪犯在危险评估中得分在 6 ~ 16 分之间，该罪犯是中度危险的犯罪人，在监管上适用通常的监督等级；如果罪犯在危险评估中得分在 17 ~ 30 分之间，该罪犯是高度危险的犯罪人，在监管上适用严格的监督等级；如果罪犯在危险评估中得分在 31 分及以上分数，该罪犯属于超高度危险的犯罪人，在监管上适用强化的监督等级。

10. 印第安纳服刑人员危险评估工具

印第安纳服刑人员危险评估工具源于美国印第安纳州社区矫正系统。与前两个危险评估工具相比，印第安纳服刑人员危险评估工具对成年犯与未成年犯作了区分，因而，印第安纳服刑人员危险评估工具分为印第安纳成年服刑人员危险评估工具（Indiana Adult Risk Assessment Instrument）和印第安纳未成年服刑人员危险评估工具（Indiana Juvenile Risk Assessment Instrument）。不仅如此，印第安纳服刑人员危险评估工具还对初次评估与再评估作了区分，因而，印第安纳服刑人员危险评估工具除了有初次的危险评估，还有危险再评估工具，即印第安纳成年服刑人员危险再评估工具（Indiana Adult Risk Reassessment Instrument）和印第安纳未成年服刑人员危险再评估工具（Indiana Juvenile Risk Reassessment Instrument）。

印第安纳成年服刑人员危险评估工具[①]

1. 第一次被定罪或者被判决的年龄
　24 岁以上　　　　　　　　　　　　　　　　　　0 分
　20～23 岁　　　　　　　　　　　　　　　　　　3 分
　19 岁以下　　　　　　　　　　　　　　　　　　6 分
2. 以前被定罪的次数
　0　　　　　　　　　　　　　　　　　　　　　　0 分
　1　　　　　　　　　　　　　　　　　　　　　　3 分
　2 次以上　　　　　　　　　　　　　　　　　　　6 分
3. 以前接受社区监督的次数
　0　　　　　　　　　　　　　　　　　　　　　　0 分
　1 次以上　　　　　　　　　　　　　　　　　　　4 分
4. 以前违反社区监督的次数
　0　　　　　　　　　　　　　　　　　　　　　　0 分
　1 次以上　　　　　　　　　　　　　　　　　　　3 分
5. 以前违法的次数
　0　　　　　　　　　　　　　　　　　　　　　　0 分
　1 次以上　　　　　　　　　　　　　　　　　　　4 分
6. 使用违禁品
　不知道　　　　　　　　　　　　　　　　　　　　0 分
　有时　　　　　　　　　　　　　　　　　　　　　1 分
　严重　　　　　　　　　　　　　　　　　　　　　2 分

---

① Bercovitz, J., Bemus, B. & Hendricks, W. S., Probation Case Classification & Workload Measures System for Indiana. Indianapolis：Indiana Judicial Center, 1993：附录。

7. 过去 12 个月中就业或者就学情况

　9 个月以上　　　　　　　　　　　　　　　　　　　　0 分

　5 ~ 8 个月　　　　　　　　　　　　　　　　　　　　1 分

　少于 5 个月　　　　　　　　　　　　　　　　　　　　2 分

8. 最近 12 个月的迁居情况

　没有　　　　　　　　　　　　　　　　　　　　　　　0 分

　1 次　　　　　　　　　　　　　　　　　　　　　　　2 分

　2 次以上　　　　　　　　　　　　　　　　　　　　　4 分

9. 教育情况

　大学以上文化　　　　　　　　　　　　　　　　　　　0 分

　高中毕业　　　　　　　　　　　　　　　　　　　　　1 分

　高中没有毕业　　　　　　　　　　　　　　　　　　　2 分

10. 申诉情况

　有些道理　　　　　　　　　　　　　　　　　　　　　0 分

　没有道理　　　　　　　　　　　　　　　　　　　　　2 分

　缠诉　　　　　　　　　　　　　　　　　　　　　　　4 分

总分:

0 ~ 10 分　　　　　　　　　　　　　　　　　　　　低度危险

11 ~ 19 分　　　　　　　　　　　　　　　　　　　中度危险

20 分以上　　　　　　　　　　　　　　　　　　　　高度危险

　　根据印第安纳成年服刑人员危险评估工具，如果服刑人员在危险评估中得分在 0 ~ 10 分之间，该服刑人员是低度危险犯罪人；如果服刑人员在危险评估中得分在 11 ~ 19 分之间，该服刑人员是中度危险犯罪人；如果服刑人员在危险评估中得分在 20 分以上，该服刑人员是高度危险犯罪人。

印第安纳保护观察成年服刑人员危险再评估工具

1. 第一次被定罪或者被判决的年龄

　24 岁以下　　　　　　　　　　　　　　　　　　　　0 分

　20 ~ 23 岁　　　　　　　　　　　　　　　　　　　2 分

　19 岁以下　　　　　　　　　　　　　　　　　　　　3 分

2. 以前被定罪的次数

　0　　　　　　　　　　　　　　　　　　　　　　　　0 分

　1　　　　　　　　　　　　　　　　　　　　　　　　2 分

　2 次以上　　　　　　　　　　　　　　　　　　　　　3 分

3. 以前接受社区监督的次数

　0　　　　　　　　　　　　　　　　　　　　　　　　0 分

　1 次以上　　　　　　　　　　　　　　　　　　　　　2 分

4. 以前违反社区监督的次数

    0   0 分

    1 次以上   2 分

5. 以前犯罪的次数

    0   0 分

    1 次以上   2 分

自上次分类以来

6. 使用违禁品

    不知道   0 分

    有时   1 分

    严重   2 分

7. 违反保护观察

    没有   0 分

    1 次以上   6 分

8. 矫正自我报告

    可以被接受   0 分

    需要完善   2 分

    不能接受   4 分

9. 遵守监督条件的情况

    遵守   0 分

    需要改进   2 分

    遵守情况不好   4 分

10. 就业记录

    情况比较好   0 分

    需要提高   2 分

    情况不好   4 分

11. 赔偿纪录

    进行赔偿   0 分

    需要提高   2 分

    情况不好   4 分

总分:

0~10 分	低度危险
11~19 分	中度危险
20 分以上	高度危险

根据印第安纳成年服刑人员危险再评估工具,如果服刑人员在危险评估中得分在 0~10 分之间,该服刑人员是低度危险犯罪人;如果服刑人员在危险评估中得分在 11~19 分之间,该服刑人员是中度危险犯罪人;如果服刑人员在危险评估中得分在 20 分以上,该罪犯是高度危险犯罪人。

印第安纳未成年服刑人员危险评估工具

1. 第一次被捕时的年龄
   16 岁以上　　　　　　　　　　　　　　　　　　　0 分
   13~15 岁　　　　　　　　　　　　　　　　　　　3 分
   12 岁或者以下　　　　　　　　　　　　　　　　　6 分
2. 毒品使用情况
   没有使用过　　　　　　　　　　　　　　　　　　0 分
   有使用过的经验　　　　　　　　　　　　　　　　1 分
   有些受影响　　　　　　　　　　　　　　　　　　2 分
   受严重的影响　　　　　　　　　　　　　　　　　3 分
3. 上学/工作
   没有问题　　　　　　　　　　　　　　　　　　　0 分
   有一定的问题　　　　　　　　　　　　　　　　　1 分
   有严重的问题　　　　　　　　　　　　　　　　　2 分
   没有上学或者工作　　　　　　　　　　　　　　　4 分
4. 交友情况
   没有问题　　　　　　　　　　　　　　　　　　　0 分
   有些问题　　　　　　　　　　　　　　　　　　　1 分
   多数情况下有问题　　　　　　　　　　　　　　　3 分
5. 父母监督情况/监护人监督情况
   有效果　　　　　　　　　　　　　　　　　　　　0 分
   有时有效果，有时无效果　　　　　　　　　　　　1 分
   没有监督　　　　　　　　　　　　　　　　　　　2 分
   有害于未成年人　　　　　　　　　　　　　　　　4 分
6. 以前犯罪的次数
   0　　　　　　　　　　　　　　　　　　　　　　0 分
   1~2 次　　　　　　　　　　　　　　　　　　　　2 分
   3 次以上　　　　　　　　　　　　　　　　　　　3 分
7. 以前被监督情况
   没有　　　　　　　　　　　　　　　　　　　　　0 分
   监督结束后又犯罪　　　　　　　　　　　　　　　2 分
   在监督中又犯罪　　　　　　　　　　　　　　　　4 分
8. 监禁生活的经验
   没有　　　　　　　　　　　　　　　　　　　　　0 分
   审判中被拘禁过　　　　　　　　　　　　　　　　1 分
   监禁
   接受过家庭监禁　　　　　　　　　　　　　　　　2 分
   接受过民事监禁　　　　　　　　　　　　　　　　4 分
   接受矫正机构的监禁　　　　　　　　　　　　　　6 分

总分：

0 ~ 7 分	低度危险
8 ~ 16 分	中度危险
17 分以上	高度危险

根据印第安纳未成年服刑人员危险评估工具，如果服刑人员在危险评估中得分在 0 ~ 7 分之间，该服刑人员是低度危险犯罪人；如果服刑人员在危险评估中得分在 8 ~ 16 分之间，该服刑人员是中度危险犯罪人；如果服刑人员在危险评估中得分在 17 分以上，该罪犯是高度危险犯罪人。

印第安纳未成年服刑人员危险再评估工具

1. 第一次被捕时的年龄
   16 岁以上 ⋯⋯⋯⋯⋯⋯ 0 分
   13 ~ 15 岁 ⋯⋯⋯⋯⋯⋯ 2 分
   12 岁或者以下 ⋯⋯⋯⋯ 3 分
2. 监禁生活的经验
   没有 ⋯⋯⋯⋯⋯⋯⋯⋯ 0 分
   审判中被拘禁过 ⋯⋯⋯ 1 分
   监禁
   接受过家庭监禁 ⋯⋯⋯ 1 分
   接受过民事监禁 ⋯⋯⋯ 2 分
   接受矫正机构的监禁 ⋯ 3 分
3. 以前被监督情况
   没有 ⋯⋯⋯⋯⋯⋯⋯⋯ 0 分
   监督结束后又犯罪 ⋯⋯ 1 分
   在监督中又犯罪 ⋯⋯⋯ 2 分
4. 以前犯罪的次数
   没有 ⋯⋯⋯⋯⋯⋯⋯⋯ 0 分
   1 ~ 2 次 ⋯⋯⋯⋯⋯⋯⋯ 1 分
   3 次以上 ⋯⋯⋯⋯⋯⋯ 2 分
   自上次分类以来的情况
5. 毒品使用情况
   没有使用过 ⋯⋯⋯⋯⋯ 0 分
   有使用过的经验 ⋯⋯⋯ 1 分
   有些受影响 ⋯⋯⋯⋯⋯ 2 分
   受严重的影响 ⋯⋯⋯⋯ 3 分
6. 上学/工作情况
   没有问题 ⋯⋯⋯⋯⋯⋯ 0 分
   有一定的问题 ⋯⋯⋯⋯ 1 分

有严重的问题	2 分
没有上过学	4 分

7. 交友情况

没有问题	0 分
有些问题	1 分
多数情况下有问题	3 分

8. 父母监督情况/监护人监督情况

有效果	0 分
有时有效果，有时无效果	1 分
没有监督	2 分
有害于未成年人	4 分

9. 接受监督情况

没有问题	0 分
有些问题	3 分
有比较严重的问题，违反了监督规定	6 分

总分：

0 ~ 7 分	低度危险
8 ~ 16 分	中度危险
17 分以上	高度危险

根据印第安纳未成年服刑人员危险再评估工具，如果服刑人员在危险评估中得分在 0 ~ 7 分之间，该服刑人员是低度危险犯罪人；如果服刑人员在危险评估中得分在 8 ~ 16 分之间，该服刑人员是中度危险犯罪人；如果服刑人员在危险评估中得分在 17 分以上，该服刑人员是高度危险犯罪人。

（二）危险控制

如何控制源于犯罪分子的危险，从而保证社会安全？危险控制关涉不同利益，不仅需要维护国家的利益，也需要保障罪犯的正当利益；需要调和不同的原则，既要考虑社会安全，也需要考虑危险控制的正当性。这里介绍四种危险控制的措施：延长高度危险罪犯的监禁期；构建罪犯的"危险"回应机制；确立"危险罪犯"标定与控制制度；性犯罪者登记、公示制度。

1. 延长高度危险罪犯的监禁期

所谓延长高度危险罪犯的监禁期，是指司法机关通过加重罪犯监禁刑的形式，将有高度危险的罪犯隔离于社会，从而控制罪犯出狱后可能带给社会的危险。根据犯罪生涯理论的研究，罪犯随着年龄的增加，重新犯罪的可能性会下降。根据一项对包括加、美、英三国的成年男性罪犯的研究，性犯罪者的重新犯罪率随着年龄的增长而降低。这项研究的样本总数是 4673 人，其中半数样本是被判 5 年以上徒刑者。被观察对象的重新犯罪率从 7% 到 36%。研究表明，强奸犯最危险的年龄是 18～25 岁，随后危险降低。很少有老年强奸犯（超过 60 岁的）。性虐童者的危险年龄在 25～35 岁之间，50 岁以后危险降低。强奸亲属犯的重新犯罪危险年龄是 18～25 岁。①

延长高度危险罪犯监禁期的表现形式主要是加重累犯刑罚：累犯被认为是高度危险的罪犯，而加重刑罚是延长其监禁刑的合法形式。

各国加重累犯处罚的立法不尽相同：

《瑞士联邦刑法典》（1996 年修订）第 42 条第 1 款规定："行为人曾经多次故意实施重罪或轻罪，且因被科处重惩役、监禁刑或劳动教养处分，至少已执行 2 年自由刑……且自释放后 5 年内又故意犯重罪或轻罪，足以表明它具有犯重罪或轻罪之倾向的，法官可命令对其执行保安处分来代替执行重惩役或监禁刑。"《瑞士联邦刑法典》第 67 条第 1 款规定："自行为人全部或部分执行重惩役或监禁刑后 5 年内，又因新的犯罪行为被科处重惩役或监禁刑的，法官可提高刑罚期限，但不得高于一刑种的最高刑度……"

《意大利刑法典》第 99 条规定："对于在因某一犯罪受到处罚后又实施犯罪者，可将本应对新罪科处的刑罚增加 1/6，有下列情况的，刑罚可增加 1/3……"

《法国刑法典》第 56 条第 1 款规定了加倍处罚："受重罪之宣告而再犯主刑为 10 年至 20 年有期徒刑之重罪者，得处其 2 倍之最高刑度……"《法国刑法典》第 132－8 条规定："自然人因重罪或因法律规定当处 10 年监禁刑之轻罪已经最终确定判决，再犯重罪者，如法律对该重罪所定最高刑为 20 年或 30 年，应受之最高刑为无期徒刑或终身拘押；如该重罪最高刑为 15 年，应受之最高刑加至 30 年徒刑或 30 年拘押。"

《俄罗斯联邦刑法典》（1998 年修订）第 18 条（5）规定："对累犯应当依据本法典规定和在本法典规定的限制加重处罚。"

《韩国刑法典》（1988 年修订）第 35 条（二）规定："对于累犯的处罚，得加重至本刑的二倍。"

由于美国关于累犯打击的立法影响比较大，下面重点介绍美国的累犯打击法。

1994 年加州立法机构通过了修改量刑法规定，目的是：第一，延长危险罪犯刑期，延长剥夺罪犯的自由的时间，控制他们的犯罪能力。第二，威慑其他实施犯罪的罪犯。这一修改所形成的法律条款被称为 "三次打击法"（Three Strikes and You're Out）。根据法律规定，对于以前有过 3 次严重犯罪或者暴力犯罪被判处重罪的罪犯，法官可以判处被告人 25 年的有期徒刑或者无期徒刑。

---

① Hanson, K. R., Age and Sexual Recidivism: a Comparison of Rapists and Child Molesters, User Report No. 2001－01. Ottawa: Department of the Solicitor General of Canada.

其法律基本特征是：第一，罪犯现在犯的罪是重罪。根据加州法律规定，只有犯重罪者才能适用监禁刑。第二，罪犯以前犯有一次以下的暴力性重罪或者严重的重罪。所谓暴力犯罪，指刑罚典（Penal Code［P. C.］667.5）定义的暴力犯罪，如谋杀、抢劫、强奸等。所谓严重犯罪，指加州刑罚典（Penal Code 1192.7）定义的犯罪，严重犯罪不仅包括暴力犯罪，而且包括诸如夜盗等犯罪。

第二次打击：如果以前犯有严重的或者暴力性的重罪，罪犯现在犯有重罪（不是严重的重罪或者暴力性重罪），法官适用刑罚要加倍。

第三次打击：如果罪犯以前曾经被定过2次或者2次以上的严重的重罪，或者暴力性重罪，如果被告人被定任何一种新的重罪（不仅是严重的重罪、暴力性重罪），罪犯将被判处最低服刑刑期25年的监禁刑。

法律要求对罪犯的惩罚要连续计算，如两个第三次打击，刑罚应当是2个25年的监禁刑。

2. 构建罪犯的"危险"回应机制

构建罪犯的"危险"回应机制是国际社会控制罪犯危险政策的最重要的表现形式之一。所谓构建罪犯的"危险"回应机制，是指刑事司法机构在危险评估基础上建立的与罪犯危险大小相应的控制措施体系及相应的应变机制：罪犯危险大，控制力度大；罪犯危险小，控制力度小；罪犯危险变，控制措施变。

（1）监禁期间的危险回应机制。

第一，危险较大的罪犯在监狱内监禁。

随着社区刑与半监禁刑的出现与日益被重视，罪犯犯罪后司法机关在适用刑罚中便出现非监禁刑的选择问题：或者适用监禁刑，或者适用非监禁刑。

虽然监禁刑的适用要考虑罪犯所造成的危害后果，但是，罪犯的危险本身也是刑罚选择要考虑的因素。在犯罪人所造成的危害相同或者相近的情况下，对罪犯可以判处监禁，也可以不判处监禁，罪犯危险性的决定作用尤显突出。对经过危险评估后被认定为危险大的罪犯适用监禁刑有利于公众安全。

在英国，根据"卡特2003年报告"（Carter 2003），即"管理罪犯—减少犯罪"，卡特（P. Carter）提出，[①] 对于惯犯可以考虑使用包括卫星跟踪在内的方法监督他们以控制危险；监禁适用于严重的、危险的、多次犯罪的罪犯。

第二，危险越大，监管越严格。

根据罪犯危险进行分类，进而实施分类管理，是很多国家的做法。虽然这种实践历史比较长，以美国为例，早在爱尔米拉改造所（Elmira Reformatory）时代

---

① Me Quillan, T., Managing Offenders: Reducing Crime an Integrated Modeloffender Management, New Developments in Criminal Justice & Crime Control，上海，2006 – 10 – 18 至 2006 – 10 – 19。

美国就有实践，但是，由于分类管理的复杂，操作比较难，罪犯分类制度一直在改进中。在美国联邦监狱系统，监狱被分为五类，关押危险不同的罪犯。① 最低度安全监狱（Minimum Security Institutions）：这类监狱没有围墙，或者有有限度的围墙；管理人员与罪犯相比比例低；以向罪犯提供劳动项目为主。低度安全监狱（Low - Security Federal Correctional Institutions）：这类监狱设有双层围墙，大多数是宿舍建筑，警囚比率提高。中度安全监狱（Medium Security Federal Correctional Institutions）：这类监狱警戒程度提高，大多数这类监狱的双层围墙安装有电子监控设施。监内有内部监控设施，有各种矫正项目。高度安全监狱（High Security Institutions）：这类监狱的围墙是强化的围墙，管理人员实施贴近罪犯的监督，对罪犯的活动实施严格控制。直接管理监狱（Administrative Institutions）：这类监狱是内外安防设施最严密的监狱，关押的罪犯是严重的、危险的、具有逃脱倾向的罪犯。特拉华州监狱局将监狱安全等级分为4级：② 一是最高安全，适用于有逃跑危险或者有严重的内在管理危险的罪犯。二是中等安全，适用于有逃跑危险但是不会有严重的内在管理危险的罪犯。三是最低安全，适用于没有逃跑危险，不会有严重的内在管理危险的罪犯。四是社区安全，根据资格允许罪犯接受教育释放与劳动释放。

在英国，由于罪犯脱逃，1966年议会要求蒙巴顿（Mountbatten）爵士进行监狱安全的调查工作。蒙巴顿爵士在调查的基础上提出监狱内的罪犯分类方案，即将罪犯分为A类（这种类型的罪犯脱逃后对社会、警察与公众危险较大），B类（这种类型的罪犯没有必要关押在管理最严格的监狱，但是要放在一个对其而言脱逃较难的环境中），C类（这种类型的罪犯在开放条件下不能被相信，但是没有能力或者资源脱逃），D类（这种类型的罪犯是可以相信的，在开放条件下服刑的罪犯）。这一分类标准后被采用。③ 这就是英国的监狱分类制度、罪犯分类制度。

对于危险特别大的罪犯，有的国家监狱系统允许设立特别的监管设施。有的监狱设立有隔离单元（Segregation Unit），有的设立监督中心（the Clese Supervision Centre）。隔离单元（Segregation Unit）被称为监狱中的监狱。被置于隔离单元中的罪犯意味着每天需被监禁23小时，不能劳动、不能学习。可以使罪犯裸

① Schmalleger, F. & Smykla, J. O., Corrections in the 21st Century. New York：McGraw - Hill, 2007, pp. 308 ~ 310.

② Delaware Bureau of Prisons, Delaware Bureau of Prisons Procedures Manual. Smyrna：State of Delaware Department of Corrections, Bureau of Adult Corrections, 1992, p. 6 ~ 16.

③ Cavadino, M. & Dignan, J., The Penal System, London：Sage Publications, 1997, p. 116.

体被押，监舍中使用塑料设施。1966 年英国还引入了控制单元（Control Unit）。然而"控制评议委员会"（Control Review Committee）认为设立控制单元会使得对难管罪犯的工作越走越窄。"控制评议委员会"推荐使用特别单元帮助那些具有破坏性与侵犯性的罪犯。[1]"监督中心"（the Clese Supervision Centre）是用于关押被认为是危险的、最严重的具有破坏力的罪犯的设施。其基本特点是完全封闭于监狱的其他设施；由"核心管理中心"（Core Management Centre）管理：第一组负责人员管理；第二组操作危险评估与干预措施使用；第三组负责自杀干预。哪些罪犯是最危险的罪犯？危险评估由危险评估机构进行，内容包括精神性评估、心理评估、社会史评估、监禁史评估。"核心管理中心选择委员会"（CSC Selection Committee）要从程序上对评估真实性进行认定。被认定为危险的、具有破坏性的罪犯将由"核心管理中心"确定应对措施。[2]

第三，危险变大，监管变严；危险变小，监管变宽。

罪犯分类包括初始分类与再分类。初始分类的根据是罪犯犯罪的严重程度、犯罪史、监禁适应、稳定状况等因素，目的是根据罪犯的危险状况将罪犯送至与其危险程度相适应的监狱。再分类是在罪犯定期危险评估基础上进行的分类。在美国宾州每年都要进行再分类。有的司法区监狱每半年将对罪犯危险进行重新评估而再分类。评估内容包括违反监规情况、矫正中重要的变化、考核分数、脱逃次数、变动要求等。评估的工具是"宾州评估与分类工具"（Pennsylvania Assessment and Classification Tool）。再分类的本质是调整罪犯的处遇：危险变大，监管变严；危险变小，监管变宽。美国宾州将监禁等级分为 CL - 1（社区矫正级）；CL - 2（最低级）；CL - 3（中级）；CL - 4（封闭级）；CL - 5（高级）。[3]根据危险评估结果对罪犯进行监禁等级的调整。

（2）社区执行期间的危险回应机制。

第一，一般的危险控制。

因为犯罪分子进入社区矫正系统的法律渠道不同，所以有关法律的具体规定也有所不同。但是，通常法律都规定犯罪分子在社区矫正期间不能犯罪、不能违反有关监督规定的要求。例如，在美国，因为判保护观察刑而送到社区进行矫正的犯罪分子需要遵守下列条件：①遵守法律及有关规定；②遵守与监督人员的约定；③接受监督人员的家访；④如果迁居在 24 小时内报告；⑤禁戒毒品，根据

① Cavadino, M. & Dignan, J., The Penal System, London：Sage Publications, 1997, pp. 130 ~ 131.

② Adams, M., "HMP Woodhill's CSC", Prison Service Journal 2004, 153, pp. 10 ~ 13.

③ Schmalleger, F. & Smykla, J. O., Corrections in the 21st Century. New York：McGraw - Hill, 2007, p. 279.

规定进行尿检；⑥参加危险评估与矫正需要评估。① 具体到法院判决，有关危险控制的内容则被确定得更清楚。美国学者昌平（D. J. Champion）在他的《美国的矫正：当代视角》（Corrections in the United States：A Contemporary Perspective）一书中就美国德克萨斯州对一名被判刑12个月社区保护观察刑的犯罪分子的社区监督条件进行了记录。② 本文摘录部分内容：①不准犯罪。②避免有害的习惯，不使用毒品，为每年四次的毒品尿检支付费用，上交酒精或者毒品检验结果并接受随后的治疗方案。③避免接触名声不好的人，如使用毒品的人、有犯罪记录的人；避免到可能非法拥有毒品、销售毒品、使用毒品的地方。④在劳动中要积极遵守规范；如果失业，要尽快向监督工作人员或者法院报告。⑤根据法院裁决，每日、每星期或者每月向法院或者监管人员报告。⑥接受监管人员的家访；同意监管人员无证搜查人身、住宅、车辆，以验证是否遵守监督规范，在发现非法物品（包括武器、毒品、淫秽物品、淫秽工具）后可以予以没收。⑦非经法院或者监督官员批准不准离开被监督的生活场所。⑧非经法院或者监督官员批准不准离开德克萨斯州。⑨在48小时内就住宿变化、住址变化、工作变化、被捕状况向监督人员报告。⑩不购买、不接收、不拥有、不运输任何武器，包括枪支、弹药、管制刀具等。⑪没有有效的执照不驾驶机动车。⑫不能使用电话、邮件直接或者间接接触或者试图接触特定人或者其家庭成员，偶尔相遇要立即离开，不能威胁、攻击或者进行言词侮辱；不能使用电话、书信等言词方式接近、联络被害人；禁止在500英尺内靠近被害人的住宿、就业工作岗位，被害人孩子就学的学校；禁止与帮伙成员接洽，如果偶尔相遇要立即离开，不能威胁、攻击或者进行言词侮辱。⑬在为期18个月的时间内要经常到日报告中心报告，如果积极参加日报告中心的活动，可以免除费用。⑭每周向监督人员上交尿检报告直至符合规定的条件。⑮如果要离开本州、离开美国，需要及时报告，以确定是否被允许离开，如何进行监督。⑯如果是因性犯罪而被定罪的人员，应当向法律执行机构登记与报告，遵守监督规定，如果迁移住址需要法院或者法律执行人员同意；需要参加性罪犯矫正项目，并支付费用；不能拥有淫秽书刊；不能到与性相关的场所（如酒吧）求职与就业；除非法院或者矫正部门同意，不能直接或者间接与被害人及其家庭成员联系；向被害人支付医疗、心理恢复产生的费用；支付有关性矫治评估的费用；根据法律规定向德州 DNA 中心提供血液样本；不能

----

① 源于2006年3月7日华盛顿特区社区矫正机构（Court Service and Offender Supervision Agency for the District of Columbia）在华盛顿特区举行的"中美刑事司法研讨会"提供的介绍资料。

② Champion, D. J. Corrections in the United States：A Contemporary Perspective. Upper Saddle River：Pearson Education LTD, 2005, pp. 173～180.

到 17 岁以下青少年聚集的地方（如学校、公园等场所）申请工作、就职或者参加志愿者的活动；不能进入、接近被害人或者儿童聚集的地方，如学校、幼儿园等；除非法院批准，不能在距离学校或者幼儿园等未成年人生活的场所 1000 英尺内居住；未经法院批准，不能在未成年人居住的生活设施内居住；不能拥有录像设施，除非监督人员检查后在合理的时间与空间内使用；不允许拥有、接近与观看与性相关的杂志、相册、音像资料、照片、CD 等；不允许使用电子邮件、普通邮件、电话、互联网"聊天室"等工具与 18 周岁以下的未成年人联系。你的犯罪记录、个人史与性格将进行公示；你将为公示支付费用；德州警察部门将向你发放特殊的驾驶执照与身份证，同时需要每年更新。⑰是否需要办理监督调动手续，如果需要，你应当向矫正部门申请，经批准，可以到新的地区生活，并接受监督。根据法律规定如果罪犯在被监督期间违反规定，法院将撤销监督。通过上述内容我们对社区矫正的一般危险控制有了一定了解。

一般的危险控制不涉及不同危险程度犯罪分子的危险控制问题。

第二，具体的危险控制。

具体的危险控制是在一般危险控制基础上对服刑人员展开的危险控制。

①具体的危险控制要素。具体的危险控制要素，是指危险控制的基本措施，是危险控制的基本组成部分。

a. 面对面的联系。这种措施是指社区矫正工作人员与服刑人员的会面。社区矫正工作人员与服刑人员的会面内容包含了解服刑人员学习、工作、与人交往情况，检查服刑人员是否遵守有关规定。

b. 有陪护的联系。这种措施是指社区矫正工作人员在服刑人员家庭成员或者雇主陪护下与服刑人员的会面。社区矫正工作人员与服刑人员的会面内容包含了解服刑人员学习、工作、与人交往情况，检查服刑人员是否遵守有关规定。

c. 家访。这种措施是指社区矫正工作人员在未通知服刑人员情况下访问服刑人员家庭或者住宿处的措施，检查服刑人员是否遵守有关规定。

d. 报告。这种措施是指社区矫正工作人员根据有关规定及判决，要求服刑人员在指定时段或者地点报告有关事项，如迁徙、离开指定区域。

e. 尿检。这种措施是指社区矫正工作人员定期或者不定期抽查服刑人员尿样的措施。

f. 电话联系。这种措施是社区矫正工作人员定期或者不定期向服刑人员打电话了解有关服刑人员位置、工作、学习等情况的措施。

②具体的危险控制要素组合形式。

从理论上讲，具体的危险控制要素的组合可以由社区矫正机构随机组合，但是，基于维护公众与社会安全的需要，有的具体的危险控制要素的组合形式已经相对固定化。这样，有的具体的危险控制要素的组合形式相对固定化，有的具体的危险控制要素的组合形式随机一些。这里根据具体的危险控制要素的组合形式是否相对固定化，分为普通的危险控制要素组合形式与特别的危险控制要素组合形式。

a. 普通的危险控制要素组合形式。

普通的危险控制要素组合形式具有随机性，危险控制要素的组合由社区矫正机构围绕维护公众与社会安全的需要安排。

从理论上讲，危险控制要素的组合是随机的，危险控制要素的组合是不受限制的。但是，由于危险控制要素资源的有限性，如服刑人员危险的差别，社区矫正工作者数量的限制，因此危险控制要素的组合除了需要考虑危险控制要素的组合的目的，还要考虑危险控制要素的组合条件。

美国学者克洛莫威尔（P. F. Cromwell）等在他们的著作中对不同监督强度下的危险控制要素加入情况进行了概括。① 我们看到，不同级别的监督内容有区别，高等强度的罪犯监督力度高于中等强度的罪犯监督力度，中等强度的罪犯监督力度高于低等强度的罪犯监督力度。高等强度的罪犯监督力度适用于高度危险的服刑人员，中等强度的罪犯监督力度适用于中度危险的服刑人员，低等强度的罪犯监督力度适用于低度危险的服刑人员。监督强度不同，监督力度不同。对危险性程度高的服刑人员的监督力度高于对危险性程度低的服刑人员的监督力度。

其一，高等强度的服刑人员监督。

每月一次面对面的联系，一次有陪护的联系。

每月一次书面报告，一次家访，一次就业情况调查。

每月两次面对面的联系，每月一次有陪护的联系，每 45 日一次家访。

每月四次面对面的联系，每月一次有陪护的联系，每 30 日一次电话调查，每 3 个月调查一次居住情况，每年了解服刑人员的犯罪记录。

每月两次面对面的联系，一次必须在劳动现场；每月两次有陪护的联系。

其二，中等强度的服刑人员监督。

每月一次面对面的联系；每季度一次有陪护的联系。

每季度一次家访；每月递交一次书面报告，一次居住情况查验，一次工作查验，一次面对面的联系。

每月一次面对面的联系，一次有陪护的联系；每 90 日一次家访。

与未就业的服刑人员每月进行两次联系；如果被证实是全职就业或者培训联系一次；在监督工作重新分工后的 30 日内要对服刑人员进行一次电话访问；在服刑人员递交报告 2 周后要对服刑人员进行一次电话访问；在服刑监督 1 年内要

---

① Cromwell, P. F., Carmen, R. V. del, Alarid, L. F., Community – based Corrections. Belmont: Wadsworth/Thomson Learning, 2002, p. 124.

对服刑人员犯罪记录进行检查。

每月一次面对面的联系，每月一次有陪护的联系，每 3 个月进行一次实地访问。

其三，低等强度的服刑人员监督。

每半年一次面对面的联系，每个季度一次有陪护的联系。

如果需要，进行一次家访；每月一次报告；每季度一次面对面的联系；每季度进行一次工作查验。

如果不能每季度递交一份报告，每月一次面对面的联系。

每月进行一次面对面的联系，每 3 个月进行一次居住情况查验。

每月通过电邮报告一次服刑情况；每 3 个月一次面对面的联系；每 3 个月一次有陪护的联系。

b. 特别的危险控制要素组合形式。

特别的危险控制要素组合形式是为了更好地控制特别的服刑人员而形成的相对固定化的危险控制要素组合形式。特别的危险控制要素组合形式主要包括：多机构公众保护制度、住宿矫正制度与电子监控。

其一，多机构公众保护制度。

由于暴力性犯罪与性犯罪的社会危害突出，英国在 20 世纪末 21 世纪初开始强化对这两类犯罪的打击与控制。为落实这一政策，英国于 2000 年在制定的《刑事司法与法院法》（the Criminal Justice and Court Service Act 2000）中创制了多机构公众保护制度（Multi - Agency Public Protection Arrangements，简称 MAPPA），用以强化控制实施暴力犯罪、性犯罪的在社区服刑的高度危险犯。多机构公众保护制度将保护观察机构（即社区矫正机构）、监狱、警察等联结起来，使这些合作面对源自社区中服刑人员的危险，特别是源于性罪犯与暴力犯的危险。多机构安全社会保护组织的工作内容包括：

一是确定服刑人员身份与进行危险评估。多机构安全社会保护组织将服刑人员分为三类：需要登记的性犯罪人；被判 12 个月以上的监禁刑的暴力犯与性罪犯；其他可能对公众造成危险的犯罪人。对这三类人，多机构公众保护制度确定了不同的控制等级，实施危险控制。这三个等级分别是：第一等级，即普通等级的危险控制，是不需要其他机构参与的危险控制。第二等级，即地方性的跨机构危险控制，以一机构为主，其他机构参与。第三等级，即多机构参与的危险控制方式。

二是多机构共享有关服刑人员的信息，例如，住房机构帮助罪犯找到适合的住房，警察发现服刑人员行为新的信息等。多机构公众保护组织除了保护观察机构、监狱、警察，还有社会保险机构（Social Care）、卫生机构（Health）、住房与教育机构（Housing and Education Services）等。

三是评估服刑人员的危险，实施危险控制。对于危险较大的服刑人员，警察也要参与控制，如果犯罪或者违反监督规定要及时收监。多机构公众保护制度是特殊的高度危险犯控制措施。

与普通的危险控制要素组合形式相比，多机构公众保护制度加入了警察的元素，增加了危险控制的强制色彩。

其二，住宿矫正制度。

住宿矫正制度（Community Residential Correctional Programs）的载体较多，如"中途之家"（Halfway House）、保护观察旅馆（Probation Hostel）。这里通过介绍"中途之家"帮助大家了解住宿矫正制度。

传统上的"中途之家"是由社区矫正机构或者其他机构建立的，旨在帮助监狱服刑罪犯重返社会的设施。这种意义上的"中途之家"的基本功能是使被假释或者释放的人，在重新回到社会上时有个住宿的地方。现代的"中途之家"不仅向从监狱回到社会的人员提供帮助，而且向社区服刑的其他人员提供帮助；不仅向服刑人员提供生活帮助，在服刑人员的学习上、工作上进行支持，而且对所有住宿人员实施严格控制。在一些著述中，"中途之家"被认为是一种半监禁刑。[1] 一般来说，在"中途之家"的服刑人员被要求：接受监管；外出需要经过一定程序，并经允许；接受戒毒治疗；接受精神病医生的帮助；外出劳动；支付住宿费。[2] 虽然"中途之家"不是监狱，但是，为了保证社区与公众安全，"中途之家"往往规定有对住宿者的控制措施，包括制定"中途之家"住宿监督管理规定；宵禁；对住宿者的活动进行登记，并查证。[3]

与普通的危险控制要素组合形式相比，住宿矫正制度增加了住宿监管的元素。这样，社区矫正机构工作管理人员与服刑人员相处时间增加，所处空间距离明显拉进。由于服刑人员与社区矫正机构空间的接近，服刑人员的活动、交往都受到监控。[4]

其三，电子监控。

电子监控（Electronic Monitoring）是根据电子技术掌握社区中加戴电子镣铐罪犯方位的监控方式。电子监控不是一种刑罚，但是，在社区刑或者说社区性刑

---

[1] Latessa, E. J. & Smith, P., Corrections in the Community. Burlinton：Anderson, 2007, pp. 289～293.

[2] Matt, D. &Conis, P. J., American Corrections：Theory, Research, Policy and Practice. Sudbury：Jones and Bartlett Publishers, 2010, p. 243.

[3] McCarthy, B. R., McCarthy, Jr. B. J., Community – Based Corrections. Pacific Grave：Brooks/Cole Publishing Company, 1991, p. 223.

[4] McCarthy, B. R., McCarthy, Jr. B. J., Community – Based Corrections. Pacific Grave：Brooks/Cole Publishing Company, 1991, p. 210.

罚执行中，电子监控已成为刑罚的有机组成部分，是强化监督的重要方法。

电子镣铐的基本功能是能够显示加戴电子镣铐罪犯的方向与位置。由于电子镣铐的这一基本功能，社区矫正机构便可以利用电子镣铐追踪、确定罪犯的位置，以实现对社区中罪犯的监控。

电子监控的出现，增加了对社区中罪犯监控的要素，其不仅可以独立使用，用以监控社区中的罪犯，而且可以与其他监控要素结合，用于判断罪犯报告情况的真实性，进而判断罪犯的危险性，从而提高了对社区中罪犯监控的力度。

3. 确立"危险罪犯"、"长刑犯"标定制度

第二次世界大战后，特别是 20 世纪 70 年代后，维护社会安全在刑罚裁量、刑罚执行中被置于最重要的位置：矫正罪犯虽然重要，促进罪重返社会也非常重要，但是矫正的前提、促进罪重返社会的前提却是保证公众的安全。

如何保证公众的安全？加拿大的主要做法有：标定危险罪犯；标定长刑犯。

（1）危险罪犯（Dangerous Offender）的标定制度。

在加拿大，危险罪犯的立法史有 50 年了。

1947 年的"惯犯法"（the Habitual Criminals Law）就规定了危险罪犯制度（而惯犯制度又是由 1904 年的"持续的危险犯"（Persistent Dangerous Criminal）这一概念发展而来的）。这部法针对的是曾经被指控过 3 次以上的犯罪与被认为是具有顽固性犯罪行为的罪犯。而罪犯一旦被认为是惯犯，司法机关将对罪犯适用不定期刑。所采取的法律措施是预防性拘禁（Preventive Detention）。这部法律直到 1977 年才被修改。1948 年性罪犯心理疾病法（the Criminal Sexual Psychopath Legislation）通过。这部法律适用于试图或者实施攻击、强奸他人的罪犯。1953 年出台的该法修正案将适用对象扩大到了鸡奸、兽行等犯罪。法律规定"性罪犯心理疾病者"（Criminal Sexual Psychopaths）是缺乏控制性冲动能力，对他人显现危险的人。对于这种罪犯，法律规定可以适用 2 年以上的不定期刑。由于这部法律本身的问题，1958 年，在麦克儒大法官（Justice McRuer）领导下的委员会（A Royal Commission）对其提出批评。最后这部法律被取消，而代之以《1960 年性危险犯法》（the Dangerous Sexual Offender Law 1960）。根据这部法律，危险的性罪犯是试图控制自己性欲望而失败的人，而对这些罪犯适用的刑罚仍然是不定期刑。"欧梅特报告"（the Ouimet Report, Canadian Committeeon Corrections, 1969）对上述法律提出批评，认为上述法律一方面只根据罪犯的精神状态而认定罪犯的危险，将没有危险的人错定为有危险的人，另一方面有危险的人没有被纳入法律控制的范围。1974 年，参议院委员会（the Senate Committee）再次肯定了"欧梅特报告"而主张取消惯犯法与性危险犯的法律规定（the Habitual Criminals and Dangerous Sexual Offender Provisions）。1977 年，Bill C–51 刑法修正案（Criminal Law Amendment Act）废除了所有的预防性措施，而在刑法中（the

Criminal Code) 规定了危险罪犯（the Dangerous Offender）条款。①

根据新的法律，危险罪犯是指有严重伤害他人危险的罪犯，包括性侵害与非性侵害，其犯罪具有反复性、顽固性。

第一，实体法的规定。

根据法律规定，如果法院认为罪犯危险很大，依法可以认定是"危险罪犯"。

刑法典（Criminal Code）C－46 第 753 条规定，法院根据专家的评估报告，如果条件满足以下规定，将被认定为"危险罪犯"：

①如果罪犯因为严重的伤害犯罪而被定罪，而且有证据证明罪犯对他人的生命、安全、身体或者心理构成威胁；受其反复实施的犯罪行为的控制，罪犯很难控制对他人杀害、伤害或者严重精神伤害的行为；罪犯的攻击行为，也是其定罪的行为之一，没有实质性地改变；与罪犯犯罪相关的野蛮行为表明将来使用一般的行为限制不能控制其行为状态。

②罪犯所犯的罪是严重的伤害性质的犯罪，而罪犯的行为表明他很难控制自己的性冲动与因性冲动而实施的伤害或者其他给人带来痛苦的行为。

关于刑法这一规定，博塔（J. Bonta）与莫提科（L. L. Motiuk）于 1996 年 8 月参加在多伦多召开的第 104 届心理学会年会上递交的论文《加拿大的高危罪犯》（High Risk Violent Offenders in Canada）中将 C－46 第 753 条规定解释为以下四点：

其一，严重的伤害犯罪，如性攻击、杀害等；

其二，实施反复、持续的可以导致他人伤害乃至死亡的行为；

其三，控制性冲动失败具有导致伤害的可能性；

其四，行为的野蛮性表明行为人很难控制行为的再次发生。

如果一个罪犯因为暴力或者性犯罪被三次定罪，该罪犯必须接受"危险罪犯"的认定。当然认定危险罪犯的事实根据还有其他的因素，如犯罪的野蛮性等。

如果法院认定罪犯是危险的罪犯，可以判处罪犯不定期的拘禁刑罚（Detentionina Penitentiary for an Indeterminate Period）。被认定为危险的罪犯，释放到社会后还要接受跟踪与监督。

第二，程序法上的规定。

是否起诉"危险罪犯"决定于省皇家检察官。如果认为可以适用，首先检

---

① Trevethan, S., Crutcher, N. and Moore, John－Patrick, A Profile of Federal Offenders Designated as Dangerous Offenders or Serving Long－Term Supervision Orders. Ottawa: Correctional Service of Canada, 2002.

察人员根据加拿大刑法典（Criminal Code）第 752 条第 1 款对适用对象进行 60 天的精神评估。一旦评估报告被返回法院，司法人员将据此判断是否适用认定程序。如果适用，司法人员需要得到省检察长或者司法部长的同意。

法院的调查集中于公共保护。如果认为罪犯危害公共安全，适用了这一程序，罪犯将被适用不定期刑，而且罪犯 7 年之内不能假释，这在刑法中是最严厉的刑罚。7 年以后是否适用假释由假释委员会决定，但是需要认定罪犯释放后能够融入社会。

到 2006 年 7 月，已经有 351 名罪犯被认定为危险罪犯。其中，18 人在假释中，有 333 人仍在被监禁中。

（2）长刑犯（Long Term offender）的标定制度。

长刑犯的标定制度创建于 1997 年。这一制度指向不符合危险罪犯标准的性罪犯与暴力犯，以防止其再犯罪。一旦被认定为长刑犯，其在释放后要接受监督，最高被监督年限可以达到 10 年。

第一，实体法上的规定。

《加拿大刑法典》第 753 条第 1 款就长刑犯的制度作了规定：法院在接到评估报告后（罪犯不再拘押后法院要求不迟于 15 日完成评估报告，此报告的复印件要同时交付检察官与辩护律师），如果罪犯符合下列条件，将被认定为长刑犯：被定罪的罪犯可能被判 2 年或者 2 年以上监禁刑的；有重新犯罪的实质危险；在社区有理由让人认为最终能够控制其危险。

《加拿大刑法典》第 753 条第 1 款第 2 项就确定"实质的危险"作了规定：根据刑法有关性干扰、性接触、性利用、性攻击、携带武器的性攻击、严重的性攻击等条款被定有罪；已经显示出行为的反复性，可能造成他人的死亡、伤害或者严重精神伤害；从定罪的有关性的犯罪行为可以看出行为人具有实施类似造成他人伤害、痛苦等罪恶的可能性。

第二，程序法上的规定。

根据规定，长刑犯认定的申请机关是省检察院，时间只能是在量刑时。

申请认定长刑犯前，检察机关需要向法院提交罪犯的精神状态与行为评估报告。评估报告需要经过省检察长同意。

关于长刑犯认定的申请可以单独提出；如果关于危险犯认定的申请被法院拒绝，可以不经听证就申请长刑犯认定。

法官根据《加拿大刑法典》第 753 条决定是否标定罪犯为长刑犯。这一规定适用于不符合"危险罪犯"认定条件，而罪犯有重新犯罪的危险，有证据表明通过加强监督在释放后能够有效控制的罪犯。

一旦罪犯被法院认定为长刑犯，法院将作如下判决：

最低监禁刑为 2 年的定期刑；需要在社区上接受最长期限不超过 10 年的监

督。这也就是说，监督最长期限为 10 年。但是根据统计，法院决定的监督期平均是 8 年。

根据《加拿大刑法典》第 753 条第 3 款，违反监督的行为在刑法中是一种独立的可诉之罪，可以被判入狱 10 年。

到 2005 年 2 月，有 300 名被认定的长刑犯，其中 187 人在监狱，113 人在社区。多数被认定者是性犯罪者，但是，实施严重攻击的罪犯、放毒者、驾驶致人伤害的罪犯也被纳入其中。

对于加拿大的危险罪犯标定制度、长刑犯标定制度，很多人表示谨慎地赞同：一者这种制度可以提高公众安全；二者担心其不准确。欧洲人权法院对预防措施的使用就表示过侵犯人权方面的担心。毕竟预防措施的使用存在节制机制弱的问题，容易滥用。

这个问题又回到危险评估上去了。危险评估是否准确？赞同者认为，对于公序良俗持蔑视态度、反社会的行为方式、具有违反规范史的、低自控能力、易冲动等都可以用以预测危险。[①] 与 10 年前使用非结构的临床性的罪犯危险评估相比，结构性的统计危险评估工具的使用，使评估的精度有了显著的提高。[②]

提高危险评估的准确性既可以通过提高危险评估工具的信度与效度进行，也可以通过提高信息的全面性与客观性等方法实施。加拿大"国家标定系统"（National Flagging System）的建立属于后者。

加拿大"国家标定系统"建立于 1995 年。建立该系统的目的是为了更好地保护儿童、妇女等易被性犯罪者与暴力倾向犯侵犯的人，帮助检察机关更有效地起诉上述犯罪人。"国家标定系统"的内容是：当一个检察官认定一个暴力罪犯将来还有重新犯罪的可能，其他检察官可以得到关于该犯的信息，为可能的起诉与"危险罪犯"认定创造条件。

"国家标定系统"的建立机构不仅包括联邦，而且包括各省、地方自治机构。在各省，这个系统是由"加拿大警察信息中心"（Canadian Information Police Center）、司法机构、公共安全与应急部门、矫正部门协同运营的。具体形式是：每个省设有协调员，协调员负责确定危险暴力犯罪分子。协调员收集被提名的罪犯的信息，然后将信息存储于每个省的中心。警方的档案、检方与矫正机构的档案是上述信息的来源。协调员要评估罪犯是否符合"加拿大警察信息中心"标

---

① Hanson, R. K. & Morton – Bourgon, K. E., "The Characteristics of Persistent Sexual Offenders: A Meta – analysis of Recidivism Studies", Journal of Consulting and Clinical Psychology, 2005, 6, pp. 1154 ~ 1163.

② Hanson, R. K., "Twenty Years of Progress in Violence Risk Rssessment", Journal of Interpersonal Violence, 20, pp. 212 ~ 217.

识的标准。协调员负责将有关信息发送给有关检察官员，以判断罪犯是否可能重新犯罪。罪犯一旦被列入"国家标定系统"，协调员便负有更新列入者的资料的责任。资料包括：犯罪记录；精神状况；是否在社区执行；判前报告；矫正期间的报告；法院的有关记录；被害人的姓名、地址；经办过本案的警官单位、名字；公诉人的单位、名字。

"国家标定系统"正在变成成本低廉的有效确认与帮助打击暴力犯罪，促进公诉的工具。

4. 性犯罪者登记、公示制度

（1）性犯罪者登记、公示制度概况。

为控制性犯罪，性犯罪者登记（Sex Offender Registration）制度产生。根据这一制度，性犯罪者需要向警察登记所居住的地址。这一制度设立的目的是发生性犯罪后随时可以了解性犯罪者的动态，还可以实施威慑，可以进行社区公告。第一个性犯罪者登记项目始于1944年的加州。20世纪60年代有3个州采纳了性犯罪者登记制度；在1985年到1989年有其他7个州采纳。今天美国所有的州都使用性犯罪者登记制度。尽管各州的规定不一样，但根据美国联邦的规定，21岁以上对居住在美国的妇女与未成年人实施过性侵犯者都要进行登记。

1989年美国华盛顿州通过了社区保护法（Community Protection Act）。该法规定，性犯罪者出狱后要向警察登记，如果社区认为其有危险性与再犯可能，可以有选择地进行通告。立法者将对于性暴力使用者的控制诉诸市民行动。

在英国，1997年的"性罪犯法"（The Sex Offenders Act 1997）规定，侵犯包括未成年人在内的女性的犯罪者要到当地警察局登记，时间段是5年～终生。时间段取决于犯罪的危险性程度。根据该法，大多数性犯罪者在出狱后5年内每年都要就现在的住址向警察报告。英国1998年的《犯罪与不法法》（The Crime and Disorder Act 1998）通过了"性罪犯管理令"规定（Civil Sex Offender Order），根据规定，法院可以限制罪犯迁移，违反者将被送入监狱。

2003年的"性罪犯法"部分2（Part 2 of the Sexual Offences Act 2003）进一步完善了这一制度：每年警察局对性罪犯进行公告，每次公告时，被公告人需要接受指纹检查，并照相。

在澳大利亚昆士兰州，法院要求侵犯16岁以下女性的罪犯出狱后向警察报告。澳大利亚各州规定性罪犯登记的法律：维多利亚州规定在《性罪犯登记法》（Sex Offenders Registration Act 2004）中；昆士兰州规定在《儿童保护法》（Child Protection（Offender Reporting）Act 2004）中；新南威尔士州规定在《儿童保护法》（Child Protection（Offenders Registration）Act 2000）中。

而法国将在全国范围内创建性犯罪登记数据库。① 法国司法部长多米尼克·佩尔邦在巴黎宣布，法国将创建全国性犯罪数据登记库，以加强对性犯罪的跟踪，为进一步打击性犯罪提供便利。据多米尼克·佩尔邦介绍，全国性犯罪登记数据将先从警方记录中摘录资料，以后再不断更新。数据库将包括罪犯姓名、地址和职业等方面的内容。此外还有从犯罪分子身上提取的 DNA 样本。多米尼克·佩尔邦说，采取这项措施旨在处理日益增多的性犯罪问题，它是政府与性犯罪斗争计划的重要部分。这些措施不仅能对性犯罪分子起到威慑作用，而且可以为调查人员提供便利。性犯罪分子刑满获释后仍将受到密切监控，一旦再次作案，他们将很快被捕并受到严厉的处罚。据悉，法国近年来性犯罪案件呈上升趋势。2002 年，法国监狱中有 24% 的囚犯是强奸犯。

（2）关于性犯罪登记、公示制度的争论。

性犯罪登记与公示制度出台后引起不同的看法。

一种观点认为，性犯罪登记与公示制度应当取消。一个有很大影响的观点是：警察登记与公示将使罪犯与社会分裂，罪犯出狱后在不同程度上仍然受到公开与不公开的监视，② 加重刑释人员与社会的对立。

另一种观点认为，性犯罪者登记与公示制度有利于社会安全，因为性罪犯存在专业化问题。瑞典曾经从 20 世纪 90 年代中期开始对 1303 名性罪犯进行释放后 6 年的跟踪。调查发现，性犯罪者重新犯罪率是 6%，与美国、加拿大的研究大体相当。与性没有联系的暴力犯的重新定罪比率是 13%。大多数的性累犯（高达 80%）只有一次被再次定罪，尽管可能有很多个被害人涉案。研究表明，性累犯具有专业性。大多数性累犯倾向于加害同种类型的被害人，涉及同类型的行为。例如，对男性实施性侵害的罪犯再次侵害男性的可能性比侵害女性的可能性高出 180 倍。③

第二节　项目矫正的产生与发展

20 世纪 70 年代后，矫治是否有效，一时成为人们必须回答与选择的问题。如何正确认识矫治？美国学者库伦（F. T. Cullen）和吉伯特（K. E. Gilbert）

---

① http://news. sina. com. cn/w/2003 - 09 - 24/0858809510s. shtml.

② Stuart, A., Olson, S. T. & Pershing, J., "Sexual Violence, Victim Advocacy, and Republican Criminology: Washington State's Community Protection Act", Law & Society Review, 1994, 28, pp. 729 ~ 763.

③ Sjostedt, G., Langstrom, N., Sturidsson, K. & Grann, M., "Stability of Modus Operandi in Sexual Offending", Criminal Justice and Behavior, 2004, 31, pp. 609 ~ 623.

警告人们，拒绝矫治具有放弃一种非常具有价值的思想的危险。拒绝矫治而视定期刑为万能恐怕不是找到了仙草，而是打开了潘多拉的盒子。第一，不考虑罪犯的具体情况与需要而一味地实施强制是存在问题的哲学。第二，以犯罪率上升判定矫治失败，按此逻辑，接下来考虑的问题是：如果实施刑罚公正政策后犯罪率仍上升，刑罚公正政策是否也失败了？国家是加重刑罚，还是不加重刑罚？[①] 矫治不仅包含人类百年的经验，而且寄托人们改恶为善的希望。从情感角度说，人们不愿意放弃矫治。但是，是否坚持矫治，归根结底取决于矫治是否有效，矫治能否降低罪犯的重新犯罪率。

英国学者麦奎尔（J. McGuire）使用一种名为元分析法（Meta‒Analysis）的社会学统计分析方法对 1985 年到 1996 年之间有关矫治的研究报告对矫治是否有效进行了分析。这个分析涉及 5 万名服刑人员。麦奎尔的结论是：研究表明，对服刑人员的矫治具有积极作用，参加矫治项目的服刑人员与没有参加矫治项目的服刑人员相比较，矫治可以使重新犯罪率下降 10% ~ 36%。[②]

美国学者利普与威尔逊在对多达 200 个针对严重暴力性青少年犯的矫治项目进行比对研究后认为，最好的矫治项目可以降低重新犯罪率 40%。[③] 其他使用元分析方法的学者如瑞栋杜（S. Redondo）等对涉及 5715 名罪犯的 32 项研究成果进行分析，他们通过对释放 2 年后的刑释人员进行调查发现，参加过矫治项目的刑释人员与没有参加过矫治项目的刑释人员相比较，重新犯罪率下降了 15%。[④] 麦奎尔等的研究表明，矫治是有一定效果的。

既然矫治对降低罪犯重新犯罪率有效，对服刑人员的矫治就不应当放弃。

但是，肯定矫治并非肯定传统的矫治范式。传统的矫治范式有缺陷，只关注对罪犯实施的矫治行动，而不关注矫治的效果。如同生产活动只关注投入，不关心产出。

---

① Cullen, F. T. & Gilbert, K. E., Reaffirming Rehabilitation. Cincinati: Anderson Publishing Co. 1982, p. 19.

② McGuire, J., Alternatives to Custodial Sentences: Effectiveness and Potential for Development, Memorandum of Evidence to the Home Affairs Committee. London: House of Commons, U K, 1998.

③ Day, A., Howells, K. & Rickwood, D., "Current Trends in the Rehabilitation of Juvenile Offenders". Canberra: Australian Institute of Criminalogy, Trends & Issues, 2004, p. 284.

④ Redondo, S., Garrido, V. & Sanchez‒Meca, J., "What Works in Correctional Rehabilitation in Europe: A Meta‒Analytic Review", In S. Redondo, V. Garrido, J. Perez & R. Barbaret (Eds.), Advances in Psychology and Law: International Contributions. Berlin: De Gruyter, 1998.

坚持矫治，需要创新矫治的范式。新的矫正范式引入"循证"①（Evidence – Based Practices）概念。所谓循证，是指以证据为基础的实践。循证引入矫治工作后，"循证矫正"（Evidence – Based Corrections Program）概念诞生。所谓循证矫正，就是对服刑人员推行有好的矫正效果证据支持的矫正项目的一种矫正范式。循证矫正这一概念包括下面的含义：

第一，循证矫正是一种"矫正"活动。"矫正"（Correction）一词最早出现在美国，后被其他国家接受。如果说，"改造"（Reform）突出从道德上改变罪犯，"矫治、治疗"（Treatment，Rehabilitation）强调从心理上、精神上改变罪犯，"矫正"（Correction）则关注罪犯各方面的变化，考虑从各个方面改变罪犯。② 几百年的矫正实践表明，不仅促进罪犯道德提升有助于防治罪犯重新犯罪，而且从心理上、精神上、物质上、就业上、生活上帮助罪犯，也有助于防治罪犯重新犯罪。正因为如此，"矫正"被大家普遍接受。

第二，对服刑人员的矫正要施以项目矫正，即通过使用"矫正项目"的方法矫正服刑人员。项目矫正是对服刑人员进行矫正的新形式。与传统的矫正相比，项目矫正的突出特点是使用了具有矫正内容、矫正量与矫正程序的矫正模块对服刑人员进行矫正。

第三，对服刑人员所开展的项目矫正要经过循证才能进行，即只有经过循证、权威机构认证，被认定有充分的证据证明有效（较好的矫正效益）的矫正项目，才能交付矫正机构用于矫正服刑人员。

引入循证矫正概念后的矫正工作，不仅关注对服刑人员实施的矫正行动，而且关注矫正行动的效果；不仅关注用以矫正服刑人员的项目，而且关注矫正项目的矫正力、项目的矫正效果。循证矫正的核心是矫正项目，基础是循证。

因为循证矫正的核心是矫正项目，基础是循证，所以，循证矫正的基本实践表现就是：在循证基础上构建"矫正项目"；对所构建的矫正项目进行认证；将经过认证，即具有好的矫正效果的矫正项目付诸实践。

---

① 在过去的翻译中，人们将"Evidence – Based Practices"译成"有证据支持的实践"。在 2012 年 9 月由司法部犯罪预防研究所与江苏省司法厅、江苏省监狱管理局召开的"循证矫正方法及实践与我国罪犯矫正工作"研讨会上，司法部副部长张苏军先生提出将"Evidence – Based Practices"译成"循证"。一者，"循证"可以解释为"遵循证据"，从而尊重英文原义；二者，这一译法被医学等学科采用。所以，这里也采用"循证"的译法。

② Worrall, A. & Hoy, C., Punishment in the Community – managing Offenders, Making Choices. Dovon：Willian Publishing, 2005, pp. 10～11.

一、矫正项目的概念、种类及认证

（一）矫正项目的概念与价值

1. 矫正项目的概念

所谓矫正项目（Correctional Programs），就是具有矫正内容、矫正量与矫正程序的矫正模块。例如，"理性化矫治项目"（The Reasoning and Rehabilitation Programme）、"强化思维技能项目"（Enhanced Thinking Skills Program）、"社会交往训练项目"（Social Skills Training Program）等。矫正内容，指对服刑人员矫正的实体性方法，如"理性化矫治项目"是帮助服刑人员提高理性的控制情绪、寻求解决问题的方法等。矫正量，指矫正服刑人员所设定的项目课程时间与次数，如36次，每次2小时。矫正程序，指矫正项目开展后矫正内容所展开的先后顺序。

矫正项目具有以下特点：

第一，模块化。矫正项目是矫正内容、矫正量与矫正程序的完整的复合体。在一个矫正项目下，矫正的任何内容都是该矫正项目的有机的、不可分割的组成部分，矫正项目下的各部分有机结合形成整体的矫正项目。而由各部分组成的矫正项目在服刑人员矫正中具有相对的独立性：具有独立的功能；具有独立的操作要求。每一个矫正项目既可以独立使用，也可以与其他矫正项目结合使用。

第二，程式性。与传统的非结构的服刑人员矫正方法相比（如劝说），矫正项目具有结构性。矫正项目的运作需要根据设计者的程式展开。矫正项目是建立在社区矫正工作者的经验之上，运用有关社会工作、心理学知识设计的矫正服刑人员的"套路"，矫正工作者开展矫正工作，需要按照"套路"展开。按照科学、服刑人员的矫正变化，循序渐进地开展矫正，否则被视为"乱为"。由于每个矫正项目都是经过循证、认证后实施的，都具有较好的矫正结果，而随心所欲开展的矫正很难保证矫正的效益，所以，随心所欲开展的矫正，被视为"乱为"。

第三，可操作性。由于矫正项目具有程式性，所以具有一定的可操作性。这样，任何一个矫正项目都可以被接受一定培训的人运用于服刑人员矫正。与传统的非结构的服刑人员矫正方法相比（如劝说），矫正项目的设计与使用，大大降低了服刑人员矫正方法的人身依赖性。传统的非结构的服刑人员矫正方法具有很强的人身依赖性，不同的人，即使使用同一种矫正方法（如劝说），因为经验、能力、情感、性格、个人魅力等的不同，矫正效果也不同。从一定意义上说，传统的非结构的服刑人员矫正方法不具有学习性，或者说不容易学习，而矫正项目则具有较强的可学习性。

第四，循证性。所有的矫正项目不仅源于理论构建，而且必须有"矫正项目使用有效"的证据支持。所谓循证矫正，是指遵循证据支持的规则开展矫正活动。循证的主要方法是作比对研究：选择一组接受该矫正项目的服刑人员与没有接受该矫正项目的服刑人员；确定刑满后的一定观察期，如 3 年；然后看刑满后的重新犯罪率。如果接受该项目矫正的刑释人员的重新犯罪率低，证明该矫正项目有效；如果接受该项目矫正的刑释人员的重新犯罪率显著低于没有接受该项目矫正的刑释人员的重新犯罪率，证明该矫正项目矫正效果显著；如果接受该项目矫正的刑释人员的重新犯罪率与没有接受该项目矫正的刑释人员的重新犯罪率接近，证明该矫正项目低效或者无效。

矫正项目之所以要接受循证，其重要原因是矫正项目并非当然有效，当然地可以有效矫正服刑人员。有的矫正项目从设计上看，应当具有矫正效果，但是，实际没有矫正服刑人员的效果，即使有效，效果也很差。美国学者扎耶克（G. Zajec）经过循证认为下列矫治模式是低效的模式：[1]（1）传统的心理分析与非直接或者以患者为中心的疗法。例如，谈话治疗，催眠疗法，指责社会，指责父母，宣泄愤怒等方法。（2）医学模式的方法，如改变饮食，使用药物方法等。（3）在社会上试图克服因犯罪与入狱名声给刑释人员带来的不良影响的实践。（4）非结构的谈话矫正方法。加拿大学者邦塔（J. Bonta）等认为下列情况矫正无效：[2]（1）使用不能预测犯罪行为的因素，如控制焦虑，减轻压抑，提高自尊等，对服刑人员进行矫治；（2）使用传统的费洛伊德的动力理论，即使用精神分析的方法对服刑人员进行矫治。

为提高矫正项目的有效性，将有效的矫正项目筛选出来，矫正项目需要进行循证。

根据循证原则，所有的矫正项目都需要进行循证，而运用于矫正实践的矫正项目，必须经过循证，证明经过循证的项目具有好的矫正效果。

第五，剂量化。经过百年的矫正实践，矫正机关对服刑人员的矫正并非投入越大，矫正效果越好。正如父母对孩子的爱护，并非帮孩子做得越多越好。循证矫正的实践也证明了这一点。所以，项目矫正在设计中包含一定的矫正工作量，对服刑人员而言就是矫正剂量。对特定矫正项目而言，经过循证，只有适当的剂量，矫正效果才能达到最佳。对服刑人员的矫正，剂量不足，矫正效果弱，而剂量太大，矫正效果也不好，过犹不及。矫正剂量是矫正项目设计、循证中的基本组成部分。而矫正项目的认证也需要充分考虑矫正的剂量。

---

[1] Zajec, G., Understanding and Implementing Correctional Options That work: Principles of Effective Intervention. Camp Hill: Pennsylvania Department of Corrections, 2004.

[2] Bonta, J., Wallace - Capretta, S. & Rooney, J., "A Quisi - Experimental Evaluation of an Intensive Rehabilitation Supervision Program". Criminal Justice and Behavior, 2000. p. 27.

第六，个别化。由于矫正项目的价值是矫正具体的服刑人员，所以，矫正项目具有方向性，指向具体的、个别的服刑人员。由于不同的服刑人员，其犯罪的原因不同，因而"矫正需要"不同。服刑人员的矫正需要不同，矫正项目也应当有所不同。矫正项目是刑罚个别化思想、矫正个别化观念的新发展。这样，矫正项目适用必须考虑服刑人员的矫正需要。矫正需要评估是矫正项目的前提。如果将矫正项目比作"药"，矫正需要评估便是医生的诊断。

何为"矫正需要"？"矫正需要"就是服刑人员需要矫正的地方，如社会交往、心理障碍等。矫正项目的设计者们使用"Criminogenic Needs"这一概念表述"矫正需要"。如果直译"Criminogenic Needs"，其汉文是"犯因性需要"[①]。"Criminogenic Needs"这一概念不仅包含"矫正需要"的内容，而且包含服刑人员"犯罪原因"方面的内容。"Criminogenic Needs"意为对服刑人员需要矫正的地方应当是导致服刑人员犯罪的原因。美国学者沃偌斯（Patricia Von Voorhis）等认为，服刑人员的"Criminogenic Needs"包括：反社会交往、反社会态度、反社会行为史、解决问题技能存在缺陷等。[②] 反社会交往、反社会态度、反社会行为史、解决问题技能存在缺陷等，既是需要对服刑人员矫正的地方，也是服刑人员犯罪的重要原因所在。"Criminogenic Needs"这一概念是一个语义容量非常大的概念，这一概念将服刑人员的"矫正需要"与服刑人员犯罪的原因都包含在里面。"Criminogenic Needs"这一概念承继了刑罚个别化、矫正个别化的传统，抽取了近年矫正研究的最新成果，融犯罪分子的犯罪原因与矫正机构的"矫正罪犯需要"、罪犯自身的"矫正需要"于一体，浓缩了现代罪犯矫正基本原理的精华，为项目矫正奠定了理论基石与实践基础。由于在汉语中很难找到一个与"Criminogenic Needs"匹配的词，而使用"犯因性需要"一词在汉语语法上很难说通，而使用"矫正需要"能够表达清楚"Criminogenic Needs"所包含的语义，[③] 所以这里使用"矫正需要"表述"Criminogenic Needs"。关于"矫正需要"我们在后面详述。

第七，对象性。矫正项目的对象性，指每个矫正项目都针对具体类型犯，如理性化矫正项目适用于暴力犯等。没有明确矫正对象的矫正项目不能使用。

---

① 吴宗宪：《罪犯改造论——罪犯改造的犯因性差异理论初探》，中国人民公安大学出版社 2007 年版，第 63 页。

② Voorhis，P. Von，Braswell，M. & Lester，D.，Correctional Counseling & Rehabilitation. Cincinnati：Anderson Publishing，2000，p. 84.

③ 也可以在恰当的语境中使用"犯罪性需要"用以揭示"Criminogenic Needs"的内涵。笔者主张使用"犯罪性需要"与"矫正需要"两个词表述"Criminogenic Needs"。前者侧重反映罪犯的犯罪原因，后者侧重矫正方法的选择。

2. 矫正项目的基本价值

从服刑人员矫正方法看，矫正项目的出现改变了服刑人员矫正传统的框架。传统的服刑人员矫正方法是非结构性的矫正方法，随机性很强。而矫正项目是具有矫正内容、矫正量与矫正程序的矫正模块，是具有结构性的矫正方法。由于矫正项目具有结构性，是一种矫正模块，所以，矫正项目的出现，促成了项目矫正这一新的矫正形式。由于项目矫正所使用的矫正方式是"矫正项目"，而矫正项目是体现矫正效益的矫正方式，是具有很强可操作性的矫正工具，所以，项目矫正具有传统矫正没有的优势。简而言之，矫正项目的基本价值就在于推动了项目矫正。

（二）矫正项目的种类

矫正项目的种类非常多，根据矫正需要的不同，矫正项目可以分为以下类型：劳动技能培训类项目，教育类项目，重返社会帮助类项目，认知行为矫治类项目，社会交往技能类项目，情绪控制类项目，家庭矫正类项目，生活能力帮助类项目，戒毒类项目，暴力类防治项目，性犯罪控制项目。

我们看到，在矫正项目的框架下矫正机构对服刑人员组织的劳动、技能培训、教育与对服刑人员的各种帮扶措施都以矫正项目的形式出现，即具有模块化、程式性、可操作性、循证性、剂量化、个别化与对象性。这里主要介绍认知行为矫治类项目、社会交往技能类项目、情绪控制类项目、家庭治疗、生活能力帮助类项目，以帮助读者了解矫正项目。

1. 认知行为矫治类项目

人是具有思维、情感与行为的动物。虽然情绪、行为具有独立性，但是，情绪、行为极少不受思维的控制。思维不同，情绪不同，行为也不同。不良思维导致不良情绪与行为，而良性思维可以调整情绪，影响行为。这是认知行为矫正的基本原理。

心理学家威尔逊（D. B. Wilson）等认为，一个人如果具有社会反向功能的思维往往容易重新犯罪。犯罪分子存在错误思维方式，如认知扭曲、态度颠倒、价值观出问题、信念缺失、认知技能水平低、决定能力差、解决问题能力弱等问题。而认知行为矫治（Cognitive – Behavior Therapy）的目的是改变罪犯的反社会思维模式，建立新的模式。[1]

从理论上分类，认知行为矫治分为：

第一，社会技能矫治。社会技能：包括使用非语言技能，目光接触，姿势；

---

[1]　Wilson, D. B., Bouffard, L. A. & Mackenzie, D. L., "Quantitative Review of Structured, Group – Oriented, Cognitive – Behavioral Programs for Offenders?" Criminal Justice and Behavior, 2005, 32, pp. 172 ~ 204.

言语技能，如发起与维持谈话，协商的技能，与异性交往的技能。社会技能矫治是指改善这种能力的矫治。

第二，自我控制能力，即训练治疗对象管理自己的行为。方法可以使用自我训练法。这种方法源于俄罗斯学者的"自我谈话"，即通过"自我谈话"控制自己的外部行为。自我谈话有利于对消极思想的自我监控，对积极陈述的复述以及发展应付技能的自我强化。

第三，认知重建。具体又包括合理情绪疗法、贝克的认知疗法等。合理情绪疗法，是指不合理的信念产生不合理的需要，当这种需要未得到满足时人就产生消极的情绪状态，认知重建是通过质疑、争论找出不合理的信念，然后通过对质、指定家庭作业等改变不合理的信念。贝克的认知疗法，是指突出对功能阻碍思维的个人发现，依靠较少对抗性的苏格拉底式对话，远离中心，拉开距离，重新归因。

第四，人际问题解决处理。这种方法通过问题识别、选择思维方式、选择观点、选择因果性思维、考虑结果等，学习解决、处理人际问题。

第五，道德推理与观点选择。

实践中认知行为矫治的方法呈现一定综合性，主要有："道德认知矫治"（Moral Reconation Therapy），"理性化矫治"（Reasoning and Rehabilitation），"强化的思维技能"（Enhanced Thinking Skilled）等。

研究表明，认知行为矫治方法比传统的方法，如心理矫治（Psychotherapy），或者说教式的心理矫治项目（Didactic Psychoedcational Programs）在降低重新犯罪率方面效果要好。

支持性研究成果一。研究人员[1]对 1979 年后北美、西欧、澳大利亚的项目进行比对，发现认知行为矫治方法可以降低重新犯罪率 25 个百分点：接受认知行为矫治的罪犯的重新犯罪率是 37.5%，而没有接受认知行为矫治的罪犯的重新犯罪率是 62.5%。对 6 项"道德认知矫治"项目的使用跟踪研究发现，使用这一项目矫治罪犯，平均可以降低累犯率 18 个百分点。对"理性化矫治"项目的使用跟踪研究发现，使用该项目矫治罪犯，平均可以降低累犯率 8 个百分点，个别的项目显示可以降低 30 个百分点。

支持性研究成果二。兰登登伯格（N. A. Landendenberger）与李普赛（M. W. Lipsey）使用元分析方法分析认知行为项目使用的效果。他们认为，认知行为矫治方法可以降低重新犯罪率，接受认知行为矫治方法的服刑人员与没有接

---

[1] Wilson, D. B., Bouffard, L. A. & Mackenzie, D. L., "Quantitative Review of Structured, Group‐Oriented, Cognitive‐Behavioral Programs for Offenders?" Criminal Justice and Behavior, 2005, 32, pp. 172~204.

受的服刑人员相比，认知行为方法可以降低重新犯罪率 20% ~ 30%。个别的研究结果显示降低幅度更大。① 他们将 58 项认知行为矫治项目纳入分析范围，平均降低重新犯罪率 25%，而认知行为矫治项目对高危险的罪犯矫治效果最好。

研究发现，关注个体咨询补充、愤怒控制、认知重建的认知行为矫治类项目比关注行为技能、滥用毒品、对被害人影响、防止复吸的认知行为矫治项目在降低重新犯罪率上效果要好。

下列因素影响认知行为矫治项目降低重新犯罪率的效果：其一，服刑人员的危险水平；其二，项目对服刑人员解决问题能力的关注情况；其三，对愤怒控制的关注情况。如果项目使用对象是中度危险以上的服刑人员，项目与服刑人员解决问题能力与愤怒控制关系密切，使用认知行为矫治项目使重新犯罪率下降 52 个百分点还是可以期待的。

支持性研究成果三。法毕诺（E. Fabiano）等 1989 年使用认知方法对罪犯进行比对研究②：50 名接受治疗的服刑人员与 26 名比对对象相较，从刑罚执行完毕后的 18 个月的情况看，接受治疗的服刑人员重新被定罪的有 20%，而没有接受治疗的服刑人员的重新定罪率是 30.4%。即使在他们刑罚执行完毕后 30 个月进行比较，基本情况也没有变化。测验表明，经过矫正，服刑人员的社会倾向，观念，解决人与人矛盾的方式，对待法律的态度，对待法庭、警察的态度，对违反法律的容忍等，都发生了变化。

支持性研究成果四。雷诺（P. Raynor）与范思通（M. Vanstone）对 548 名服监禁刑与社区刑的参加认知行为矫治项目的服刑人员（在社区执行中的使用直接思考项目，即 Straight Thinking on Probation Programme）进行研究。在刑满后 12 个月研究人员对参加项目人员再犯罪预测比率是 42%，而实际是 35%。③

下面介绍若干重要的认知行为矫治类项目。

（1）"道德认知矫治项目"（Moral Reconation Therapy，MRT）。

"道德认知矫治项目"是渐近的针对滥用毒品服刑人员的矫治方法。这一矫治项目是通过关注服刑人员的积极行为与自尊，提高服刑人员的道德与行为自觉

① Landendenberger N. A. & Lipsey，M. W.，"The Positive Effective of Cognitive Behavioral Programs for Offenders：A Meta – Analysis of Factors Associated with Effective Treatment?" Journal of Experimental Criminology，2005，4，pp. 451 ~ 476.

② Fabiano，E.，Robinson D. & Porporino，F.，A Preliminary Assessment of the Cognitive Skills Training Programme：A component of living skills programming. Ottwa：Correctional Service Canada，1991，pp. 10 ~ 38.

③ Raynor，P. & Vanstone，M.，"Reasoning and Rehabilitation in Britain：The Results of the Straight：Thinking on Probation（STOP）Programme"，International Journal of Offender Therapy and Comparative Criminology，1996，40，pp. 272 ~ 284.

性，降低自私性，实现矫治。这一项目早在 1979～1983 年莱特博士（Dr. Greg Little）在美国联邦孟菲斯监狱（the Federal Correctional Institutein Memphis）开始试验。1987 年工作于地方精神健康中心的鲁滨逊博士（Dr. Ken Robinson）因为同时服务于监狱内的精神健康设施，所以帮助莱特开展试验，并最后完成纸质文本的矫正项目。这个项目完成后同时对在社区中服刑的曾经使用毒品的服刑人员使用。

俄克拉荷马州是美国全境第一个在矫正系统使用道德认知矫治项目的州。继俄克拉荷马州使用道德认知矫治项目后，华盛顿州、特拉华州、路易斯安那州等陆续开展使用道德认知矫治项目。

道德认知矫治项目的基本原理是发展心理学家霍伯格与派吉特的道德发展的九个阶段：第一个阶段，不忠诚。不忠诚是以自我为中心的人格外现。不忠诚者具有报复与侵害他人的倾向。第二个阶段，与他人、社会对立。在这个阶段，行为人开始实施缺乏诚实的行为，但是不频繁。第三个阶段，不稳定。这个阶段行为人不能确定如何忍受其他人，不知道如何感受他人。但是，行为人还是根据自己的欢乐或者痛苦作出行为决定。第四个阶段，受伤害。这个阶段行为人倾向于毁灭自己与他人，但是，在这个阶段，行为人通常也认为自己是问题的原因。第五个阶段，认为什么都不存在。在这个阶段，行为人在根据正式规范选择行为与根据快乐选择行为之间彷徨。第六个阶段，危险阶段。在这个阶段，行为人要确定行动目标。第七个阶段，主要根据社会因素作出决定。第八个阶段，正常的阶段，根据道德作出行为选择。第九个阶段，道德阶段，表现为遵从道德。上述原理可以简单概括为：思想、信念与态度决定人的行为。

道德认知矫治项目的矫治事项有：直面与评估自我，评估当事人的信仰、态度、行为与自我防卫机制；关系评估，包括对已损害关系的治愈情况；强化积极的行为与习惯；提高罪犯的道德责任感；帮助罪犯给自己一个积极的定位；帮助罪犯降低追求快乐的享乐观念；强化个人的角色意识；提供道德推理；培养为他人的意识与为社会的意识。

工作方法是：通过挫折与道德推理和提高罪犯的道德推理，改善行为。项目设计的最终目的是：促进罪犯决定行为的理性化水平。

道德认知矫治项目的工作步骤有 16 步：

第一步与第二步，信任与诚实培养。这两步指向罪犯的"不忠诚"。处于"不忠诚"阶段的行为人认为世界没有诚实、没有真实，认为人们处于嫉妒、愤懑等消极情感之中。道德的判断建立在快乐与痛苦之上。

第三步，接受。这一步骤针对被矫治者与社会对立的态度而设计。被矫治者的想法与社会现实距离远，对社会不公平现象不能接受，因此产生敌视社会秩序的态度。

第四步，了解。行为人因为不知道怎么办，所以可能实施欺骗、盗窃行为。行为人不知道自己该做什么事情的原因主要是行为人没有长远目标。

第五步，治愈被损害的关系。这个步骤是针对行为人存在"受伤害"问题。这个阶段行为人倾向于毁灭自己与他人，但是，在这个阶段，行为人通常也认为自己是问题的原因。

第六步，引导行为人帮助其他人。

第七步，帮助行为人确立短期目标，并促进行为的持久性。这一步骤是针对有的行为人不知道自己与外界的关系，行为很少有目的，对自己的行为缺乏责任感而设计的。

第八步，帮助行为人确立长远目标与理性。这一步骤是针对行为人认为什么都不存在，什么都没有意义的生活态度而安排的。

第九步，改变行动方法。这一步骤针对行为人存在"危险"阶段。在"危险"阶段的行为人有自己的行为目标。他们也认为与他人的关系是重要的与必要的。他们也能够从长远目标中得到定位。大多数人从社会合同与法律层面判断道德。

第十步，巩固积极的转变。这一步骤帮助行为人度过"危险阶段"。

第十一步，保持自己的道德承诺。当行为人确立生活目标后，个人为追求成功具有了急迫感。而行为人此时的目标比较宽泛，需要帮助他们度过这一阶段。

第十二步，选择道德目标。在这个阶段，行为人很关心社会与他人的利益，与他人接触注意诚实待人。

第十三步至第十六步，评估与他人的关系，学习自我评价。帮助矫治对象走向"优秀"是这一项目的终极目标，但是"优秀"是很少人达到的境界。在这个境界的人对社会与他人充满热心。个人价值观放在人道、正义、人的尊严与人的自由上。

道德认知矫治项目采取的具体方法是群体讨论的形式。要求：参加者在开始必须诚实；参加者需要向其他参与人与矫正人员展示事实；参加者需要将诚实放在重要地位，以改善与他人的关系；参加者需要帮助别人，而不希冀回报；参加者需要参加公共服务；参加者需要接受大家的评价。

多项跟踪研究显示，这个矫治项目对控制、降低重新犯罪率是有效的。一家名为"管理与培训合作研究所"（Management & Training Corporation Institute）的研究结果显示，参加道德认知项目的服刑人员的重新犯罪率是28%，而没有参加道德认知项目的服刑人员的重新犯罪率是32%。[1] 该项目能够降低重新犯罪

① Management & Training Corporation Institute, Data Spotlight: Recidivism. Management & Training Corporation Institute. Centervile: Management & Training Corporation Institute, 2003, p. 3.

率。根据另一项为期 7 年的释放后跟踪调查结果显示，接受过该项目矫治的人重新犯罪率是 44%；而控制组的重新犯罪率是 60%。[1]

（2）"理性化矫治项目"（The Reasoning and Rehabilitation Programme）。

"理性化矫治项目"是由加拿大的朴泼瑞纳（F. Porporino）与法毕诺（E. Fabiano）设计的。20 世纪 80 年代开始被广泛使用，除了英语国家，如美国、加拿大、新西兰、英国、澳大利亚等，西班牙、德国等国也在使用。

理性化矫治项目是促进服刑人员转变结构认知行为的方法。这种方法关注服刑人员的思维技巧，旨在使用行为前思考替代已有的认知模式，使他们有更多的反思，而不是行为反射，对潜在的行为有更多的期望与计划，行为更具有灵活性，心胸更开阔，思维更有理性与目的性。

之所以认为服刑人员缺乏思维技能是源于以下对未成年犯与成年犯的实证。罗斯（R. R. Ross）与法毕诺（E. Fabiano）的研究表明，[2] 思维次序影响人的社会意识与人际交往。许多服刑人员有行动快于思维的倾向，行为者往往在行动前缺乏对环境与其他人的感情的考虑。

下面简单介绍一下理性化矫治项目。

①理性化矫治项目的主要目标。

提高服刑人员自我控制能力，行动前先思考；培养问题解决技能，如及早认识到问题，寻找替代方法，估计后果，作出合适的反应；提高社会意识；提高理性，对事实作客观评价，作出决定前是否利用各种信息；理解价值。

②理性化矫治项目的矫治方法。

逐步指导；有目的的重复；传导给服刑人员以新的技能。

理性化矫治项目关注"怎样思维"，而不是"思维什么"。理性化矫治项目重在帮助服刑人员提高解决问题的能力。

③理性化矫治项目的课程安排。

该项目一般课时数是 36 次，每次 2 小时，阶段性包括：认识到问题；提出解决问题的不同策略；作出决定；采取行动；维持新的行为；预防复发。

在理性化矫治项目实施中，教师向服刑人员传导的接收技术有：角色互换；玩尴尬的游戏；认知练习，如分析迷失。练习与重复是学习的重要要素，使用团

---

[1] Little, G. L., Robinson, K. D., Burnette, K. D. & Swan, E. S., Review of Outcome Datawith M R T: Seven Year Recidivism Results. Memphis: Correctional Counseling, Inc., 1996, pp. 1~7.

[2] Ross, R. R. & Fabiano, E. A., Time to Think: a Cognitive Model of Delinquency Prevention and Offender Rehabilitation. Johnson City: Institute of Social Sciences and Arts, 1985, pp. 38~72.

体环境，将被试者分为二人组、三人组，反复练习。①

④适用对象。

以英国为例，理性化矫治项目主要适用于有犯罪史的服刑人员，使用毒品、性犯罪、暴力犯罪者优先适用。使用范围还包括有使用毒品问题，就业存在问题的人，没有接受教育或者受教育程度低者，英语读写存在问题的人，IQ 在 80 以上者。

这一项目的模式虽然基本相同，但是，在实践中并不完全相同。例如，在美国乔治亚州，这一项目的内容包括七块：② 问题解决；创新思维；社交技能；情绪管理；谈判技能；价值观强化；批判性思维（Critical Reasoning）培养。

这七块内容是针对服刑人员存在的以下问题所设定的：不能够认识自己的问题出在什么地方；对解决人际之间的问题存在困难；不能意识到行为所造成的结果；不能实现目标；对社会情况不了解；冲动；狭隘与拘谨的思维；缺乏独立思考。

"理性化矫正项目"的加拿大版本叫"认知技能训练项目"③（The Cognitive Skills Training Program）。在加拿大，"认知技能训练项目"包括 30 次每次 2 小时的小组矫治。"认知技能训练项目"在加拿大始于 1990 年，适用范围包括监狱与社区。

认知技能训练项目关注服刑人员错误的思维模式，包括生活中冲动性的决定；狭隘的思维；缺乏目标的行为；糟糕的人际交往技能。认知技能训练项目的核心内容是生活技能（Living Skills Programs），同时辅以融入社会内容。课程将口授与练习结合起来。采用的方法有角色扮演、视像反馈、家庭作业等。

认知技能训练项目的目的：学会批判性思维，学会解决问题，学会决策。具体地说：

第一，认识问题，分析问题，考虑使用非犯罪替代方法；

第二，将挫折看成一个需要解决的问题，而不是使用个人威胁；

第三，如何构结计划；

第四，计算行为后果；

---

① Robinson, D. & Porporino, F., "Programming in Cognitive Skills: The Reasoning and Rehabilitation Programme", In C. R. Hollin (Eds.), Handbook of Offender Assessment and Treatment. Chickerter: John Wiley & Sons. LTD, 2001, pp. 179~193.

② Voorhis, P. V., Spruance, L. M., Ritchey, P. N., Listwan S. J. & Seabrook, R., "The Georgia Cognitive Skills Experiment: A Replication of Reasoning and Rehabilitation", Criminal Justice and Behavior, 2004, 31 (3), pp. 282~305.

③ Robinson, D., The Impact of Cognitive Skills Training on Post - Release Recidivism among Canadian Federal Offenders. Ottawa: Correctional Service Canada, 1995, pp. 10~101.

第五，学会有逻辑地思维。

认知技能训练项目评估标准

认知缺陷	没有问题	有些问题	经常性的问题

1. 问题确认
不能发现个人问题的早期信号，
行为的危害后果

2. 解决问题
不能解决日常生活中的个人问题，
如使用暴力解决问题，埋怨别人，
不解决自己的问题，使用吸毒等
方法摆脱焦虑等

3. 替代性思维
不会使用多种方法应对问题，如只能
使用一种理由解释所发生的问题

4. 目标取得
不能将大目标分解为若干个容易
实现的小目标

5. 对原因的分析
不能对他人行为与自己行为之间
进行因果分析

6. 以自我为中心
只考虑自己的情感状态、思想与
观点，而忽视别人的

7. 社会期望
不能理解社会对自己行为的期望与
别人对行为的解释，如在不合适的
场合使用侵犯性的语言

8. 同情心
缺乏对别人想法与感受的了解与感觉，
如不听他人讲话，不考虑被害人

9. 关系
不能与他人搞好关系，甚至包括
家庭成员

10. 冲动
不能控制脾气，不能在行动前考虑好，
具有不顾后果的行动倾向

11. 批判性思维
不考虑行动的环境，不会在行动
前进行分析

12. 思维刻板
不会接受新思想、新信息，在同样
的情境下，只使用固有的方法
13. 顽固思维
只坚持自己的看法，不信他人
总分

（3）"主张对抗项目"（Counter – Point Program）。

"主张对抗项目"被认证为中等强度的社区矫正项目。项目的主要目标是帮助参加者改变他们犯罪前的价值观与态度，对犯罪行为负责，降低对同伙的影响。

项目关注以下几点：设定不再犯罪的目标；认定清楚转变的障碍；认定与犯罪行为相关的思维模式；挑战与犯罪行为相关的思维模式；确定回归社会前的支持系统；以回到社会前的方法解决个人之间的问题；明确罪犯出狱前的社会支持系统；以出狱前的方法解决个人之间的问题；发展预防复发计划。

参与本项目的条件：具有中度到高度重新犯罪危险的有条件释放的男性罪犯；显示出有与犯罪相关需要的罪犯。

项目的期限：包括集体课程 20 次，个人课程 5 次。持续时间 1.5 ~ 3 个月，时间持续决定于每周安排的次数。每次持续时间 2 ~ 3 小时。

（4）"强化思维技能"项目（Enhanced Thinking Skills）。

这是一个由英格兰与威尔士矫正系统发展起来的认知类行为矫治项目。它是一个通过系列的、结构的练习改变思维与行为，提高相互交往技能的项目。这是一个适用于具有中度到高度重新犯罪危险的男性或者女性罪犯的项目。这一项目包括 20 次课程，每次 2 ~ 2.5 小时。持续时间在 4 ~ 10 个星期。这个项目要求操作人员获得国家职业能力资格（NVQ）3 级以上证书。这个项目是监狱与社区矫正机构共同认证的项目。这一项目的培训是 2001 年在社区矫正部门开始的。

（5）"思维优先"项目（Think First）。

这是由英国学者麦奎尔（J. McGuire）设计的比较有效的认知行为干预项目。这个项目的特点在于教导罪犯学会解决问题。思维优先项目所教导的技能包括：道德推理、多角度看问题、自我管理、社会交往。思维优先项目的形式是多形式练习与强化。这一项目既适用于具有中度、中高度与高度重新犯罪危险的男犯，也适用于女犯。早些年的研究发现，该项目适用具有中度重新犯罪危险的服刑人员，在降低重新犯罪率方面效果最佳。

这一项目包含 22 次，每次 2 个小时，持续时间 11 周。工作人员的能力要求是获得国家职业能力资格 3 级以上证书。

（6）"一对一犯罪行为矫治项目"（One – to – One Offending Behaviour）。

这是由英国学者普雷斯利（Philip Priestle）设计的认知行为项目。项目的目的在于帮助服刑人员提高解决问题的技能，提供道德推理的能力、多角度思考问题的能力，提高自我管理的能力。该项目也包括交往技能的培养。该项目适用于重新犯罪危险为中度的男女服刑人员。这一项目的课时20次，每次时间在1～1.5小时。项目实施的指导人员应当具有国家职业能力资格3级以上证书，但是，当服刑人员表现出伤害危险时，需要获得4级以上国家职业能力资格证书者指导。

（7）"生活方式转变项目"（the Lifestyle Change Program）。

这个项目设计的根据是犯罪源于生活方式有问题。

"生活方式转变项目"的目标：帮助服刑人员抵挡犯罪性原因的压力；对自己的犯罪行为负责。

项目内容：向项目参加人提供社会技能学习，如思维方法、解决问题的能力；塑造服刑人员积极的生活态度，改变诸如赌博、使用毒品等自我毁灭的行为习惯。

项目分为三个阶段；时间是70个星期，每周1～3个小时。

研究人员对"生活方式转变项目"进行了专门研究：① 第一组291人，至少完成第一阶段的项目内容；第二组124人，没有完成第一阶段的项目内容；第三组82人，在项目开始前已经刑满释放。

根据5年的跟踪，结论是：第三组的人违反规定实施违法行为的比率明显高于前两组。这说明，如果服刑人员完成"生活方式转变项目"，有助于降低服刑人员的重新犯罪率。研究表明，"生活方式转变项目"对危险性大的服刑人员效果更好。

2. 社会交往技能类项目

（1）"伙伴交往项目"（Peer Group Therapy）。

"伙伴交往项目"源于1935年劝导人戒酒的非政府组织"匿名戒酒会"（Alcoholics Anonymous）的实践。这种实践的理念是在一个群体内大家互相帮助。近些年有50万个治疗群体出现，有1200万美国人卷入。②

从20世纪40年代开始，这种方法开始适用于不断加害他人与社会的个体。由于需要改变同伙的文化，即犯罪亚文化，如以违反规范为荣，推动、引导社会青年与反社会成员交往以最终改变反社会成员的交往人群，因而，这一项目的重要内容就是发展社会青年与反社会成员的交往。

---

① Walters, G. D., "Short – Term Outcome of Inmates Participating in the Lifestyle Change Program", Criminal Justice and Behavior, 1999, 26（3）, pp. 322～337.

② Wuthnow, R., Sharing the Journey：Support Groups and America's new quest for Community. New York：The Free Press, 1994, pp. 5～25.

下面介绍 EQUIP（一种伙伴交往项目的名称）的实践。

EQUIP 的目的是帮助推动与教导年轻人与其他反社会人士互相帮助以提高思维与行为能力。EQUIP 包括相互帮助与 EQUIP 会议。会议根据两个系列标准讨论：标准一，团伙文化上的问题。包括：是否容易愤怒；是否容易攻击他人；是否想挑战权威；是否撒谎等。标准二，认知扭曲问题。包括：第一，是否以自己为中心，以自己的观点、期望、需要、权利、当时的感受去评价要求别人，很少考虑或者不考虑别人的事宜，包括法律范围内的事宜。第二，认识错误，将反社会行为错误认为是社会接受的行为、社会赞许的行为，向他人贴污辱性的、不文明的标签。第三，最坏假设，将敌意归因于他人，认为社会黑暗无前途，认为提高自己的行为不可能。第四，责备他人，将错误归因他人。例如，别人因大意把钱包丢失，认为丢钱包活该；自己撒谎，认为是别人逼的；自己控制能力差而发脾气，认为别人逼迫使自己疯狂；攻击别人，认为别人不与自己合作，别人受伤害不是自己的错误所致。

（2）"社会交往训练"（Social Skills Training）。[①]

有能力的社会行为包括社会交往观念、社会认知、社会成就。社会交往观念指对社会信息的感知。社会认知相当于对社会信息的感知过程。社会成就指将观点付诸行动。社会交往训练就是帮助服刑人员提高社会能力，以使他们在社会上生存发展。

社会交往观念。辨别、理解与翻译人与人之间的信息非常重要。麦库闻（W. McCown）等发现，犯罪分子对于高兴、生气与恐惧的面部表情辨别很敏锐，但是对于悲伤、吃惊与讨厌的面部表情辨别弱于一般人。[②] 一项研究表明，具有攻击性行为的犯罪分子在选择与翻译社会线索方面的能力要差一些。社会线索的错误理解可能导致错误归因，对敌意作出错误判定。

社会认知。弗里德曼（B. J. Freedman）等发现犯罪分子比一般人在处理社会问题上更多地缺乏社会能力。由于处理社会问题的手段有限，解决问题的方法更多地依赖攻击方法。[③] 葛福尼（L. R. Gaffney）等于 1981 年设计了一个"少女问题量表"（The Problem Inventory for Adolescent Girls），他们对女犯与正常人在一种尴尬情形下的问题处理方法进行了比较，研究表明，前者的处理能力明显弱

---

① Hollin, C. R. & Palmer, E. J., "Skills Training". In C. R. Hollin（Eds.），Handbook of Offender Assessment and Treatment. Chickerter：John Wiley & Sons. LTD，2001，pp. 269~280.

② McCown, W., Johnson J. & Austin, S. "Inability of Delinquents to Recognize Facial Affects", Journal of Social Behavior and Personality, 1986, 1, pp. 489~496.

③ Freedman, B. J., Rosenthal, L., etc, "A Social - Behavioral Analysis of Skills Deficitsin Delinquent and Non - delinquent Adolescent Boys", Journal of Consulting and Clinical Psychology, 1978, 46, pp. 1448~1462.

于一般人。① 结论是：犯罪与反社会行为与罪犯，特别是未成年犯的社会能力缺乏，社会问题处理能力弱有关系。

社会成就。斯潘塞（S. H. Spence）对未成年犯与其他人在社会能力上的比对研究表明，未成年犯在使用语言、眼神与人沟通上明显弱于比对组人员，而更多地使用表现紧张、身体晃动。② 帮助罪犯表达自己主张、与别人良性交往，以帮助解决与别人的冲突问题，提高找工作的能力。

"社会交往训练项目"的设计目的在于通过提高服刑人员的交往能力，降低服刑人员的重新犯罪率。这里将何林（C. R. Hollin）与帕尔默（E. J. Palmer）所介绍的1989～1995年之间围绕服刑人员"社会交往训练项目"所作的一些研究情况择译介绍：③

迈瑞豪（Marahall）、特纳（Turner）与巴瑞利（Bararee）的研究。这项研究有68名男性服刑人员参加。控制组的人数是22名。所采取的矫正方法是讨论。矫正目标是促进服刑人员与他人的沟通，改变其社会态度，影响其社会行为。结果是矫治组中的服刑人员有很大的转变，而控制组中的服刑人员改变很有限。经过训练，矫治组的服刑人员社会能力与技术提高得很快，社交焦虑也有变化。

万连（Vallian）与安托诺万克（Antonowicz）的研究。他们的研究对象是19名男性性罪犯，34名男性成年非性罪犯。矫正方法是角色互换，讨论。教学时间为5个星期，每个星期2小时。目标是：提高自尊，控制与消除对他人的敌意，控制焦虑。评估方法是自我报告与训练观察。结果：自尊增强，焦虑与敌意降低，性罪犯的攻击性降低。

琼斯（Jones）与米高（McColl）1991年的研究。这项研究有12名服刑人员参加矫治组，有12名服刑人员参加控制组。矫治方法是角色互换、反馈与自我评估，共计3个星期，每个星期2次。目标是：参加集体活动，对他人有包容性，对集体的其他成员有积极的感觉，具有参加他人活动的能力。评估方法是自我报告以及训练情况。效果：矫治组的成员参加与他人的活动比控制组成员更积极，自我感觉好。

① Gaffney, L. R. & Me Fall, R. M., "A Comparison of Social Skills in Delinquent and Nondelinquent Adolescent Girls Using a Behavioral Adolescent Girls Using a Behavioral Role – Playing Inventory", Journal of Consulting and Clinical Psychology, 1981, 49, 959～967.

② Spence, S. H., "A Comparison of Social Skills in Delinquent and Nondelinquent Adolescent Girls Using a Behavioral Adolescent Girls Using a Behavioral Role – Playing Inventory", Journal of Applied Behavior Analysis, 1981, 14, pp. 159～168.

③ Hollin, C. R., & Palmer, E. J., "Skills Training", In C. R. Hollin (Eds.), Handbook of Offender Assessment and Treatment. Chickerter: John Wiley & Sons. LTD, 2001, pp. 273～276.

格拉夫（Graves）、欧鹏贺（Opendhaw）与亚当斯（Adams）1992 年的研究。他们的研究对象是 18 名性罪犯，年龄在 12～19 岁之间。其中控制组成员 12 名。矫正方法是模仿优秀者接人待物的方式、相互评论、鼓励。时间为 9 个星期。目标是：抗拒同伙的压力，发出与得到反馈，解决问题，评判，谈话技术。结果：与父母沟通的能力明显提高，矫正组成员的社会技能比控制组成员的社会技能要高。

万连（Vallian）与安托诺万克（Antonowicz）1992 年的研究。这项研究的研究对象是 45 名性罪犯，包括控制组。矫正方法是角色互换，讨论。课堂教学时间为 5 个星期，每个星期 2 小时。目标是：重建思维方式，提高自尊，控制与消除对他人的敌意，控制焦虑。评估方法是自我报告与训练观察。结果：强奸犯的自尊增强，包括强奸犯在内的罪犯焦虑与敌意降低。

雷柏（Leiber）与马霍尔（Mawhorr）1995 年的研究。研究者对 57 名未成年服刑人员进行矫正，控制组成员为 56 名，既有男性，又有女性。矫正方法是指导、讨论与作业。时间为 16 周。目标是：降低重新犯罪率。检验标准：法院的记录与观察。结果：从刑释后 1 年情况看，各组重新犯罪率基本相同，但是矫正组成员重新犯重罪的比例下降。

怀特（Wight）1995 年的研究。研究对象是 30 名行为不端的 8～11 岁的男孩。矫正方法是行为模仿，角色互换，训练，音像反馈，家庭作业。时间是每周一次。目标是：提高社会交往技能，提高自尊，行为控制。评估方法是自我报告与训练观察。结果：社会交往能力明显提高，自尊明显提高。长时期跟踪表明好的行为得到了保持。

根据何林（C. R. Hollin）与帕尔默（E. J. Palmer）所介绍的 1989～1995 年之间围绕服刑人员"社会交往训练项目"开展的研究成果，我们看到，"社会交往训练项目"有助于服刑人员降低重新犯罪率。

3. 情绪控制类项目

（1）愤怒治疗[①]。

愤怒往往是暴力行为的先导。布莱克本（R. Blackburn）等指出，精神变态者的突出特征是对于外界刺激或者威吓的反应是生气或者愤怒而不是恐惧。对于这些人，愤怒管理是使其正常社会化的前提。[②] 伯克维兹（L. Berkowitz）的研究

---

① Raymond, W. R., Novaco, W., Ramm M. &Black, L., "Anger Treatment with Offenders". In A. R. Hollin (Eds.), Handbook of Offender Assessment and Treatment. Chickerter：John Wiley & Sons. LTD, 2001, pp. 281～296.

② Blackburn. R. & Lee－Evans, J. M., "Reactions of Primary and Secondary Psychopaths to anger－evoking situations", British Journal of Clinical Psychology, 1985, 24, pp. 93～100.

表明，有82%的暴力犯在犯罪前存在愤怒无法控制问题。①

对服刑人员的干预：

第一层面：对愤怒者的一般性临床关心。临床医生有可能采取心理咨询方法、心理动力疗法、认知与行为疗法、心理药物疗法。

第二层面：愤怒管理。愤怒管理是诺瓦克于1975年首先使用的概念。这个概念是一个描述认知行为矫正的概念，尤其指矫正强度弱的心理教育方法。愤怒管理通过引导人们关注愤怒导引指向自我控制能力。与愤怒治疗相比，愤怒管理所用时间少，更有结构。

第三层面：愤怒治疗。愤怒治疗不是替代心理治疗。它关注心理缺陷，将评估与治疗有机地结合在一起。

在州立医院的"愤怒治疗规程"（The State Hospital Anger Treatment Protocol）中包括了12个阶段的愤怒控制，强调渐进的预防方法。其包括以下因素：关于愤怒与侵犯的教育；愤怒的频率、强度、环境诱导的自我警戒；根据自我警戒建立自我愤怒刺激层次控制；通过注意转移、修正评价、使用自我指导重建认知；通过肌肉放松、呼吸放松与头脑印象指引降低对刺激的反应；通过建立模型角色互换培养处理、交往与表现自己主张的形式；通过想象、角色互换，逐步提高刺激强度，提高愤怒控制技术水平；在新环境下形成新的愤怒控制方法。

（2）"愤怒与情感管理项目"（Anger and Emotions Management Program）。

"愤怒与情感管理项目"是认证的中等强度的矫治项目。这一项目的价值在于引导控制服刑人员改变他们那些有可能引发犯罪的情感或者情绪等相关思维方式。项目关注下列目标：引发人与犯罪行为相关的愤怒、嫉妒、压抑、焦虑与攻击因素；学习如何降低情绪冲动，管理与问题行为相关的情绪；挑战养育不良情绪的思维方式；学习解决冲突的技能；发展复发预防计划。

接受愤怒与情感管理项目后，有问题的服刑人员将继续接受这一项目矫治。这是一个结构性的维护项目，旨在巩固已经学习到的技能。

参加本项目的对象：具有高度或者中度重新犯罪危险的服刑人员；犯罪行为与情绪管理问题有关；罪犯在情感领域有需求；接受矫治后的服刑人员对下列因素有积极反应：攻击，主张，解决冲突的能力，交往中的敌意，抓重要问题，低的挫折忍受能力，无理由的忧虑，对刺激的需要。

项目的期限：愤怒与情感管理项目包括27次课程，每次2~3个小时；课时包括2~3次谈话、激励、评估。

---

① Berkowitz, L., "Some Varieties of Human Aggression: Criminal Violenceas Coercion, Urle‐following, Impression‐Management, and Impulsive Behaviour", In A. Campbell & J. J. Gibbs (Eds.), Violent Transactions. Oxford. U K: Basil Blackwell, 1986, pp. 87~103.

研究表明，对高度危险的服刑人员，愤怒与情感管理项目具有较好的矫治效果。对非暴力犯使用，服刑人员的重新犯罪率可以被降低 69%；而对暴力犯使用，服刑人员的重新犯罪率可以被降低 86%。[①]

和愤怒与情感管理项目配套的项目是"愤怒与情感管理维护项目"（The Anger and Emotions Management Maintenance Program）。这个项目是结构性地用以巩固使用愤怒与情感管理项目矫治效果的项目。

参加"愤怒与情感管理维护项目"的条件是：服刑人员已经完成了愤怒与情感管理项目；服刑人员具有提高已学习技能的需要。

项目的期限。这个维护项目至少包括 8 次，具体次数取决于服刑人员的需要。每次 2~3 个小时。

另外，这个项目既可以在监禁设施内使用，也可以在社区使用。这种干预方法也可以适用于女犯。

4. 家庭治疗

家庭治疗模式将家庭关系看作一种导致或者维持年轻人问题行为的因素，并且通过改变家庭内的交互关系作为改变年轻人已出现的行为的方法。家庭治疗模式的主要内容如下：[②]

家庭保存治疗模式（Family Preservation Model）。家庭保存治疗有：危机干预、在家治疗、家庭治疗。危机干预的主要内容是家庭沟通、行为管理、问题解决技术。时间一般为 4~6 周。在家治疗，是指由治疗师在向被治疗者就家庭成员之间的交往、家庭与社区之间的交往方面予以帮助。家庭治疗是项目管理人员在向被治疗者就家庭成员之间的交往、家庭与社区之间的交往方面提供帮助。

功能型家庭治疗模式（Functional Family Therapy）。这种模式的原理是：家庭被看成是一个根据一些原则运行的、由相互影响的群体组成的系统，这些原则可以被用以引起家庭成员的变化。治疗师可以根据这一原理通过家庭矫治被矫治者。这一模式要求治疗师了解行为的功能、了解交互作用中的动态性，要掌握认知、感觉和行为改变过程的知识，掌握人际方面应用认知改变知识的技术。

结构型家庭治疗模式（Structural Family Therapy）。这种模式将家庭视为一个通过各种交互作用模式运行的系统。这种模式要求规范家庭成员的行为，认为不良行为影响家庭目标的实现。这种模式通过治疗师改变家庭组织或者结构，如家庭成员互相影响的方式与亲密关系，影响被矫治者。

---

① http：//www. csc–scc. gc. ca/text/prgrm/correctional/living_ skills_ program_ e. shtml.

② Cynthia Cupit Swenson，S. W Henggeler，S. K. Schoenwald：《家庭治疗》，Clive R. Hollin 主编，郑红丽译：《罪犯评估和治疗必备手册》，中国轻工业出版社 2006 年版，第 79~97 页，第 99~116 页。

多维度家庭治疗模式（Multidimentional Family Therapy）。这种模式适用于滥用药物的未成年人。原理：个体行为变化源于家庭结构变化。条件与措施：相互同意；未成年人与父母都参与；持续的；进取的；使用药物。注意观察：行为人与同伴的关系；与父母的关系；相互作用；与家庭外的关系。

多系统治疗模式（Multisysytemic Therapy）。这种模式主要适用于未成年犯。理论根据：每个社会成员都位于相互联结的系统中。这个系统的要素包括个体、家庭、社区环境、同伴，而且系统中的要素处在交互影响中。未成年人出现问题是由于上述因素及关系出现问题。有效的家庭治疗特点：

第一，治疗应当在有年轻人与家庭参与的自然环境中进行。在家中的治疗不仅可以减少获得治疗服务的障碍，能够满足家中的多种需要，为治疗师提供直接观察家庭和社区的交互作用的机会，而且家庭也提供了新行为练习所需要适应的环境，增加保持行为习得技术的可能性。

第二，治疗应当包括多系统中的主要关心者与参与者。对年轻人与家庭都十分重要的系统内与系统之间的交互作用可能会维持或者减少问题行为。

第三，治疗应当明确指出已知反社会行为的相关因素。

第四，干预应当包括那些效力已经得到经验证实的技术。

第五，干预应当注重对年轻人及其家庭的文化信念和背景的了解。

5. 生活能力帮助类项目

（1）"社区融合项目"（Community Integration Program）。

社区融合项目是一个适用于低度危险的服刑人员的矫正项目。项目的目标是帮助服刑人员重返社会。项目涉及下列事宜：寻找工作并安定下来；学习理财；寻找生活住所；与家人在一起；在商店购物；安排与完成厨房中的工作；健康与营养；健康的性关系。

参加社区融合项目的对象：对社会中的生活存在适应上困难的服刑人员；在安排社区整合上要求协助的服刑人员。

社区融合项目的期限：项目次数一般为 10～20 次，具体次数取决于服刑人员家庭所在的地区；每次 2～2.5 小时。

社会融合项目既可以针对群体进行，也可以针对个体开展；既可以在设施内进行，也可以在社区内开展。比较理想的做法是：在释放后的 6 个月内进行；在社区中，这个项目具有弹性，罪犯可以直接参加到与他的需要相关的项目内容中去。

（2）"养育子女技能训练项目"（Parenting Skills Training Program）。

养育子女技能训练项目是一个面对低度危险服刑人员的项目。项目的目标是帮助项目参与者获得知识，提高技能，提高与孩子的融洽关系。项目也帮助参加者学习管理自己在监禁期与释放后的紧张、压抑。项目关注下列因素：家庭中父母的角色；为人父母的责任；父母作为或者不作为的结果；儿童发展与儿童发展的道路；帮助参与者提高解决父母与子女之间问题的技能；与社区中提供家庭服务的人接触。

养育子女技能训练项目服务的对象：存在养育问题史的人。例如，有不适当或者错误的儿童成长或者父母责任知识的；没有能力处理父母每日遇到的因养育孩子而产生的问题；没有能力与孩子进行有效地交流；不当的规范；存在父母因缺乏养育技能而导致的孩子成长存在问题的家庭。

养育子女技能训练项目适用于身份为孩子监护人的服刑人员，如故意或者过失致孩子伤害或者死亡的案件。

养育子女技能训练项目的期限：项目包括 20 次，每次 2 ~ 3 个小时；时间持续 1 ~ 3 个月，时间长短决定于周课时。

服刑人员参加养育子女技能训练项目前需要进行个别的心理咨询。因虐待儿童或者实施性行为而犯罪的服刑人员不能参加项目，除非他们参加心理咨询或者治疗。项目既可以在监禁设施中使用，也可以在社区使用。

（三）矫正项目的认证

美国社会学家马丁逊 1974 年发表的关于矫正的报告具有重要的意义，其价值之一就是：矫正并不必然产生效益，有的矫正活动效益很低，有的矫正活动甚至没有效益。

如何判断矫正是否有效？矫正项目的出现，为解决这个问题找到了出路。具体说，判断矫正是否有效，包括效益高低，可以通过"矫正项目"判断矫正是否有效进行。如果矫正项目有效，矫正有效；如果矫正项目有好的效果，矫正就有好的效果；如果矫正项目无效，矫正无效。判断矫正项目的效益成为判断矫正是否有效的通道。

如何保证矫正项目的有效、高效？在矫正项目的设计中，循证是保证矫正项目有效、高效的基本机制。矫正项目是需要经过循证的矫正模块。循证的基本意义就在于保证矫正项目的有效性。经过循证的矫正项目意味着有证据证明该项目能够有效地矫正服刑人员，使用经过循证的矫正项目意味着该项目能够降低服刑人员的重新犯罪率。循证是矫正项目的有机组成部分，一个完整的矫正项目需要有证明该项目具有降低重新犯罪率的根据。

然而，由于矫正项目的矫正有效证明源于矫正项目设计者，这样，有关矫正项目矫正有效的证明不能排除证据的主观性，甚至不能排除造假的可能。

针对如何提高循证的公信度问题，矫正项目认证制度应运而生。矫正项目认证制度是由权威机构对矫正项目的矫正有效证明予以认证的制度。

1. 矫正项目认证的主体是权威机构

矫正项目认证的价值在于保证矫正项目矫正有效的真实性。为保证矫正项目认证的公信力，矫正项目认证的主体通常是业界的权威机构。

在英国，矫正项目的认证由"矫正局认证专家组"（The Correctional Service Accreditation Panel）实施。矫正局认证专家组是英国司法部设立的旨在对矫正项目予以认证的机构。矫正局认证专家组由不同领域的专家构成，其职责就是对所申请认证的矫正项目的矫正有效性予以认证。矫正局认证专家组是一个顾问性的不占编制的公共性组织，其包括主席和任命的委员、提名的委员。前者是专家，后者是监狱或者保护观察机构的相关领导。矫正局认证专家组的认证操作根据独立的规范进行。①

在加拿大，矫正项目的认证由"矫正项目认证小组"（Correctional Programs Accreditation Panel）实施。矫正项目认证小组在加拿大是矫正项目认证的权威机构。

2. 矫正项目认证的程序

在加拿大，矫正项目认证的程序包括两部分：②

第一部分是对矫正项目的设计质量进行认证，包括工作人员训练与社会支持的评价。

第二部分是对矫正项目投入使用后的质量评估进行认证，包括对设计的遵守情况以及与服刑人员个案相关的管理。

3. 矫正项目认证的标准

在英国，矫正项目认证的标准是：③

第一，要有一个有科学证据证明的能够改变人的清晰模式：服刑人员能够向哪个方向改变，其证据基础是什么。项目手册必须解释在什么领域可以降低服刑人员的危险；在每个阶段需要做什么，可以达到什么样的目的；需要描述出目标与手段之间的关系。

第二，服刑人员的选择：什么人需要改变，降低可能的危险项目需要确定服刑人员的性质，包括服刑人员的危险、动机、学习方式、性别与种族。评估的方法必须先设计出来。

第三，要指向动态的危险因素，即能够降低危险。

第四，指向目标范围，选择一个关注的危险区域。

第五，有效的方法，即需要证明项目能够发挥作用。

---

① Rex, S., "Accrediting Programmes", Prison Service Journal, 2004, 152, pp. 36~41.

② Concilio, A., "Correctional Program and Site Accreditation in Canada", FORUM on Corrections Research, 2012, 15 (2).

③ Correctional Services Accreditation Panel, The Correctional Services Accreditation Panel Report 2009 – 2010. London: Ministry of Justice, 2011, pp. 61~69.

第六，具有技能性，即向服刑人员传授重新融入社会的技能。项目需要帮助服刑人员在不再犯罪的前提下生活与工作。

第七，有工作内容顺序性、矫正强度的说明与矫正期限，有最大程度降低危险的时间表。

第八，具体内容开展的频率、参与人数与服刑人员的学习方式及能力相一致。如果服刑人员的反社会的历史长，具有高度的危险，项目所使用的时间要长。

第九，应当具有促进参与激励的性质。

第十，要将保护观察（社区矫正）与监禁联结在一起，以帮助罪犯顺利适应社会生活。

第十一，能够保持对项目的监督。

第十二，连续的评估，即危险是否降低要有连续的评估检验。

在加拿大，矫正项目认证的标准是：①

第一，必须建立在实证的有效度的行为改变模式基础之上。

第二，需要针对与犯罪行为有关的要素，即要建立在经过循证的矫正需要基础上。

第三，需要能够为服刑人员提供降低重新犯罪可能的技能，并鼓励服刑人员融入社会。

第四，需要具有与服刑人员学习方式对应的措施。

第五，矫正的强度与连续程度要与服刑人员的危险程度相一致。

第六，要保持对服刑人员持续的帮助。

第七，对服刑人员要坚持持续的监督与评估。

4. 矫正项目的认证需要权威机构作出结论

在英国，对提交认证的矫正项目，矫正局认证专家组将根据矫正项目认证申请人所提交的材料，作出下列四个不同级别的认证：

第一级，予以认证项目（Accredited）。

第二级，予以认可，但是要在一定时间修改然后重新认证的项目（Recognised/Provisional）。

第三级，需要进一步研究，有一定希望的项目（Not Accredited/Promising）。

第四级，无须进一步研究的项目（Not Accredited/No Further Review）。

英国的矫正局认证专家组对"强化的思维技能项目"（Enhanced Thinking Skills）、"思维第一"（Think First）项目等予以了认证。矫正局认证专家组定期

---

① Concilio, A., Correctional Program and Site Accreditation in Canada, FORUM on Corrections Research, 2012, 15 (2).

对申请认证的矫正项目进行认证。

在加拿大，对提交认证的矫正项目，矫正局项目认证小组将根据矫正项目认证申请人所提交的材料，作出下列三个不同级别的认证：

第一级，予以认证。

第二级，不能认证，但是可以改进，重新认证。

第三级，不予认证。

5. 矫正项目认证的意义

在矫正项目认证制度中，凡是通过项目认证机构认证的矫正项目意味着该项目具有被认可的矫正有效的证据，意味着通过认证的矫正项目可以在矫正领域实施。而没有通过认证机构认证的矫正项目则意味着该项目需要改进或者放弃，也意味着不可以在矫正领域实施。矫正项目认证的意义主要有：

第一，保证矫正项目循证的真实性与矫正项目的有效性。矫正项目认证的重要出发点就是防止矫正项目提出者没有严格遵照循证要求，从而导致项目的有效性存在不真实问题。

第二，由于认证有助于提高矫正项目的有效性，从而有助于提高在服刑人员矫正中的人力、物力与财力投入的效益，减少或者降低社区矫正中的人力、物力与财力浪费，减少或者降低社区矫正工作的无效劳动。

第三，矫正项目认证制度的推行有助于促进矫正项目的科学研究与探索。矫正项目认证制度的推行，提高了矫正项目的设计、实证要求。这样，矫正项目设计、试验的科学性要求，相应产生。

二、矫正项目的运用原则

矫正项目是具有矫正内容、矫正量与矫正程序的矫正模块。矫正项目的出现，改变了传统的服刑人员矫正形式，而进入了项目矫正的时代，进入了使用矫正项目对服刑人员进行矫正的时代。随着矫正项目概念的出现与矫正项目的发展，如何合理运用矫正项目问题应运而生，即如何运用矫正项目，才能使矫正效益最大化呢？

(一) 安德鲁与博塔的主张

1998 年，加拿大学者安德鲁 (D. A. Andrews) 与博塔 (J. Bonta) 就如何使矫正有效 (有更好的效果)，提出以下五个原则[①]：

原则一，危险原则 (The Risk Principle)。所谓危险原则，是指矫正需要根

① Andrews, D. A. and Bonta, J., The Psychology of Criminal Conduct (2nded.). Cincinnati: Anderson Publishing Co. 1998, pp. 392~412.

据服刑人员的危险性程度进行。服刑人员危险性越大，矫正机构及矫正工作人员对服刑人员采取的矫正干预力度也就越大；服刑人员危险性越小，矫正机构及矫正工作人员对服刑人员采取的矫正干预力度也就越小。服刑人员的危险性主要是指服刑人员重新犯罪的可能，但是也包括实施暴力、脱离监控的危险。

根据研究，违背危险原则对服刑人员实施的矫正，如对低度危险的服刑人员实施强度大的矫正，不仅不能很好地矫正服刑人员，反而易使矫正无效，甚至促进服刑人员重新犯罪。安德鲁与博塔在他们的著述中就有关研究成果进行了归纳。[①] 具体情况见本节表 1。

表 1：关于服刑人员危险程度与矫正强度关系的研究

研究人员	服刑人员的危险程度	矫正强度	
		低	高
O' Donnel et al (1971)	低	16%	22%
	高	78%	56%
Blaird et al (1979)	低	3%	10%
	高	37%	18%
Cndrew & Kiessling (1980)	低	12%	17%
	高	58%	31%
Bonta et al (2000)	低	15%	32%
	高	51%	32%

根据奥当涅（O' Donnel）等的研究，对低度危险的服刑人员实施强化的矫正，服刑人员的重新犯罪率是 22%，而对低度危险的服刑人员实施低强度的矫正，服刑人员的重新犯罪率是 16%。根据 Blaird et al 等的研究，对低度危险的服刑人员实施强化的矫正，服刑人员的重新犯罪率是 10%，而对低度危险的服刑人员实施低强度的矫正，服刑人员的重新犯罪率仅 3%。扎耶克（G. Zajec）的研究表明，对低度危险的服刑人员进行矫正是低效的，[②] 邦塔（J. Bonta）等人的研究也得出类似的结论。[③] 总之，对高度危险的服刑人员使用低强度的矫正，不利于降低重新犯罪率；对低度危险的服刑人员使用强化的矫正，服刑人员的重

① Andrews, D. A. and Bonta, J., The Psychology of Criminal Conduct, 3rded. Cincinnati: Anderson Publishing, 2003, p. 260.

② Zajec, G., Understanding and Implementing Correctional Options That work: Principles of Effective Intervention. Camp Hill: Pennsylvania Department of Corrections, 2004.

③ Bonta, J., Wallace - Capretta, S. & Rooney, J., "A Quisi - Experimental Evaluation of an Intensive Rehabilitation Supervision Program", Criminal Justice and Behavior, 2000, 27.

新犯罪率要高于使用低强度的矫正措施的服刑人员。

原则二,矫正需要原则(The Needs Principle)。矫正要考虑服刑人员的"矫正需要"(Criminogenic Needs),矫正需要不同,矫正内容与方式应当有所不同,矫正项目也不同。对服刑人员进行矫正干预的范围很大,所以与服刑人员重新犯罪相关的因素都可以作为干预对象,但是,只有对与服刑人员重新犯罪相关的重要因素进行干预,才可能有显著的效果。

美国辛辛那提大学刑事司法学院的莱特萨(E. J. Latessa)教授与劳温考普(C. T. Lowenkamp)教授对1.3万名在1999~2000年之间从美国俄亥俄州监禁设施释放到社区矫正治疗中心的服刑人员与被假释的服刑人员进行研究,发现如果将使用体现矫正需要原则的矫正干预项目的服刑人员,与没有使用体现矫正需要原则的矫正干预项目的服刑人员相比,服刑人员的重新犯罪率下降5%;如果对服刑人员使用没有体现矫正需要原则的矫正干预项目,这种矫正不仅不能降低重新犯罪率,反而增加服刑人员的重新犯罪率。[①]

原则三,对应原则(The Responsivity Principle)。这一原则关注被矫治者与项目之间的关系,力图使矫正最适合服刑人员。根据这一原则实施矫正要注意:第一,了解服刑人员的基本情况。第二,选择对应的矫正项目。第三,是否在辅导人员与被矫治者之间可以形成互动的关系。

原则四,整体性原则(The Integrity Principle)。这一原则要求矫正项目具有整体性。

原则五,专业性原则(The Professional Principle)。罪犯矫正具有专业性,矫正机构对服刑人员所开展的矫正项目应当由专业机构支持、实施。

安德鲁与博塔提出的"矫正有效"的五原则被很多学者甚至研究机构全部接受。例如,"澳大利亚犯罪研究院"(Australian Institute of Criminology for the Community Safety and Justice Branch of the Australian Government Attorney – General's Department)于2005年向政府提交的一份报告中[②]写道,有效的矫正应当坚持下面的原则:第一,危险原则。根据这一原则,矫正机构要对服刑人员的危险进行系统的评估,评估工具要使用第三代评估工具。第二,矫正需要原则。矫正要考虑罪犯动态的因素,如犯罪前态度、价值观、信念、是否使用毒品、能不能很好解决问题等。第三,矫正的对应性原则。矫正的对应包括一般对应与特别对应。

① Latessa, E. J. & Lowenkamp, C. T. , Evaluation of Ohio's Community – Based Correctional Facilities and Halfway House Programs: Final Report. Cincinnati: Center for Criminal Justice Research, 2002, pp. 82 ~ 85.

② Borzycki, M. , Interventioner for Prisoners Returning to the Community. Canberra: Australian Government Attorney – General's Department, 2005, pp. 30 ~ 31.

"一般对应"，是指矫正项目应当与服刑人员的矫正需要相一致，矫正项目要有清楚的结构，认知行为的内容包括替代焦虑、问题解决训练，预见行为的结果。"特别对应"，是指矫正项目应当与行为人的性格相对应。第四，项目整合原则。第五，项目要由接受过训练的专业人员完成。

(二) 扎耶克的主张①

美国学者扎耶克 (G. Zajec) 认为，矫正项目安排应当根据下面的原则进行：

原则一，根据服刑人员的"犯罪性需要"进行矫正资源安排。服刑人员的"犯罪性需要"，是指服刑人员因对犯罪生活的依赖或者对犯罪行为的习惯而形成的需要。服刑人员的"犯罪性需要"的主客观基础主要有：

第一，反社会的态度、信念与价值。服刑人员反社会的态度、信念与价值通常主要有下面的表现：(1) 服刑人员认为犯罪理所当然，对自己所犯罪行不以为然。如有的服刑人员宣称，"被定罪、被判刑的人又不是我一个，犯罪有什么了不起的"。(2) 对犯罪所造成的危害结果不以为然。如有的服刑人员宣称，"没有人受到伤害"，"他们的安全已经得到了保证"。(3) 否定道义责任。如有的服刑人员宣称，"我已经受到了惩罚"。

第二，犯罪性思维。如有的服刑人员认为，犯罪具有刺激性与挑战性，具有挑战司法机关的心理要求；有的服刑人员认为，"我非常精明，他们抓不住我"。

第三，具有反社会的关系网。很多服刑人员所交往的朋友多是具有反社会或者反社会倾向的人。

第四，个人决策能力与解决问题的能力差。有的服刑人员之所以犯罪，是因为生活遇到小的困难，而其解决困难的方法便是犯罪。例如，"由于我需要送我的孩子到学校，所以我开始买卖毒品"。

第五，所受教育水平低，职业技能水平弱。

第六，自控能力差或者自我管理能力差。有的服刑人员在解释自己犯罪的原因时，所使用的主要理由便是"我太愤怒了"，"我管不了那么多了"。

第七，使用毒品。

原则二，通过对服刑人员的评估将矫正干预指向高度危险的服刑人员。这里所说的对服刑人员的评估包括对服刑人员的危险与犯罪性需要的评估。

原则三，矫正应当建立在有效的理论基础上。实践表明，社会学习理论 (Social Learning)、认知行为理论 (Cognitive Behaviour) 可以支持矫正。而下列

---

① Zajec, G., Understanding and Implementing Correctional Options That work: Principles of Effective Intervention. Camp Hill: Pennsylvania Department of Corrections, 2004. (前言部分)。

理论被有的学者视为有问题的理论：① 服刑人员缺乏创新精神；服刑人员缺乏纪律意识；服刑人员需要更好的食物与服务；要将服刑人员视为病人进行治疗；男性服刑人员需要接触女性服刑人员；服刑人员需要接受戏剧疗法；服刑人员需要学习种植蔬菜；服刑人员需要发现他们内心中的英雄。

原则四，使用认知方法矫正服刑人员。好的认知方法不仅教会服刑人员适应社会的行为，而且帮助他们模仿、尝试、练习，帮助他们形成好的习惯。

原则五，破坏服刑人员原有的与其他犯罪人的关系网。有效的干预应当为服刑人员交往提供结构性的帮助；应当使服刑人员理解交友不良的后果，角色互换能够帮助他们去建立新的友情。使用非治疗的方法帮助服刑人员形成新的习惯。

原则六，矫正项目的内容与方法和服刑人员的人格与学习方式相一致。这一原则又称对应原则。治疗者的技能要符合矫正项目的要求；在干预计划中要充分发挥服刑人员的能力，如阅读能力。

原则七，防止被矫正的服刑人员复发。要反复演练服刑人员所学习到的技能，如解决问题的技能，并且不断增加难度。在防止复发的工作中，矫正机构应当争取服刑人员家庭成员与朋友的支持。

原则八，强化服务的整体性。要进行项目评估，项目评估是干预的有机组成部分。

（三）其他人的主张

博根（G. Bourgon）与阿姆斯特朗（B. Armstrong）认为，要使矫正有效，对服刑人员的矫正需要坚持以下原则：②

原则一，对高度危险的服刑人员进行矫正的强度要高于对低度危险的服刑人员进行矫正的强度。

原则二，矫正方案设计应当与服刑人员的犯罪性需要相结合。矫正项目与服刑人员的犯罪性需要相结合比与其非犯罪性需要相结合更有效。服刑人员的犯罪性需要包括服刑人员的反社会态度、使用毒品、与犯罪团伙成员交往；服刑人员的非犯罪性需要包括焦虑、自尊、消沉等。

原则三，矫正项目与服刑人员的学习方式、生活态度、传授实质技能的认知行为方法联系，可以更有效地矫正服刑人员。

安德鲁（D. A. Andrews）在 2001 年发表的文章中，对提高矫正有效性，降

---

① Latessa, E. J., Cullen, F. T. & Gendreau, P., "Beyond Correctional Quackery: Professionalism and the Possibility of Effective Treatment", Federal Probation, 2002, 66, pp. 43～49.

② Bourgon, G. & Armstrong, B., "Transferring the Principles of Effective Treatment into a 'Real World' Prison Setting", Criminal Justice and Behavior, 2005, 32, pp. 3～25.

低再犯的原则进行了专门论述：① 第一，对服刑人员的矫正干预理论应当建立在犯罪行为理论的基础上。第二，要以在犯罪行为危险因素基础上的个人与社会相互学习为视角。第三，避免使用报复的、恢复正义的、威慑的政策。第四，要充分考虑人的社会性。第五，要评估服刑人员的危险水平，将服刑人员分到与其危险相当的设施中。第六，评估服刑人员的犯罪性需要，干预目标要指向服刑人员的矫正。第七，关注服刑人员的犯罪性需要。第八，使用有效的方法评估服刑人员的危险。第九，在相互交往中，要将矫正与服刑人员的学习方式、动机、能力对应起来。第十，在制定干预政策中要考虑服刑人员的年龄、性别、种族、语言。第十一，要对矫正的方法进行评估。第十二，发展融矫正与关心相结合的监督政策，防止服刑人员"旧病复发"。第十三，界定与明确工作人员自由裁量的场合。第十四，制定能够执行原则的、有用的矫正计划或者指导规则。第十五，建构监督项目、矫正完整的程序。其中的要素应当包括工作人员选择、训练、监督、信息记录等。第十六，关注工作人员的技术发展，包括发展关系、奖励、目标等。第十七，要保证主要管理人员有前瞻的能力、广博的知识。第十八，将矫正项目置于整个社会制度中，关注不同的变量。

麦奎尔（J. McGuire）等学者认为，有效的矫正应当坚持下列原则：②

原则一，指向高度危险的犯罪人。

原则二，关注与犯罪相关的行为。

原则三，以社区为出发点。

原则四，使用以认知行为为基本方法的矫治手段。

原则五，矫治要有层次性，要有方向性。

原则六，矫治手段要进行整合。

还有的学者认为，矫治要坚持以下七个原则：③

原则一，矫正应当有一定强度与行动性。

原则二，矫正项目应当指向高度危险的服刑人员的犯罪性需要。

原则三，矫正项目应当与服刑人员的性格相对应。

原则四，矫正项目的权变性与策略应当有一定强制性，但应当是公平的。

原则五，矫正者需要接受有关培训，而且对服刑人员矫正要有建设性的

① Andrews, D. A., "Princeples of Effective Correctional Programs", In L. L. Motiuk and R. C. Serin (Eds.), Compendium 2000 on Effective Correctional Programming. Ottwa：Correctional Service Canada, 2001, pp. 9~17.

② McGuire, J., Broomfield, D., Robinson, C. & Rowson, B., "The Probation Evaluation Project". FORUM on Corrections Research, 1993, 5（2）.

③ Harlan, A. T., Choosing Correctional Options That work：Defining the Demand and Evaluating the Supply. Thousand Oaks：Publications, 1996, p. 275.

态度。

原则六，矫正项目应当对服刑人员的违法行为与思维具有破坏性。

原则七，要提供防止重新犯罪的措施。

此外，有效的矫正项目决定于矫正者与被矫正者相互的感受与积极的关系，还决定于矫正者能否了解不同的被矫正者。

库克（D. J. Cooks）等认为，好的矫正应当坚持以下原则：① 第一，危险原则。投入大的矫正措施适用于危险大的服刑人员，投入小的矫正措施适用于危险小的服刑人员。第二，需要原则。矫正需要考虑导致服刑人员产生危险的原因。第三，对应原则。矫正需要考虑矫正方案的方式、风格，使其与服刑人员的能力与学习方式相对应。

（四）总　结

根据上述学者的研究，我们看到，矫正项目的运用至少应当坚持以下原则：

原则一，危险原则。矫正项目应当考虑根据服刑人员的危险程度进行。服刑人员危险性越大，矫正机构及矫正工作人员对服刑人员采取的矫正项目干预力度应当越大；服刑人员危险性越小，矫正机构及矫正工作人员对服刑人员采取的矫正项目干预力度应当越小。矫正项目应当重点指向危险程度高的服刑人员。

原则二，矫正需要原则。矫正项目的适用应当根据服刑人员的"矫正需要"（Criminogenic Needs）进行。服刑人员的矫正需要不同，矫正内容与方式应当有所不同，矫正项目也有所不同。

原则三，对应性原则。矫正项目的适用需要考虑服刑人员的学习能力与学习方式。

根据有关研究，在矫正项目运用中，坚持上述原则，有助于促进矫正效能的提高，充分发挥矫正项目的功效；如果忽视上述原则，可能导致矫正无效，矫正项目不能发挥其应有的作用。"绿光重返社会项目"（Project Greenlight Reentry Program）的实践证明了这一点。

"绿光重返社会项目"是纽约矫正局（New York State Department of Corrections）与维拉司法研究所（Vera Institute of Justice）2002 年发展起来的旨在帮助被假释人员重新建立起与社会的联系的项目。这个项目将新概念"动态危险因素"、"认知行为矫正方法"、"关注服刑人员犯罪性需要"、"对应性矫正方法"融入释放后监督。时间是出狱后的 8 个星期。该项目的特点是：关注罪犯的能力与需要，在咨询人员、假释监督人员、家庭成员帮助下制订逐阶段计划，完成融

---

① Cooks, D. J. & Philip, L., "to Treat or not to Treat? An Empirical Perspective". In C. R. Hollin（Eds）, Handbook of Offender Assessment and Treatment. Chickerter: John Wiley & Sons. LTD, 2001, pp. 17~34.

入社会的过程。[①]

项目所提供的干预内容有：

第一，认知行为训练（Cognitive - behavioral skill straining）。一般认为，这一训练在降低重新犯罪上有好的效果。理论上认为，服刑人员社会化水平低是其犯罪原因之一，因此应当促进罪犯社会化。

第二，就业。项目雇有就业顾问，帮助罪犯写简历，开展谈话训练；帮助他们寻找就业机会。

第三，住房。在"纽约市住房帮助委员会"（the New York City Department of Homeless Services）支持下，被假释的罪犯可以获得短期住房，或者长期住房。

第四，毒品教育（Drug Education and Awareness）。项目的参加者需要参加"毒品教育与防止复吸班"（Drug Education or Relapse Prevention），帮助他们解决成瘾性问题。

第五，家庭咨询（Family Counseling）。家庭咨询旨在帮助罪犯与其家庭成员解决相互接受问题。

第六，生活技能训练（Practical Skills Training）。这一干预旨在帮助罪犯适应现代生活，如到银行开户、申请紧急情况下的食物帮助、重新获得选举权、获得身份证明文件、获得医疗帮助等。

第七，社区关系建立（Community - based networks）。这一工作旨在帮助罪犯建立社区帮助关系网，使罪犯能够利用各种社会上的帮助。

第八，假释制度学习。这一内容旨在帮助被假释的人熟悉假释监督规定的内容。

第九，"一对一帮助计划"（Individualized Release Plan）。项目安排监督人员参加一对一的帮助，帮助罪犯确立个人释放计划。

参加项目的 725 名罪犯被分为三组，有的跟踪 1 年，有的跟踪 2 年。试验组的成员是 334 人；比对一组的是 113 人，这组人不参加任何项目；比对二组的是 278 人，参加"过渡项目"（Transitional Services Program，简称 TSP），这是在"绿光重返社会项目"实行以前就已经使用的项目。具体情况见本节表 2。

---

① Wilson, J. A. & Davis, R. C., "When Good Intentions Meet Hard Realites: An Evaluation of the Project Greenlight Reentry Program?" Criminology & Public Policy, 2006, 5 (2), pp. 303 ~ 338.

表 2：参加者在刑满 6～12 个月后的重新犯罪情况

	参加项目者（334 名）	T S P（278 名）	不参加任何项目 （113 名）
被捕情况			
6 个月后	17.2	13.0	14.4
12 个月后	34.1 *	24.2 *	26.8
因重罪被捕			
6 个月后	8.3	6.6	7.2
12 个月后	18.0	13.0	12.0
假释撤销情况			
6 个月后	9.8	9.4	7.4
12 个月后	25.1	21.0	13.2

从表中我们可以看到，参加"绿光重返社会项目"的人员刑满 6～12 个月后的重新犯罪情况比没有参加任何项目的人员重新犯罪问题突出。

为什么参加"绿光重返社会项目"的服刑人员重新犯罪率高？是不是"绿光重返社会项目"效果不好？研究人员认为，参加"绿光重返社会项目"的服刑人员之所以重新犯罪率高，是因为忽略了矫正项目的运用原则：第一，矫正项目安排没有考虑服刑人员的矫正需要，没有区分服刑人员的犯罪性需要。第二，没有对服刑人员进行危险性评估。第三，没有将具有高度危险的服刑人员纳入项目矫正的重点。[①]

总之，在运用矫正项目时应当遵守项目矫正的原则。

三、矫正需要的评估

根据前述内容，矫正项目的运用应当根据矫正需要原则进行，也就是对服刑人员的矫正要在服刑人员的矫正需要基础上展开，服刑人员矫正需要不同，矫正内容与方式应当有所不同，矫正项目也不同。矫正需要是矫正项目选用与实施的根据。何为矫正需要？如何评估服刑人员的矫正需要？这是项目矫正中的基本问题。

（一）关于矫正需要的理解

罪犯矫正需要面对导致服刑人员重新犯罪的原因，这如同医生治病需要面对

---

① Wilson, J. A., "Habilitation or Harm: Project Greenlight and the Potential Consequences of Correctional Programming", NIJ Journal, 2007, p. 257.

病因一样。

导致服刑人员重新犯罪的原因有很多。对导致服刑人员重新犯罪的原因，可以从不同角度区分：从导致犯罪的主体性划分，服刑人员重新犯罪的原因有社会原因、家庭原因与个人原因；从导致犯罪的机理划分，服刑人员重新犯罪的原因有社会原因、心理原因与生理原因。加拿大的研究者郑祝（P. Gendreau）等人对1970年的131个研究成果进行元分析，在重新犯罪与导致重新犯罪的原因、因素之间找出了1141个罪因关系。① 可见，导致服刑人员重新犯罪的原因有很多。

所谓矫正，就是矫正机构及矫正工作人员通过"干预或者作用"于与服刑人员重新犯罪相关的因素，从而影响服刑人员、影响服刑人员刑满释放后的生活道路，使其不再犯罪。② "干预或者作用"的主体是矫正机构及矫正工作人员。"干预或者作用"的客体是影响服刑人员重新犯罪的因素。

从矫正目的出发，究竟哪些导致服刑人员重新犯罪的原因应纳入矫正视野？导致服刑人员重新犯罪的原因有很多，而矫正机构、矫正工作人员的能力是有限的。所以，现实的矫正需要对导致服刑人员重新犯罪的原因进行筛选。

郑祝等加拿大的研究人员在前述的重新犯罪与导致重新犯罪的原因、因素之间找出的1141个罪因关系中筛选，经过r系数③分析，他们的结论是，与服刑人员重新犯罪关系比较密切的因素包括服刑人员的生活与服刑态度、价值观，支持犯罪生活方式的行为，犯罪史，服刑人员所受教育、培训，服刑人员就业情况，服刑人员的年龄、性别、种族，服刑人员的家庭情况；与重新犯罪关系比较弱的因素包括服刑人员的智力因素、个人焦虑、自尊等因素、个人的社会地位。④ 根据郑祝等人的观点，预防服刑人员重新犯罪应当将干预重点放在与服刑人员重新犯罪关联程度比较高的因素上。

郑祝等人有关服刑人员矫正的研究在现代西方国家矫正研究中具有代表性。其机理是：第一，罪犯矫正需要通过干预影响服刑人员重新犯罪的因素进行。第二，影响服刑人员重新犯罪的因素需要筛选。第三，有效的矫正是通过干预与服刑人员重新犯罪相关程度高的因素进行的。第四，干预与服刑人员重新犯罪相关程度高的因素的方法是矫正机构与矫正工作人员使用矫正项目对服刑人员进行

---

① Gendreau, P., Goggin, C. & Little, T., "Predicting Adult Offender Recidivism: What Works". User Report No 1996 – 07.

② http：//www. drc. state. oh. us/web/ipp_ criminogenic. htm.

③ 即相关系数。相关系数是衡量两个随机变量之间线性相关程度的指标。

④ Gendreau, P., Goggin, C. & Little, T., "Predicting Adult Offender Recidivism: What Works". User Report No 1996 – 07.

矫正。

根据研究，多数学者认为，下列因素与服刑人员重新犯罪关联程度比较高：

1. 服刑人员以前服刑的情况（Previous Sentences）

有研究表明，75% 的因盗窃、夜盗而服过短期监禁刑的罪犯在释放 2 年内又实施了犯罪而被定罪。① 英国反社会排斥局在其 2002 年的报告中指出：监禁增加了罪犯重新犯罪的可能。例如，1/3 的人在监禁中丧失了他们的房屋；2/3 的人因为判刑丧失了工作；超过 1/5 的人陷入经济困难；超过 2/5 的人与家人关系破裂。此外，入狱罪犯的生理健康、心理健康日衰；生活技能衰退；思考能力衰退。② 美国学者渥伦斯（P. V. Voorhis）认为，反社会行为史与重新犯罪密切相关，是矫正需要的重要内容。③ 研究人员对重新犯罪与犯罪史的关系进行 r 检验，发现 r = 0.16。④ 数字表明，服刑人员重新犯罪与犯罪史关系非常密切。

2. 出狱后的住宿

英国的调查发现：被释放的罪犯（包括各种形式在监狱外服刑的人员）有 42% 没有固定住处。而无家可归的罪犯比有住处的罪犯重新犯罪率高 2 倍。⑤ 英国反社会排斥局在其 2002 年的报告中指出：住房是与重新犯罪密切相关的因素。⑥

3. 接受教育与培训

英国的调查表明，与社会上的普通公众相比，服刑人员在接受教育、培训等方面存在比较突出的问题。具体情况见本节表 3。

---

① Targeting Prolific Offenders, http：//www. crimereduction. gov. uk/gp/gppopo05. doc.

② The Social Exclusion Unit, Reducing Re – offending by Ex – prisoners Report by the Social Exclusion Unit. London：the Social Exclusion Unit, 2002, p. 6.

③ Voorhis, P. V., Braswell, M. & Lester, D., Correctional Counseling & Rehabilitation, 4thed. Cincinnati：Anderson Publishing Co. 2000, p. 84.

④ Gendreau, P., Goggin, C. & Little, T., "Predicting Adult Offender Recidivism：What Works". User Report No 1996 – 07.

⑤ Targeting Prolific Offenders, http：//www. crimereduction. gov. uk/gp/gppopo05. doc.

⑥ The Social Exclusion Unit, Reducing Re – offending by Ex – prisoners Report by the Social Exclusion Unit. London：the Social Exclusion Unit, 2002, p. 6.

表 3：服刑人员与社会上的普通公众在教育方面的比较①

	普通公众情况（%）	服刑人员情况（%）
经常逃学的	3	30
被学校开除者	2	49（男）/33（女）
16 岁以下离开学校	32	89（男）/84（女）
没有任何资格证书	15	52（男）/71（女）
数学能力低于一级的	23	65
阅读能力低于一级的	21 ~ 23	48
书写能力低于一级的		82

因为缺乏文化与技能，大约 66% 的服刑人员不能胜任社会上的高达 96% 的劳动岗位。② 英国反社会排斥局在其 2002 年的报告中指出，20% 的服刑人员没有书写能力；35% 的服刑人员没有计算能力；50% 的服刑人员没有阅读能力，或者阅读能力低于 11 岁的孩子。许多服刑人员无一技之长，几乎没有就业经验。与常人相比，有 13 倍的失业可能，有 10 倍的逃学可能。③ 研究人员对重新犯罪与就业、教育等的关系进行 r 检验，发现 r = 0.13。④ 这表明重新犯罪与就业、教育等关系比较密切。

4. 就 业

英国的调查表明，与社会上的普通公众相比，服刑人员在就业方面也存在比较突出的问题：⑤ 高达 67% 的罪犯犯罪前无业可就，或者说处于失业状态，而全社会的失业率是 5%。很多刑释人员重新犯罪的原因之一就是无业可就。无业可就与重新犯罪具有密切的关系。

5. 理财能力（Financial Management and Income）

很多服刑人员不会理财，因此很多人欠有债务，包括罚金与法院相关的费用，以致很多人在社会上依靠非法收入维持生活。

---

① The Social Exclusion Unit, Reducing Re - offending by Ex - prisoners Report by the Social Exclusion Unit. London：the Social Exclusion Unit，2002，p. 19.

② Targeting Prolific Offenders, http：//www. crimereduction. gov. uk/gp/gppopo05. doc.

③ The Social Exclusion Unit, Reducing Re - offending by Ex - prisoners Report by the Social Exclusion Unit. London：the Social Exclusion Unit，2002，p. 6.

④ Gendreau, P., Goggin, C. & Little, T., "Predicting Adult Offender Recidivism：What Works". User Report No 1996 - 07. Ottawa：Department of the Solicitor General Canada.

⑤ The Social Exclusion Unit, Reducing Re - offending by Ex - prisoners Report by the Social Exclusion Unit. London：the Social Exclusion Unit，2002，p. 20.

6. 家庭关系

服刑人员通常与家庭成员关系很差，有些甚至不关心家人，相应地，他们也很少能够感受到家人的关心。研究人员对重新犯罪与家庭因素的关系进行 r 检验，发现 r = 0. 09。[①] 这表明重新犯罪与家庭关系比较密切。

7. 生活方式与社会联系

服刑人员的生活方式与社会联系缺乏结构层次。

服刑人员在社会上的生活方式往往是混乱、无章法的，如应当休息而混迹于娱乐场所，应当工作而不工作。在人际交往中，往往倾向于与有前科劣迹的人交往。

8. 使用毒品

很多服刑人员都使用过毒品，而服刑人员使用毒品容易导致他们重新犯罪。

9. 酒精滥用

很多服刑人员的犯罪都与酗酒有关，而服刑人员酗酒容易导致他们重新犯罪。

10. 心理、精神健康状况

英国的调查表明，与社会上的普通公众相比，服刑人员在心理、精神健康方面存在比较突出的问题。具体情况见本节表4。

表4：服刑人员与社会上的普通公众在教育上的比较[②]

	普通公众情况（%）	服刑人员情况（%）
存在2种以上心理失常的	5%（男）2%（女）	72%（男）70%（女）
存在3种以上心理失常的	1%（男）0%（女）	44%（男）62%（女）
存在神经失常的	12%（男）18%（女）	40%（男）63%（女）
存在精神失常的	0.5%（男）0.6%（女）	7%（男）14%（女）
存在人格失常的	5.4%（男）3.4%（女）	64%（男）50%（女）

服刑人员心理与精神健康问题突出，有犯罪前因素，也有犯罪后因素。无论是服刑人员狱内的社会隔离，还是狱外所遭受的社会排斥，都强化他们的心理与精神紧张。监禁人口比公众心理疾病的患病率高3～4倍。[③] 心理与精神的不健康会降低人行动策略选择的正确性，因此有心理疾病、精神健康问题的服刑人员

① Gendreau, P., Goggin, C. & Little, T., "Predicting Adult Offender Recidivism: What Works", User Report No 1996 - 07.

② The Social Exclusion Unit, Reducing Re - offending by Ex - prisoners Report by the Social Exclusion Unit. London: the Social Exclusion Unit, 2002, p. 20.

③ www. forensicpsychiatry. ca/risk/assessment. htm.

容易重新犯罪。心理疾病、精神健康与重新犯罪有比较密切的关系。

11. 思考与行为方式

服刑人员的生活态度、对他人的态度与重新犯罪密切相关，很多服刑人员重新犯罪与不能全面考虑自己行为本身的性质、行为的后果有关。研究人员对重新犯罪与服刑人员的思考与行为方式的关系，包括态度、价值与支持犯罪生活方式的行为，进行 r 检验，发现 r = .18。[①] 这表明重新犯罪与服刑人员的思考与行为方式的关系非常密切。有学者使用"犯罪性思考方式心理问卷"（The Psychological Inventory of Criminal Thinking Styles）测验思维模式与犯罪生活方式的关系。"犯罪性思考方式心理问卷"是一种精神测验方式。测验对象是英国 6 个不同矫正机构的 255 名罪犯。他们的罪行主要是暴力犯罪、夜盗、盗窃。被测罪犯接受了 80 项测量，发现他们存在下面的问题：其一，混乱，表现为精神紧张、精神混乱、阅读能力贫乏。其二，具有较强的防卫心理（Defensiveness），表现为试图掩盖困难或者缺陷、无耻——不在乎外在的谴责、犯罪具有计划性。其三，对挫折的忍耐力低，表现为倾向于使用毒品后采用犯罪行为排除失败感，或者使用脏话骂人；倾向于错误定位需要；有控制他人的倾向；尽管卷入了犯罪活动，但是从感觉与信念看行为人是"好人"；认为犯罪所产生的消极后果可能避免；懒于思考问题，缺乏反思性理性；思想与行为不一致。结论是：被调查者的思维方式与犯罪行为之间存在密切关联。[②]

总之，矫正可以通过对与服刑人员重新犯罪相关程度高的因素进行干预，也就是将与服刑人员重新犯罪相关程度高的因素纳入矫正需要范围。这样，一方面可以避免矫正人力、物力的浪费，避免矫正的低效、无效；另一方面，由于将矫正干预集中于与服刑人员重新犯罪相关程度高的因素，可以提高矫正的有效性。对与服刑人员重新犯罪相关程度不高的因素，没有必要纳入矫正需要的范围。从形式上看，矫正需要就是矫正机构及矫正工作人员对服刑人员需要矫正的"地方"进行矫正，如服刑人员与他人的交往。从实质看，矫正需要就是将具有矫正价值的"与服刑人员重新犯罪相关程度高的因素"纳入干预范围。由于与每个服刑人员重新犯罪相关程度高的因素不同，所以矫正需要的范围不同，每个服刑人员的矫正需要不同。

（二）关于矫正需要评估的样本

矫正需要是矫正项目实施的根据。服刑人员的矫正需要不同，矫正机构及矫

---

① Gendreau, P., Goggin, C. & Little, T., "Predicting Adult Offender Recidivism: What Works". User Report No 1996 – 07.

② Palmer, E. J. & Hollin, C. R., "Using the Psychological Inventory of Criminal Thinking Styles with English Prisoners", Legal and Criminological Psychology, 2003, 8. pp. 175 ~ 187.

正工作人员对服刑人员所采取的矫正项目也不同。如何确定或者评估服刑人员的矫正需要？

很多国家围绕服刑人员的矫正需要进行了探索，这里简单介绍一下加拿大、英国与美国等国家的有关探索。

1. 加拿大的矫正需要评估①

加拿大的"有条件释放监督标准规则"（the Conditional Release Supervision Standards，CSC，1989）第五部分规定，矫正局个案管理工作人员需要使用系统性的方法，评估罪犯矫正的需要与重新犯罪的危险。为此，设计出了"社区危险与需要管理量表"（Community Risk/Needs Management Scale）。"社区危险与需要管理量表"主要根据罪犯的犯罪史确立罪犯的矫正需要。1991 年 8 月，矫正局的"矫正策略处"（CSC's Correctional Strategy Initiative）提出，服刑人员的矫正需要应当考虑服刑人员重新融入社会的需要。服刑人员的矫正需要分析应当在服刑人员进入矫正机构时评估。

确定了服刑人员的矫正需要就确定了干预前提。矫正需要的领域包括：服刑人员就业问题；婚姻与家庭问题；交往问题；滥用毒品问题；对社区的要求问题；个人情感问题；态度问题。

确定了矫正需要范围后需要确定具体内容。最后，所确定的指标是：就业有9 项指标；婚姻与家庭有 7 项指标；交往有 6 项指标；滥用毒品有 2 项指标；对社区的要求有 6 项指标；情感有 12 项指标；态度有 4 项指标。

加拿大矫正需要评估表

一、就业方面需要的确定与分析

1. 服刑人员文化程度低于 8 年级	是	不是	不知
2. 服刑人员没有高中文凭	是	不是	不知
3. 是否没有学习能力	是	不是	不知
4. 是否有身体上的缺陷	是	不是	不知
5. 罪犯是否对自己的工作不满意	是	不是	不知
6. 工作史的稳定状况	是	不是	不知
7. 服刑人员在工作岗位上是否可信，如雇主是否依赖服刑人员	是	不是	不知
8. 服刑人员是否很难满足工作的要求	是	不是	不知
9. 服刑人员是否在工作中很难与人交往	是	不是	不知

就业需要的印象评价：

1. 能够适应社会

---

① Motiuk，L. L. & Brown，S. L.，The Validity of Offender Needs Identification and Analysis in Community Corrections. Ottawa：Correctional Service Canada，1993，pp. 5 ~ 86.

2. 不是需要立即提高（没有引起现在问题的历史原因）

3. 有提高的需要（有引起问题的历史原因，但问题并非特别大）

4. 需要认真考虑提高罪犯的就业能力（存在适应社会问题）

就业状态：

就业：全职/兼职

职业教育状况：专门参加/临时

是否接受社会福利

其他

是否需要干预　　　　　　　　　　　　　　　　　　　　　　需要　　不需要

干预内容：

基础教育　　　　　　　　　　　　　　　　　　　　　　低　　中　　高

特别技能或者培训　　　　　　　　　　　　　　　　　　低　　中　　高

职业咨询　　　　　　　　　　　　　　　　　　　　　　低　　中　　高

同事相互交往　　　　　　　　　　　　　　　　　　　　低　　中　　高

工作习惯　　　　　　　　　　　　　　　　　　　　　　低　　中　　高

寻找工作技能　　　　　　　　　　　　　　　　　　　　低　　中　　高

补充说明

干预参与的动机水平

低（自己不愿意参与）

中（愿意按照个案管理人员的要求参与到干预中）

高（具有较高的参与积极性）

二、婚姻与家庭方面需要的确定与分析

1. 是否在孩提阶段有过滥性生活　　　　　　　　　　　是　　不是　　不知

2. 婚姻关系是否稳定　　　　　　　　　　　　　　　　是　　不是　　不知

3. 是否虐待配偶　　　　　　　　　　　　　　　　　　是　　不是　　不知

4. 是不是配偶虐待的受害人　　　　　　　　　　　　　是　　不是　　不知

5. 是否因为儿童时的受虐而不可自拔　　　　　　　　　是　　不是　　不知

6. 为人父母是否不大合格　　　　　　　　　　　　　　是　　不是　　不知

7. 家庭关系是否不好　　　　　　　　　　　　　　　　是　　不是　　不知

婚姻与家庭需要的印象评价：

1. 能够适应社会（家庭关系稳定）

2. 不是需要立即提高（没有引起现在问题的历史原因）

3. 有提高的需要（有时关系不稳定）

4. 需要认真考虑（家庭关系非常不稳定）

是否需要干预　　　　　　　　　　　　　　　　　　　　　　需要　　不需要

干预内容：

对过去的被害情况咨询　　　　　　　　　　　　　　　　低　　中　　高

婚姻咨询　　　　　　　　　　　　　　　　　　　　　　低　　中　　高

为人父母的技能　　　　　　　　　　　　　　　　　　　低　　中　　高

虐待配偶　　　　　　　　　　　　　　　　　低　　中　　高

虐待孩子　　　　　　　　　　　　　　　　　低　　中　　高

其他　　　　　　　　　　　　　　　　　　　低　　中　　高

干预参与的动机水平

低（自己不愿意参与）

中（愿意按照个案管理人员的要求参与到干预中）

高（具有较高的参与积极性）

三、社会交往方面需要的确定与分析

1. 是否不愿意与他人交往，比较孤立　　　　　是　　不是　　不知

2. 是否有很多服刑人员朋友或者熟人　　　　　是　　不是　　不知

3. 与酗酒者、使用毒品者有比较密切的交往　　是　　不是　　不知

4. 是否可以使用"利用"描述与他人的关系　　是　　不是　　不知

5. 是否很容易被他人影响　　　　　　　　　　是　　不是　　不知

6. 是不是那种不愿意提出个人主张或者拒绝他人要求的人　　是　　不是　　不知

交往需要的印象评价：

1. 能够适应社会（没有不良交往）

2. 不是需要立即提高（大多数交往还是积极的）

3. 有提高的需要（与一些不良人员有交往）

4. 需要认真考虑（交往人员多数是社会不良人员）

是否需要干预　　　　　　　　　　　　　　　需要　　不需要

干预内容：

提出自己主张的训练　　　　　　　　　　　　低　　中　　　高

社会交往训练　　　　　　　　　　　　　　　低　　中　　　高

需要志愿帮助　　　　　　　　　　　　　　　低　　中　　　高

补充说明

干预参与的动机水平

低（自己不愿意参与）

中（愿意按照个案管理人员的要求参与到干预中）

高（具有较高的参与积极性）

四、滥用毒品方面需要的确定与分析

1. 服刑人员的生活史表明，其使用毒品影响到了自己的

　　婚姻、就业、守法、身体、经济等　　　　是　　不是　　不知

2. 服刑人员的生活史表明，其使用酒精影响到了自己的

　　婚姻、就业、守法、身体、经济等　　　　是　　不是　　不知

交往需要的印象评价：

1. 不是需要立即提高（现在的问题与个人生活史没有关系）

2. 有提高的需要（有中度的不适应社会问题）

3. 需要认真考虑（有严重的不适应社会问题）

是否需要干预	需要	不需要	

干预内容：

强化的在专门设施内的矫治	低	中	高
在设施外的矫治	低	中	高
维护	低	中	高
健康咨询、毒品教育	低	中	高

补充说明

干预参与的动机水平

低（自己不愿意参与）

中（愿意按照个案管理人员的要求参与到干预中）

高（具有较高的参与积极性）

五、对社区方面需要的确定与分析

1. 服刑人员逮捕前是否有住处	是	不是	不知
2. 服刑人员的自我表现是否很差，如外表不适当、举止不当	是	不是	不知
3. 服刑人员的健康是否很差	是	不是	不知
4. 是否有理财能力差的问题，如乱付账单等	是	不是	不知
5. 对有组织的活动，如体育运动、志愿者活动不感兴趣	是	不是	不知
6. 是否缺乏有效利用社会服务的能力	是	不是	不知

交往需要的印象评价：

1. 能够适应社会

2. 不是需要立即提高（现在没有适应社会的困难）

3. 有提高的需要（缺乏技能，但是不影响独立生活）

4. 需要认真考虑（缺乏技能，不能独立生活）

是否需要干预	需要	不需要	

干预内容：

监督下住宿，如在精神治疗、住宿矫治机构内	低	中	高
每日到庇护所	低	中	高
生活技能咨询，如卫生、衣服、社会服务等	低	中	高
休闲咨询	低	中	高
需要志愿者	低	中	高

补充说明

干预参与的动机水平

低（自己不愿意参与）

中（愿意按照个案管理人员的要求参与到干预中）

高（具有较高的参与积极性）

六、情感方面需要的确定与分析

1. 服刑人员解决问题的能力很弱，如不能意识到发生问题，或者意识到但不知如何解决	是	不是	不知

2. 不能确定现实的、长期的目标 　　　　　　　　　　　　　是　　不是　　不知

3. 不懂同情他人，如不能理解他人的感受 　　　　　　　　是　　不是　　不知

4. 容易陷入冲动，如寻求刺激 　　　　　　　　　　　　　是　　不是　　不知

5. 控制自己的愤怒很困难 　　　　　　　　　　　　　　　是　　不是　　不知

6. 不能很好地处理压抑与挫折 　　　　　　　　　　　　　是　　不是　　不知

7. 有不当的性史，如未满法定年龄有性伴侣、有过性攻击、
性暴力、对孩子有性行为 　　　　　　　　　　　　　　是　　不是　　不知

8. 有性无能等性退化问题 　　　　　　　　　　　　　　　是　　不是　　不知

9. 存在智力问题，如脑受过伤、IQ 低等 　　　　　　　　是　　不是　　不知

10. 曾经被诊断过有精神疾病 　　　　　　　　　　　　　是　　不是　　不知

11. 有过自杀或者自伤史 　　　　　　　　　　　　　　　是　　不是　　不知

12. 有饮食生活上的混乱问题 　　　　　　　　　　　　　是　　不是　　不知

情感方面需要的印象评价：

1. 不是需要立即提高（没有现实中的问题）

2. 有提高的需要（情感上有问题）

3. 需要认真考虑（有严重的情感上需要帮助解决的问题）

是否需要干预 　　　　　　　　　　　　　　　　　　　需要　　不需要

干预内容：

认知技能训练（问题解决技能、确定目标技能、价值观培养、
情感培养） 　　　　　　　　　　　　　　　　　　　低　　中　　高

性罪犯矫治 　　　　　　　　　　　　　　　　　　　　低　　中　　高

焦虑管理 　　　　　　　　　　　　　　　　　　　　　低　　中　　高

冲动行为的咨询 　　　　　　　　　　　　　　　　　　低　　中　　高

有关性问题的咨询 　　　　　　　　　　　　　　　　　低　　中　　高

宗教或者精神问题的咨询 　　　　　　　　　　　　　　低　　中　　高

自杀自伤预防

补充说明

干预参与的动机水平

低（自己不愿意参与）

中（愿意按照个案管理人员的要求参与到干预中）

高（具有较高的参与积极性）

七、态度方面需要的确定与分析

1. 服刑人员是否表现出反社会的态度，如对他人财产不尊重、
支持个人之间的暴力 　　　　　　　　　　　　　　　是　　不是　　不知

2. 是否支持男性支配女性的观点，是否支持不平等的观念 　是　　不是　　不知

3. 是否认为种族存在优劣，支持对所谓劣等种族歧视的
观点与行动 　　　　　　　　　　　　　　　　　　　是　　不是　　不知

4. 不能为一个长期目标努力 　　　　　　　　　　　　　是　　不是　　不知

态度方面需要的印象评价：

1. 能够适应社会（能积极参与、回应帮助）

2. 不是需要立即提高（有改变自己的动机，但是态度上需要帮助）

3. 有提高的需要（能够认识到问题之所在，但是在帮助下不能改变态度）

4. 需要认真考虑（不能认识问题之所在，不能接受帮助）

是否需要干预	需要	不需要	
干预内容：			
认知性治疗，如态度转变、目标确定、价值观改变	低	中	高
针对女性暴力方面的咨询	低	中	高
指向种族问题的咨询	低	中	高

补充说明

干预参与的动机水平

低（自己不愿意参与）

中（愿意按照个案管理人员的要求参与到干预中）

高（具有较高的参与积极性）

2. 苏格兰的矫正需要评估①

在苏格兰，服刑人员矫正需要评估的信息来源渠道有：

（1）法官的审理报告。

（2）判前报告。

（3）危险评估初步报告。这个报告根据逮捕、起诉等有关材料或者与犯罪人的交谈作出。

（4）服刑人员基本信息（Core Screen）。这方面的信息是通过罪犯的自我报告收集的，在此之前要向服刑人员介绍他们可以获得的各种资源。

（5）服刑人员的精神与心理报告。在服刑人员的档案中，无论罪犯是在监禁期，还是在非监禁期，都有精神或者心理报告。精神上的报告是从医学角度分析的，而心理报告是从行为角度分析的。这一报告能够提供比较详细的关于服刑人员背景方面、个人关系方面的材料。很多信息源于服刑人员的自我报告。

（6）大厅工作人员的报告。苏格兰实施一体化个案管理。大厅工作人员的报告是一体化个案管理中的程序，也是临时释放所需要的。

（7）特别工作人员的报告。这一报告包括：社会工作人员的报告；车间或者社区中劳动调配部门工作人员的报告；生活联系部门的报告；假释前工作人员的报告；培训中心的报告；健康中心工作人员的报告；禁戒中心的报告；禁戒个案管理文件；瘾癖评估记录；学习困难的报告，等等。

---

① Scottish Executive, ICM Practice Guidance Manual 2007. Edinburgh：Scottish Executive, pp. 26 – 50，pp. 70 ~ 80.

上面的信息是服刑人员矫正需要评估的基础。

苏格兰矫正需要评估表

1. 评估的范围

（1）关于毒品滥用

a. 毒品滥用的证据，开始使用年龄，滥用的类型、程度，持续时间、频率

b. 是否有使用不同毒品或者与酒精混用的历史

c. 是否有在特殊场合使用毒品的证据，如在焦虑或者交往环境下

d. 是否有与毒品滥用相关的犯罪，如滥用毒品或者醉酒驾驶

e. 是否有在监禁状况下使用毒品的证据

f. 干预以及反应

g. 与戒毒机构联系及他们的看法，如个案会议的建议

h. 与社会机构联系及他们的看法

i. 犯罪中是否使用过毒品或者实施过与之相关的行为

j. 滥用毒品与其他犯罪性需要之间的关系

k. 罪犯是否表示过使用毒品的愿望

（2）精神健康情况

a. 记录是否显示过罪犯具有人格异常或者精神疾病的诊断，包括日期、诊断时的年龄、症状、类型、信息来源

b. 在监禁期间与心理或者精神机构联系的情况

c. 在监禁期间或者在社区接受治疗期间的情况

d. 关于自己情况的个人看法

e. 在监禁中有关暴力与使用毒品的不正常与奇怪的行为

f. 自残或者自杀、试图自杀的记录

g. 犯罪行为是否有与人格异常相关的证据

h. 与人格异常或者精神疾病相关的资料

i. 罪犯是否有与精神疾病治疗部门合作的意愿

（3）学习情况

a. 在学校（包括大学）的成绩情况

b. 在监禁期获得有关证书的情况

c. 已开始但尚未完成的学习情况

d. 是否接受基础教育，情况如何

e. 缺乏教育是否为导致行为人犯罪的因素之一

f. 从一体化个案管理角度看学习与另外的致罪性因素的关系，如就业

g. 罪犯是否在判刑前或者定罪时表示过学习的愿望

（4）技能与就业情况

a. 工作史，包括工作的类型、改变工作的原因、就业情况

b. 犯罪时是否有业可就，每次的情形

c. 在监禁前职业训练资格的情况

d. 在监禁中接受职业训练的情况

e. 缺乏就业能力与犯罪的关系

f. 从一体化个案管理角度看缺乏就业能力与另外的致罪性因素有无关系，如经济能力

g. 罪犯是否显示出为就业做准备的意愿，如技能、工作类别

h. 罪犯是否存在就业的障碍，如经济因素或者能力因素

（5）住房问题

a. 监禁前住在哪里，包括住房类型、租金、是否与家人在一起，多长时间

b. 犯罪时罪犯住在哪里，包括住房类型、租金、是否与家人在一起，多长时间

c. 每次犯罪前的住房史，包括住房类型、时间与终止原因

d. 以前是否接受过住房上的帮助

e. 住房与犯罪性需要之间有无关系

f. 住房状况是否与犯罪行为有关系

g. 诸如责任感、被害人等因素与住房状况是否有关

h. 罪犯释放后关于住房的考虑，是否有接受帮助的意愿

i. 是否有需要考虑诸如位置等因素

（6）理财情况

a. 在监禁前，收入来源是工资还是福利

b. 入监狱前是否有债务

c. 犯罪时主要的收入来源

d. 犯罪前是否存在过经济紧张

e. 在经济紧张时是否接受过帮助，什么时候，谁予以了帮助

f. 经济状况与犯罪行为有无关联

g. 是否有诸如赌博等因素影响罪犯的经济状况

h. 经济状况与其他犯罪因素，如住房，是否有关系

i. 是否有请求经济上帮助的意愿

j. 生活是否依赖犯罪所得

（7）重新安置问题

a. 现在是否有人予以帮助，包括家庭、朋友等

b. 现在什么人与罪犯保持联系

c. 在监禁前是否有人予以帮助，包括家庭、朋友等

d. 犯罪时是否有人予以帮助，包括家庭、朋友等

e. 犯罪前是否有人予以帮助，包括家庭、朋友等

f. 犯罪前或者犯罪时是否受到朋友，如有前科的、吸毒的朋友的消极影响

g. 是否有与儿童接近的困难

h. 是否有证据表明罪犯可能得到社区组织，诸如社会工作、房屋协会的帮助

i. 是否有证据表明罪犯可能得到监禁机构工作人员，如牧师的帮助

j. 在监禁中与家庭、原来的犯罪同伙联系的情况

k. 家庭、原来的犯罪同伙与其他致罪性因素的关系，如住房、毒品使用等

l. 在犯罪行为中，家庭、原来的犯罪同伙扮演了什么角色

m. 在监禁期与接近离开监狱时是否有意愿与他人合作，寻求帮助

n. 在监狱内与释放前与家人、原来的犯罪同伙保持联系的动机

（8）暴力行为

a. 在现行的犯罪中使用暴力的情况与程度

b. 在社会上所有的非性暴力的情况，包括日期、年龄

c. 每一次的暴力犯罪有关被害人年龄、性别与罪犯关系等内容的记录

d. 无论是监内还是监外使用武器的记录

e. 所有在监狱内攻击性与暴力行为的记录，包括严重程度与密集程度

f. 在监狱内外对焦虑或者挫折情况下愤怒控制困难的证据

g. 对暴力行为原因认识的情况

h. 对态度与行为的干预及后果

i. 暴力与其他致罪性因素之间的关系，如吸毒

j. 对暴力或者愤怒控制的态度

（9）不适当的性行为

a. 现行犯罪中的性的因素

b. 以前在社会上的性犯罪的信息，包括年龄、日期

c. 被害人的年龄，与被害人的关系

d. 在监禁期间不适当的性关系，包括严重程度、密度

e. 对性犯罪的原因认识的情况

f. 干预对态度与行为的改变情况

g. 不适当的性行为与诸如使用毒品、住宿等因素的关系

h. 对不适当行为的态度

（10）其他犯罪行为

a. 以前犯罪的次数与不同种类犯罪的次数

b. 违反监规纪律问题

c. 生活态度消极，有问题不处理，对于不好的结果无所谓，不考虑寻求帮助等

d. 犯罪前的生活态度与行为

e. 对解决问题能力的认识情况，如对困难的认识情况、对需要改善地方的认识情况等

f. 冲动情况，如偶然犯罪问题

g. 在与他人的关系中所处的位置，如剥削他人或者交往被动等

h. 干预对行为与态度影响的结果

i. 失业、使用毒品等因素对犯罪行为的影响

（11）责任感

a. 拒绝犯罪的证据

b. 学习困难的证据

c. 体弱

d. 存在交往障碍，如母语不是英语

e. 智商低

f. 是否有反社会人格

g. 自伤或者自杀史

h. 文化中的特别因素

i. 性别中的特别因素

j. 性取向中的问题

k. 关于性别、种族等消极态度

l. 关于干预的情况，如保密情况、多长时间

m. 感情焦虑情况等

n. 证明他们是被害人的证据

2. 评估分值设计

0 分 = 适应社会

1 分 = 不需要

2 分 = 有点需要

3 分 = 很需要

"有点需要" 指需要与罪犯讨论下列事宜

需要多少人员的帮助

在什么情况下罪犯需要

在什么形式下会引发需要

什么样的变化会导致罪犯有更高的帮助需要

"很需要" 指监狱应当提供以结构性的正式的帮助

3. 干预安排

（1）滥用毒品、酒精等

1 分者

成功戒毒，尿样检验正常，药物使用稳定，以前与瘾癖中心联系过

2 分者

在戒毒中；仍饮酒；接受瘾癖中心的计划；接受咨询；在社区滥用毒品的时间不超过 31 日；偶尔使用大麻

3 分者

使用毒品的种类不确定；滥用酒精；在监狱中仍然注射毒品；在怀孕时仍然滥用毒品；毒品检验结果持续呈阳性；精神健康存在一定问题

（2）精神健康

1 分者

在最近 12 个月内没有精神健康问题，在药物使用方面稳定

2 分者

在最近 3 个月内有反社会行为；最近 3 个月的反社会行为有 2 处原因是不清楚的；在过去 6 个月中进行过精神健康评估

3 分者

最近有精神疾病；最近 3 个月反社会行为明显；出现毒品滥用

（3）学习问题

1 分者

有自己的兴趣与习惯；接受了较好的教育

2 分者

接受了基本的教育，但是在写东西方面存在一定的问题；使用数字，如百分比，24 小时换算有困难；兴趣很有限；希望完成教育，入狱前在学习方面作过努力

3 分者

在学习方面有困难；没有完成初中教育；在识字与习数方面有问题；缺乏个人兴趣与爱好。

（4）技能

1分者

罪犯已经接受过有关劳动技能的培训；有证据表明掌握没有证书的劳动技能；在当前重要的、机会比较多的领域接受过相关的训练；罪犯在很多领域有自己的兴趣

2分者

能够完成基础的劳动；完成有限的非证书劳动训练；罪犯所掌握劳动技能的行为就业机会少；由于兴趣、爱好有限，行为人的实用技能少

3分者

没有接受过正式的劳动训练课程；没有获得过有关培训证书；没有个人兴趣、爱好，没有技能

（5）就业

1分者

最近2年接受过一项或者多项工作；知道找工作的程序；明确保持工作的态度与技能要求；有较多的兴趣与爱好可以帮助行为人找到工作；犯罪记录不影响罪犯找到工作

2分者

从就业史看罪犯有过短时间的就业；对找工作的程序有一般性了解；对保持工作的态度与技能要求有一定的了解；促进罪犯找到工作的兴趣与爱好有限；犯罪记录对罪犯找到工作有重要的影响

3分者

从就业史看罪犯没有过就业；对找工作的程序基本不了解；对保持工作的态度与技能要求基本不了解；罪犯兴趣与爱好对其寻找工作无益；犯罪记录对罪犯找到工作有非常重要的影响

（6）住宿

1分者

释放时无住房的需要

2分者

有过临时住房的经验；曾经依靠家庭或者朋友解决临时住房

3分者

释放时有住房的需要；因为监禁失去租赁房屋；罪犯有过无家可归的经验；犯罪性质，如性犯罪，影响自己住在某处

（7）经济状况

1分者

没有经济帮助需要；释放时有家庭的帮助；曾经工作过，有些收入

2分者

有债务；管理债务的能力差；依靠家庭或者朋友的帮助

3分者

有很多债务，曾经使用非法的钱财；没有管理钱财的技能；罪犯的犯罪行为直接与钱财缺少有关

（8）再安置

1分者

与家庭有着良好的关系；没有确定的家庭需要；有积极利用社区资源的记录；没有提高为人父母技能的需要，没有培养与人相处关系的需要

2分者

与家庭的接触与联系少；有确定的家庭需要；有一定的提高为人父母技能的需要，有培养一定的与人相处关系的需要

319

3 分者

家庭关系是不稳定的、有问题的；罪犯希望重建家庭关系；反社会的家庭态度直接与犯罪相关；提高为人父母技能的需要高，培养一定的与人相处关系的需要高

（9）暴力行为

1 分者

没有暴力犯罪史；最近的暴力犯罪评估中实施暴力行为的危险低；在监禁中没有暴力行为的报告

2 分者

除非谋杀，只有一次暴力犯罪；没有暴力犯罪史；虽然经常有暴力行为，但是没有造成严重的后果；暴力犯罪评估中实施暴力行为的危险是中度；有其他的暴力行为，但是没有造成严重后果；有控制自己情绪的证据

3 分者

实施过谋杀等严重暴力的犯罪或者具有经常的实施暴力史；暴力犯罪评估中实施暴力行为，重新实施暴力犯罪的危险度高；以暴力方式经常或者严重违反监狱规则；有暴力升级的证据；有使用武器的证据；在实施暴力行为中愤怒控制弱起着重要的作用

（10）性犯罪

1 分者

没有性犯罪史；最近的性犯罪评估中没有性犯罪的危险；在监禁中没有不合适的性行为

2 分者

从犯罪史看，有至少一次性犯罪；最近的性犯罪评估中性犯罪的危险是中度；在监禁中或者社区中有不合适的性行为，但是未到对其采取法律行为的程度；有一次性犯罪行为；诉辩交易中有性犯罪

3 分者

有严重的或者多次的性犯罪史，如强奸、三次以上的性犯罪；最近的性犯罪评估中有高度的重新犯罪的危险；在监狱或者社区中因不合适的性犯罪行为引起刑事调查或者起诉；有超过一次的性犯罪

（11）其他犯罪行为

1 分者

第一次被判监禁刑；危险评估的结果是低度危险；没有证据表明行为人解决问题的能力低；没有在设施内实施不当行为的报告；没有反社会或者犯罪前态度的报告

2 分者

具有多次比较严重犯罪的记载。曾经 2～3 次入狱；危险评估的结果是中度危险；解决问题的方法简单，不思考就行动，不考虑选择或者行动的结果；在监禁中有的行为有问题；具有反社会或者犯罪前态度的报告

3 分者

具有严重犯罪的历史；危险评估的结果是高度危险；解决问题的方法简单，不思考就行动，不考虑选择或者行动的结果；与罪犯或者管理人员的关系差；在监禁中有不当行为的报告；具有全面与深刻的反社会或者犯罪前态度的报告

3. 英格兰与威尔士的矫正需要评估

矫正需要评估的本质就是将与服刑人员重新犯罪相关程度高的因素纳入矫正干预范围。而与服刑人员重新犯罪相关程度高的因素恰又是对服刑人员进行危险评估的预测因子，因而很多国家、地区的矫正需要评估工具与危险评估工具是一致的。英格兰与威尔士便是其中的一例。

根据前文的介绍，英格兰与威尔士使用"犯罪人危险评估系统"（OA Sys）对犯罪人进行危险评估。"犯罪人危险评估系统"是 1999 年 4 月由英国监狱当局与社区矫正部门联合推出的危险评估工具，该工具既在监狱系统适用，也在社区矫正系统适用。然而，"犯罪人危险评估系统"不仅是对服刑人员进行危险评估的工具，也是服刑人员矫正需要评估的工具。由于本章第一节已经介绍了"犯罪人危险评估系统"（OA Sys），这里就不再重复了。

第三节 走向"兼容并蓄"的重新犯罪防治政策

范式（Paradigm）的概念和理论是美国著名科学哲学家库恩（Thomas Kunn）在《科学革命的结构》（The Structure of Scientific Revolutions）（1962）中所提出的概念，是指常规科学所赖以运作的理论基础和实践规范，是从事某一科学的研究者群体所共同遵从的世界观和行为方式。回顾矫正发展史，我们发现，每一种矫正政策背后，都有着特定的思维范式：罪犯改造政策、罪犯矫治的思维范式是"矫正范式"，刑罚公正政策的思维范式是"威慑范式"，社区矫正、罪犯教育、罪犯培训政策的思维范式是"重返社会帮助范式"，危险管理政策的思维范式是"剥夺范式"。

在矫正发展中，各思维范式都曾力图一统天下，矫正领域中的范式冲突一度很激烈，但是 2000 年前后，西方国家的范式冲突逐渐发展为范式共存。由于范式共存，综合范式出现，重新犯罪防治的政策走向兼容并蓄，在当代西方的罪犯矫正中，改造政策、矫治政策、重返社会政策、危险管理政策在罪犯矫正活动中都有自己的存在空间，在矫正罪犯过程中的某个时空中，对某些罪犯发挥着作用。

一、范式冲突：矫正史的回顾

回顾历史，虽然在矫正领域始终存在不同的范式，如在 20 世纪初，社区矫正中就存在以帮助罪犯为主的实践，强调"劝告"（Advice）罪犯、"帮助"（Assist）罪犯、与罪犯"交友"（Befriend），[①] 但是，到 20 世纪 70 年代，矫正领域中的中心范式却是矫正范式。悔罪所（Penitantiary）、改造所（Reformatory）、矫治时代（Treatment Era）等概念记录了矫正发展的历史，也显现了矫正范式曾经的辉煌。矫正范式就是通过改造罪犯、矫治罪犯等途径改变罪犯的范

---

① Harris, R., Probation Round the World – Origins and Development, In Koichi Hamai, Renaud Ville, Robert Harris, Mike Hough and Ugljes Zvekic（Eds），Probation Round the World: A Comparative Study. London and New York, Routledge, 1995, p. 28.

式。改造罪犯的主张者力图使罪犯从"坏人"变为"好人"，矫治罪犯的主张者力图使罪犯从"病人"变为"健康者"。20 世纪 70 年代，由于矫正范式受到全面批判，矫正范式开始走下神坛，其他范式相继走入政策中心，主要有威慑范式、剥夺范式。然而，无论威慑范式，还是剥夺范式，都很快受到抨击与怀疑，矫正领域中的各种范式出现对抗。威慑范式是意图通过残酷的刑罚威吓罪犯的思维范式。可以说所有的酷刑政策都源于威慑范式。但是，威慑范式也在发展变化，现代威慑范式与传统威慑范式最大的区别有三点：第一，威慑需要以人道主义为界限。第二，威慑需要体现公平与正义。第三，威慑需要考虑成本与效益。刑罚公正政策便源于现代威慑范式。剥夺范式是强调剥夺犯罪分子犯罪能力的范式。人类最早的剥夺罪犯实践主要是死刑与驱逐。随着社会文明化，剥夺范式的表现方式主要是通过监禁使罪犯失去犯罪的条件。

（一）挑战威慑范式

1974 年后，矫治政策的地位被惩罚公正政策所替代。惩罚公正政策的主张者认为，拒绝矫正是解决犯罪问题的基本方法，刑罚只应当考虑犯罪的严重性，而不考虑犯罪人。[①] 由于第二次世界大战后人道主义、公平与正义的道德化，威慑范式被确定了前提：威慑不能超过公平。这也是威慑的底线。这样，在当代刑罚适用中，威慑范式便通过惩罚公正政策这样的形式体现出来：在追求公正的人眼中，惩罚体现报应；在追求功利的人眼中，惩罚体现威慑。威慑以报应的面目表现出来。这是现代威慑范式与传统威慑范式的最大区别。

推行了惩罚公正政策后效果如何呢？

史温丁格（Herman Schwendinger）等人认为，里根与布什政府接受保守主义的主张对犯罪采取了确定刑、严厉的刑罚与建更多的监狱的政策，然而这些政策看起来并不妙。现行政策使得少数族裔的年轻人成了刑事司法套中的人。米勒发现，在巴尔的摩，有 56% 的年龄在 18～35 岁的非裔美国人或者进过监狱，或者接到过逮捕传票。所谓对毒品的战争似乎成了种族问题。米勒说，由于过度地使用监禁刑，美国已"成功"地完成了一代人在监狱中的社会化。他认为，加重刑罚威慑罪犯实际上对于欲犯者[②]，并无威慑价值，他们并不畏惧刑罚，不畏惧监狱，唯一有影响的就是生活在贫民窟中的青少年犯，他们被迫去适应监狱的生活。[③] 库伦（F. T. Cullen）与吉伯特（K. E. Gilbert）在他们的《重申矫正》中作

---

① Carlson, N. A., Hess, K. M. & Orthmann, C. M. H. Corrections in the 21st Century: A Practical Approach. Belmont: Wadsworth Publishing Company, 1999, pp. 100～103.

② 米勒的意思应当是指人格中犯罪倾向严重的人。

③ Schwendinger, H. & Schwendinger, J, "Giving Crime Prevention Top Priority", Crime & Delinquency, 1993, 39, 4, pp. 425～427.

了这样的论述，① 推行刑罚公正政策后，法官约翰逊（Frank M. Johnson）发现，强奸、抢劫、敲诈、盗窃、攻击等案件在一般罪犯人口中经常发生。

监狱中的罪犯被害案件在很快地上升，监狱中罪犯的自杀率上升得也很快。在 1964～1965 年间，罪犯中的自杀人数为每年 40 人，而在 1974～1975 年罪犯自杀人数上升到 120～130 人。② 仅在 1980 年前 6 个月，在联邦监狱与州监狱就有 150 名罪犯死于监狱暴力。③ 这些都对刑罚公正政策形成挑战。而前刑罚公正政策时期，"行动，否则你不能出去"的监狱管理方法实际在控制罪犯、控制监狱秩序上发挥着重要作用。历史与现实都在表明，单纯对罪犯实施惩罚只能强化监狱的不稳定、骚乱、动荡、暴乱，实质性地增加监狱中管理人员与罪犯的伤亡。④

为解决上述问题，有人提出在监狱中推行减刑制度（Good Time）。然而，这种制度有着不可避免的硬伤。希可斯（Gresham Sykes）指出，减刑制度让罪犯认为那是罪犯不可剥夺的权利，以致一旦不给他们这种"权利"，他们就会不满，为制造混乱寻找理由。⑤ 减刑制度成了监狱在确定刑模式下的维护监管秩序的一种稳定机制。然而在实践中，罪犯所受到的奖励经常被撤销，有的是因为显示帮派倾向，有的是对监狱管理人员不尊重，有的是往监狱私运东西等。减刑存在任意被撤销的问题。罪犯对撤销表示着极大的不满。

实行确定刑后，监狱人口大大增加。过去假释委员会可以通过假释维持监狱稳定的人口，并借此维护监狱秩序，现在则不行了。一名印第安纳的服无期徒刑的罪犯对不定期刑撤销的看法是：不定期刑无论对如何恶的、如何不规矩的人都有一种潜在的改变力。确定刑则否定这种潜在存在，拒绝这种人道……绝对刑的主张者说，我们不能忍受我们理想的失败，我们停止我们的努力，直至我们确定其能够有成效。然而这些是不能让人接受的。⑥

为什么威慑不能控制犯罪，不能控制再犯？扎耶克（G. Zajac）根据"直接威慑项目"（"Scared Straight" Programs）的实施情况认为，威慑不能防控重新犯

---

① Cullen, F. T. & Gilbert, K. E., Reaffirming Rehabilitation. Cincinati：Anderson Publishing Co., 1982, pp. 173～175.

② Silberman, C. E., Criminal Violence, Criminal Justice. New York：Pantheon, 1978, p. 389.

③ Hicks, S. D., The Corrections Yearbook. New York：Criminal Justice Institute, Inc. p. 32.

④ Howkins, G. The Prison：Policy and Practice. Chicago：University of Chicago Press, 1976, p. 46.

⑤ Sykes, G. M., Society of Captives：A Study of a Maximum Security Prison. Princeton：Princeton University Press, 1958, pp. 51～52.

⑥ Lee, J. R., Letter from an Inmate, Corrections Magazines, 1977, 3, p. 24.

罪。① "直接威慑项目"的内容是：安排具有危险性的青少年犯与监狱中处于严格监禁状态下的罪犯接触，以通过了解严重犯罪的后果，让青少年犯意识到继续违法犯罪的严重性，使这些青少年犯改过、悔过。在实践中，经常通过罪犯的呻吟、咒骂等表现出罪犯痛苦的场景，威慑青少年犯。这一项目在20世纪80年代很流行。但是1997年谢尔曼（L. W. Sherman）等人对直接威慑项目在全国范围的调查显示，项目不仅没有效果，甚至发现有的接受项目的青少年犯比没有接受项目的表现出更大的危险性。这个项目实际是巩固甚至强化了罪犯的反社会态度，而这本是这个项目所希望改变的。冯克诺尔（James Finckenauer）与他的同事对这一项目研究了20年，他们对美国全国范围内9个进展中的项目进行了跟踪，② 发现有8个研究报告认为直接威慑项目的结论是阴性的，参加项目的青少年犯与没有参加项目的青少年犯的重新犯罪率差不多，甚至略高。美国新泽西州的报告指出，参加项目组的青少年犯重新犯罪率高出比较组的13%。不仅如此，调查发现，参加过项目的青少年犯比没有参加过项目的青少年犯实施犯罪的严重性突出。

如果说"直接威慑项目"对威慑无效的证明具有实验性，那么英国维多利亚女王在位时代（1837～1901）的威慑实践则具有历史性。

维多利亚时代的英国正值自由资本主义向垄断资本主义发展时期，当时英国政治的主导精神是自由主义，自由主义的核心思想便是自由、平等、理性与责任，因而维多利亚体制下的政治理念是最大限度地予以公民自由，最大限度地减少国家的干预。根据这一观点，人们认为犯罪是个人的选择，不承认失业、赤贫对犯罪的影响，而刑罚适用时的人不是具有个人性格的人、有生活背景的人，而是一个具有自由意志的理性的抽象人。在量刑时，除了明显精神错乱者都被看成具有自由意志的人。犯罪只与刑事责任相关。没有今天英国推行的社会调查、危险评估等概念与活动。③ 这样，维多利亚时代英国监狱的刑罚执行就是执行监规——压制性的监规。

监狱的时间安排十分紧张，每周除了睡觉、吃饭，便是劳动。即使几个小时的空余时间也被牧师、教育官员与慈善机构成员所占用，他们或者对罪犯进行道德教育，或者进行基础教育。

---

① Zajac, G., "Deterrence and 'Scared Straight' Programs", Research in Review, 2002, 5 (3).

② Petrosino, A., Turpin - Petrosino, C. & Finckenauer, J. O., Well - Meaning Programs can Have Harmful Effects: Lesson from Experiments of Programs such as Scared Straight, Crime and Delinquency, 2000, 46 (3).

③ Garland, D., Punishment and Welfare - a History of Penal Strategies. Brookfield: Gower Publishing Company Limited, 1985, p. 29.

监狱对罪犯开展劳动始于 1865 年的监狱法的规定。根据卡纳封（Carnarvon）的报告中的建议，监狱开始组织罪犯参加劳动。罪犯劳动的形式主要是采轮、蹬曲轴。劳动的目标不是营利，不是培养罪犯的劳动技能，而是通过劳动让罪犯学会遵守纪律，养成劳动的习惯，形成劳动的义务感。之所以规定以采轮、蹬曲轴为劳动方式，是为了实现劳动形式的统一。维护纪律的手段主要是降低食物量、增加劳动时间与使用鞭刑。①

为强化监狱内的纪律执行，大批退役军人进入监狱。

监狱管理实施军队的阶层组织管理。监狱中的官员，从阶层官员到监狱委员会（Prison Commission，相当于司法部监狱管理局）成员，许多都是按照他们在军队中的训练与经验选来的。②

由于犯罪与重新犯罪问题突出，1895 年后，英国监狱进行了改革。

根据 1895 年的监狱法（The Prison Act），不营利的劳动被有用的、具有教育性的劳动所代替；地方监狱开始将教育与劳动作为服刑内容；沉默规则被有条件谈话规定所替代；点数制（对努力劳动与遵守纪律的罪犯予以奖励）与减刑制被地方监狱所采用。概括地说，就是一种注意罪犯激励的制度正在替代消极的管理制度。

从格拉斯通（Gladstone）报告开始，改造（Reform）被纳入监狱工作的中心目标。不仅监狱如此，新建的监管设施都将改造列入中心目标。威慑与报应虽然坚持着，但是不像维多利亚体制下将报应道德感作为基本原则。事实上，在新的体制下，惩罚被视为在没有办法的情况下使用的方法，且认为使用惩罚罪犯的办法是很可耻的。威慑与报应只是一种补充性的目标。③

美国俄勒冈州发现使用监狱威慑方法对控制重新犯罪效果不好。美国俄勒冈州对从 1999 年 1 月 1 日到 2001 年 12 月 31 日所有被施用刑罚的罪犯在释放后 1 年进行调查，调查所使用的工具包括矫正信息系统（Corrections Information System）、执法信息系统（Law Enforcement Data System，主要提供有关逮捕的信息），涉及 13219 名罪犯。调查得出如下结论：④

第一，对于同种犯罪，同种类型与同种危险程度的罪犯，接受短期监禁刑的

---

① Garland, D., Punishment and Welfare – a History of Penal Strategies. Brookfield：Gower Publishing Company Limited, 1985, p. 13.

② Garland, D., Punishment and Welfare – a History of Penal Strategies. Brookfield：Gower Publishing Company Limited, 1985, p. 13.

③ Garland, D., Punishment and Welfare – a History of Penal Strategies. Brookfield：Gower Publishing Company Limited, 1985, p. 23, p. 26, p. 27.

④ Oregon Department of Corrections, The Effectiveness of Community – Based Sanctions in Reducing Recidivism. Salem：Oregon Department of Corrections, 2002.

罪犯比接受社区刑的罪犯重新犯罪率要高。

第二，所有的接受社区惩罚的罪犯重新犯罪率都低于接受短期监禁刑的罪犯。

第三，在所有被处以社区刑的罪犯中，对于高中度危险的罪犯而言，接受社区服务的罪犯重新犯罪率最低，重新犯罪率是 10%。

第四，对于低度危险的罪犯，接受工作释放的罪犯重新犯罪率最低。

第五，对于高度危险的罪犯，不管其在监狱待多长时间，其重新犯罪率差不多。

第六，对于中度危险的罪犯，他们在监狱待的时间越长，其重新犯罪的可能性越大。

第七，无论什么犯罪类型，罪犯在监狱待的时间长短与重新犯罪的概率高低相联系。

越来越多的结论表明，威慑不能有效控制重新犯罪。1978 年由美国卡特总统时期的司法部资助的国家科学小组（The National Academy of Sciences Panal）围绕威慑与剥夺效果进行分析，得出如下结论：不能确定威慑发挥作用。[1]

1993 年，美国里根与布什时期的司法部资助的国家科学小组（The National Academy of Sciences Panal）围绕加重刑罚与暴力犯罪的研究结论是：如果自由刑刑罚加重三倍（从 1976～1989 年）可以控制暴力犯罪，暴力犯罪应当显著下降，然而暴力犯罪没有下降。[2]

1990 年，在 3 年调查的基础上英国政府的白皮书也对通过提高刑罚力度的预防犯罪提出疑问：很多犯罪分子是冲动犯罪的，是在适当的机遇下犯罪的，如被害人没关窗户、没关门。刑罚设计者意图让这些人掂量犯罪的后果，将行为建立在理性基础上是不现实的。加拿大量刑委员会（Canadian Sentencing Commission）1987 年指出，根据司法实证经验，威慑思想不能作为刑罚指南使用。[3]

20 世纪 70 年代，人们看到矫正范式并不能有效防控重新犯罪，而今天越来越多的人认为威慑范式也不是防控重新犯罪的灵丹妙药。

---

① Blumstein, A., Cohen, J. & Nagin, D., Deterrence and Incapacitation. Report of the National Academy of Sciences Panel on Research on Deterrent and Incapacitative Effects. Washington, DC: National Academy Press, 1978.

② Reiss, A. J. Jr. & Roth, J., Understanding and Controlling Violence. Report of the National Academy of Science Panel on the Understanding and Control of Violence. Washington, DC: National Academy Press, 1993.

③ Tonry, M., Racila Politcs, Racial Disparities, and the War on Arime. In S. A. Scheingold (Eds.). Political, Crime Control and Culture. Aldershot: Dartmouth Publishing Company Limited and Ashgate Publishing Company Limited, 1997, pp. 477～478.

（二）剥夺范式能防治重新犯罪吗

剥夺范式认为，通过实施危险性评估，将危险罪犯关押在监狱可以降低刑罚执行的成本，可以提高社会的安全水平，可以降低重新犯罪率。对危险性犯罪分子的关押可以降低其重新犯罪的可能。根据犯罪生涯理论，对犯罪分子而言，犯罪既有犯罪高峰，也有犯罪低谷；对特定犯罪分子而言，随着年龄增大，其犯罪可能性随之降低。剑桥大学犯罪研究所的研究成果是：在社会上实施主要的一些财产犯罪的犯罪分子的犯罪高峰年龄是 17 岁，这些犯罪包括夜盗、抢劫、盗窃等；实施暴力犯罪的犯罪分子的犯罪高峰年龄是 20 岁；实施诈骗犯罪、暴力犯罪的犯罪分子的犯罪高峰年龄是 21 岁。犯罪分子的犯罪生涯平均是 5.8 年，犯罪停止的平均年龄是 32 岁。[①] 剥夺范式的兴起，有选择剥夺政策的出现，带动了累犯打击法、性罪犯登记法等一批刑事法的问世。

美国加州是受有选择剥夺范式影响较大的州。其在 1994 年颁布了累犯三次打击法，我国有人将其译为"三次打击法"（根据"three strikes and you're out"表述翻译）。理论上，累犯三次打击法的实施可以有效控制监狱押犯，只将被认为是危险犯的累犯，特别是第二次犯罪、第三次犯罪的罪犯长期押入监狱，然而推行后发现，实施累犯三次打击法使监狱押犯暴增。加州押犯情况可见本节图 1。[②]

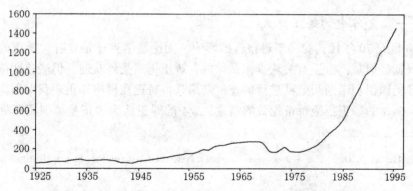

图 1：加州监狱系统 1925～1996 年押犯数量上升图形

---

① Farrington, D. P. "Human Development and Criminal Careers", In S. Caffrey & G. Mundy (Eds.). Crime, Deviance and Society. Dartford: Greenwich University Press, 1996, p. 97, p. 102.

② Auerhahn, K. Dangerousness and Incapacitation: A Predictive Evaluation of Sentencing Policy Reform in California. Rockville: National Criminal Justice Reference Service, NCJRS189734, 2001, p. 84.

　　监狱押犯数量的上升意味着刑罚执行成本的上升。在美国，根据有关资料，维持一单间监舍每年的费用大概是 1 万美元。① 而重新建一单间监舍大概需要 3.5~5 万美元。② 使用计算机推算的结果是：在美国，每关押一个人国家要支出 34675 美元。③ 由于刑罚成本大增，累犯三次打击法受到批评，有选择剥夺范式受到质疑。同时，由于累犯三次打击法用刑较重，如果罪犯被认定为第三次犯有危险的重罪，将被判处有期徒刑 25 年或者无期徒刑，而认为累犯三次打击法侵犯了美国宪法第八修正案，对罪犯实施的刑罚与犯罪不相适应。例如，一名罪犯因为偷盗价值为 5.62 美元的一块肉，依法构成轻罪，但是由于罪犯有过两次重罪的前科，而适用了累犯三次打击法，④ 依法需要最低服 25 年有期徒刑。

　　对于批评，有选择剥夺范式的主张者有针对性地进行了回击：在加州，累犯三次打击法 10 年的实践，使加州的犯罪率回到 1965 年时的水平，杀人罪的犯罪数量回到 20 世纪 60 年代末 70 年代初的水平。累犯三次打击法实施 10 年来，成千的暴力犯罪与严重的犯罪被阻止，而上百万的加州人得到了保护。累犯三次打击法已经直接发挥了控制犯罪的作用，为降低犯罪率发挥了很大的作用。由于实施累犯三次打击法，加州没有再开设更多的监狱；虽然犯罪率降低 45%，而且没有降低政府在刑事司法方面的投入，但是减少了被害人的痛苦则是无价的。⑤

二、范式共存：走向综合范式

(一) 复苏中的矫正范式

　　20 世纪 70 年代，受马丁逊报告的影响，无论是学界还是政府对矫正的热情大大降低。但是，根据有关调查，在狱内，矫正仍然受到欢迎，仍然被期待。有学者在美国伊利诺斯州监狱进行调查，结果是：矫正在样本罪犯中获得很高的支持率。64% 的罪犯拒绝矫正无效的结论，3/4 的罪犯认为矫正是美国犯罪处理中

---

① Hicks, S. D., The Corrections Yearbook. New York: Criminal Justice Institute, Inc., 1981, p. 27.

② Mullen, J. & Smith, B., American Prisons and Jails. 3: Conditions and Costs of Confinement. Washington, D. C.: National Institute of Justice, 1980, p. 119.

③ Schrag, C., Rediscovering Punitive Justice. In B. Krisberg & J. Austin (Eds.), The Children of Ishmeel: Critical Perspectives on Juvenile Justice. Palo Clto: Mayfield, 1978, pp. 465 ~ 466.

④ Schiraldi, V., Sussman, P., etc, Three Strikes: The Unintended Victims. San Francisco: Center On Juvenile and Criminal Justice, 1994.

⑤ California District Attorneys Association, Prosecutors' Perspective on California's Three Strikes Law – A 10 – Year Retrospective. Sacramento: California District Attorneys Association, 2004.

唯一有效果的、人道的方法，80%的罪犯赞同在监狱中扩大矫正项目。[1] 由于罪犯数量的增加，司法费用的上涨，特别是威慑范式也遇到危机，学界与政府又将通过矫正罪犯降低重新犯罪的问题提出来。

矫正范式的复苏主要表现为两点：

第一，颠覆了"矫治无效"的判断。马丁逊报告认为矫治无效，后来的很多研究结论是矫治有效。根据加勒特（C. G. Garrett）1985 年对 1960～1984 年之间文献进行的调查表明，对累计 13055 名平均年龄 15 岁的未成年人实施的住宿矫正项目（Residential Treatment Programmes）分析，罪犯从生活技术与行为项目中受益较大。[2] 根据郑舍米（R. Gensheimer）等 1986 年对发表于 1967～1983 年的对平均 14.6 岁的未成年犯实施的多类型矫正方案的研究成果分析，矫治是有效果的。[3]

第二，很多矫正项目被开发出来，矫正向繁荣、科学方向发展。20 世纪 70 年代后的矫正工作有两大特点：其一，矫正方法呈工具化，不管理论上认为多么重要的矫正方法，都需要具有可操作性；其二，具有可操作性的矫正工具——表现为矫正项目，要接受矫正效果认证，只有经过认证的，被权威机构认定为具有矫正积极效果的项目才能运用于矫正领域。

美国加州大学河滨分校的奥薇（K. Auerhahn）在她的博士论文《危险性与剥夺》中概括了美国的矫正项目发展情况。[4]

美国被认为控制重新犯罪有效的矫正项目有：狱内治疗社区项目与狱外治疗社区项目（Prison Therapeutic Communities（TC）and in Prison TCs with Follow up Community Treatment）；认知行为治疗（Cognitive Behaviod Therapy）项目，如道德认知治疗（Moral Recognjtion Therapy）与推理矫正（Reasoning and Rehabilitation）项目；狱外性罪犯矫治项目（Nonprison – based sex offender treatment programs）；职业技能教育项目（Vocational Education Program）；多要素的矫正劳动项目（Multicomponent Correctional Industry Programs）；社区就业项目。

---

① Cullen, F. T. & Gilbert, K. E., Reaffirming Rehabilitation. Cincinati: Anderson Publishing Co., 1982, p. 179.

② Garrett, C. G., Effects of Residential Treatment on Adjudicated Delinquents: A Meta – analysis. Journal of Research in Crime and Delinquency, 1985, 22, pp. 287～308.

③ Gensheimer, L. K., et al. "Diverting Youth from the Juvenile Justice System: A Meta – Analysis of Intervention Efficacy", In S. A. Apter & A. P. Goldstein (Eds.), Youth Violence: Programs and Prospects. Elmsford: Pergamon Press, 1986.

④ Auerhahn, K., Dangerousness and Incapacitation: A Predictive Evaluation of Sentencing Policy Reform in California. Rockville: National Criminal Justice Reference Service, NCJRS189734, 2001, p84.

被认为控制重新犯罪无效果的项目有：社区增加监督与管理；在社区矫正项目中增加控制与监视；突出纪律的项目；强调特别的威慑的项目，如震动式缓刑；没有针对性、无结构的咨询。

被认为控制重新犯罪有希望的项目有：在监狱实施的性罪犯矫正项目；成人基本教育；为高度危险罪犯所准备的就业帮助过渡项目；罚金；毒品法院将罪犯控制与矫治结合的措施；关心青少年犯释放；与尿检结合的毒品犯矫治。

不知道控制重新犯罪效果的项目有：强化的、整合的毒品滥用矫治项目；愤怒与焦虑管理项目；理解被害人项目；社区职业培训项目；生活技能培训项目；狱内劳动项目；中途之家项目；职业道德训练项目；矫正与控制结合起来的措施。

事实上，矫正范式一直有支持者，包括公众的支持。

1992 年 1 月到 2 月，内华达大学调查研究中心使用电话调查法围绕人们对犯罪的态度进行了一个专门调查。① 地点在拉斯维加斯。谈话是从有资格参加的 967 人中选 397 人谈话。其中，51% 的男性，49% 的女性，白人 70%。平均年龄 44 岁，66% 的人接受过高中教育；平均收入超过 2.5 万美元的占 66%。调查内容通过如下六个案件展开：

第一，抢劫案。一个男子走近在停车场上放货的夫妇，然后向他们索要钱财，未果。该男子掏出刀扎伤二人，抢走钱财后逃走。

第二，强奸案。一名女子在酒吧接受了一名男子送其回家的邀请。但该男子未送女子回家，而是将其带入废弃建筑附近强奸了该女子。后来该女子报案，男子被捕。

第三，性骚扰案。一男性志愿者带几个男孩子野营，在营地该男子骚扰了这几位男孩子。

第四，入室盗窃案。一犯罪分子白日入室盗窃电视机、录像机等价值上千美元的财物。警察根据调查找到了生活在附近社区的该犯罪分子。

第五，毒品买卖。一毒贩将可卡因卖给了便衣警察。

第六，持有毒品。在例行的车辆检查中，一名巡警在一司机后座中查出可卡因。

要求对下面政策作出评价，使用下列评价语：强烈不同意，不同意，同意，强烈同意。

第一，罪犯应当受到严厉惩罚。

第二，如果罪犯需要关入监狱，可以考虑建更多的监狱。

第三，阻止罪犯再犯罪的唯一方法就是将罪犯关入监狱。

---

① McCorkle, R, C., "Research Note: Punish and Rehabilitate? Public Attitudes Toward Six Common Arimes", Crime & Delinquency, 1993, 39 (2).

第四，法院对这类罪犯的处罚太轻了。

第五，试图矫正罪犯或许是浪费时间。

第六，罪犯或许从监狱的咨询项目中受益。

第七，如果罪犯接受教育与职业培训，或许他将来不再犯罪。

第八，为了帮助罪犯改变自己，需要拿出更多的方法。

调查情况见本节表1、表2。

表1：调查情况

有关观点	总类	抢劫案	强奸案	性骚扰案	入室盗窃案	毒品买卖案	持有毒品案
罪犯应当受到严厉惩罚	81.6	90.3	85.1	82.7	84.2	86.2	61.2
如果罪犯需要被关入监狱，可以考虑建更多的监狱	69.6	75.7	72.3	71.0	68.6	74.4	55.7
阻止罪犯再犯罪的唯一方法就是将罪犯关入监狱	70.5	83.3	71.7	71.7	68.3	77.3	50.6
法院对这类罪犯的处罚太轻了	79.4	88.2	84.9	81.8	75.8	79.6	66.3
试图矫正罪犯或许是浪费时间	34.7	34.3	35.3	38.5	29.8	42.1	28.4
罪犯或许从监狱的咨询项目中受益	68.0	68.6	73.7	71.2	71.3	53.0	70.5
如果罪犯接受教育与职业培训，或许他将来不再犯罪	48.6	52.0	37.8	39.6	60.6	42.9	58.9
为了帮助罪犯改变自己，需要拿出更多的方法	70.8	72.4	70.5	66.9	72.2	66.9	76.0

表2：均分

罪型	惩罚指数	矫正指数	P
有犯罪	70.33	63.1	.000
抢劫案	12.42	10.68	.000
强奸案	11.93	10.44	.000
性骚扰案	11.91	10.31	.000

（续表）

罪型	惩罚指数	矫正指数	P
入室盗窃案	11. 43	10. 68	. 000
毒品买卖	12. 05	10. 06	. 000
持有毒品	10. 60	10. 85	. 165

注：P 值为统计学中结果可信程度的一个递减指标。P 值越大，我们越不能认为样本中变量的关联是总体中各变量关联的可靠指标。P 值是将观察结果认为有被即具有总体代表性的犯错概率。在许多研究领域，0. 05 的 P 值通常被认为是可接受错误的边界水平。

惩罚与古老的生活水平相联系，而矫正与市民阶级的理想相联系。否定矫正使正义模式促进刑罚人道的理想打了折扣。① 这或许是矫正范式不能消失的根本原因。

（二）威慑的价值

刑事司法领域没有任何概念像威慑这样备受诟病，又让人恋恋不舍。一方面人们认为威慑导致了刑罚的残酷；另一方面又认为威慑非常重要，受到支持。

2005 年，在加拿大多伦多，一个未成年人科里巴（Jane Areba）射杀数名加拿大人。这一事件引起了要求更严厉地对使用枪支犯罪打击的呼声。加拿大的保守党宣布，一旦当选将对枪支犯罪严厉打击，对犯罪人判处最低 5 年的刑期，同时提高其他与枪有关犯罪的强制刑罚。而新民主党主张，对枪支犯罪，包括非法拥有、非法买卖枪支判处最低 4 年的刑罚。自由党宣称，一旦当选，将刑罚强制引入联邦法律中。2006 年 5 月 4 日出台的 Bill C–10 修改了刑法关于枪支犯罪的规定，如将一些涉枪犯罪的刑罚最低刑从 4 年提高到 5 年，提高了部分犯罪累犯的最低刑罚，若第二次实施某些涉枪犯罪，如持枪抢劫，将最少服刑 7 年；若第三次实施某些涉枪犯罪，如持枪抢劫，将最少服刑 10 年。

澳大利亚总理几年前表示，引入强制性量刑法受到压倒性的支持并不是件让人惊讶的事情。②

在南非，独立后的刑罚厉度呈加重趋势。1997 年颁布的刑法修正法案（The Criminal Law Amendment Act 105）对一定范围的罪犯，特别是曾经被定过罪的罪犯，适用长期的强制刑（Mandatory Sentence），对第三次犯抢劫罪的罪犯所判刑期至少不低于 25 年监禁刑。刑罚厉度的提高，一是回应犯罪率的不断上升；二

---

① Cullen，F. T. & Gilbert，K. E.，Reaffirming Rehabilitation. Cincinati：Anderson Publishing Co.，1982，p. 249.

② Burke，D. Australian Support NT laws. Canberra：Government of Australia，2000，p. 1.

是社会公众压力的结果。①

那么，公众如何看待刑罚加重问题？

渥太华大学的罗伯斯（Julian V. Roberts）与加拿大司法部的克罗茨（Nicole Crutcher）与维尔布鲁格（Paul Verbrugge）就此进行了调查。② 调查采用两种方式：第一种是电话调查，由"恩威荣尼克研究小组"（The Environics Research Group）负责实施，样本为18周岁以上的市民共1501名，按地区与社区随机抽取；第二种是使用e Vox网络进行网络投票，样本为18周岁以上的共2343名加拿大网民。调查结果如下：

调查一，关于刑罚严厉的态度。这次调查显示：有74%的人认为刑罚太轻，有23%的人认为合适，有2%的人认为太严厉，有1%的人不知道。事实上从20世纪60年代末，始终有超过50%的样本人口认为刑罚太轻，太仁慈。而进入70年代后，超过60%的人认为刑罚太轻，太仁慈。根据2003年的一项调查，英国有超过60%被调查者认为刑罚太轻，太仁慈。③

调查二，关于量刑目的的支持程度，见本节表3。

表3：公众对刑罚目的的看法

量刑目的	比率（%）				
	最重要的目的	比较重要	有些重要	不那么重要	根本不重要
使罪犯知道自己的责任	27	84	14	2	0
使罪犯偿付损失	13	66	27	4	1
个别威慑	12	63	26	7	3
使被害人感到法律正义	9	59	32	7	2
一般威慑	9	53	32	10	5
矫正	11	51	38	7	2
剥夺	9	40	41	11	3
谴责	3	39	41	13	4

调查三，对强制性刑罚的看法，见本节表4。

---

① Robert, J. V., Stalans, L. Indermaur, D. and Hough, M., Penal Populism and Public Opinion: Lessons from Five Countries. Oxford: Oxford University Press, 2003.

② Roberts, J. V., Crutcher, N & Verbrugge, P., "Public Attitudes to Sentencing in Canada: Exploring Recent Findings", Canadian Journal of Criminology and Criminal Justice, 2007, 49 (1).

③ MORI, Survey of Public Confidence in Criminal Justice. London: MORI, 2003.

表 4：对强制性刑罚的态度

司法区与调查年度	欣赏强制性刑罚（%）	反对（%）	不知道（%）
加拿大（2005）	58	36	6
澳大利亚（2000）	58	36	5
美国（1995）	55	38	7

我们看到，刑罚威慑是受到社会支持的。为什么威慑具有社会基础？法国社会学家杜尔凯姆曾经指出，刑罚传导一种道德信息，包涵对道德行为的肯定与非道德行为的挞伐。刑罚不是通过罪犯的受罪而赎罪，也不是威慑可能的欲犯者，而是让罪犯知道社会对他们违法行为的不赞同与谴责。这也就是说，无论是肉刑，还是监禁刑、财产刑、资格刑，都应当将社会反对的声音带给罪犯。① 这就解释了为什么人们支持刑罚威慑。

（三）剥夺的不可替代

美国犯罪学家沃尔夫刚（M. Walfgang）与他宾州大学的同事对上万名 1945 年出生在宾州的人进行犯罪惯习分析。他们发现，有 1/3 的未成年人的犯罪经历止于第一次被捕。然而，一旦被捕 3 次以上，再次被捕的可能高达 70%。② 被调查的 1 万名青少年犯罪分子中的 6%，却对费城发生犯罪案件中的 52% 负责，对暴力犯罪中的 2/3 负责。③ 这一研究表明，严厉的刑罚所产生的威慑并不是万能的。对这些具有多次犯罪史的犯罪核心成员，威慑与矫正未必产生多大作用。对这些人只能选择剥夺，通过犯罪生涯的结束而控制他们重新犯罪的可能。

（四）重返社会日受重视

在重新犯罪防控领域，重返社会是鲜有的受到各方支持的范式，包括矫正范式反对者。重返社会范式之所以受到各方支持，主要原因在于：第一，重返社会范式所主张的发展方向与矫正范式相同，因而矫正范式的主张赞同这种范式，实际上，重返社会范式本来就派生于矫正范式。第二，重返社会的措施也可以体现出威慑的价值，因而威慑范式的主张者不反对重返社会范式。第三，重返社会范式与剥夺范式可以互补，对于危险大的罪犯予以剥夺这个主张，包含将危险小的罪犯放到社会，因而重返社会范式也受剥夺范式主张者的支持。重返社会范式主

---

① Garland，D.，Punishment and Modern Society - A Study in Social Theory. Oxford：Clarendon Press，1990，p. 44.

② Wolfgang，M.，Figlio，R. M. & Sellin，T.，Delinquency in a Birth Cohort. Chicago：University of Chicago Press，1972，p. 54. p. 65. p. 162.

③ Wolfgang，M.，Figlio，R. M. & Sellin，T.，Delinquency in a Birth Cohort. Chicago：University of Chicago Press，1972，Ch. 6.

张者所主张的各项政策与监禁措施相比具有成本低的特点，因而这些政策很容易得到政界人士、立法界人士的支持。同时，由于重返社会范式主张者所主张的各项政策比监禁刑、死刑等文明，获得了人道主义主张者的支持。正因为如此，体现重返社会范式的政策在各国都有着不同程度的发展。

（五）走向综合范式

重新犯罪防治不同范式的并存使重新犯罪呈综合形态。重新犯罪防治范式理论上的综合形态有下列几种：

第一种形态：威慑范式＋矫正范式。

第二种形态：威慑范式＋剥夺范式。

第三种形态：威慑范式＋重返社会范式。

第四种形态：威慑范式＋矫正范式＋重返社会范式。

第五种形态：威慑范式＋矫正范式＋剥夺范式。

第六种形态：威慑范式＋重返社会范式＋剥夺范式。

第七种形态：威慑范式＋重返社会范式＋矫正范式＋剥夺范式。

虽然上述所列形态仅是理论上的形态，但是并非脱离实践。在当代重新犯罪防治实践中，由于知识结构发生了很大变化，与之相关的政治、文化、司法、立法软力量相应变化，已不存在某种范式一家独大的基础，因而综合范式是重新犯罪防治的主流。

是什么使重新犯罪防治范式的实践形态表现为综合范式？

首先，这要归功于知识界人士的倡导。在当代重新犯罪防治实践中，"摸着石头过河"已成历史，专业人员地位越来越重要，因而专业人员的研究成果对实践有很大影响。绝大多数专业人员对重新犯罪防治政策主张的是综合范式。例如，奥薇（K. Auerhahn）将刑罚目的概括为：矫正、威慑、报应与剥夺。[①] 威克尔（N. Walker）认为，刑罚目的是威慑罪犯（通过让罪犯记住刑罚所带来的痛苦让罪犯不再违法）；威慑潜在的犯罪模仿者；改造罪犯（通过改变罪犯的性格使其在没有刑罚的情况下不再犯罪）；教育公众对犯罪持有严肃的态度；通过剥夺罪犯犯罪能力而保护公众。[②]

其次，源于公众支持。在当代，无论是西方国家，还是中国，重新犯罪防治政策都在不同程度上受着公众态度的影响。而公众中支持综合范式类型政策者已

① Auerhahn, K., Dangerousness and Incapacitation: A Predictive Evaluation of Sentencing Policy Reform in California. Rockville: National Criminal Justice Reference Service, NCJRS189734, 2001, p. 84.

② Walker, N., Reductivism and Deterrence, In A. Duff, & D. Garland (Eds.), A Reader On Punishment. New York: Oxford University Press, 1994.

超过 50%。一项在伊利诺斯州的调查表明，无论是威慑，还是矫正，在公众、监狱官员、立法人员、法官、律师、矫正管理人员、罪犯等被调查对象中都有支持人群。同时，支持惩罚与矫正的人员在公众中超过 70%，在立法、司法与矫正官员中超过 90%。① 具体情况见本节表 5。

表 5：赞同惩罚与矫正哲学的人群比例

调查项目	样本总数	公众	监狱官员	立法人员	法官	律师	矫正管理人员	罪犯
1. 犯罪应当严厉打击，因为危害社会	87.9	93.2	93.5	96.9	94.2	86.8	91.7	68.6
2. 严格监禁刑有助于降低犯罪量	62.9	80.6	77.4	69.8	64.0	48.1	50.0	22.4
3. 罪犯应当惩罚，但是也应当给予矫正	90.4	76.7	93.5	95.1	98.9	90.5	100.0	87.2
4. 矫正很重要，如同罪犯承担责任	75.6	58.3	74.2	79.7	77.3	81.8	91.7	78.8
5. 对成人的矫正是无效的	26.8	38.8	26.6	26.6	34.1	17.1	25.0	27.9
6. 我支持在监狱矫正	67.5	47.8	58.1	65.1	65.2	74.0	91.7	82.6
样本数量	434	74	31	65	89	77	12	86

　　随着综合范式的发展，综合范式必然要不断向范式的包容状态发展，走向范式的有机组合。范式的有机组合是综合范式存在的自然状态。

　　第一，威慑范式与矫正范式可以相互结合。两种范式可能结合的机制在于：对罪犯的威慑，有可能使罪犯产生痛苦、恐惧、自责等体验。而这种痛苦、恐惧、自责等体验有可能促使罪犯认知的变化，进而在行为上、道德上产生变化。

　　第二，重返社会范式需要与威慑范式相结合。重返社会范式可以帮助罪犯避免监狱化，可以帮助罪犯获得或者保持住工作岗位，但是，也可能使罪犯对刑罚的谴责感受不深，缺乏痛苦体验。罪犯对刑罚的谴责感受不深，缺乏痛苦体验，可能导致罪犯重新犯罪，因而对于刑罚痛苦感受弱的罪犯要考虑加重刑罚的威慑力。西方目前推行的强化社区执行项目，就有提高罪犯对刑罚的痛苦体验的目的。

---

① Cullen, F. T. & Gilbert, K. E., Reaffirming Rehabilitation. Cincinati：Anderson Publishing Co., 1981, p. 257.

　　第三，重返社会范式与剥夺范式相互平衡。剥夺范式的主张者基于控制监狱人口的目的提出，对经过危险性评估被认定为危险罪犯的人进行监禁剥夺，而对于经过危险性评估被认定为危险小的罪犯，就释放到社会上服刑，从而减轻监狱的压力。同时，因为将危险小的罪犯释放到社会上，不仅不会带给社会危险，保证社会安全，而且可以促使罪犯尽快融入社会，成为守法公民。这样，两种范式有了相互依存、相互支持的特点。

　　第四，矫正范式与重返社会范式相互支持。重返社会范式派生于矫正范式，在一定意义上说，重返社会是罪犯矫正的最低目标，矫正是重返社会范式的最高目标。两种范式目标不同，方向一致。

　　第五，矫正范式与剥夺范式相互补充。德国刑法学家李斯特就矫正罪犯曾经说，能矫正者，矫正；不能矫正者，不使之为害。这里的"不使之为害"即指剥夺罪犯的犯罪能力。这句话揭示了矫正范式与剥夺范式的相互关系。对有矫正可能的罪犯进行矫正，对没有可能矫正的罪犯，或者矫正可能很小的罪犯，不必投入大量的人力、物力与财力，开展没有结果的矫正，而应当对他们采用剥夺措施。

　　四种范式之间的关系如本节图2所示。这种图示反映的是综合范式的包容关系。

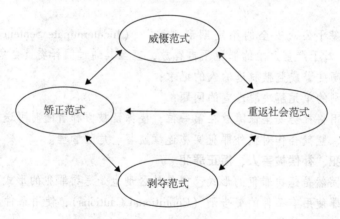

图2：四种范式关系图

三、走向"兼容并蓄"的重新犯罪防治政策：综合范式的表现

　　随着综合范式的形成，西方各国的重新犯罪防治政策走向"兼容并蓄"，同时体现威慑范式、矫正范式、重返社会范式与剥夺范式，如美国一些州推行的"结构性量刑"（Structured Sentencing）政策。在"结构性量刑"政策框架下，一方面该政策吸收剥夺范式下的各种政策，如对暴力犯罪、累犯、犯罪严重者、慢性犯（Chronic Offender）实施监禁政策；另一方面对犯轻罪者实施重返社会范

式下的各种政策。这样，因犯轻罪而被关押在监狱中的罪犯很少，进监狱的罪犯大多是犯重罪者。

英国推行的"罪犯的一体化管理"政策也属于"兼容并蓄"的政策。由于英国的政策更好地体现了综合范式，所以这里重点介绍英国的政策。

《维护社会安全降低重新犯罪的五年规划》（A Five Year Strategy for Protecting the Public and Reducing Re‑offending）① 是2006年英国原内政部（现司法部）呈交议会的报告。这个规划全面展示了当代英国所推行的防治重新犯罪的基本政策。这里将规划摘译给大家。

第一章 工作目标

目标：保卫社会；惩罚罪犯；补偿被害人；矫正罪犯；更好地管理罪犯使其不再犯罪。

保卫社会

监狱应当关押危险的罪犯、犯有严重罪行的罪犯、实施暴力犯罪与性犯罪的罪犯。

措施：

推行"基于公众安全的不定期刑制度"（Indeterminate Sentence for Public Protection），对于严重危险的罪犯不再释放，直至其通过假释委员会危险评估；

保留从高度警戒监狱脱逃的人的记录；

建立特别的单元解决脱逃者的问题；

假释适用将社会安全保障放在第一位，要保证被假释者随时可送回监狱；

与警察、监狱合作对狱外罪犯实施连续监督、危险管理。

惩罚罪犯、补偿被害人、矫正罪犯

监禁刑固然是惩罚罪犯的形式，但是社区刑也是惩罚罪犯的形式。

对轻犯罪使用有条件的警告刑（Conditional Cautions），使用条件包括赔偿或者其他补偿被害人的措施。

实施日罚金，根据罪犯的经济情况予以惩罚。

实施社区刑（Community Order），最多可以加附21种条件。

充分利用社区刑（Community Order）中的无报酬劳动。2003年全年英国无赔偿劳动使用有500个小时，2010年拟使用达到1000万个小时。无赔偿劳动既

---

① The Stationary Office. A Five Year Strategy for Protecting the Public and Reducing Re‑offending. Presented to Parliamentary by the Secretary of State for the Home Department, by Command of Her Majesty. London：The Stationary Office, 2006.

是对罪犯的惩罚，也是补偿社会的一部分。新的社区刑将惩罚与监督融为一体。

更好地管理罪犯使其不再犯罪

将监狱与社区矫正机构联结起来，对罪犯实施无缝管理。1997～2002 年重新犯罪率下降了 1.3%。①

第二章　保卫社会

关于罪犯危险的评估

继续完善 OA Sys（罪犯评估系统）。这个系统被认为是世界上最先进的罪犯危险评估方法。

将最危险的罪犯尽可能地留在监狱

对于暴力犯与危险犯而言，除非他们的危险消失，否则应当让他们待在监狱。

在原来的量刑体系中，罪犯服刑期满，无论其危险性大小，刑满后都要出狱，在有些情况下出狱更早，但是在新的量刑体系下，危险性大的罪犯则不能出狱。

根据 2003 年的刑事司法法"基于公众安全的不定期刑制度"（Indeterminate Sentence for Public Protection），严重危险的罪犯不再释放，直至假释委员会危险评估通过。具体说，法官评估严重的性犯罪或者具有社会危险的暴力犯罪者，罪犯应当被判 10 年或者 10 年以上的刑罚，还可以被判以不定期刑。2005 年的"基于公共安全的延刑制度"（Extended Sentence for Public Protection）的适用对象是对社会有严重危险的罪犯。如果法官评估性犯罪或者暴力犯罪者对社会的危险具有非常的严重性，而最高刑罚少于 10 年，法院可以使用"基于公共安全的延刑制度"（Extended Sentence for Public Protection）。

关于无期徒刑

对犯谋杀罪的罪犯，无期徒刑是确定的刑罚；对一些严重犯罪、暴力犯罪，法律规定的最高刑是无期徒刑。原则上罪犯需要待在监狱中，即使被假释，被假释者终生都在假释监督状况下。如果有任何认为有危险的行为，罪犯将被送回监狱。

假释委员会被要求充分注意罪犯的危险性，关注危险罪犯，充分重视罪犯危险评估的结果。

---

① Reoffending Rates of Adults – Results from the 2002 Cohort, Statistical Bulletin 25/05, Home Office.

在社区中通过控制高度危险罪犯保卫公众

国家已经授权警察、社区执行部门、监狱、地方机构交换信息，共同管理危险。这一机构是 MAPPA，即 "多机构安全保护组织"（Multi - agency Public Protection Arrangements）。英国建立了新的数据库 VISOR，即 "暴力犯罪与性犯罪罪犯登记"（The Violent and Sex Offenders Register）数据库，警察、监狱与社会执行部门可以更好地把握危险人群的信息。

在社区中的罪犯如果危险性上升，有关机构就要将罪犯送返监狱。90% 的送返决定在 24 个小时内作出。

在 2004~2005 年之间，在社区中有 10% 的高危险罪犯与 16% 的较高危险罪犯在他们重新犯罪之前被送回监狱。

性罪犯的监督由警察来完成。

第三章　惩罚罪犯　补偿被害人　矫正罪犯

对不同的犯罪要予以不同的刑罚

对犯轻微罪（Minor Offences）者，如乱贴乱画，可以考虑予以罚金；刑罚公告刑（Penalty Notice）；有条件警告（Conditional Caution）。

对构成不太严重的犯罪（Less Serious Offences）的人，如盗窃，可以考虑给予加重的社区刑罚（Tough Community Sentences）；如果罪犯是顽固犯（Persistent Offender），可以考虑处以监禁附加刑（Custody Plus）。

对于严重的犯罪（Serious Offences）者，如夜盗罪，首先关押在监狱，然后放到社会上监督，刑罚执行过程中要体现出惩罚的性质。

对于严重的暴力犯罪（Serious and Violent Offences）者，如谋杀，要处以无期徒刑；如果法院认为罪犯危险，可以使用不定期刑。

2004 年对实施不法行为的低度危害的罪犯使用了 6 万个刑罚公告刑（Penalty Notice）。[①]

有条件警告（Conditional Caution）是附条件的正式警告。遵守警告，否则面临原犯罪的起诉。警告条件可以包括：向被害人道歉；接受矫治，如愤怒控制矫治、毒品禁戒矫治。

罚金也是对付轻犯罪的一种措施。但是，罚金的使用存在实现状况差的问题。2001~2002 年间，罚金支付率仅为 59%。法院现在更多地使用社区刑替代罚金。从长远看，还是要从立法上解决罚金执行率低的问题。建议实施日罚金制。

---

① Penalty Notice for Disorder Statictics 2004, Home Office Online Report 35/05.

国家鼓励在刑事司法中的各阶段考虑恢复性司法

社区刑可以比监禁刑更严厉，因为社区刑的附加条件多，可以要求罪犯参加无报酬的劳动。

根据在 2005 年 4 月到 9 月之间的调查，51% 被判社区刑的被处以一种要求；32% 的被处以 2 种要求；14% 的被处以 3 种要求；2% 的被处以 4 种或者 5 种要求。原则上，犯罪越重，所处以的刑罚要求内容越多。

社区刑中的无报酬劳动具有很好的惩罚性，具有补偿社会的价值。在拯救、复原古战舰上、让罪犯清理乱贴乱画痕迹，都表现了刑罚的这一价值。

监禁附加（Custody Plus）包括无报酬劳动。使用这一刑罚意味着更多的罪犯将在社区劳动。

减少看守所使用，对取保候审者可以多使用电子监控措施。青少年犯入狱的越少越好。对青少年犯而言，除非因为其犯罪的严重性与犯罪人本身的危险，原则上不将他们送入监狱。正在制定新的量刑框架，替代现行的对青少年犯的社区刑体系。

对于女犯要充分使用半监禁措施（Intermittent Custody），如周末到监狱服刑，其他时间在狱外承担家庭责任。

第四章　更好地管理罪犯使其不再犯罪

罪犯无论是在监狱还是在社区都需要管理。

一体化管理（End－to－End Offender Management）

建立国家罪犯管理局（National Offender Management Service）对罪犯实施连续的无缝的管理。对危险进行控制。

尽早的更好地评估与干预

现在的罪犯危险评估系统正准备升级，建立 C－NOMIS（监禁罪犯国家信息系统，即 Custody－National Offender Management Information System）系统，使用 C－NOMIS 替代个案管理系统（case management system）让所有参与罪犯管理的人都可以使用这一系统，共享罪犯有关信息。

推行"直接出狱合同"制度（Going Straight Contracts）

罪犯的管理者需要在罪犯危险评估基础上为每个罪犯制订相应的服刑计划，将刑罚执行、住房问题、教育问题、就业问题、家庭问题、使用毒品问题、转变态度问题、转变行为问题纳入其中。

"直接出狱合同"制度是对 2002 年的反社会排斥局报告（the Social Exclusion Unit's Report－Reducing Re－offending by Ex－prisoners（2002））的回应。这一制度与奖励制度（Earned Privileges）有相似处，但形式是合同：合同当事人是罪犯管理人员与罪犯；合同内容是奖励与惩罚。这一合同列出有关项目，如果罪犯参加这些项目将获得奖励，如果不参加将获得惩罚。罪犯要根据同意的协议将在监狱获得的收入赔偿被害人。"直接出狱合同"覆盖整个刑期，包括监狱内外，目的是使罪犯接受矫正。根据计划，2009 年使"直接出狱合同"制度彻底融入罪犯管理中。

建立阻止重新犯罪的伙伴关系

由于监狱管理人员需要在各方面得到社会的帮助，因而需要与地方政府、企业主、志愿者组织、社区建立伙伴关系。已经成立下列组织 Civic Society Alliance，Corporate Alliance，Faith Community and Voluntary Sector Alliance。

健康

将罪犯健康问题，包括精神治疗、使用毒品等纳入卫生部（Department of Health）工作范围。支持基金是 Primary Care Trusts。

文化教育、技能与就业

英国罪犯管理局计划通过对罪犯的教育与培训，到 2010 年降低重新犯罪率 10%。[①]

在 2004～2005 年，有 7.3 万名罪犯得到基本技能培训的机会，超过 4000 名的罪犯出狱后获得了文化教育、技能培训或者就业的机会。[②]

住宿与效益

通过扩大社会性资金（Social Fund）使用，为罪犯出狱后搭桥，87% 的罪犯出狱有了住处。

社会与家庭联系

促进罪犯与社会，特别是与家庭的联系。

关于社区监狱

报告主张建立社区监狱。设想：关押危险小的罪犯；设置地方；与地方社区联系；与家庭保持联系；接受矫治项目，如毒品矫治项目、认知行为项目；对青少年犯可以优先考虑。

通过《维护社会安全降低重新犯罪的五年规划》我们看到：第一，英国重新犯罪防控政策范式是集威慑范式、矫正范式、重返社会范式与剥夺范式于一体的综合范式，一方面注意刑罚的公正性；另一方面强调对罪犯的矫正。同时，对罪犯开展重返社会帮助，而对于危险大的罪犯，强调对其犯罪能力的剥夺。第二，围绕防控重新犯罪，各项政策实现有机统一。

在当代国际社会，越来越多的国家重新犯罪防治政策走向科学化，不仅提炼

---

① http：//noms.justice.gov.uk/managing - offenders/reducing_ re - offending/.

② Performance Reports Offender Management Targets 04/05，Home Office.

与升华本国的重新犯罪防治经验，也吸收国外的重新犯罪防治经验；不仅面对现实犯罪问题，而且总结历史经验；不仅面对重新犯罪的现实，也面对未来可能的重新犯罪。重新犯罪防治政策的构成往往是系统的、组合的。

第七章 我国矫正工作面临的挑战及改革探索

进入 21 世纪，我国矫正工作面临新的挑战，包括监管罪犯数量上升、长刑犯增加、重新犯罪率上升问题。重新犯罪率的上升在一定程度上反映出现行罪犯矫正制度的有效性有问题。如何解决矫正中的问题？西方矫正制度风潮渐起，"社区矫正"、"循证矫正"等概念一时扑面而来。如何避免矫正发展中的"亦步亦趋"路径，同时避免发展中的"盲目自大"？本书认为，国家只有建立生态型的矫正系统，矫正工作才能避免"亦步亦趋"，同时避免"盲目自大"。

第一节 我国矫正工作面临的挑战

21 世纪，我国矫正工作面临的最大挑战有押犯数量上升问题、长刑犯与危险犯数量增加问题、重新犯罪率上升问题。

一、押犯数量上升问题：犯罪率上升的反映

改革开放后，我国押犯人数呈上升趋势。1982 年时全国监狱押犯人数是 62 万人。随着"严打"，1983 年全国监狱押犯人数迅速上升。1984 年全国监狱押犯人数突破 100 万人。进入 21 世纪，全国监狱押犯人数持续上升。2003 年初全国监狱押犯人数是 154 万人，2004 年初押犯人数是 156 万人，[①] 2008 年初押犯人

---

① "国家统计局：在押服刑人员基本情况"，http：//www. stats. gov. cn/tjsj/ndsj/2005/in-dexch. htm。

数是 158 万人，① 2009 年初押犯人数是 162 万人，② 2010 年初押犯人数是 164 万人。③ 2011 年初押犯人数是 165 万人。④

根据人民法院的判决情况，我国监狱押犯数量还将上升。

根据 2009 年最高人民法院工作报告，2008 年全国各级人民法院判处罪犯 100.7 万人；根据 2010 年最高人民法院工作报告，2009 年全国各级人民法院判处罪犯 99.7 万人；根据 2011 年最高人民法院工作报告，2010 年全国各级人民法院判处罪犯 100.6 万人；根据 2012 年最高人民法院工作报告，2011 年全国各级人民法院判处罪犯 105.1 万人；根据 2013 年最高人民法院工作报告，各级人民法院 5 年来判处罪犯 523.5 万人，同比增长 25.5%。从人民法院判决情况来看，进入 21 世纪，被判处有罪的犯罪分子的数量、被判刑罚的犯罪分子的数量都呈上升趋势。人民法院所判罪犯的数量的增长，必然带动监狱押犯数量的上升。

人民法院所判罪犯数量的增长与监狱押犯数量的上升，有其深厚的社会原因。犯罪数量的增长毕竟是社会问题的外现。我国犯罪是否能够得到有效控制，取决于我国社会问题解决的情况。

二、长刑犯、危险犯数量增加问题：《刑法修正案（八）》的实施

为解决 1997 年《刑法》中立法存在的问题，同时为了适应社会变化，更好地控制犯罪，全国人民代表大会常务委员会于 2011 年 2 月 25 日通过了《刑法修正案（八）》。

《刑法修正案（八）》将《刑法》第 78 条第 2 款修改为："减刑以后实际执行的刑期不能少于下列期限：（一）判处管制、拘役、有期徒刑的，不能少于原判刑期的二分之一；（二）判处无期徒刑的，不能少于十三年；（三）人民法院依照本法第五十条第二款规定限制减刑的死刑缓期执行的犯罪分子，缓期执行期满后依法减为无期徒刑的，不能少于二十五年，缓期执行期满后依法减为二十五年有期徒刑的，不能少于二十年。"《刑法修正案（八）》将《刑法》第 50 条修改为："判处死刑缓期执行的，在死刑缓期执行期间，如果没有故意犯罪，二年期满以后，减为无期徒刑；如果确有重大立功表现，二年期满以后，减为二十五

---

① "国家统计局：在押服刑人员基本情况"，http://www.stats.gov.cn/tjsj/ndsj/2009/indexch.htm。

② "国家统计局：在押服刑人员基本情况"，http://www.stats.gov.cn/tjsj/ndsj/2010/indexch.htm。

③ "国家统计局：在押服刑人员基本情况"，http://www.stats.gov.cn/tjsj/ndsj/2011/indexch.htm。

④ "国家统计局：在押服刑人员基本情况"，http://www.stats.gov.cn/tjsj/ndsj/2012/indexch.htm。

年有期徒刑；如果故意犯罪，查证属实的，由最高人民法院核准，执行死刑。对被判处死刑缓期执行的累犯以及因故意杀人、强奸、抢劫、绑架、放火、爆炸、投放危险物质或者有组织的暴力性犯罪被判处死刑缓期执行的犯罪分子，人民法院根据犯罪情节等情况可以同时决定对其限制减刑。"《刑法修正案（八）》提高了被判处无期徒刑与死刑缓期执行的犯罪分子实际执行的刑期，增加了对死缓犯限制减刑的规定。

同时，《刑法修正案（八）》修改了刑法数罪并罚的规定，将《刑法》第 69 条第 1 款修改为："判决宣告以前一人犯数罪的，除判处死刑和无期徒刑的以外，应当在总和刑期以下、数刑中最高刑期以上，酌情决定执行的刑期，但是管制最高不能超过三年，拘役最高不能超过一年，有期徒刑总和刑期不满三十五年的，最高不能超过二十年，总和刑期在三十五年以上的，最高不能超过二十五年。"

根据《刑法修正案（八）》的规定，对限制减刑的罪犯，我国监狱将需要执行 25 年有期徒刑。同时，由于数罪并罚规定的修改，对一些被数罪并罚的罪犯，我国监狱也将需要执行 25 年有期徒刑。

这样，监狱将收押刑期高达 25 年的罪犯。

由于限制减刑的罪犯是累犯以及因故意杀人、强奸、抢劫、绑架、放火、爆炸、投放危险物质或者有组织的暴力性犯罪被判处死刑缓期执行的罪犯，所以这些罪犯危险性较大，他们的入狱也使得监狱管理的安全风险加大、民警工作压力加大。

三、重新犯罪率上升问题：一种政治压力与社会压力

根据 1992 年国务院新闻办公室发布的《中国改造罪犯状况》白皮书，我国的重新犯罪率是 6%～8%。这个数字应当是以 1990 年以前的数字为根据的。

1996 年后不能收集到全国范围的重新犯罪统计数字，因而不能在全国范围对重新犯罪的数字进行比对。但是，对一些省、一些监狱的调查，笔者判断，1996 年后全国重新犯罪率呈增长状态。

下面看一些数字：

根据 2002 年 8 月的统计，清河监狱分局关押的 6762 名罪犯，第二次入狱的罪犯占押犯总数的 27.9%。①

截至 2003 年 12 月 31 日，湖南省共关押 63393 名罪犯，其中重新犯罪人员 7896 名，占所有服刑人员的 12.46%。重新犯罪人员构成中农民占 53%，无业

---

① 宋红伟：《宽严相济刑事政策视野下的假释适用实证研究》，载《犯罪与改造研究》2007 年第 4 期。

人员占 36.9%。①

根据北京市监狱管理局 2003 年 12 月的调查，累犯占押犯比例的 20.1%。②

根据 2005 年 5 月对重庆某监狱的调查，该监狱关押罪犯 5103 人，其中有过再犯罪记录的有 985 人，占押犯人数的 19.3%。其中，两次犯罪即"二进宫"的有 840 人，占有过再犯罪记录者的 85.3%；三次犯罪即"三进宫"的有 125 人，占有过再犯罪记录者的 12.7%；四次以上犯罪即"四进宫"以上的有 20 人，占有过再犯罪记录者的 2%。③

根据 2008 年 6 月的调查，2007 年 6 月至 2008 年 6 月之间，保定监狱收押罪犯 535 人，其中"二进宫"以上者有 96 人，重新被监禁率是 17.9%。

根据甘肃某监狱于 2007 年对在押的 3 年以下短刑犯的调查，该监狱服刑二次以上的罪犯占被调查罪犯的 23.8%。④

根据上海市监狱管理局的统计，截至 2003 年 12 月 31 日，上海监狱系统中曾经被判过刑的罪犯在押犯中所占比例是 18.53%；截至 2008 年年底，上海监狱系统中曾经被判过刑的罪犯在押犯中所占比例是 23.3%。⑤

根据浙江十里丰监狱调查的情况，自 2002 年，该监狱重新犯罪率不仅呈上升趋势，而且势头很猛。具体数字见本节表 1。

表 1：监狱新入监罪犯重新犯罪人员的比例⑥

时间	比例（%）	时间	比例（%）
2002 年	22.2	2007 年	22.1
2003 年	18.4	2008 年	22.4
2004 年	13	2009 年	25.9
2005 年	15.8	2010 年	26.6
2006 年	22.3	2011 年	29.3

---

① 李云峰、李开年、张杰等：《我省重新犯罪问题的特点、原因及预防对策》，载《湖南司法警官职业学院学报》2004 年第 3 期。

② 北京市监狱管理局"重新犯罪"课题组：《北京市在押犯重新犯罪情况的调查分析》，载《中国司法》2005 年第 6 期。

③ 吕应元、王震黎、蒋卢宁：《对当前刑满释放人员再犯罪的调查分析》，载中国法院网。

④ 姜润基、李天权：《谈短刑犯改造的科学性》，载《监狱理论研究》2007 年第 6 期。

⑤ 江伟人：《关于监管改造工作首要标准的思考——以上海刑释人员重新犯罪为例》，载《中国监狱学刊》2009 年第 3 期。

⑥ 周根扬、姜水文、张爽：《近三年重新犯罪原因的实证研究》，载《犯罪与改造研究》2013 年第 4 期。

由于我国目前没有权威的、公开的重新犯罪率数据，我们仅能根据一些碎片化的数据推测我国的重新犯罪率。根据上述数据，我们初步认为，我国的重新犯罪率已经与美国等西方一些国家的重新犯罪率接近。

在国际社会，重新犯罪率是类概念，重新犯罪率下面还有具体概念：重新被捕率、重新被定罪率、重新被判刑率、重新被监禁率。在这四个概念中，重新被捕率最高，重新被监禁率最低。我们通常说的国外重新犯罪率高达 60%，实际上指的是重新被捕率。由于嫌疑犯被捕后，并非都被定罪，因为证据原因、情节原因、政策原因，如推行司法分流，很多罪犯被捕后并未被定罪，因而重新被定罪率要低于重新被捕率。而被定罪者因为适用类似我国的非刑罚处理方法，重新被判刑率要低于重新被定罪率。由于刑罚分为监禁刑与非监禁刑，并非被判刑的罪犯都被裁量为监禁刑，从各国实践看，被适用刑罚的罪犯只有一部分判处监禁，这样重新被监禁率又低于重新被判刑率。因此，与国际社会进行重新犯罪率比对需要确定其具体定义。

根据美国司法统计局在 20 世纪 90 年代的调查，罪犯刑满释放后 3 年，重新被捕率是 67.5%，重新被定罪率是 46.9%，重新被判刑率是 25.4%。① 根据 1999 年对从美国弗吉尼亚州 1993 年释放的 962 名罪犯刑满后的 3 年跟踪研究，② 美国弗吉尼亚州 1993 年因重新犯罪而被捕的比率是 49.3%，其中犯重罪的重新被捕率是 39.6%；因重新犯罪而被定罪的比率是 35.4%，其中犯重罪的重新被定罪率是 22.4%。根据英国司法部重新犯罪率的统计报表，2010 年 10 月至 2011 年 9 月，大约 62 万名罪犯被予以警察警告、定罪与刑满释放，在 1 年内，大约有 17 万人被证明定罪。这表明，英国社会重新被定罪率是 26.9%。③

我国重新犯罪率的上升，对矫正机关形成一种政治上的压力。要把降低和减少刑释解教人员的重新犯罪率作为衡量监管工作的首要标准。

重新犯罪率的上升，对矫正机关也形成一种社会压力，特别是一些恶性案件

---

① Management & Training Corporation Institute, Data Spotlight: Recidivism. Centervile: Management & Training Corporation Institute, 2003.

② Ostrom, B. J., Kleiman, M., Cheesman II, F., Hansen, R. M. & Kauder, N. B., Offender Risk Assessment in Virginia: A Three - Stage Evaluation. Williamsburg, The National Center for State Courts and the Virginia Criminal Sentencing Commission, 2002.

③ Ministry of Justice, Executive summary, Proven Re - offending Statistics Quarterly Bulletin, October 2010 to September 2011, England and Wales. London: Ministry of Justice, 25 July 2013.

发生后，如袁某洪案、① 周某华案、② "当街摔死女童案"。③ 目前，无论是在网络社会，还是在现实社会，对监狱工作的非议时落时起。我国监狱工作需要面临源于网络的社会压力。

第二节 我国矫正改革的探索及需要解决的基本问题

一、我国的改革探索："西学中用"的现代实践

为了解决 21 世纪矫正领域中的问题，我国又一次将目标转向西方，从西方引入或者正在引入社区矫正、循证矫正，并参照国外的监狱分类体制，尝试建立高度戒备监狱（监区）。

（一）引入社区矫正

2002 年上海市的徐汇、闸北、普陀三个区率先开始我国的社区矫正试点。2003 年 7 月，最高人民法院、最高人民检察院、公安部、司法部（简称"两院两部"）联合下发了《关于开展社区矫正试点工作的通知》，确定在北京、上海、天津、江苏、浙江、山东六省市开展社区矫正试点工作。2005 年，"两院两部"联合下发通知，要求首批试点的六个省市将试点范围扩大到整个社区；同时，将河北、内蒙古、黑龙江、安徽、湖北、湖南、广东、广西、海南、四川、贵州、重庆十二个省市列为第二批社区矫正试点地区。"两院两部"下发的《关于扩大社区矫正试点范围的通知》指出："扩大社区矫正试点规模和范围、进一步推进和深化社区矫正工作，是加强党的执政能力建设的必然要求。社区矫正工作是将罪犯放在社区内，遵循社会管理规律，运用社会工作方法，整合社会资源和力量对罪犯进行教育改造，使其尽快融入社会，从而降低重新犯罪率，促进社会长期

---

① 袁某洪 1996 年出狱后，据他个人交代，在 2002～2006 年间，他共砸车玻璃盗窃车内财物、盗窃车辆 500 多起。经办案人员核实，确定了其中的 3 起抢劫、289 起盗窃，案值高达 757 万余元。

② 周某华系"苏湘渝系列持枪抢劫杀人案"制造者，公安部 A 级通缉犯。周某华此前在湖南长沙、重庆制造了 6 起持枪抢劫杀人案，包括 2009 年 3 月 19 日枪杀部队哨兵案。周某华 2005 年曾因贩卖枪支，被云南铁路法院判刑后在当地服刑。

③ 2013 年 7 月 23 日 20 时 50 分许，在北京市大兴区科技路公交车站，两名驾车男子韩某、李某因不满一名推着婴儿车的女士挡道，双方发生争执。争执中，一名男子将该女士打倒后，又将婴儿车内的女童摔在地上，导致女童严重受伤，后因抢救无效死亡。韩某曾因盗窃罪被判刑，李某曾因抢劫罪被判刑。

稳定与和谐发展的一种非监禁刑罚执行活动。""扩大社区矫正试点规模和范围、进一步推进和深化社区矫正工作，是贯彻落实我国刑事政策的具体体现。社区矫正根据社区服刑人员的不同特点，实施分类管理和教育，矫正其不良心理和行为，突出教育改造的针对性和实际效果，并且帮助解决社区服刑人员在就业、生活、法律、心理等方面遇到的困难和问题，以利于他们顺利适应社会生活、重新回归社会，充分体现了我国对犯罪分子教育、感化、挽救和惩罚与改造相结合、教育和劳动相结合的教育改造工作方针和政策。"

2009 年 9 月，最高人民法院、最高人民检察院、公安部、司法部联合下发了《关于在全国试行社区矫正工作的意见》（以下简称《意见》）。至此，社区矫正试点工作在全国铺开。根据《意见》，社区矫正的主要任务是对社区服刑人员进行教育矫正、监督管理和帮困扶助。《意见》要求进一步创新教育矫正形式，确保教育矫正质量。采取集中学习、个别谈心、建立警示教育基地、组织公益劳动等措施，切实加强对社区服刑人员的思想教育、法制教育、爱国主义教育和社会公德教育，引导他们在潜移默化中增强认罪悔罪意识和社会责任感。根据社区服刑人员的个性特点，研究制订个性化教育方案，探索分类型、分阶段、分级别矫正模式，不断提高教育矫正的针对性和实效性。聘请心理医学专家或与社会心理医疗机构合作，定期或不定期地对社区服刑人员进行心理健康教育，开展心理咨询和心理矫治，帮助他们重新树立健康向上的生活态度，促使其顺利回归并融入社会。《意见》要求进一步加大监督管理力度，提高监督管理效能。人民法院、人民检察院、公安机关和司法行政机关要相互支持、密切协作，加强各工作环节的衔接配合，切实把社区服刑人员纳入重点管控视线。依法执行社区服刑人员报到、思想汇报、会客、请销假、适居、政治权利行使限制等管控措施，避免发生脱管、漏管现象。建立健全社区矫正工作网络体系，合理配置监管力量，切实增强监管实效。健全完善社区服刑人员考核奖惩制度，建立日常考核与司法奖惩的衔接机制，充分调动社区服刑人员自觉改造的积极性。探索实践监督管理新方法，借助运用现代技术手段，提高社区矫正工作科技含量，努力提升监管效能。对违反法律法规和有关制度规定的社区服刑人员，坚决依法严厉惩戒，维护刑罚的严肃性、统一性和权威性。《意见》要求进一步完善帮困扶助措施，增强教育矫正效果。依据有关规定和政策，积极协调民政、人力资源和社会保障等有关部门，将符合条件的社区服刑人员纳入最低生活保障范畴，提供社会救济，帮助农村籍社区服刑人员落实责任田。调动社会力量，多渠道为社区服刑人员提供免费技能培训和就业指导，提高其就业谋生能力，鼓励自主创业。整合社会资源，逐步实现帮困扶助措施多元化、社会化，尽可能帮助社区服刑人员解决基本生活保障和实际困难，促使其安心改造，重塑人生。

（二）探索循证矫正

探索循证矫正，[①] 是 2012 年 7 月 10 日在长沙召开的全国司法厅局长座谈会上提出的。在会议上，司法部副部长张苏军要求司法部监狱管理局和预防犯罪研究所下半年精心组织好循证矫正方法骨干培训班并选择试点单位开始试点，有条件的省（区、市）也可以开展试点。[②]

2012 年 9 月 17 日到 19 日，由司法部预防犯罪研究所主办，江苏省司法厅、江苏省监狱管理局协办的"循证矫正方法及实践与我国罪犯矫正工作研讨班"在宜兴举办。与会代表围绕循证矫正进行了探讨与学习。

2013 年 4 月 17 日，司法部成立的循证矫正研究与实践科研项目领导小组第一次会议在京召开。循证矫正研究与实践科研项目是司法部的重点科研项目。该项目立足中国国情，吸收借鉴国外循证矫正理论与实践的有益经验，探索在我国监狱、社区矫正和强制隔离戒毒工作中推行循证矫正的条件、路径，构建具有中国特色的循证矫正理论框架和操作体系。项目研究以 3 年为期，分三个阶段进行，包括引入知识，骨干培训；指导试点，探索符合我国国情的循证矫正规范；力争形成初步规范并适当扩大试点，检验和调整规范并开展推广工作评估。2012年项目组进行了有关循证矫正基本知识的介绍与宣传，组织召开了专题研讨班，进行了理论研讨和骨干培训。2013 年循证矫正工作指南并指导试点工作。为做好循证矫正研究与实践科研项目推进工作，司法部成立了循证矫正研究与实践科研项目领导小组，负责项目的组织领导工作。

（三）尝试建立高度戒备监狱（监区）

2012 年 5 月 22 日，司法部监狱管理局和预防犯罪研究所联合在河南省郑州市召开《〈刑法修正案（八）〉对监狱工作影响评估报告》论证会。会议就《刑法修正案（八）》对监狱工作影响的评估报告进行了讨论。该报告根据《刑法修正案（八）》实施后长刑犯、危险犯出现及对我国监狱关押能力的挑战，提出建立高度戒备监狱（监区）。

此后，我国开始了高度戒备监狱（监区）筹备、试点工作。

监狱分类制度开始于西方国家。简单的监狱分类是将监狱分为高度戒备监狱、中度戒备监狱、低度戒备监狱。关于高度戒备监狱的设计、管理、人员配备、不同戒备监狱的整合管理，西方具有经验上的优势。

二、我国需要解决的基本问题：建立生态型的矫正系统

翻开我国当今有关矫正的书刊杂志，我们看到有很多文献有"国外制度如

---

① 关于"循证矫正"见本书项目矫正部分。
② 我国监狱劳教戒毒工作将推广"循证矫治"、"个案管理"等科学矫治方法。

何如何先进，值得我们学习"的表述或者类似表述。这让我们感觉国家似乎还在百年前的监狱改良时代徘徊。

在矫正领域，郭明先生认为，中国监狱发展史先是"以日为师"，后是"以俄为师"，再是"以美为师"①。资深的监狱实践家、原司法部监狱管理局局长王明迪先生认为"以俄为师"不符合实际。② 但笔者基本赞同"以俄为师"的观点。基本理由是，一方面中国劳改制度的技术知识学习于苏联；另一方面我们的政治制度是社会主义，与苏联一样。苏联是世界上第一个社会主义国家。结构主义有个重要观点，即结构决定一切。

是否我们学习西方过了头？

当看到有人仍然将累进处遇制当成当代国际先进监狱制度，还有人从国外参观一圈，立马作出"国外监狱无非如此，还不如中国"的结论，我们感到国人对国际矫正发展了解得少了些，对现代矫正发展理论与实践存在一知半解问题。

与此同时，我们看到有些人盲目自大，认为中国矫正制度已经超越其他国家，甚至有人以高举"中国特色"旗帜为口号，与西方学说及实践"不共戴天"，欲重回封闭时代。

发展中的"亦步亦趋"与"盲目自大"是像中国这样的发展中国家需要避免的两个极端。如何避免"亦步亦趋"的发展路径，同时避免发展中的"盲目自大"？笔者认为，国家只有建立生态型的矫正系统，我国的矫正工作才能避免"亦步亦趋"，同时避免"盲目自大"。

何为生态型的矫正系统？生态型的矫正系统就是能够自我存在、自我发展的矫正系统。"自我存在"体现在矫正知识、矫正制度、矫正方法、矫正人员具有历史的连续性与排他性。因为"连续"而稳定，因为"排他"而专业。"自我发展"表现在能够自我定位、自我否定。

如何在我国建立生态型的矫正系统？笔者认为，可以从以下三方面着手：

（一）掌握国际矫正理论与实践发展前沿动态

只有掌握国际矫正理论与实践发展前沿动态，才能正确评价我国矫正制度体现的完备程度、运行机制、矫正效果、发展水平，才能找到我国矫正学术上、理论上与实践上的参照物，才有利于我国矫正工作确立合理的发展目标。

拒绝国外成果、拒绝了解国外研究，无异于闭关锁国，自陷于盲聋状态。而在研究国外矫正理论与实践中，如果一知半解然后以偏概全，则误人误国。

如何掌握国际矫正理论与实践发展前沿动态？20 世纪以来，中国的实践表

---

① 郭明：《中国监狱的现状及其改革》，载《中国监狱学刊》2013 年第 2 期。

② 王明迪：《一个甲子话沧桑——纪念监狱管理机关建局 60 周年》，载《中国监狱学刊》2013 年第 2 期。

明，中国的矫正理论与实践不可能脱离世界，也从来没有脱离世界。在全球化的时代，国人很难不受其他国家理论与实践的影响。与其被动接受影响，不如主动学习。主动学习的价值有三：其一，可以全面了解国外有关信息与知识，从而避免信息收集、知识学习的片面化与碎片化。其二，主动学习可以使中国获得信息收集与知识学习的价值分析机会与选择权。其三，主动学习将使中国获得超越与突破的可能。概而言之就是，将研究国际矫正理论与实践发展前沿动态作为矫正工作的有机组成部分，作为一项同监管罪犯同等重要的工作，甚至更重要的工作。研究国际矫正理论与实践发展前沿动态，是现代监管工作的"预警机"。

（二）建立完善的矫正统计系统

罪犯矫正统计工作非常重要。罪犯矫正统计工作是观察矫正工作的"眼睛"。分目比较细的罪犯矫正统计工作，不仅可以从总体上把握矫正工作人力、物力与财力的投入情况、产出的效益情况，而且可以看出具体工作中人力、物力与财力的投入情况、产出的效益情况；不仅可以从总体上看出矫正系统内人力、物力与财力流动情况，而且可以从局部看出矫正系统内人力、物力与财力流动情况。罪犯矫正统计工作是分析矫正工作的"桥梁"。借助罪犯矫正统计工作的数据，可以从宏观、微观两个层面分析矫正工作的状况、问题之所在。罪犯矫正统计工作是保证矫正决策正确的"雷达"。罪犯矫正统计工作数据不仅可以描述矫正系统的真实状况，而且可以根据现状与历史进行趋势判断，为决策建立科学根据。正因为如此，沈家本在1907年奏请实行改良监狱时，提的监狱四大改革建议之一就是编辑监狱统计，其他三大建议是兴办新式监狱、培养监狱官吏、颁布监狱规制。由此可见，在沈家本眼里，罪犯矫正统计的地位是非常高的。

虽然现代中国也有罪犯矫正统计工作，但是现代中国罪犯矫正统计工作存在"三不"问题，即"不专业"、"不健全"与"不公开"。现代中国矫正系统中的统计在矫正工作判断、分析、决策、研究中远没有发挥其应有的作用。

为正确评价矫正工作现状、评价矫正工作所取得的成果，同时也更好地总结矫正工作的经验，推动矫正工作的量化管理，我国需要建立完善的矫正统计系统。

（三）形成稳定的政策评价机制

新中国成立60年来，国家在矫正领域发布了大量政策，仅改革开放后，就发布了"特殊学校政策"、发展"现代化文明监狱"政策、"监狱工作的法制化、科学化、社会化"政策等。随着这些政策的发布，国家往往投入大量的人力、物力与财力予以推行。这些政策推进的程度如何、效果如何？无论从对政策发起者负责的角度说，还是从继任者借鉴的角度论，国家都应当建立一个稳定的政策评价机制，这个评价机制应当包含对所推行政策的投入情况、效果情况发布系列的、量化的、公开的、定期的报告，从而促进国家不断完善、改进政策，推进我国矫正工作的发展。否则，难免出现政策出台的不负责任问题、政策制定的不科学问题。

主要参考文献

一、中文部分（按笔画排序）

1. ［加］西莉亚·布朗奇菲尔德著，郭建安译：《刑罚的故事》，法律出版社 2006 年版。

2. ［苏］库特良采夫主编，劳改专业教材编辑部翻译组：《苏联犯罪学劳改学发展史》，科学出版社 1986 年版。

3. ［法］米歇尔·福柯著，刘北成等译：《规训与惩罚：监狱的诞生》，三联书店 1999 年版。

4. ［清］朱寿朋编，张静庐等点校：《光绪朝东华录》，中华书局 1984 年版。

5. ［奥地利］阿兰·瓦尼埃著，怀宇译：《精神分析学导论》，天津人民出版社 2008 年版。

6. ［意］切萨雷·龙勃罗梭著，吴宗宪等译：《犯罪及其原因和矫治》，中国人民公安大学出版社 2009 年版。

7. ［德］马克斯·韦伯著，于晓等译：《新教伦理与资本主义精神》，三联书店 1987 年版。

8. 《中华民国六法理由判解汇编：刑事诉讼法》，会文堂新记书局 1936 年版。

9. 《毛泽东选集》（第一卷），人民出版社。

10. 《清史稿·刑法志三》。

11. 王人博、程燎原著：《法治论》，山东人民出版社 1998 年版。

12. 王平著：《中国监狱改革及其现代化》，中国方正出版社 1999 年版。

13. 王亚南著：《中国官僚政治研究》，中国社会科学出版社 1993 年版。

14. 王定辉、田越光：《俄罗斯联邦刑事执行制度研究——社区矫正刑之强制（义务）劳动刑的执行》，载《中国监狱学刊》2012 年第 4 期。

15. 王明迪：《一个甲子话沧桑——纪念监狱管理机关建局 60 周年》，载

《中国监狱学刊》2013 年第 2 期。

16. 王炳东、孙启俊：《北京市监狱百年历史考迹》，载《中国监狱学刊》2013 年第 1 期。

17. 王铁崖编：《中外旧约章汇编》（第 1 册），三联书店 1962 年版。

18. 王揆鹏、田越光：《俄罗斯联邦刑事执行制度研究——社区矫正刑之矫正劳动刑的执行》，载《中国监狱学刊》2013 年第 1 期。

19. 北京市监狱管理局"重新犯罪"课题组：《北京市在押犯重新犯罪情况的调查分析》，载《中国司法》2005 年第 6 期。

20. 司法部编：《劳改工作经验选编》，群众出版社 1989 年版。

21. 司法部编：《中国监狱史料汇编（下册）》，群众出版社 1988 年版。

22. 刘志松：《清末天津习艺所创办始末》，载《中国监狱学刊》2009 年第 3 期。

23. 江伟人：《关于监管改造工作首要标准的思考——以上海刑释人员重新犯罪为例》，载《中国监狱学刊》2009 年第 3 期。

24. 许章润：《清末对于西方狱制的接触和研究——一项法的历史与文化考察》，载《南京大学法律评论》1995 年秋季号。

25. 许章润著：《监狱学》，中国人民公安大学出版社 1991 年版。

26. 吴宗宪著：《西方犯罪学史》，警官教育出版社 1997 年版。

27. 宋红伟：《宽严相济刑事政策视野下的假释适用实证研究》，载《犯罪与改造研究》2007 年第 4 期。

28. 张万军、赵友新：《徘徊于理想之门：民国初期行刑制度近代化的探索——以许世英 1911 年"司法计划书"为中心的考察》，载《中国监狱学刊》2010 年第 5 期。

29. 张国华、李贵连编著：《沈家本年谱初编》，北京大学出版社 1989 年版。

30. 张美英、魏爱苗：《德国监狱史》，参见潘华仿主编：《外国监狱史》，社会科学文献出版社 1994 年版。

31. 李云峰、李开年、张杰等：《我省重新犯罪问题的特点、原因及预防对策》，载《湖南司法警官职业学院学报》2004 年第 3 期。

32. 李永宏：《民国时期的监狱立法与新式监狱管理模式的构建》，载《中国监狱学刊》2012 年第 6 期。

33. 李宜霞：《论沈家本在清末监狱改良中的作用》，载《中国监狱学刊》2006 年第 1 期。

34. 杨殿升、张金桑主编：《中国特色监狱制度研究》，法律出版社 1999 年版。

35. 杨殿升主编：《中国特色监狱制度》，法律出版社 1999 年版。

36. 沈家本：《监狱访问录序》，载《寄簃文存》卷六。

37. 狄小华著：《罪犯心理矫治导论》，群众出版社 2004 年版。

38. 肖世杰：《清末监狱改良》，湘潭大学 2007 年博士论文。

39. 辛国恩等著：《毛泽东改造罪犯理论研究》，人民出版社 2006 年版。

40. 陈兴良著：《刑法的启蒙》，法律出版社 1998 年版。

41. 周根扬、姜水文、张爽：《近三年重新犯罪原因的实证研究》，载《犯罪与改造研究》2013 年第 4 期。

42. 金良年著：《酷刑与中国社会》，浙江人民出版社 1991 年版。

43. 金鉴主编：《监狱学总论》，法律出版社 1997 年版。

44. 姜润基、李天权：《谈短刑犯改造的科学性》，载《监狱理论研究》2007 年第 6 期。

45. 赵国玲：《二十世纪之中国监狱法学》，载《中外法学》1998 年第 3 期。

46. 赵晓耕主编：《中国近代法制史专题研究》，中国人民大学出版社 2009 年版。

47. 郭明：《大陆中国监狱的现状及其变革》，载《中国监狱学刊》2013 年第 2 期。

48. 郭明著：《中国监狱学史纲》，中国方正出版社 2005 年版。

49. 高汉成：《晚清法律改革动因再探——以张之洞与领事裁判权问题的关系为视角》，载《清史研究》2004 年第 4 期。

50. 高铭暄主编：《刑法学原理》，中国人民大学出版社 1993 年版。

51. 曹新强著：《清代监狱研究》，湖北长江出版集团、湖北人民出版社 2011 年版。

52. 章恩友主编：《罪犯心理矫治技术》，中国物价出版社 2002 年版。

53. 谢觉哉：《党的改造罪犯政策的伟大胜利》，载《新华半月刊》1960 年第 9 期。

54. 谢望原著：《刑罚价值论》，中国检察出版社 1999 年版。

55. 夏宗素主编：《狱政法律问题研究》，法律出版社 1997 年版。

56. 翟中东著：《刑罚个别化研究》，中国人民公安大学出版社 2001 年版。

57. 蔡定剑：《历史与变革：新中国法制建设的历程》，中国政法大学出版社 1999 年版。

58. 薛梅卿等编：《清末民初监狱改良专辑》，中国监狱学会 1997 年版。

二、英文部分（按拼音排序）

1. Adams，M.，"HMP Woodhill's CSC"，Prison Service Journal，2004，153.

2. Akers，R. L.，Social Learning and Social Structure：a General Theory of

Crime and Deviance . Boston: Northeastern University, 1998.

3. American Friends Service Committee Working Party, Struggle of Justice: A Report on Crime and Punishment. New York: Hill and Wang, 1971.

4. Andrews, D. A. and Bonta, J., The Psychology of Criminal Conduct (2nded.) . Cincinnati: Anderson Publishing Co. 1998.

5. Andrews, D. A., "Princeples of Effective Correctional Programs", In L. L. Motiuk and R. C. Serin (Eds.), Compendium 2000 on Effective Correctional Programming. Ottwa: Correctional Service Canada, 2001.

6. Andrews, D. A., Bonta, J. & Wormith, J. S., "The Recent Past and Near Future of Risk and /or Need Assessment", Crime and Delinquency, 2006, 52.

7. Bank, L., Marlowe, J. H., Reid, J. B., Paterson, G. R. & Weinrott, M. R., "A Comparative Evaluation of Parent – Training Interventions for Families of Chronic Delinquents", In F. T. Cullen & B. K. Appedgate, Offender Rehabilitation: Effective Correctional Intervention. Aldershot: Ashgate Publishing Company Limited, Dartmouth Publishing Company Limited, 1997.

8. Banks, C., Punishment in America: A Reference Handbook. Santa Barbara: ABC – CLIL, Lnc. 2005.

9. Beech, A. R., "Case Material and Interview", In C. R. Hollin (Eds.) . Handbook of Offender Assessment and Treatment. Chickerter: John Wiley & Sons. LTD. , 2001.

10. Berkowitz, L., "Some Varieties of Human Aggression: Criminal Violence as Coercion, Urle – following , Impression – Management , and Impulsive Behaviour", In A. Campbell & J. J. Gibbs (Eds.), Violent Transactions. Oxford. UK: Basil Blackwell, 1986.

11. Blackburn. R. & Lee – Evans, J. M., "Reactions of Primary and Secondary Psychopaths to anger – evoking situations", British Journal of Clinical Psychology, 1985, 24.

12. Blumstein, A. , Cohen, J. & Nagin, D. , Deterrence and Incapacitation. Report of the National Academy of Sciences Panel on Research on Deterrent and Incapacitative Effects . Washington, D. C. : National Academy Press, 1978 .

13. Bonta, J., Wallace – Capretta, S. &Rooney, J., "A Quisi – Experimental Evaluation of an Intensive Rehabilitation Supervision Program", Criminal Justice and Behavior, 2000, 27.

14. Borzycki, M., Interventions for Prisoners Returning to the Community: A report prepared by the Australian Institute of Criminology for the Community Safety and Justice. Canberra: Australian Government Attorney – general's Department, 2005.

15. Bottoms, A., Gelsthorpe, L. &Rex, S., "Introduction: The Contemporary Scene for Community Penalties", In A. Bottoms, L. Gelsthorpe, S. Rex (Eds), Community Penalties: Change and Challenges. Dovon: Willan Publishing, 2001.

16. Bourgon, G. & Armstrong, B., "Transferring the Principles of Effective Treatment into a 'Real World' Prison Setting", Criminal Justice and Behavior, 2005, 32.

17. Brownlee, I., Community Punishment: A Critical Introduction. Harlow: Addison Wesley Longman, 1998.

18. Bucklen, K. B., "Approach to Inmate Risk Assessment". Research in Review, 2001, 4.

19. Bullock, K., "The Construction and Interpretation of Risk Management Technologies in Contemporary Probation Practice", British Journal of Criminology, 2011, 51.

20. Bureau of Justice Statistics, Correction Populations in the United States, Washington: Government Printing Office. 2000.

21. Burke, D. Australian Support NT laws. Canberra: Government of Australia, 2000.

22. California District Attorneys Association, Prosecutors' Perspective on California's Three Strikes Law – A10 – Year Retrospective. Sacramento: California District Attorneys Association, 2004.

23. Campbell, B., "Transforming the Sentencing Framework", Prison Service Journal, 2003, 148.

24. Carlson, N. A., Hess, K. M. & Orthmann, C. M. H., Corrections in the 21st Century: A Practical Approach. Belmont: Wadsworth Publishing Company, 1999.

25. Carter, P, "Managing Offenders, Reducing Crime: A New Approach", Correctional Service Review, 2003.

26. Cartledge, C., Tak, P. & Tomic - Malic M., (Eds), Probation in/en Europe. Hertogenbosch, Netherlands: European Assembly for Probation and After Care, 1981.

27. Cavadino, M. & Dignan, J., The Penal System. London: SAGE Publications, 1997.

28. Champion, D. J., Correction in the United States: A Contemporary Perspective. Upper Saddle River: Pearson Education, Inc.

29. Champion, D. J., Measuring Offender Risk – A Criminal Justice Sourcebook. Connecticut: Greenwood Press, 1994.

30. Christie, N., "Changes in Penal Values", In Melossi, D. (Eds), The Sociology of Punishment – Socio – Structural Perspectives. Aldershot: Dartmouth Publishing Company Limited, Vermont: Ashgate Publishing Company, 1998.

31. Clear, T. R. & Dammer, H. R. , The Offender in the Community. Belmont: Wadsworth / Thomson Learning , 2003.

32. Cooks, D. J. & Philip, L. , "To Treat of not to Treat? An Empirical Perspective". In C. R. Hollin (Eds), Handbook of Offender Assessment and Treatment. Chickerter: John Wiley &Sons. LTD, 2001.

33. Correctional Services Accreditation Panel, The Correctional Services Accreditation Panel Report 2009 – 2010. London: Ministry of Justice, 2011.

34. Cromwell, P. F. , Carmen, R. V. del, Alarid, L. F. , Community – based Corrections. Belmont: Wadsworth/Thomson Learning, 2002.

35. Crow, L. , The Treatment and Rehabilitation of Offenders . London: SAGE Publications 2001.

36. Cullen, F. & Gilbert, K. , Reaffirming Rehabilitation. Cincinati: Anderson Publishing Co. , 1982.

37. Davis, S. P. , "Survey". Corrections Compendium, 1991, 16.

38. Day, A. , Howells, K. & Rickwood, D. , "Current Trends in the Rehabilitation of Juvenile Offenders". Canberra: Australian Institute of Criminalogy, Trends &Issues, 2004.

39. Delaware Bureau of Prisons, Delaware Bureau of Prisons Procedures Manual. Smyrna: State of Delaware Department of Corrections , Bureau of Adult Corrections, 1992.

40. Delisi, M. &Conis, P. J. , American Corrections: Theory, Research , Policy and Practive. Sudbury: Jones and Bartlett Publishers, 2010.

41. Donald, C . , "The Process of Prisonization", In L. L. Radzinowicz & M. Wolfgang (Eds.), The Criminal in Confinement. New York: Basic Books, 1971.

42. Durkheim, E. , "Two Laws of Penal Evolution", In D. Melossi (Eds.), The Sociology of Punishment – Socio – Structural Perspectives. Aldershot: Dartmouth Publishing Company Limited, Vermont: Ashgate Publishing Company, 1998.

43. Emsley, C. , Crime and Society in England , 1750 – 1900. London: Longman, 1987.

44. Eriksson, T. , The Reformers , A Historical Survey of Prisoner Experiments is the Treatment of Criminals . New York: Elsevier, 1976.

45. Fagan, J. A. , "Treatment and Reintegration of Violent Juveniles Offenders: Experimental Results", In F. T. Cullen and B. K. Appedgate (Eds.), Offender Rehabilitation: Effective Correctional Intervention. Aldershot: Ashgate Publishing Company Limited, Dartmouth Publishing Company Limited. Justice Quarterly, 1990, 2.

46. Farrall, S. & Calverlay, A., "In What Ways Does Imprisonment Impact on Processes of Desistance?" Prison Service Journal, 2006, 164.

47. Farrington, D. P., "Human Development and Criminal Careers", In S. Caffrey & G. Mundy (Eds.), Crime, Deviance and Society. Dartford: Greenwich University Press, 1996.

48. Feeley, M., & Simon, J., "The New Penology: Notes on the Emerging Strategy of Corrections and Its Implications". Criminology, 1992, 30.

49. Flory, C., "The Emerging Paradigm in Probation an Parole in the United States", In D. Phillips (Eds), Probation and Parole: Current Issue. New York: Routledge, 2008.

50. Freedman, B. J., Rosenthal, L., etc, "A Social − Behavioral Analysis of Skills Deficits in Delinquent and Non − delinquent Adolescent Boys", Journal of Consulting and Clinical Psychology, 1978, 46.

51. Gaffney, L. R. & MeFall, R. M., "A Comparison of Social Skills in Delinquent and Nondelinquent Adolescent Girls Using a Behavioral Adolescent Girls Using a Behavioral Role − Playing Inventory", Journal of Consulting and Clinical Psychology, 1981, 49.

52. Garland, D., Punishment and Modern Society − A Study in Social Theory. Oxford: Clarendon Press, 1990.

53. Garland, D., Punishment and Welfare − a History of Penal Strategies. Brookfield: Gower Publishing Company Limited, 1985.

54. Garrett, C. G., Effects of Residential Treatment on Adjudicated Delinquents: A Meta − analysis. Journal of Research in Crime and Delinquency, 1985, 22.

55. Gensheimer, L. K., et al. "Diverting Youth from the Juvenile Justice System: A Meta − Analysis of intervention Efficacy", In S. A. Apter & A. P. Goldstein (Eds.), Youth Violence: Programs and Prospects. Elmsford: Pergamon Press, 1986.

56. Gerhard Ploeg, Jan − Eeik Sandlie, "Mapping Probation Future: Norway", Probation Journal, 2011, 58 (4).

57. Glaze, L. E., Correctional Populations in the United States, 2010. Washington, D. C.: U. S. Department of Justice Office of Justice Programs, Bureau of Justice Statistics, 2011.

58. Haag, E. van den, Punishing Criminals: Concerning a Very Old and Painful Question. New York: Basic Books, 1975.

59. Hanson, K. R., Age and Sexual Recidivism: a Comparison of Rapists and Child Molesters, User Report No. 2001 − 01. Ottawa: Department of the Solicitor Gen-

eral of Canada.

60. Hardman, P., "The Origins of Imprisonment", Prison Service Journal, 2008, 177.

61. Harlan, A. T., Choosing Correctional Options That work: Defining the Demand and Evaluating the Supply. Thousand Oaks: Publications, 1996.

62. Harris, R., "Probation Round the World – Origins and Development", In Koichi Hamai, Renaud Ville, Robert Harris, Mike Hough and Ugljes Zvekic (Eds), Probation Round the World: A Comparative Study. London and New York, Routledge, 1995.

63. Herzog – evans, M., "Probation in France: Some Things Old, Some things New, Some things Borrows, and Often Blue", Probation Journal, 2011, 58, 4.

64. Hicks, S. D., The Corrections Yearbook. New York: Criminal Justice Institute, Inc., 1981.

65. Hinds, L., "Crime Control in Western Countries 1970 – 2000", In J. Pratt, D. Brown, M. Brown, S. Hallsworth and W. Morrison, The New Punitiveness: Trends, Theories, Perspectives. Dovon: Willan Publishing, 2005.

66. Hollin, C. R., & Palmer, E. J., "Skills Training", In C. R. Hollin (Eds.), Handbook of Offender Assessment and Treatment. Chickerter: John Wiley & Sons. LTD, 2001.

67. Hollin, C. R., "To Treat or not to Treat"? In C. R. Hollin (Eds.), A Historical Perspective. Handbook of Offender Assessment and Treatment. Chickerter: John Wiley & Sons. LTD, 2001.

68. Home Office, National Standards for the Supervision of Offenders in the Community 2002. London: Home Office.

69. Howard, P., "The Offender Assessment System: an Evaluation of the Second Pilot". Findings, 2006, 278.

70. Howard, P., Clark D. & Garnham, N., An Evaluation of the Offender Assessment System (OA Sys): In Three Pilots 1999 – 2001. London: National Offender Management Service, 2006.

71. Jaman, D. R., Dickover, R. M. & Bennett, L. A., "Parole Outcome as a Function of Time Served", British Journal of Criminology, 1972, 12.

72. Kleiman, M., Ostrom, B. J. & Cheesman, F. L., Using Risk Assessment to Inform Sentencing Decisions for Nonviolent Offenders in Virginia. Crime & Delinquency 2007. 1.

73. Koichi Hamai, Renaud Ville, Robert Harri, Mike Hough and Ugljesa Zv-

kic，"Introduction"，In Koichi Hamai，Renaud Ville，Robert Harri，Mike Hough and Ugljesa Zvkic. （Eds），Probation Round the World：A Comparative Study. London and New York：Routlegde，1995.

74. Landendenberger N. A. & Lipsey，M. W. ，"The Positive Effective of Cognitive Behavioral Programs for Offenders：A Meta – Analysis of Factors Associated with Effective Treatment?" Journal of Experimental Criminology，2005，4.

75. Latessa，E. J. & Lowenkamp，C. T. ，Evaluation of Ohio's Community – Based Correctional Facilities and Halfway House Programs：Final Report. Cincinnati：Center for Criminal Justice Research，2002.

76. Latessa，E. J. & Smith，P. ，Corrections in the Community. Burlinton：Anderson，2007.

77. Latessa，E. J. ，Cullen，F. T. & Gendreau，P. ，"Beyond Correctional Quackery：Professionalism and the Possibility of Effective Treatment"，Federal Probation，2002，66.

78. Lenka Ourednickova，Pavel Stern，Dagmar Doubravova，"The Czech Republic"，In A. M. Von Kalmthout，J. Roberts and Sandra Vinding（Eds. ），Probation and Probation Service in the EU Accession Countries. Nijmegen：Wolf Legal Publishers，2003.

79. Lewis，D. O. ，Vulnerabilities to Delinquency. Lancaster：MTP Press，1981.

80. Little，G. L. ，Robinson，K. D. ，Burnette，K. D. & Swan，E. S. ，Review of Outcome Data with MRT：Seven Year Recidivism Results. Memphis：Correctional Counseling，Inc. ，1996.

81. Loney，M. ，Community Against Government. London：Heeinemann，1983.

82. MaCarthy，B. R. & Jr. MaCarthy，B. J. ，Community – Based Corrections，3rd. Belment：Wadsworth Publishing Company，1997.

83. Mackenzie，D. L. ，Sentencing and Corrections in the 21st Century：Setting the Stage for the Future. Washington：the U. S. Department of Justice，2001.

84. Mair，G. ，"Diversionary and Non – supervisory Approaches to dealing with offenders"，In A. Bottoms，S. Rex，G. Robinson（Eds. ），Alternatives to Prison：option for an insecure society. Devon：Willan Publishing，2004.

85. Maruna，S. ，Immarigeon R. & Lebel，T. P. ，"Ex – offender Reintegration：Theory and Practice"，In S. Maruna，R. Immarigeon（Eds. ），After Crime and Punishment. Devon：Willam Publishing，2004.

86. Matt，D. & Conis，P. J. ，American Corrections：Theory，Research，Policy and Practice. Sudbury：Jones and Bartlett Publishers，2010.

87. McCarthy, B. R. , McCarthy, Jr. B. J. , Community – based Corrections, Pacific Grave: Brooks/Cole Publishing Company, 1991.

88. McConvile, S. , "The Victorian Prison: England , 1865 – 1965", In Morris, N. , Rothman, D. (Eds.), The Oxford History of the Prison: the Practice of Punishment in Western Society, New York: Oxford University Press, 1995.

89. McCorkle, R, C. , "Research Note: Punish and Rehabilitate? Public Attitudes Toward Six Common Crimes", Crime &Delinquency, 1993, 39 (2) .

90. McGowen, R. , "the Well Ordered Prison: England, 1780 – 1865", In Morris, N. , Rothman, D. (Eds.), The Oxford History of the Prison: the Practice of Punishment in Western Society, New York: Oxford University Press, 1995.

91. McKelvey, B. American Prisons: A History of Good Intentions. Montclair: Patterson Smith, 1977.

92. MeQuillan, T. , Managing Offenders: Reducing Crime an Integrated Model Offender Management, New Developments in Criminal Justice & Crime Control, 上海, 2006 – 10 – 18 至 2006 – 10 – 19。

93. Miethe T. D. &Lu, H. , Punishment – A Comparative Historical Perspective. Cambridge: Cambridge University, 2005.

94. Ministry of Justice, Offender Management Case Load Statistics 2009: An Overview of the Main Findings. London: Ministry of Justice, 2010.

95. Mitchell, K. , "Home Detention" . New Zealand Law Journal , 1999, October.

96. Moore D. and Hannah – Moffat, K. , "The Liberal Veil: Revisiting Canadian Penality", In J. Pratt, D. Brown, M. Brown, S. Hallsworth and W. Morrison, The New Punitiveness: Trends, Theories, Perspectives. Dovon: Willan Publishing, 2005.

97. Moore, R. , Gray, E. , Roberts , C. , Taylor, E. & Merrington, S. , Managing Persistent and Serious Offenders in the Community: Intensive Supervision Programmes in Theory and Practice. Portland: Willan Publishing, 2006.

98. Morris, N. and Tonry, M. , Between Prison and Probation: Intermediate Punishment: Toward a Rational Sentencing System. Chicago: University of Chicago Press, 1990.

99. Newel, M. L. , "A New Paradigm of Decerceration" . Prison Service Journal, 2003, 150.

100. Ostrom, B. J. , Cheesman, F. , Jones, A. M. &Peterson, M. , Truth in Sentencing in Virginia. Washington. D. C. : the National Institute of Justice, 2001.

101. P. O' Dea, "The Probation and Welfare Service: Its Role in Criminal Jus-

tice", In P. O' Mahony (Eds.), Criminal Justice in Ireland. Dublin: The Institute of Public Administration, 2002.

102. Palmer, E. J. & Hollin, C. R., "Using the Psychological Inventory of Criminal Thinking Styles with English Prisoners", Legal and Criminological Psychology, 2003, 8.

103. Patricia O' Brien, "The Prison on the Continent: Europe, 1865 – 1965", In Morris, N., Rothman, D. (Eds.), The Oxford History of the Prison: the Practice of Punishment in Western Society, New York: Oxford University Press, 1995.

104. Peter, E. M., "Prison Before the Prison: the Ancient and Medieval Worlds", In Morris, N., Rothman, D. (Eds.), the Oxford History of the Prison: the Practice of Punishment in Western Society, New York: Oxford University Press, 1995.

105. Petersilia, J., "California' Prison Policy: Causes, Costs, and Consequences", The Prison Journal, 1992, 72.

106. Petrosino, A., Turpin – Petrosino, C. & Finckenauer, J. O., Well – Meaning Programs can Have Harmful Effects: Lesson from Experiments of Programs such as Scared Straight, Crime and Delinquency, 2000, 46 (3).

107. Raymond, W. R., Novaco, W., Ramm M. & Black, L., "Anger Treatment with Offenders". In C. R. Hollin (Eds.), Handbook of Offender Assessment and Treatment. Chickerter: John Wiley & Sons. LTD, 2001.

108. Raynor, P. and Vanstone, M., Understanding Community Penalties: Probation, Policy and Social Change. Buckingham: Open University Press, 2002.

109. Raynor, P. & Vanstone, M., "Reasoning and Rehabilitation in Britain: The Results of the Straight: Thinking on Probation (STOP) Programme", International Journal of Offender Therapy and Comparative Criminology, 1996, 40.

110. Raynor, P., "Theoretical Perspectives on Resettlement: What it is and how it might work", In A. Hucklesby and L. Hagley – Dickinson (Eds), Prisoner Resettlement Policy and Practice. Devon: Willan Publishing, 2007.

111. Redondo, S., Garrido, V. & Sanchez – meca, J., "What Works in Correctional Rehabilitation in Europe: A Meta – analytic Review", In S. Redondo, V. Garrido, J. Perez &R. Barbaret (Eds.), Advances in Psychology and Law: International Contributions. Berlin: De Gruyter, 1998.

112. Reiss, A. J. Jr., &Roth, J., Understanding and Controlling Violence. Report of the National Academy of Science Panel on the Understanding and Control of Violence. Washington, DC: National Academy Press, 1993.

113. Rex, S., "Accrediting Programmes", Prison Service Journal, 2004, 152.

114. Robert, J. V., Stalans, L. Indermaur, D. and Hough, M., Penal Popu-

lism and Public Opinion: Lessons from Five Countries. Oxford: Oxford University Press, 2003.

115. Robert Harris, Probation Round the World: Origins and Development, Probation Round the World: A Comparative Study, Koichi Hamai, Renaud Ville, Robert Harri, Mike Hough and Ugljesa Zvkic. (Eds). London and New York: Routlegde, 1995.

116. Roberts, J. V., The Virtual Prison: Community Custody and the Evolution of Imperisonment. Cambridge: Cambridge University Press, 2004.

117. Roberts, J. V., Crutcher, N &Verbrugge, P., "Public Attitudes to Sentencing in Canada: Exploring Recent Findings", Canadian Journal of Criminology and Criminal Justice, 2007, 49 (1).

118. Robinson, G. & Crow, L., Offender Rehabilitation: Theory, Research and Practice. London: SAGE Publications Ltd., 2009.

119. Robinson, D. & Porporino, F., "Programming in Cognitive Skills: The Reasoning and Rehabilitation Programme", In C. R. Hollin (Eds.), Handbook of Offender Assessment and Treatment. Chickerter: John Wiley & Sons. LTD, 2001.

120. Ross, R. R. & Fabiano, E. A., Time to Think: A Cognitive Model of Delinquency Prevention and Offender Rehabilitation. Johnson City: Institute of Social Sciences and Arts, 1985.

121. Rothman, D. J., Conscience and Convenience: the Asylum and Its Alternatives in Progressive America. Boston: Little, Brown and Company, 1980.

122. Rothman, D., "Perfecting the Prison: United States, 1789–1865", In Morris, N., Rothman, D. (Eds.), The Oxford History of the Prison: the Practice of Punishment in Western Society, New York: Oxford University Press, 1995.

123. Roundtree, G. A., Edware D. W. & Parker, J. B., "A Study of the Personal Characteristic of Probationers as Related to Recidivism", Journal of Offender Counseling, 1984, 8.

124. Rusche, G. &Kirchheimer, O., Punishment and Social Structure. New Brunswick: Transaction Publishers, 2003.

125. Samaha, J., Criminal Justice. Opperman Drive: West Publishing Company, 1997.

126. Schiraldi, V., Sussman, P., etc, Three Strikes: The Unintended Victims. San Francisco: Center On Juvenile and Criminal Justice, 1994.

127. Schmalleger, F. &Syykla, J. O., Corretions in the 21st Century. New York: Mc Graw–Hill, 2007.

128. Schrag, C. , "Rediscovering Punitive Justice", In B. Krisberg & J. Austin (Eds), The Children of Ishmael: Critical Perspectives on Juvenile Justice. Palo Alto: Mayfield, 1978.

129. Schumacker, R. E. , Anderson D. B. & Anderson, S. L. , "Vacational and Academic Indicators of Parole Success". Journal of Correctional Education , 1990, 41.

130. Scottish Executive, ICM Practice Guidance Manual 2007. Edinburgh: Scottish Executive.

131. Silberman, C. E. , Criminal Violence , Criminal Justice. New York: Pantheon, 1978.

132. Sjostedt, G. , Langstrom, N. , Sturidsson, K. &Grann, M. , "Stability of Modus Operandi in Sexual Offending ", Criminal Justice and Behavior, 2004, 31.

133. Smith, L. G. & Akers, R. L. , "A Comparison of Recidivism of Florida's Community Control and Prison: A Five - Years Survival Analysis", Journal Of Research in Crime and Delinquency, 1993, 30.

134. Southerland, E. H. , "A Sociological Theory of Criminal Behavior", In S. Cote (Eds) . Criminological Theories. Thousand Oaks: Sage Publications, Inc. , 2002.

135. Spence, S. H. , "A Comparison of Social Skills in Delinquent and Nondelinquent Adolescent Girls Using a Behavioral Adolescent Girls Using a Behavioral Role - playing Inventory", Journal of Applied Behavior Analysis , 1981, 14.

136. Spierceburd, P. , "the Body and the State: Early Modern Europe", In Morris, N. , Rothman, D. (Eds.), The Oxford History of the Prison: the Practice of Punishment in Western Society, New York: Oxford University Press, 1995.

137. Stuart, A. , Olson, S. T. &Pershing, J. , "Sexual Violence, Victim Advocacy, and Republican Criminology: Washington State's Community Protection Act", Law &Society Review , 1994, 28.

138. The Council of State Governments, The Report of the Re - entry Policy Council: Charting of Safe and Successful Return of Prison to the Community . Lexington: The Council of State Governments, 2005.

139. The Social Exclusion Unit, Reducing Re - offending by Ex - prisoners: Report by the Social Exclusion Unit. London: the Social Exclusion Unit, 2002.

140. The Stationary Office. A Five Year Strategy for Protecting the Public and Reducing Re - offending. Presented to Parliamentary by the Secretary of State for the Home Department , by Command of Her Majesty. London: the Stationary Office, 2006.

141. Tonry, M. &Petersilia, J. , "Prisons Research at the Beginning of the 21st Century", In M. Tonry & J. Petersilia (Eds.), Prisons. Chicago: the University of Chicago Press, 1999.

142. Tonry, M. , Racila Politcs, Racial Disparities, and The War on Crime. In S. A. Scheingold (Eds.) . Political, Crime Control and Culture. Aldershot: Dartmouth Publishing Company Limited and Ashgate Publishing Company Limited, 1997.

143. Trevethan, S. , Crutcher, N. and Moore, John – Patrick, A Profile of Federal Offenders Designated as Dangerous Offenders or Serving Long – term Supervision Orders. Ottawa: Correctional Service of Canada, 2002.

144. Virginia Criminal Sentencing Commission, A Decade of Truth – In – Sentencing in Virginia. Richmond: Virginia Criminal Sentencing Commission, 2005.

145. Voorhis, P. V. , Spruance, L. M. , Ritchey, P. N. , Listwan S. J. & Seabrook, R. , "The Georgia Cognitive Skills Experiment: A Replication of Reasoning and Rehabilitation", Criminal Justice and Behavior, 2004, 31 (3) .

146. Voorhis, P. Von, Braswell, M. & Lester, D. , Correctional Counseling & Rehabilitation. Cincinnati: Anderson Publishing, 2000.

147. Walker, N. , Reductivism and Deterrence, In A. Duff, &D. Garland (Eds.), A Reader on Punishment. New York: Oxford University Press, 1994.

148. Walters, G. D. , "Short – term Outcome of Inmates Participating in the Lifestyle Change Program", Criminal Justice and Behavior, 1999, 26 (3) .

149. Wasik, M. , Emmins on Sentencing , Fourth Edition. London: Blackstone Press, 2001.

150. Whitehead , J. T. , Pollock, J. M. & Braswell, M, C. , Exploring Corrections in America. Cincinnati: Anderson Publishing Co. 2003.

151. Whitehead, P. and Statham, R. , The History of Probation – Politics , Power and Cultural Change 1876 – 2005. Crayford: Shaw & Sons Limited , 2006.

152. Wilf, S. , Law's Imagined Republic: Popular Politics and Criminal Justice in Revolutionary America. Cambridge: Cambridge University Press, 2010.

153. Wilson, D. B. , Bouffard L. A. & Mackenzie , D. L. , "Quantitative Review of Structured , Group – oriented , Cognitive – Behavioral Programs for Offenders?" Criminal Justice and Behavior, 2005, 32.

154. Wilson, J. A. & Davis, R. C. , "When Good Intentions Meet Hard Realites: An Evaluation of the Project Greenlight Reentry Program?" Criminology & Public Policy, 2006, 5 (2) .

155. Worrall, A. , "From 'Community Corrections' to 'Probation and Parole'

in Western Australia". Probation Journal 2011, 12, 4.

156. Worrall, A. & Hoy, C., Punishment in the Community – managing Offenders, Making Choices. Dovon: Willian Publishing, 2005.

157. Wright, J. D. & Rossi, P. H., Armed and Considered Dangerous: A Survey of Felons and Their Firearms. Aldine de Gruyter: New York, 1986.

158. Wuthnow, R., Sharing the Journey: Support Groups and America's new quest for community. New York: The Free Press, 1994.

159. Zajac, G., "Deterrence and Scared Straight' Programs", Research in Review, 2002, 5, 3.